"十二五"普通高等教育本科国家级规划教材
普通高等教育车辆工程专业规划教材

Qiche Fadongji Yuanli
汽车发动机原理

（第四版）

张志沛　主编

人民交通出版社股份有限公司
China Communications Press Co.,Ltd.

内容提要

本书共分八章,另加附录。本书主要内容包括内燃机性能指标及实际循环热计算、内燃机的换气过程、柴油机混合气形成和燃烧、汽油机混合气形成和燃烧、替代燃料发动机及新能源汽车、内燃机噪声排放污染及防治、内燃机特性、车用发动机的废气涡轮增压、内燃机台架试验等。

本书是高等学校汽车服务工程专业、车辆工程专业和交通运输(汽车运用工程)专业的教材,也可以作为工程机械、矿山机械、林业机械、起重运输机械等专业相应课程的教材或教学参考书,同时可供从事内燃机方面实际工作的科技人员参考。

图书在版编目(CIP)数据

汽车发动机原理/张志沛主编. —4版. —北京:
人民交通出版社股份有限公司, 2017.4
"十二五"普通高等教育本科国家级规划教材
ISBN 978-7-114-13444-9

Ⅰ. ①汽… Ⅱ. ①张… Ⅲ. ①汽车—发动机—理论—高等学校—教材 Ⅳ. ①U464

中国版本图书馆 CIP 数据核字(2016)第 268978 号

书　名:	汽车发动机原理(第四版)
著　作　者:	张志沛
责任编辑:	夏　犇　李　良
出版发行:	人民交通出版社股份有限公司
地　　址:	(100011)北京市朝阳区安定门外外馆斜街 3 号
网　　址:	http://www.ccpcl.com.cn
销售电话:	(010)59757973
总 经 销:	人民交通出版社股份有限公司发行部
经　　销:	各地新华书店
印　　刷:	北京市密东印刷有限公司
开　　本:	787×1092　1/16
印　　张:	17
字　　数:	430 千
版　　次:	2003 年 3 月　第 1 版
	2007 年 8 月　第 2 版
	2011 年 7 月　第 3 版
	2017 年 4 月　第 4 版
印　　次:	2020 年 8 月　第 4 版　第 2 次印刷　累计第 14 次印刷
书　　号:	ISBN 978-7-114-13444-9
定　　价:	38.00 元

(有印刷、装订质量问题的图书由本公司负责调换)

普通高等教育车辆工程专业规划教材
编委会名单

编委会主任

龚金科(湖南大学)

编委会副主任(按姓名拼音顺序)

陈　南(东南大学)　　方锡邦(合肥工业大学)　　过学迅(武汉理工大学)
刘晶郁(长安大学)　　吴光强(同济大学)　　　　于多年(吉林大学)

编委会委员(按姓名拼音顺序)

蔡红民(长安大学)　　　　陈全世(清华大学)　　　陈　鑫(吉林大学)
杜爱民(同济大学)　　　　冯崇毅(东南大学)　　　冯晋祥(山东交通学院)
郭应时(长安大学)　　　　韩英淳(吉林大学)　　　何耀华(武汉理工大学)
胡　骅(武汉理工大学)　　胡兴军(吉林大学)　　　黄韶炯(中国农业大学)
兰　巍(吉林大学)　　　　宋　慧(武汉科技大学)　谭继锦(合肥工业大学)
王增才(山东大学)　　　　阎　岩(青岛理工大学)　张德鹏(长安大学)
张志沛(长沙理工大学)　　钟诗清(武汉理工大学)　周淑渊(泛亚汽车技术中心)

前 言

本书第二版（2007年8月）是普通高等教育"十一五"国家级规划教材，2011年3月在第二版的基础上编写成第三版，并获批为"十二五"普通高等教育本科国家级规划教材，此次修订是在第三版的基础上编写而成。

本书原版是根据高等学校汽车运用工程专业教学指导委员会1991年第二次（重庆）会议提出并于1992年第三次（昆明）会议讨论通过的"汽车发动机原理"课程教学基本要求及教材编写大纲组织编写的。当时内容力求加强基础，联系实际，重点阐述内燃机特性和突出内燃机噪声和排放污染等方面的新知识，按参考教学时数50～60学时（含实验6～8学时）编写。它可作为高等学校汽车服务工程专业、车辆工程专业和交通运输（汽车运用工程）专业本科生"汽车发动机原理"课程的教材，也可作为相关专业的教学用书和工程技术人员的参考书。

本书原版由原长沙交通学院、重庆交通学院、西安公路交通大学（现长沙理工大学、重庆交通大学、长安大学）编审。主编张志沛，编写者为张志沛（绪论、第五、六章、附录），曾光吾（第一、三、四章），温厚鸿（第二、七章），全书由张志沛统稿。初稿完成后，由边耀璋教授主审。尔后又根据高等学校交通运输（汽车运用工程）专业教学指导委员会第二届六次会议的决定修订再版。

本书自1993年6月初次出版，特别是经过人民交通出版社精心组织的第一版（2003年3月）、第二版（2007年8月）和第三版（2011年3月）根据汽车发动机技术的发展，对全书内容进行了重新整理和修改，补充、完善了汽油机、柴油机电子控制燃油喷射系统的设计及工作原理，增加了替代燃料发动机和电动汽车的章节后，自发行以来，受到了用书院校广大教师和学生的欢迎和好评，并多次重印，以满足用书需要。

此次修订再版紧跟汽车发动机技术的最新发展，重点补充、完善了汽车发动机实际循环（性能指标）的数值计算理论、方法，纯电动汽车关键电池技术（特别是锂空气电池）等方面内容。本书特别注重传统经典内容与新技术发展相结合，突出最新技术及原理，在内容和体系上具有鲜明的特点。同时强调理论联系实际，在理论上引入最前沿的发展技术，拓展学生视野，在实际上引入测试技术与基础实验，增强学生的实际动手能力和对理论知识的理解，有利于调动学生的学习积极性，使全书的内容更加符合本课程教学与改革的需要。此次全面修订工作由张志沛完成，徐小林副教授参与了工作。

本书附有参考文献，在此对文献的作者及全书编写过程中给予帮助的其他同志一并表示感谢。

由于编者水平有限，书中难免有错漏之处，诚恳欢迎使用本书的师生和广大读者给予批评指正。

张志沛
2016年10月

目 录

绪论 ··· 1

第一章 内燃机性能指标及实际循环热计算 ······································· 8
第一节 内燃机理论循环概述 ·· 8
第二节 内燃机实际循环与热损失 ·· 10
第三节 热平衡 ·· 17
第四节 指示指标 ·· 18
第五节 有效指标 ·· 21
第六节 机械损失 ·· 24
第七节 燃烧热化学 ··· 29
第八节 燃烧基本理论 ··· 32
第九节 实际循环的近似计算——经典热计算 ·· 40
第十节 实际循环数值计算方法 ··· 56

第二章 内燃机的换气过程 ··· 63
第一节 四冲程内燃机的换气过程 ·· 63
第二节 四冲程内燃机的充气效率 ·· 66
第三节 影响充气效率的各种因素 ·· 68
第四节 提高充气效率的措施 ··· 70
第五节 进气管内的动力效应 ··· 74
第六节 二冲程内燃机的换气过程 ·· 78

第三章 柴油机混合气形成和燃烧 ··· 85
第一节 柴油机混合气形成 ·· 85
第二节 柴油机的燃烧过程 ·· 90
第三节 柴油机机械控制燃油喷射系统 ··· 97
第四节 柴油机电子控制燃油喷射系统 ··· 102

第四章 汽油机混合气形成和燃烧 ··· 112
第一节 电子控制汽油喷射系统 ··· 112
第二节 电子控制点火系统 ·· 122
第三节 汽油机的燃烧过程 ·· 126
第四节 均质压燃(HCCI)发动机 ·· 133

第五章 替代燃料发动机及新能源汽车 ·· 141
第一节 替代燃料发动机 ·· 141
第二节 新能源汽车 ··· 150

第六章 内燃机噪声、排放污染及防治 ·· 166
第一节 内燃机噪声污染及防治 ··· 166

第二节　内燃机排放污染及防治…………………………………………………… 170
第七章　内燃机特性………………………………………………………………………… 198
　第一节　内燃机工况………………………………………………………………… 198
　第二节　内燃机负荷特性…………………………………………………………… 200
　第三节　内燃机速度特性…………………………………………………………… 202
　第四节　内燃机转矩特性…………………………………………………………… 205
　第五节　柴油机调速特性…………………………………………………………… 208
　第六节　内燃机万有特性…………………………………………………………… 212
　第七节　内燃机排污特性…………………………………………………………… 213
　第八节　内燃机特种特性…………………………………………………………… 214
　第九节　内燃机的功率标定及大气修正…………………………………………… 215
第八章　车用发动机的废气涡轮增压…………………………………………………… 219
　第一节　发动机增压概述…………………………………………………………… 219
　第二节　废气涡轮增压器的工作原理……………………………………………… 222
　第三节　废气涡轮增压对发动机功率和经济性的影响…………………………… 231
　第四节　废气涡轮增压系统的两种基本形式……………………………………… 233
　第五节　柴油机废气涡轮增压……………………………………………………… 236
　第六节　废气涡轮增压器与四冲程柴油机的特性配合…………………………… 245
　第七节　汽油机废气涡轮增压……………………………………………………… 248
附录一　内燃机台架试验………………………………………………………………… 253
附录二　本书使用的主要符号…………………………………………………………… 262
参考文献……………………………………………………………………………………… 264

绪论

一、本课程的任务及基本内容和要求

汽车是现代化交通运输的主要工具之一。汽车运输具有机动、灵活、快速、换装少、货损少、效率高、效益高的特点。汽车与国民经济发展紧密相连，与人民日常生活密切相关。

汽车工业是机械电子工业的一个重要组成部分，也是一个综合性的工业部门和技术密集的行业。在一定程度上，一个国家的汽车工业代表了这个国家的工业发达水平。

发动机是汽车的心脏，"汽车发动机原理"是汽车服务工程专业、车辆工程专业和交通运输(汽车运用工程)专业的必修课程。

"汽车发动机原理"以发动机性能指标为主要研究对象，把合理组织工作过程，提高整机性能作为主要内容，通过分析各工作过程中影响性能指标的诸多因素，从中找到提高汽车发动机性能指标的一般规律。

本课程的任务是研究汽车发动机的工作过程及整机性能，使学生掌握发动机实际工作过程的分析方法及性能指标与各工作过程的内在联系；掌握性能实验的基本方法并能够进行数据处理与分析；了解影响整机性能的使用因素及提高整机性能的基本途径，为汽车发动机的设计、制造以及管理、使用、维护与修理提供理论基础。

本课程的基本内容有：汽车发动机的实际工作过程与性能指标；燃烧热化学与热计算；换气过程及燃烧过程的进行与使用因素的影响；发动机噪声及排放污染的形成机理与防治措施；内燃机主要特性(负荷特性、速度特性、调整特性、万有特性)与制取方法及分析；车用发动机的废气涡轮增压等。除涉及汽油机、柴油机外，本课程还新增了替代燃料发动机及新能源汽车。

本课程的基本要求是：

明确本课程的地位、性质、任务及主要研究对象；了解目前国内外研究水平及主要发展方向。

重点掌握发动机实际循环及指示指标、有效指标、机械效率的定义、计算与分析；明确实际循环的各项损失及减少损失的基本途径。

掌握燃料完全燃烧、不完全燃烧及实际循环的热计算；了解燃烧理论的基本知识。

明确换气过程的进行；重点掌握充气系数的概念及影响因素与提高充气系数的措施；了解进排气管内的动力效应。

熟悉汽油机及柴油机的混合气形成；掌握汽油机正常燃烧过程的特点与分期及不正常燃烧现象与形成机理；掌握柴油机燃烧过程的特点与分期及柴油不正常喷射发生的原因和消除措施；明确使用因素对燃烧过程的影响。

了解代用燃料发动机的特性分析及掌握电动汽车动力系统的工作原理和发展动向。

掌握发动机噪声及排放污染的形成机理与防治措施；明确使用因素对发动机噪声及排气中有害气体浓度的影响。

明确内燃机特性的定义、基本分析式及研究意义;重点掌握负荷特性、速度特性、调速特性、万有特性曲线的制取方法与分析;掌握内燃机功率标定及大气修正方法。了解车用发动机的废气涡轮增压技术。

二、汽车内燃机的发展

汽车发动机有往复活塞式内燃机、燃气轮机、涡轮复合绝热发动机、转子发动机(即三角活塞旋转式发动机)、热气机(即斯特林发动机)、电动机、混合式发动机等,但目前绝大多数采用的是往复活塞式内燃机,电动机是发展方向之一。

一般所说的内燃机就是指往复活塞式内燃机,在这种发动机中,燃料在汽缸内直接燃烧产生压力,推动活塞作往复运动,通过曲轴-连杆机构变为旋转运动,对外输出动力。如煤气机、汽油机、柴油机、液化石油气(天然气)发动机等。

研究和分析汽车内燃机的技术发展,可以了解前人的经验和教训,掌握技术发展的主流。

17世纪中叶,人们就曾设想把某种工质在汽缸内燃烧而获得机械能。1824年,卡诺(Sadi Carnot)发表了热力机的经典理论——卡诺原理。但直到1860年才出现第一台实用的内燃机,这就是法国人雷诺(Lenoir)研制成功的煤气机,它没有压缩过程,当活塞行至进气行程中点时,用电点火。发动机的热效率不超过4.5%,汽缸内最大压力只有400kPa,功率为2.2～3.7kW。这种发动机当时在英国、法国使用很广。

1862年法国人罗沙(Beau De Rochas)对内燃机热力过程进行了理论分析之后,提出了改善热效率的四项原则(汽缸的冷却面积尽量小;膨胀前汽缸内压力尽可能高;膨胀时活塞的速率尽可能快;膨胀范围尽可能大)以及实现这些原则的措施。这是认识上的一次飞跃,也是第一次提出了等容燃烧的四冲程循环原理。

1876年德国人奥托(Nicolaus August Otto)按罗沙的理论制造出第一台四冲程煤气机,功率为2.9kW,压缩比为2.5左右,效率为10%～12%,这些指标都高于当时的其他热机。奥托机的出现是在理论指导下的实践成果,是内燃机发展史上的第一次重大技术突破。

在奥托四冲程内燃机出现后,英国人克勒克(Dugald Clerk)开始研究二冲程内燃机。在1881年的法国巴黎展览会上展出了这种二冲程内燃机。

内燃机发展初期都以煤气为燃料,这是由于19世纪中叶,欧洲各大城市已使用煤气照明,当时煤气是比较广泛且容易得到的能源。随着石油工业的发展,出现了比煤气热值要高出许多的汽油及柴油等产品,这为后来液体燃料发动机的出现创造了能源条件。

1883年德国人戴姆勒(Gottlieb Daimler)研制成功了带表面蒸发型化油器的电火花点火的立式汽油机。当时内燃机的转速较低,很少超过200r/min,而他制造的汽油机转速竟高达1000r/min。与此同时,德国人卡尔·奔驰(Karl Benz)也开始研制高速汽油机。1886年戴姆勒和奔驰分别成功地把他们制造的高速汽油机装在车辆上运行,现在公认这一年为汽车诞生年。

1885年英国人普雷斯特曼(Priestman)研制成功使用重质石油燃料的煤油机。

1890年英国的阿·斯托尔特(Akroyd Stuart)研制成功不用电点火装置的烧球式煤油机。

1893年德国人鲁·迪塞尔(Rudolf Diesel)发表了压燃式内燃机的工作原理。经过实践,在1898年,他研制出带冷却水套的、基本上按等压过程燃烧的、以煤油为燃料的压燃式内燃机,压燃式内燃机的热效率比电火花点火式内燃机的热效率大大提高,是内燃机发展史上的第二次重大技术突破。

初期的压燃式内燃机是用压缩空气(约6000kPa)将燃油喷入汽缸,发动机还要附带空气压缩机,使整个动力装置非常笨重,难以用在车辆上。1899年开始研制机械式喷油装置,直至1914～1915年制造工艺水平提高之后,才出现了结构简单、外形尺寸小的精密的机械式喷油装置。1925年在德国建成了专业化的生产喷油泵的工厂(Bosch),使压燃式内燃机(柴油机)用于车辆上成为可能。

1926年瑞士人波希(Alfred J Buchi)提出了利用发动机排出的废气能量来驱动压气机,即发动机增压的废气涡轮增压理论。在第二次世界大战中,少数航空发动机上采用废气涡轮增压,以补偿在高空时的功率下降。1950年之后,随着燃气轮机技术的发展,废气涡轮增压技术也逐渐在柴油机上广泛使用,从此柴油机的技术性能指标有了大幅度提高。

近三十年来,高速柴油机及汽油机成功地采用了废气涡轮增压和中冷技术,其单位体积功率有了大幅度的提高,使其质量减轻,外形尺寸大大缩小。

随着电子技术的飞速发展,汽车电子化成为各国汽车工业的重要发展方向。从20世纪60年代开始,燃油喷射系统经历了从晶体管、集成电路到微处理器控制,从模拟计算机控制到数字计算机控制的发展过程。

最早研制汽车电子电控燃油喷射装置的是美国本迪克斯(Bendix)公司。该公司于1957年开始试用真空管电控系统,根据进气压力,由设在各个节气门前的喷油器与进气行程同步喷油,但该专利并未付诸实用。

1967年德国博世公司根据美国本迪克斯公司的专利技术,开发出了D-Jetronic系统,它是利用进气歧管绝对压力传感器检测进气量,同时利用模拟计算机来控制发动机空燃比的D型燃油喷射系统,该系统是利用电子电路来控制喷油器阀门的开启时刻和开启持续时间。该系统被装备在德国大众(Volkswagen)汽车公司生产的VW-1600型和奔驰公司生产的280SE型轿车上,率先达到了当时美国加利福尼亚州的排放法规要求,开创了汽油发动机电子控制燃油喷射技术的新时代。

1973年,德国博世公司在D-Jetronic系统的基础上,改进发展成为L型燃油喷射系统L-Jetronic。L型燃油喷射系统利用了叶片式空气流量传感器直接测量进气管内进入发动机的空气的体积流量,与利用进气歧管绝对压力来间接测量进气量的D型喷射系统相比,检测精度和控制精度都大大地提高了。此后,利用其他原理制作的空气流量计也实用化了。1980年,三菱电机公司开发出了卡门旋涡式空气流量计。1981年,日立制作所和德国博世公司相继研制出热线式空气流量计,可直接测量出进气空气的质量流量,无须附加装置来补偿大气压力和温度变化的影响,并且进气阻力小,加速响应快,从而取代了叶片式空气流量传感器,该系统取名为LH型燃油喷射系统(LH-Jetronic)。

1979年,德国博世公司在L型燃油喷射系统的基础上,将点火控制和燃油喷射控制结合在一起,并采用数字式计算机进行控制,从而构成当今广泛采用的Motronic系统。与此同时,美国和日本各大汽车公司也相继研制成功与各自车型配套的数字式发动机集中控制系统。例如美国通用公司的DEFI系统、福特公司的EEC Ⅲ系统、日本日产公司的ECCS系统、丰田公司的TCCS系统等,这些系统能够对空燃比、点火时刻、怠速转速和废气再循环等多方面进行控制,控制精度越来越高,控制功能也日趋完善。

1980年美国通用公司首先研制成功一种结构简单、价格低廉的节气门体喷射系统TBI。1983年德国博世公司又推出了燃油压力只有0.1MPa的Mono-Jetronic低压中央喷射系统,又称为单点电控燃油喷射系统。该系统在进气歧管原先安装化油器的部位,仅用一只电磁喷油器集中喷射,能迅速输送燃油通过节气门,缩短了供油和空燃比信息反馈之间的时间间隔,提高了控制精度,排放效果得以改善。同时,该系统采用节气门转角和发动机转速来控制空燃比,省去了空气流量计。该系统结构和控制方式均较简单,兼顾发动机的性能和成本,对发动机结构的影响较小。目前,这种单点喷射系统在排量小于2L的普通轿车上得到了迅速的推广应用。

进入20世纪90年代,美国三大汽车生产公司生产的轿车几乎100%应用电控燃油喷射系统,德国于1993年10月停止生产化油器发动机的轿车而全部采用电控燃油喷射系统。

新中国成立前我国处于半封建半殖民地社会,经济、文化落后,工业基础薄弱,不可能大量生产像内燃机这样技术要求较高、结构复杂的机器。

1909年上海求新机器制造厂生产了我国第一台3.7kW的煤气机。20世纪20年代,广州、山东、上海、常州等地也纷纷开始生产柴油机。20世纪30年代,上海新中厂制成第一台柴油汽车,20世纪40年代又生产了最大功率为220kW的柴油机,但技术图纸及主要零、部件多是国外进口。

新中国成立后,党和政府十分重视汽车工业的建设和发展,20世纪50年代初就着手建立汽车工业。1956年7月15日,长春第一汽车制造厂生产出我国第一批"解放"牌汽车,结束了我国不能制造汽车的历史,开创了我国汽车生产的新纪元。经过20世纪50年代末和20世纪60年代末的两次发展,我国汽车工业从无到有,从小到大,有了较大的发展,建立了一个又一个初具规模的汽车生产基地,部分地满足了工业、农业、交通运输、国防以及国民经济其他部门对汽车的迫切需求。

改革开放以来,为了适应国民经济迅猛发展的需要,我国汽车工业在发展生产、节约能源、改进老产品、研制新车型、调整改组等方面做了大量工作。第一汽车制造厂生产的"解放"牌汽车,第二汽车制造厂生产的"东风"牌汽车,济南汽车制造厂生产的"黄河"牌汽车等都有了不同程度的改进,一些企业正在着力开发新产品,建设新的汽车生产基地,特别是我国轿车工业的发展,已建立一汽、二汽、上汽、北汽、天汽、兵器行业等生产基地,部分产品的技术已达到和接近世界先进水平。

我国政府规定,6座以下化油器式发动机汽车自2001年1月1日起不准生产,9月1日起不准销售,取而代之的是电子控制燃油喷射式发动机汽车。随着我国加入世界贸易组织,我国已经颁布了有关汽车排放方面的强制性法规,使得发动机电子控制技术的推广应用迅速发展。

三、汽车对发动机的要求

满足动力性是汽车对发动机的基本要求,动力性主要有以下3个方面的指标评价:
(1)汽车的最高车速(km/h),是指在水平良好的路面上汽车能达到的最高行驶速度。
(2)汽车的加速时间(s),用原地起步加速时间与超车加速时间表示。
(3)汽车最大爬坡能力,用满载时汽车在良好路面上的最大爬坡度表示。

我们知道,传到驱动车轮的转矩在克服一般道路行驶阻力之后,所剩余的转矩才能用来爬坡和加速,为了保证汽车的机动性,即在宽广范围内的变速、变负荷以及爬坡、加速性能,汽车都需要有一定的后备功率(内燃机输出功率大于汽车正常行驶所需功率,两功率之差称为后备功率)。后备功率越大,爬坡、加速性能越好。然而,动力性和经济性存在矛盾,如后备功率大,则动力性好;但经常使用的负荷率就低,经济性差。选配内燃机时需视具体条件和要求而定。

轿车特别是中高级轿车着重于动力性能，要求加速性能好，最大车速高，有超车能力。目前一般轿车发动机排量在 1～3L，油耗 7～11L/100km，最大车速 140～180km/h，0～80km/h 时的加速时间在 8～12s。常需选用高速、强化、紧凑和后备功率较大的内燃机。最大转矩常出现在较高转速工况，以保证最大功率和最高转速。因有足够的后备功率来保证加速、爬坡能力，故不强调转矩储备系数。

载货汽车较为着重于经济性，最大车速较低，因此，选用转速较低、后备功率较小的内燃机。但应具有在不良路面上行驶的能力，并常需在严寒、酷暑和风沙、泥泞等恶劣条件下工作，因此要求内燃机适应能力强，并有一定转矩储备系数和转速储备系数。

城市公共汽车由于站距短，市内交通拥挤，车辆常在中、低速行驶，停车、起步频繁，负荷变化较大，常在低速高负荷情况下工作，内燃机处于机械负荷不大但热负荷很高的状态，需有适应的冷却系统和润滑系统。还要求内燃机加速性能和怠速性能好，要有一定转矩储备系数和转速储备系数。

拖拉机工作时，阻力矩变化急剧，且有短期超负荷情况，宜选转矩储备系数较大的柴油机。但考虑使用经济性，后备功率较小。

与柴油机相比，汽油机升功率大、比质量小、转速高，而且加速性能好、速率响应迅速、操纵灵敏，加上运转平稳、噪声小，因此，在轻型汽车及轿车领域占优势。而其他载货汽车，则柴油机占优势。

内燃机广泛应用于汽车是由于它具有下列优点：

(1) 热效率高，能节省燃料，经济性好，柴油机最高有效热效率为 46%。
(2) 外形尺寸小，质量轻，内燃机单位功率的质量为 0.4～0.7kg/kW。
(3) 功率范围广，适应性好。
(4) 起动迅速，正常起动只要几秒钟，并很快达到全功率。
(5) 水的消耗量少，特别是风冷发动机根本不需要水，这对缺水地区是个重要优点。
(6) 维护简单，操作方便。

内燃机也有缺点，即：

(1) 燃料限制，在内燃机中只能直接用液体或气体燃料。
(2) 噪声大，是城市中的噪声污染源。
(3) 废气中的有害成分会造成排放污染。
(4) 低速时很难输出大转矩，因而以内燃机为动力的车辆，必须装有变速机构。

当今，汽车内燃机(汽油机、柴油机)的发展动向，主要是解决节能和排污。因此，能源问题和环境问题便成为内燃机技术研发时要考虑的主要问题。

为了全面了解汽车(含发动机)电子控制技术及制造技术的未来发展，本绪论后附有图 0-1，图中的"环境保护""节能""社会系统链""安全性"将成为今后汽车技术发展的目标。

四、几点说明

(1) 本课程系统性、实践性很强，在教学过程中必须认真贯彻理论联系实际的原则，注意培养学生运用理论分析和解决实际问题的能力，以及创造思维的能力。

(2) 学习本课程之前学生必须系统地掌握汽车发动机构造及工程热力学与传热学等课程的知识。

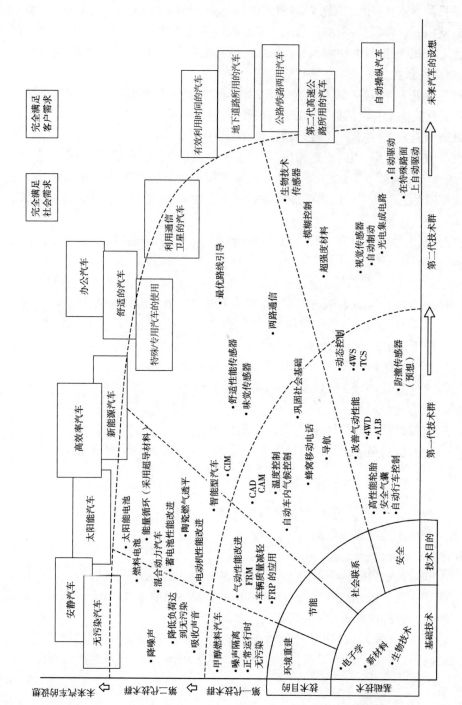

图 0-1 21 世纪汽车电子控制技术的蓝图

(3)每章讲授完毕后,应配合本章的重点、难点内容布置适量的思考题,供学生自学和全面复习使用。

(4)实际循环与燃烧热化学讲授完毕后,应布置一次发动机实际循环热计算的大作业,并要求编写计算机程序上机实习。

(5)要结合实物,了解水力测功器、电力测功器、电涡流测功器及转速仪、油耗仪、气电示功器、电子示波器等仪器设备的基本结构与工作原理。自己动手,认真完成负荷特性、速度特性实验及数据整理、计算,绘制曲线并进行分析,写出实验报告。且根据多工况下的负荷特性曲线,测绘万有特性曲线。有条件的要制取示功图。

第一章 内燃机性能指标及实际循环热计算

发动机是汽车的动力源。汽车是一种现代化的交通工具，汽车的运输效率在很大程度上依赖于发动机的品质。发动机的品质是按照可靠性、耐久性、性能、结构工艺、操纵维修、成本核算等多方面的指标予以综合评定的。本课程仅研究发动机的性能指标。鉴于往复活塞式内燃机在汽车上的应用最为广泛，本书的讨论范围主要涉及往复活塞式内燃机的性能指标。性能指标主要包括：动力性能指标(功率、转矩和转速等)、经济性能指标(燃料和润滑油的消耗)以及运转性能指标(冷起动性能、噪声和排气品质等)。

内燃机的性能指标与它的工作过程密切相关，只有深入研究内燃机的工作过程才能找出影响其性能指标的各种因素，并从中归纳出提高整机性能的一般规律。

根据所用燃料种类的不同，车用内燃机主要分为汽油机和柴油机两大类，这两类内燃机在混合气形成与燃烧特性方面存在较大的差别。因此，它们的工作过程、燃烧特性和整机性能有时需要分开讨论。

内燃机是将热能转变为机械能的一种热力发动机，其热能是由燃料燃烧产生的。因此，燃烧过程对内燃机整机性能的影响是至关重要的。为了开展对燃烧过程的研究，本章将介绍一些燃烧热化学和燃烧化学反应动力学方面的基础理论知识。

内燃机的工作过程和整体性能的研究是针对实际循环而言的，实际循环是很复杂的。本章研究实际循环的方法是以热力学中研究理论循环所得到的结论为基础，从分析比较两种循环之间存在的差异来开展这方面的研究。

对实际循环的分析计算，是深入了解内燃机工作过程中各种极为复杂的现象和多种影响因素相互作用的一种手段，同时也是内燃机设计制造过程中不可缺少的步骤。为此，本章还将重点讨论这方面的内容。

第一节 内燃机理论循环概述

内燃机的理论循环是将实际工作过程加以抽象简化后建立的循环模式。工程热力学中曾经讨论过三种内燃机的理论循环，即定容加热循环、定压加热循环和混合加热循环。这三种理论循环的 p—V 图如图 1-1 所示。

定容加热循环是与汽油机的实际循环相对应的循环模式；定压加热循环是与高增压的低速大型柴油机的实际循环相对应的循环模式；高速柴油机介于两者之间，其实际循环与混合加热循环模式相对应。

按工程热力学的公式，混合加热循环的热效率为：

$$\eta_{tm} = 1 - \frac{1}{\varepsilon^{k-1}} \cdot \frac{\lambda\rho^k - 1}{(\lambda - 1) + k\lambda(\rho - 1)} \qquad (1\text{-}1)$$

式中：ε——压缩比，$\varepsilon = V_a/V_c = (V_h + V_c)/V_c$。

其中，V_a 为汽缸总容积；

V_c 为燃烧室容积;

V_h 为汽缸工作容积。

λ——压力升高比,$\lambda = p_z/p_c$。

ρ——预膨胀比,$\rho = V_z/V_{z'} = \varepsilon/\delta$,其中 δ 为后膨胀比,$\delta = V_b/V_z$。

k——绝热指数,空气的 $k = 1.4$。

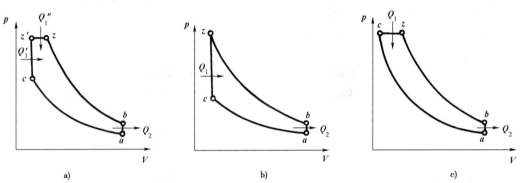

图 1-1 内燃机理论循环

a)混合加热循环;b)定容加热循环;c)定压加热循环

定容加热循环($\rho = 1$)的热效率为:

$$\eta_{tv} = 1 - \frac{1}{\varepsilon^{k-1}} \qquad (1-2)$$

定压加热循环($\lambda = 1$)的热效率为:

$$\eta_{tp} = 1 - \frac{1}{\varepsilon^{k-1}} \cdot \frac{\rho^k - 1}{k(\rho - 1)} \qquad (1-3)$$

理论循环的做功能力可用单位汽缸容积所做的循环功来表示,称为循环平均压力 p_t:

$$p_t = \frac{W}{V_h} \quad (\text{kPa})$$

式中:W——循环所做的功,J;

V_h——汽缸工作容积,L。

根据工程热力学公式,混合加热循环的平均压力为:

$$p_{tm} = \frac{\varepsilon^k}{\varepsilon - 1} \cdot \frac{p_a}{k - 1} \cdot [(\lambda - 1) + k\lambda(\rho - 1)]\eta_t \qquad (1-4)$$

式中:p_a——进气终点压力,kPa。

定容加热循环的平均压力为:

$$p_{tv} = \frac{\varepsilon^k}{\varepsilon - 1} \cdot \frac{p_a}{k - 1}(\lambda - 1)\eta_t \qquad (1-5)$$

定压加热循环的平均压力为:

$$p_{tp} = \frac{\varepsilon^k}{\varepsilon - 1} \cdot \frac{p_a}{k - 1}(\rho - 1)k\eta_t \qquad (1-6)$$

由上述理论循环的 η_t 和 p_t 表达式可得出以下结论:

(1)增加 ε,可提高 η_t,但其提高率将随 ε 值的不断增大而逐渐降低。

(2)增大 λ,由于可增加混合循环中等容部分的加热量,从而导致热量利用率的提高,因而也可使 η_t 提高。

(3)ε 和 λ 的增长,将伴随着最高循环压力 p_z 的急剧上升。因此,ε 和 λ 的增加将受到结构强度、机械效率和燃烧条件三方面的限制。p_z 增加,对承载零件的强度将提出更高的要求,这势必增加发动机的质量,并降低发动机的使用寿命和可靠性;同时 p_z 增大,将导致运动摩擦副之间的摩擦力增加,以及运动件惯性力的增大,从而导致机械效率的下降;ε 增大将导致压缩终点的压力和温度升高,这易使汽油机产生不正常的燃烧现象,并给柴油机的燃烧室设计带来困难;可见 ε 和 λ 值的提高是有限度的。目前柴油机的压缩比 ε 一般在 12~22 之间,p_a = 5000~14000kPa,λ = 1.3~2.2;汽油机的压缩比 ε = 6~11,p_z = 3000~8500kPa,λ = 2.0~4.0。

(4)增大 ρ,可提高 p_t。但由于 ρ 的增大相当于混合循环中等压部分的加热量增加了,因此 η_t 将随之降低。

(5)绝热指数 k 越大,则 η_t 越高。

第二节 内燃机实际循环与热损失

内燃机的工作过程就是实际循环不断重复进行的过程。内燃机的实际循环是由进气、压缩、燃烧、膨胀和排气所组成,较之理论循环复杂得多,它不可能达到理论循环那样高的热效率。为了尽量减小实际循环与理论循环的差距,使实际循环获得尽可能高的热效率指标,有必要弄清两种循环的差异所在以及引起实际循环各项热损失的原因。然后才有可能找到缩小差距的途径。

下面将以一台非增压四冲程柴油机为例,来讨论实际循环与理论循环的差别。图1-2中用实线表示实际循环的示功图,用加了黑点的实线表示与之相对应的理论循环示功图,假设这两个示功图具有相同的热量输入,则引起实际循环热损失的各项因素可分析如下。

一、工质的影响

理论循环是以空气为工质,并假设比热❶为定值。实际循环中的工质是空气、燃料和燃烧产物,其比热随温度上升而增大。考虑到实际工质的具体情况后,将对循环产生如下影响:

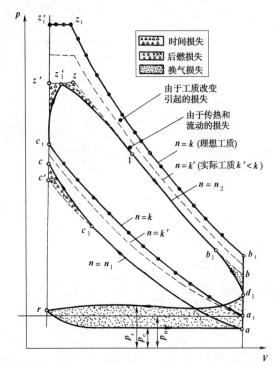

图 1-2 非增压四冲程柴油机理论循环和实际循环 p—V 图的比较(示意图)

(1)在实际循环中工质的成分会发生变化。燃烧前的工质是空气与燃料蒸气的混合气和上一循环残留废气的混合物。燃烧后,工质变成燃烧产物。各中间阶段工质的成分不仅与燃料成分有关,而且与燃烧时的过量空气系数(其定义将在本章第七节中介绍)和燃烧温度有关。

---

❶ 比热是比热容的简称,指单位物质的热容量。

(2) 工质的比热随温度的上升而增大,而且燃气的比热比值比空气的小,其结果均导致循环热效率降低,循环所做的功减少。

工质的比热比值 k 小会使循环热效率降低的原因可从前文的理论循环热效率计算公式中看出来,工质比热对循环热效率的影响其原因解释如下。

假设在理论循环的定容加热过程 c_tz' 中工质吸收的热量 Q_v 与实际循环的定容加热过程 cz' 吸收的热量相同,工质的质量为 m,定容比热为 c_v,根据工程热力学的公式有:

$$Q_v = mc_v(T_{z't} - T_{ct}) = mc_v(T_{z'} - T_c) \tag{1-7}$$

很显然,由于实际循环的 c_v 值大于理论循环的 c_v 值,将使实际循环的定容加热过程的温升低于理论循环的温升,从而使实际循环的热效率比理论循环的低。

(3) 工质的高温分解。当温度超过 1000℃ 以后,实际工质的燃烧产物将陆续发生一定数量的高温分解,高温分解将伴随着吸热过程,如下式所示:

$$2CO_2 + 2 \times 284000 (kJ/kmol) = 2CO + O_2$$
$$2H_2O + 2 \times 242000 (kJ/kmol) = 2H_2 + O_2$$

高温分解的程度与工质的压力和温度有关,压力越低,温度越高,反应向右进行的趋势越强烈。高温分解需要吸收热量,使燃烧阶段的压力随温度的升高而减小,其结果也会使循环的热效率降低。

高温分解的产物,在膨胀过程中随工质温度的降低会重新进行氧化燃烧,并放出热量。因此,高温分解时吸收的热量并不会完全损失掉,只是降低了热量的利用率。

由于汽油机燃烧过程中的压力低于柴油机,而温度又高于柴油机,故汽油机中高温分解的倾向比柴油机严重。高温分解对柴油机热效率的影响很小,可略而不计。高温分解对汽油机的热效率影响也不大,仅在汽油机实际循环的精确计算时才需考虑。

(4) 工质分子数的变化。燃烧前后气体的摩尔数❶会发生变化,但对循环的实际影响不大。

以上实际工质特性的分析表明,工质比热随温度上升而增大的特性对实际循环的影响很显著,对其余各项的影响较小,其结果使循环热效率下降。例如,对于 $\varepsilon = 13$,过量空气系数 $\alpha = 2$,循环最高压力 $p_z = 5000kPa$ 的混合加热循环,其理论热效率 η_t 为 61%,考虑到工质的实际特性,则其热效率将降为 53%。如图 1-2 上的虚线所示,实际循环的燃烧膨胀线低于理论循环的燃烧膨胀线。

二、换气损失

理论循环中认定进、排气的推动功很接近可互相抵消,而把开式循环理想化为闭式循环。在实际循环的换气过程中,排气门要提前开启,废气在下止点前便开始逸出(沿 b_1d_1 线),使 p-V 图上的有用功面积减小(图 1-2 上的 b_1bd_1 小块麻点区所示)。在接着进行的排气和吸气过程中,由于流动阻力会产生进、排气推动功的差别(图 1-2 上 d_1ra 麻点区所示)。排气门提前开启造成的损失与进、排气推动功之差,这两部分损失之和就是实际循环的换气损失。

三、汽缸壁的传热损失

理论循环假定汽缸壁和工质之间无热交换。但在实际循环中,汽缸壁和工质之间自始至

---

❶ 摩尔数是一种习惯说法,就是指该物质的物质的量是多少摩尔。

终存在着热量交换。在压缩过程初期,汽缸壁温度高于工质温度,工质吸热。在压缩过程后期,工质的温度超过缸壁温度,工质向缸壁散热。其平均多变压缩指数偏低,存在热量损失,使压缩过程的压力线低于理论循环的压缩线。此外,由于进气终点压力 p_a 低于大气压力,因此,整个实际压缩线 ac 处于理论压缩线 $a_t c_t$ 的下方(图1-2)。在随后的燃烧、膨胀和排气过程中,工质继续不断地向缸壁传出热量,使实际循环的膨胀过程线 $z'_1 d_1$ 低于理论循环的膨胀线 $z_t b_t$,在示功图上减少的有用功面积大于理论压缩线下增加的面积,其差值即为实际循环的传热损失。

根据实际统计数据可知,通过汽缸壁各部分向外散发的热量损失所引起的发动机功率和热效率下降约占理论混合循环发出的功率和热效率的10%左右。由此可见汽缸壁的传热损失在实际循环热损失中所占比例的分量。对于汽缸壁传热问题的研究,不仅限于改进发动机工作循环的效率,而且从结构设计和运行可靠性等方面来看,汽缸壁各部分的温度和温度场均与汽缸壁传热有直接关系,而缸壁的温度与温度场将对运动件的润滑条件、磨损情况、活塞间隙、零件内的热应力和热负荷等起决定性的作用,它是影响发动机工作寿命和可靠性的主要因素之一。因此,有必要对汽缸壁的传热问题进行比较深入地研究。

1. 汽缸壁传热量的计算

汽缸壁传热问题是很复杂的,它具备所有的三种基本方式:导热、对流和辐射,其中以对流为传热的主要方式。一般情况下,工质传向汽缸壁的热量可视为辐射传热和接触传热(包括导热和对流两种方式在内)之和,当发动机以一定负荷工作时,它在一循环内传向汽缸壁某部分的热量可用下式表示:

$$Q_w = \int (a_\gamma + a_\tau) F_c (T - T_w) d\tau \quad (J) \tag{1-8}$$

式中:a_γ——辐射传热系数,$W/(m^2 \cdot K)$;

　　　a_τ——接触传热系数,$W/(m^2 \cdot K)$;

　　　F_c——汽缸壁某部分与工质接触的传热面积,m^2;

　　　T——工质的温度,K;

　　　T_w——汽缸壁某部分的表面温度,K;

　　　τ——散热过程所经历的时间,s。

实践证明,在稳定工况下运行时 T_w 可取定值,F_c 对于汽缸盖和活塞顶而言是不变的,对于汽缸套,可按曲柄连杆机构的运动学规律来求其随时间的变化关系。工质温度可从测录的示功图上读取信息并利用状态方程式求得。于是剩下的问题就是如何确定 a_γ 和 a_τ 的数值。

实验研究表明,辐射损失在传热损失中所占比例很小,在实际计算中常略而不计或统一考虑在接触传热系数 a_τ 中去。鉴于工质向汽缸壁不同部分的传热量中辐射传热所占的比例不同,因此当把辐射损失也由 a_τ 附带考虑进去时,汽缸不同部分的 a_τ 表达式是不同的。

目前接触传热系数 a_τ 的经验公式不少,主要是针对柴油机的,可供汽油机应用的公式较少。不同的经验公式所针对的机型不同,计算结果差别很大,本书不一一列举。仅列举其中一种,用以说明对 a_τ 有影响的一些因素之间的大致关系。

佛劳姆(W. P. flaum)在汽缸直径 $D=150mm$,行程 $S=190mm$,转速 $n=500\sim1000r/min$ 的高增压柴油机上进行试验,得出下列 a_τ 的经验公式:

$$a_\tau = f_1(p, T) \cdot f_2(C_m) \cdot f_3(p_k) \cdot f_4(D) \quad [W/(m^2 \cdot K)] \tag{1-9}$$

式中：C_m——活塞平均速度，m/s；
p_k——增压器出口压力，kPa。

$$f_1(p,T) = p^{0.5}T^{0.5}$$

$$f_2(C_\mathrm{m}) = 6.2 - 5.2 \times 5.7^{-(0.1C_\mathrm{m})^2} + 0.025C_\mathrm{m}$$

对于活塞顶和汽缸盖底面：

$$f_3(p_\mathrm{k}) = 8.57 p_\mathrm{k}^{0.25}$$

对于汽缸套：

$$f_3(p_\mathrm{k}) = 19.85 p_\mathrm{k}^{0.66}$$

$$f_4(D) = (D_0/D)^{0.25}$$

取汽缸直径的参考值 $D_0 = 0.15$m，则：

$$f_4(D) = 0.62D^{-0.25}$$

通常，对于非增压发动机，最大的 a_τ 值约为 1163W/(m²·K)，而对于增压发动机约为 2900W/(m²·K)，每循环 a_τ 的平均值约为 230~580W/(m²·K)。在一个循环中汽缸壁的传热损失主要发生在发动机的燃烧和膨胀过程中。对于柴油机，其传热损失的大致分配比例如下：

燃烧和膨胀过程　　70%~80%
排气过程　　　　　15%~22%
压缩过程　　　　　5%~8%

2. 影响传热损失的各种因素

发动机的传热损失与一系列的结构因素和运转因素有关，其中主要有汽缸的几何尺寸、燃烧室形式、冷却方式、增压程度和运行工况等。

1) 汽缸几何尺寸的影响

汽缸壁各部分与工质接触的传热面积的总和 $\sum F_\mathrm{c}$ 与汽缸工作容积 V_h 的比值对循环传热损失的影响很大。比值小说明汽缸的相对散热面积小，因此，散热损失也就小。反之亦然。

$$\sum F_\mathrm{c} \approx \pi DS + 2\frac{\pi D^2}{4} = \left(\frac{S}{D} + \frac{1}{2}\right)\pi D^2 \tag{1-10}$$

$$V_\mathrm{h} = \frac{\pi D^2}{4}S = \frac{\pi}{4}D^3\left(\frac{S}{D}\right) \tag{1-11}$$

对几何尺寸相似的发动机而言（即 $\frac{S}{D}$ 相等）有：

$$\frac{\sum F_\mathrm{c}}{V_\mathrm{h}} \propto \frac{1}{D} \tag{1-12}$$

即缸径 D 越大，$\sum F_\mathrm{c}/V_\mathrm{h}$ 越小，此比值越小则传热损失也就越小。

统计数据表明，高速小缸径柴油机（$D = 85~90$mm）由冷却介质带走的热量比值 $q_\mathrm{s} = Q_\mathrm{s}/Q_\mathrm{T}$（$Q_\mathrm{s}$ 为每工作循环冷却介质带走的热量，Q_T 为每循环加入的燃料热量）值较高，约等于 30%~33%，而大型低速柴油机（$D = 700~780$mm），其 q_s 值较低，为 15%~18%。

2) 发动机行程缸径比 S/D 的影响

由式(1-10)和式(1-11)可得：

$$\frac{\sum F_\mathrm{c}}{V_\mathrm{h}} = \frac{\left(\frac{S}{D} + \frac{1}{2}\right)\pi D^2}{\frac{\pi}{4}D^2 S} = \frac{4}{D} + \frac{2}{S} \tag{1-13}$$

可见 D 不变,若 S 增大,则 $\sum F_c/V_h$ 值下降。从减小传热损失的角度出发,选用较大的 S/D 值是有利的。

此外,S/D 值的大小对汽缸壁各部分传热量的分配有很大影响。S/D 值增大,汽缸套的传热量增加,而汽缸盖和活塞的传热量相对减少,这有利于减少汽缸盖和活塞的热负荷。由于汽缸盖和活塞的冷却条件差,减小这两处的热负荷对发动机工作条件的改善有明显效果。实践经验表明,S/D 值在 1.27~1.30 之间,传热损失具有较小值。

3) 燃烧室形式的影响

具有分隔式燃烧室(如预燃室、涡流室)的柴油机,其 $\sum F_c/V_h$ 值比直喷式柴油机的大,而且由于预燃室或涡流室所增加的冷却面积恰恰是参与热交换最强烈的部位,再加上分隔式燃烧室形成的强烈涡流促使主燃烧室传热损失增加。因此,具有分隔式燃烧室的柴油机其燃油经济性和冷起动性能均不及直喷式柴油机。

4) 冷却介质温度的影响

冷却介质(如冷却液和机油)的温度直接影响到汽缸各部分的表面温度 T_w。提高冷却介质的温度将使 T_w 成比例地增大,因而可减少工质向汽缸壁的传热量。

柴油机采用高温冷却系统,不仅可减少缸壁传热损失,还可紧缩冷却装置的质量和尺寸,节省原材料。但高温冷却使整台发动机的温度水平提高了,对材料和机油的要求随之提高,降低了工作可靠性,同时由于提高了汽缸壁温度,使吸入的新鲜工质的温度相应提高,使充气效率 η_v 降低。

5) 增压的影响

随着增压程度的提高,相对传热损失减小。因为增压后,燃气的密度增加,每循环加入的总热量增大,而汽缸壁的散热面积不变,可使相对传热损失减小。

6) 工况变化的影响

工况变化主要指发动机负荷和转速的变化,发动机负荷减小时,循环的温度和压力下降,似乎对传热损失的减小有利。但由于每循环加入的总热量减少,相对传热损失还是增大。

发动机转速增加,每循环工质传热的时间缩短,对减少传热损失有利。但汽缸内的涡流随转速增加而加强,促使散热系数增大会部分抵消散热时间缩短产生的效果。但总的来说,转速增加时相对传热损失减小,但为数不大。

通过以上讨论可知,适当选择 S/D 和燃烧室形式,以及采用增压技术和高温冷却措施对减少循环热损失有利。

四、时间损失

理论循环中,活塞是以无限缓慢的速度运动,以保持汽缸内的工质始终处于平衡状态,并且认为由热源向工质进行等容加热的速度极快,可以在瞬间完成;在等压加热时,加热的速度能与活塞运动的速度相匹配,以实现等压加热过程。这一切在实际循环中都无法做到。由于实际循环中的活塞运动具有相当的速度,而燃料的燃烧需要一定的时间,为了保证燃料的充分燃烧,以及燃烧所产生的热量得以在膨胀过程中充分有效地加以利用,柴油机需有供油提前角 θ。使着火能在活塞到达上止点以前的 c_1(图1-2)点开始,并使整个燃烧过程能在活塞过了上止点后不久即告结束。这将导致压缩过程消耗功的增加(表现在图1-2上 $p_c > p_c'$);同时由于实际循环存在传热损失,以及燃料迅速燃烧放热的过程中活塞继续运动离开上止点,使汽缸的容积逐渐增大,从而使实际循环中的压力增长 cz' 小于理论循环的 c_1z_1',并使燃烧最高压力 p_z

下降;在理论循环中,全部热量是在 z_t 点以前输入的,但在实际循环中,由于传热损失、不完全燃烧和活塞运动,使初期膨胀比 ρ 减小(表现为 $z'_t z'_1 < z'_t z_1$)。所有这一切都使燃烧过程偏离了理论的等容和等压过程,增加了压缩过程消耗的功,并减少了膨胀过程的有用功,造成了图 1-2 在上止点附近用小三角形区表示的所谓时间损失。

时间损失的出现,是由于燃料燃烧的放热规律与活塞运动的规律难以进行完美的配合所致。燃料燃烧的放热规律与燃料的品质、燃烧室和供油系统的设计、运转条件、供油提前角大小等许多因素有关,因此,时间损失也与这些因素有关。本节仅讨论供油提前角和转速对时间损失的影响。

1. 供油提前角对时间损失的影响

正确调整供油提前角 θ,对柴油机的良好运转是非常必要的。

图 1-3 是 12V135 柴油机在转速 $n=1500\mathrm{r/min}$,喷油泵供油齿条固定在标定工况位置时,供油提前角的调整试验曲线。从图 1-3 上可知,该工况下的最佳 θ 值在 30°附近,该处的有效功率 P_e 达到最大值,而有效燃油消耗率 g_e 达到最低值。供油提前角大于或小于 30°时发动机的动力性和经济性均下降。

供油提前角 θ 太大时,由于燃油喷入时汽缸内的压力和温度不够高,着火前的物理、化学准备过程延续的时间将增加,即柴油的着火滞后期 τ_1(其定义将在本书第三章第二节中介绍)将延长,一旦着火,大量已喷入的柴油在压缩过程末期燃烧,其结果一方面造成汽缸内压力升高率 $\Delta p/\Delta\varphi$ 和最高燃烧压力 p_z 迅速增大,使柴油机产生工作粗暴现象,另一方面增加了压缩末期所消耗的功。与此同时,由于整个 p-φ 曲线相对上止点的相位角向左移动(见图 3-23),时间损失增大,使膨胀期的有用功减少了。

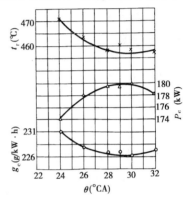

图 1-3 12V135 柴油机供油提前角的调整试验

如果供油提前角 θ 过小,则大部分燃料将在活塞越过上止点后喷入。这样会加剧后燃现象,使排气温度 t_r 上升,热量的有效利用程度下降。燃烧最大压力下降,峰值向右偏移,时间损失也增大。

2. 转速对时间损失的影响

由于发动机转速增加,每循环工质传热的时间缩短,传热损失有所减少,使压缩过程末期汽缸内的压力和温度有所上升;与此同时,汽缸内空气的涡流运动也因转速增加而加强,使燃料的着火滞后期 τ_1 缩短。但转速增加后,曲轴的角速度增加,单位时间内角位移量增大,着火滞后期的时间虽缩短但其对应的曲轴转角还是增大。为此,随着转速增加,须相应增大供油提前角,才不致造成时间损失的增大。而当转速下降时,供油提前角则应减小。

图 1-4 是在新 105 柴油机上测得的最佳供油提前角随转速的变化关系。由图 1-4 可见,最佳供油提前角的确是随转速的上升而加大。有鉴于此,有些转速变化范围大的车用高速柴油机(如 6120Q、6135Q-1、12V180ZL 等)都

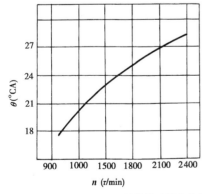

图 1-4 新 105 柴油机的最佳供油提前角与转速的关系

装备有供油提前角随转速自动调节的机构,用以提高其运转的经济性。而在普通柴油机中,为简化机构,往往是按其最常用的工况范围选一固定的最佳供油提前角 θ。

不同的柴油机,其最佳供油提前角的大致范围如下:

直接喷射式柴油机　　　　$\theta = 28°CA \sim 35°CA$

涡流室和预燃室式柴油机　$\theta = 15°CA \sim 20°CA$

五、燃烧损失

包括后燃和不完全燃烧所引起的损失。

在理论循环中,全部热量是在 z_t(参见图1-2)点以前输入完毕,然后转入绝热膨胀过程。但在实际循环中,当燃烧过程接近 z 点时,由于氧气浓度降低,引起燃烧速度降低。因此,燃烧过程一直要延续到膨胀线上的点1才告结束。这就是所谓的后燃现象。点1的位置决定于混合气形成的完善程度、供油规律、过量空气系数、转速等一系列附加因素。一般来说,点1的位置大概处于上止点后 $40°CA \sim 70°CA$ 范围内,但也可能一直拖延到排气门打开。后燃期间热功转换的效率下降,这就造成后燃损失。

由于空气不足或混合气形成不良会引起燃烧不完全,使部分燃料的热值得不到利用,这亦促使膨胀线位置下移,产生不完全燃烧损失。但通常在 $\alpha > 1$ 时,未燃烧燃料所占百分比并不大(约 $< 0.5\%$)。

实际循环的燃烧损失是上述两方面的总和。

六、其他几项损失

包括涡流和节流损失、泄漏损失等。

1. 涡流和节流损失

活塞高速运动使工质在汽缸内产生涡流,造成压力损失。对于分隔式燃烧室,由于工质在主、副燃烧室中流进、喷出引起强烈的节流损失。在活塞平均速度为 10m/s 的涡流室燃烧室中,压缩行程中气体流入涡流室产生的节流损失可达 $23 \sim 40$ kPa,但这种损失可由涡流对混合气形成和对燃烧过程的改善而得到部分弥补。

2. 泄漏损失

气门处的泄漏可以防止,但活塞环处的泄漏无法避免。不过在良好的磨合状态下泄漏量不多,约占工质的 0.2%。

通过以上分析表明,实际循环与理论循环对比存在七项损失。仍以前文提到的 $\varepsilon = 13$,$\alpha = 2$,$p_z = 5000$ kPa 的混合加热循环为例,理论循环的 $\eta_t = 61\%$,而实际循环的 η_i 最终降为 45%,即实际循环的效率约为理论循环的 74%。

在实际循环诸多损失中,工质影响造成的损失是人们无法改变的。其余各项损失中以汽缸壁传热损失和燃烧损失所占比例较大。各项损失使热效率下降的大致分配值见表1-1。

各项损失使热效率下降值　　　　表1-1

项目名称	汽油机	柴油机
循环热效率 η_t	$0.54 \sim 0.58$	$0.64 \sim 0.67$
指示热效率 η_i	$0.30 \sim 0.40$	$0.40 \sim 0.45$

续上表

项目名称	汽油机	柴油机
工质比热变化	0.10~0.12	0.09~0.10
燃烧不完全及热分解	0.08~0.10	0.06~0.09
传热损失	0.03~0.05	0.04~0.07
提前排气	0.01	0.01

第三节 热平衡

燃料在内燃机汽缸中发出的总热量除20%~45%能转化为有效功外,其他部分均以不同的热传递方式散失于发动机之外。按照热能在有效功和各种损失方面的数量分配来研究燃料中总热量的利用情况,称为内燃机的热平衡。内燃机的热平衡通常是由实验确定的。

内燃机汽缸中发出的总热量是由燃料燃烧产生的。通过实验测出内燃机每小时的耗油量G_T后,可按下式计算能够放出的总热量Q_T:

$$Q_T = G_T h_u \quad (kJ/h)$$

式中:h_u——燃料低热值,kJ/kg。

总热量的分配大体上可分为如下五大项。

1. 转化为有效功的热量Q_E

由实验可测得内燃机的有效功率$P_e(kW)$,则:

$$Q_E = 3.6 \times 10^3 P_e \quad (kJ/h)$$

2. 传递给冷却介质的热量Q_S

这部分热量包括:工质通过缸壁的传热损失;废气流经排气道时传给冷却介质的热量;活塞与缸壁摩擦产生的热量传给了冷却介质以及从润滑油传给冷却介质的热量等,计算式如下:

$$Q_S = G_S c_s (t_2 - t_1) \quad (kJ/h)$$

式中:G_S——通过内燃机的冷却介质的流量,kg/h;

c_s——冷却介质的比热,kJ/(kg·℃);

t_1、t_2——冷却介质入口和出口的温度,℃。

3. 废气带走的热量Q_R

$$Q_R = (G_T + G_K)(c_{pr} t_r - c_{pk} t_k) \quad (kJ/h)$$

式中:G_T、G_K——每小时消耗的燃料量和空气量,kg/h;

c_{pr}、c_{pk}——废气和空气的定压比热,kJ/(kg·℃);

t_r——靠近排气门处的废气温度,℃;

t_k——进气管入口处工质温度,℃。

4. 燃料不完全燃烧造成的热损失Q_B

在汽油机中由于采用富油的浓混合气,在柴油机中由于空气和燃料混合不均,都会出现不完全燃烧的现象。可近似计算如下:

$$Q_B = Q_T (1 - \eta_t) \quad (kJ/h)$$

式中:η_t——燃烧效率。

17

5. 其他热量损失 Q_L

包括所有未计的损失,由于它们不能分别准确计算,一般根据下式确定:

$$Q_L = Q_T - (Q_E + Q_S + Q_R + Q_B) \quad (kJ/h)$$

热平衡通常以燃料总热量的百分数表示。即:

$$q_e = \frac{Q_E}{Q_T} \times 100\%; q_s = \frac{Q_S}{Q_T} \times 100\%$$

$$q_r = \frac{Q_R}{Q_T} \times 100\%; q_b = \frac{Q_B}{Q_T} \times 100\%$$

$$q_l = \frac{Q_L}{Q_T} \times 100\%$$

$$q_e + q_s + q_r + q_b + q_l = 100\%$$

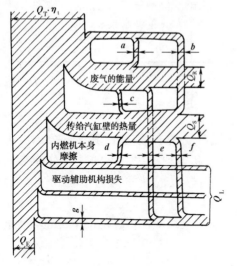

图 1-5 内燃机的热平衡图
a-从残余废气和排气中回收的热量;b-由汽缸壁传给进气的热量;c-排出废气传给冷却液的热量;d-从摩擦热中传给冷却液的部分;e-从排气系统辐射的热;f-从冷却系和水套壁辐射的热量;g-从曲轴箱壁和其他不冷却部分辐射的热量

图 1-5 是内燃机的热平衡图,由图 1-5 可以一目了然地看到内燃机中热量流动情况及各项损失所占的比例。

内燃机热平衡中各项数值范围如表 1-2 所示。

由表 1-2 可知,在燃料的总热量中仅有 25% ~ 40% 的热量转变为有效功,其余 60% ~ 75% 的热量都损失掉了。其中主要部分由废气带走,其次传给冷却液,在某些汽油机中不完全燃烧所占比重也不小。

冷却液带走热量占整个热量的 10% ~ 35%,其中一部分是由排气道中废气传给冷却液的热量,一部分是由摩擦产生的热量,真正由燃烧、膨胀过程散出的热量大约占冷却损失的 15%,若将这部分损失收回,指示功率可提高 3% ~ 5%。绝热内燃机——即采用高温材料隔绝燃烧室与外界的热交换,使内燃机在接近绝热的状态下工作,就是想回收这部分热量。

热平衡中各项数值范围(%)　　　　　　　表 1-2

发动机类型	q_e	q_s	q_r	q_b	q_l
汽油机	25 ~ 30	12 ~ 27	30 ~ 50	0 ~ 45	3 ~ 10
柴油机	30 ~ 40	15 ~ 35	25 ~ 45	0 ~ 5	2 ~ 5
增压柴油机	35 ~ 45	10 ~ 25	25 ~ 40	0 ~ 5	2 ~ 5

废气带走的热量占整个热量的 25% ~ 50%,回收这部分热量一直是人们十分关注的问题。人们曾做过大量工作,其中最成功的回收方法是在内燃机上安装废气涡轮增压器,这种方法可使内燃机的有效热效率提高到一个新水平。

第四节　指示指标

指示指标用来评定实际循环进行情况的好坏,它是以工质在汽缸内对活塞做功的过程为研究基础的。用平均指示压力及指示功率评定循环的动力性,用指示热效率及指示燃料消耗率评定循环的经济性。

工质在汽缸内对活塞所做的指示功,是通过示功图的面积来计算的。示功图是汽缸内的工质压力 p 随汽缸工作容积 V(或曲轴转角 φ)变化的关系,如图1-6所示。

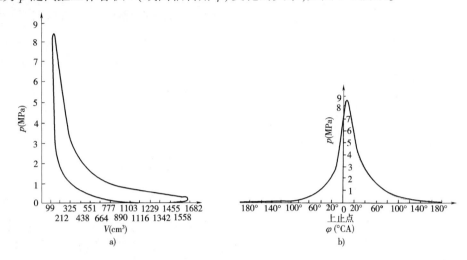

图 1-6　120 四冲程单缸试验柴油机的示功图
a) p-V 图；b) p-φ 图

图 1-6a)上的曲线所包围的面积表示工质完成一个实际循环所做的有用功,此图称为示功图。图 1-6b)称为展开示功图。示功图是研究实际循环的依据,一般是由专门示功器在内燃机运转条件下直接测出。

p-V 示功图及 p-φ 示功图,只要有了其中一种,就可以利用发动机曲柄连杆机构中的活塞位移和曲轴转角间的几何关系,转换描绘出另一种示功图来。图 1-7 表示由 p-φ 示功图转换为 p-V 示功图的作图方法,即先将 p-φ 示功图的底边上每隔30°曲轴转角作一垂直线,然后选定曲柄 R 的两倍长 $2R$ 作为 p-V 示功图的长度,以这一长度为半径作半圆。在半圆圆周上标出 0°、30°、60°、90°…180° 等各点。以连杆的长度 L 作为半径,以圆周上各点 0°、30°、60°…150°、180° 等为中心,作圆弧于半圆直径的延长线上,求出在延长线上的上、下止点以及相应于30°、60°、90°…曲轴转角的各点。这些点就是在上述各曲轴转角时活塞在发动机行程上的相应位置。将求出的行程上的活塞位置各点移置于半圆的直径上得 0、1、2、3…各点。经这些点引垂直线,顺次连接各点即得所求 p-V 图。

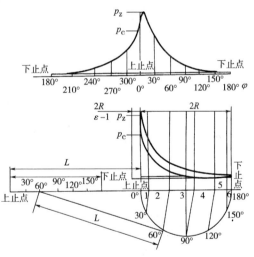

图 1-7　由 p-φ 示功图转换为 p-V 示功图的作图方法

在低速柴油机上可以用机械式示功器直接从运转的柴油机上绘制 p-V 示功图。然后用求积仪量取示功图的面积。

但是在高速和中速柴油机上不能用机械式示功器直接测出 p-V 示功图,而是常用气电式示功器或是压电式示功器直接测出 p-φ 示功图。这时可以用上述作图法将 p-φ 图转换为 p-V 图。

一、指示功和平均指示压力

一个实际循环工质对活塞所做的有用功称为指示功,用 W_i 表示。W_i 可根据实测示功图上的面积求出。

$$W_i = F_i \cdot a \cdot b \quad (J) \tag{1-14}$$

式中:F_i——示功图面积,cm^2;
  a——示功图纵坐标比例尺,$N/m^2/cm$;
  b——示功图横坐标比例尺,m^3/cm。

平均指示压力 p_i 是内燃机单位工作容积所做的指示功:

$$p_i = \frac{W_i}{V_h} \quad (kPa) \tag{1-15}$$

式中:V_h——汽缸工作容积,L。

引入平均指示压力的概念,是因为在比较大小不同的汽缸的做功本领时需要排除尺寸因素的影响。p_i 是衡量实际循环动力性能的一个重要指标。p_i 的一般范围如下:

  汽油机 $p_i = 700 \sim 1300 kPa$
  柴油机 $p_i = 650 \sim 1100 kPa$
  增压柴油机 $p_i = 900 \sim 2500 kPa$
  汽车用增压柴油机 $p_i = 1100 \sim 1600 kPa$

二、指示功率

内燃机单位时间内所做的指示功称为指示功率 P_i。

设一台内燃机的汽缸数为 i,缸径为 $D(cm)$,行程为 $S(cm)$,每缸工作容积为 $V_h(L)$,转速为 $n(r/min)$。则每缸每循环工质所做的指示功为:

$$W_i = p_i V_h = p_i \frac{\pi D^2}{4} S \times 10^{-3} \quad (J)$$

内燃机的指示功率(每秒所做的指示功)为:

$$P_i = W_i \frac{n}{60} \frac{2}{\tau} i = \frac{p_i V_h i n}{30 \tau} \times 10^{-3} \quad (kW) \tag{1-16}$$

式中:τ——冲程数,四冲程内燃机 $\tau=4$,二冲程内燃机 $\tau=2$。

故四冲程内燃机的指示功率为:

$$P_i = \frac{p_i V_h i n}{120} \times 10^{-3} \quad (kW) \tag{1-17}$$

二冲程内燃机的指示功率为:

$$P_i = \frac{p_i V_h i n}{60} \times 10^{-3} \quad (kW) \tag{1-18}$$

三、指示热效率和指示燃油消耗率

指示热效率 η_i 是实际循环指示功与所消耗的燃料热量之比值,即:

$$\eta_i = \frac{W_i}{Q_1}$$

式中:Q_1——为获得指示功 W_i 而消耗的燃料热量。

指示燃油消耗率(简称指示耗油率)是指单位指示功的耗油量,通常以每千瓦小时的耗油量表示。由实验测得内燃机指示功率 P_i(kW)及每小时耗油量 G_T(kg/h)后,指示耗油率为:

$$g_i = \frac{G_T}{P_i} \times 10^3 \quad [g/(kW \cdot h)] \tag{1-19}$$

式中:g_i——为获得 $1kW \cdot h$ 的功所消耗的燃料量,$g/(kW \cdot h)$。

这些燃料所含的热量为 $\frac{g_i h_u}{1000}$(kJ),h_u(kJ/kg)为燃料低热值。

由热功当量可知:

$$1kW \cdot h = 3.6 \times 10^3 kJ$$

将上述热和功的对应量代入指示热效率的定义式中可得:

$$\eta_i = \frac{3.6}{g_i h_u} \times 10^6 \tag{1-20}$$

g_i、η_i 是评定内燃机实际循环经济性的重要指标。它们的大致范围是

	η_i	$g_i[g/(kW \cdot h)]$
汽油机	0.25 ~ 0.40	205 ~ 320
柴油机	0.40 ~ 0.50	170 ~ 205

第五节 有 效 指 标

内燃机的经济性和动力性指标是以曲轴对外输出的功率为研究基础的,是代表内燃机的整机性能的指标,通常称为有效指标。

一、内燃机动力性能指标

1. 有效功率

从内燃机功率输出轴上得到的净功率即为有效功率。

内燃机的指示功率 P_i 不能完全对外输出,它在内燃机内部的传递过程中不可避免地有损失。这些损失大致包括内部运动件的摩擦损失,驱动附属设备(如配气机构、水泵、机油泵、喷油泵、扫气泵等)的损失,泵气损失等。这些损失消耗的功率称为机械损失功率 P_m。指示功率减去机械损失功率才是内燃机对外输出的功率,即有效功率 P_e 应为:

$$P_e = P_i - P_m \quad (kW)$$

内燃机的有效功率是由实验测定的。

2. 有效转矩

内燃机工作时,由功率输出轴输出的转矩称为有效转矩 M_e。它与有效功率 P_e 的关系为:

$$P_e = \frac{2\pi n M_e}{60 \times 1000} = \frac{M_e n}{9550} = 0.1047 M_e n \times 10^{-3} \quad (kW) \tag{1-21}$$

式中:n——内燃机转速,r/min;

M_e——有效转矩,N·m。

3. 平均有效压力

平均有效压力 p_e 是内燃机单位汽缸工作容积输出的有效功。它与有效功率 P_e 的关系为：

$$P_e = \frac{p_e V_h in}{30\tau} \times 10^{-3} \quad (kW) \tag{1-22}$$

四冲程内燃机：

$$P_e = \frac{p_e V_h in}{120} \times 10^{-3} \quad (kW) \tag{1-23}$$

二冲程内燃机：

$$P_e = \frac{p_e V_h in}{60} \times 10^{-3} \quad (kW) \tag{1-24}$$

由式(1-22)得：

$$p_e = \frac{30 P_e \tau}{i V_h n} \times 10^3 \quad (kPa)$$

将式(1-21)代入上式得：

$$p_e = 0.1047 \frac{M_e \tau}{i V_h} \times 30 = 3.14 \frac{M_e \tau}{i V_h} \quad (kPa) \tag{1-25}$$

工作容积 V_h 确定后，$p_e \propto M_e$，p_e 值大，则做功能力强。p_e 是评定内燃机动力性的重要指标。

p_e 的一般范围是：

  汽油机 $p_e = 650 \sim 1200 kPa$

  柴油机 $p_e = 600 \sim 950 kPa$

  增压柴油机 $p_e = 900 \sim 1300 kPa$

4. 转速 n 和活塞平均速度 C_m

提高内燃机的额定转速意味着内燃机将经常处在较高的工作转速下运转，是性能设计上的一种强化措施。转速升高意味着单位时间内做功的次数增多，这样，在汽缸尺寸相同的情况下发出的功率增大，或在发出相同功率的情况下内燃机体积和质量减小。

转速 n 增加，活塞平均速度 C_m 也增加，n 和 C_m 的关系为：

$$C_m = \frac{Sn}{30} \quad (m/s) \tag{1-26}$$

式中：S——活塞行程，m；

   n——转速，r/min。

C_m 增大，活塞组的热负荷和曲轴连杆机构的惯性力均增大，磨损加剧，寿命下降。所以 C_m 成为表征内燃机强化程度的参数。一般汽油机的 C_m 值不超过15m/s，柴油机的 C_m 值不超过13m/s。

为了提高转速而又不至于使 C_m 过大，可以减小行程 S，即对于高速内燃机，在结构上宜采用较小的行程缸径比(S/D)，但 S/D 值小传热损失将相应增大。$S/D < 1$ 时常称为短行程。n、C_m、S/D 值的大致范围是

	n(r/min)	C_m(m/s)	S/D
小型客车汽油机	4000~6000	12~15	0.7~1.0
载货汽车汽油机	3600~4500	10~13	0.8~1.2
柴油机	2000~4000	8.5~12.5	0.75~1.2
增压柴油机	1500~2500	8~11	0.9~1.3

二、内燃机经济性能指标

1. 有效热效率

有效热效率 η_e 是实际循环有效功 W_e 与所消耗的燃料热量之比值,即:

$$\eta_e = \frac{W_e}{Q_1} = \frac{W_i \eta_m}{Q_1}$$

式中: η_m——机械效率, $\eta_m = P_e/P_i$。

2. 有效燃油消耗率(简称耗油率)

有效燃油消耗率 g_e 是单位有效功的耗油量。通常以每千瓦小时的耗油量表示。

$$g_e = \frac{G_T}{P_e} \times 10^3 \quad [\text{g}/(\text{kW}\cdot\text{h})] \tag{1-27}$$

式中: G_T——每小时耗油量, kg/h;
P_e——有效功率, kW。

按前文推导 η_i 的同样方法可得:

$$\eta_e = \frac{3.6}{g_e h_u} \times 10^6 \tag{1-28}$$

η_e、g_e 的大致范围是:

	η_e	$g_e[\text{g}/(\text{kW}\cdot\text{h})]$
汽油机	0.25~0.30	270~325
柴油机	0.30~0.40	214~285
增压柴油机	0.40~0.45	190~218

三、内燃机强化程度

1. 升功率和比质量

升功率 P_l 是内燃机每升工作容积所发出的有效功率。

$$P_l = \frac{P_e}{V_h i} = \frac{p_e V_h i n}{30\tau V_h i} \times 10^{-3} = \frac{p_e n}{30\tau} \times 10^{-3} \quad (\text{kW/L}) \tag{1-29}$$

提高 P_l 的措施是提高 p_e 和 n。可用升功率 P_l 来衡量内燃机排量的利用程度。汽车发动机的发展方向之一是继续提高升功率。

比质量 G_e 是内燃机的净质量 G 与它所发出的额定功率之比。它表征内燃机质量的利用程度和结构紧凑性。

$$G_e = \frac{G}{P_e} \quad (\text{kg/kW}) \tag{1-30}$$

P_l 和 G_e 的大致范围是:

	$P_l(\text{kW/L})$	$G_e(\text{kg/kW})$
汽油机	22~55	1.5~4.0
汽车柴油机	18~30	4.0~9.0

2. 强化系数

平均有效压力 p_e 与活塞平均速度 C_m 的乘积称为强化系数,写成 $p_e \cdot C_m$。它与活塞单位面积功率成正比。这个值越大,内燃机的热负荷和机械负荷越高。由于内燃机发展趋势是强化程度不断提高,故 $p_e \cdot C_m$ 值增大是技术进步的一个标志。

$p_e \cdot C_m$ 的大致范围是:

汽油机	80~140
小型高速柴油机	60~99
重型汽车用增压柴油机	70~91
增压柴油机	90~144

四、内燃机其他性能评定

内燃机其他性能指排气品质、噪声、振动及起动性等,这些性能不仅与使用者的切身利益相关,而且涉及环境污染的问题。因此,必须制定统一标准,予以严格控制。

1. 排气品质

内燃机的排放物中含有危害人体健康的有毒物质,对大气有污染,已形成公害。为此,各国都在采取对策,制定相应的控制法规。内燃机排出的有害物分为有害气体和排气颗粒两类。

目前汽车的排放标准对氮氧化物(NO_x)、碳氢化合物(HC)及一氧化碳(CO)3种危害最大的气体的排放量都做出了限额规定。

排气颗粒是指排放物中除水以外的各种液态和固态微粒,目前除美国对总排气颗粒的排放量有限额规定外,其他国家均只限制炭烟的排放量(详见第六章第二节)。

2. 噪声

汽车是城市主要的噪声源之一,内燃机是汽车的噪声源。由于噪声对人体健康有危害,故必须制定相应的法规予以控制(详见第六章第一节)。

3. 起动性

起动性能直接影响到汽车的机动性、操作者的安全和劳动强度,是内燃机工作可靠性的重要标志之一。我国有关标准规定,在不采用特殊的低温起动措施的条件下,汽油机在-10℃,柴油机在-5℃的气温环境下,接通起动机后15s以内发动机应能顺利起动。

第六节 机械损失

内燃机的机械损失消耗了一部分指示功率,使对外输出的有效功率小于指示功率。不同类型的内燃机其各部分机械损失所占百分比差别很大(表1-3)。

机械损失分配情况　　　　　　　　　表1-3

机械损失名称	占 P_m 百分比	占 P_i 百分比
摩擦损失	62~75	8~20
其中　活塞及活塞环	45~60	
连杆、曲轴轴承	15~20	
配气机构	2~3	
驱动各种附件损失	10~20	1~5
其中　水泵	2~3	
风扇	6~8	
机油泵	1~2	
电气设备	1~2	
带动机械增压器损失	6~10	
泵气损失	10~20	2~4
总功率损失		10~30

由表 1-3 可知,机械损失所消耗的功率占指示功率的 10%~30%,是不可忽视的功率损失。降低机械损失,特别是摩擦损失,使实际循环发出的指示功尽可能转变成对外输出的有效功,是提高内燃机性能的一个重要途径。

一、机械效率

机械损失的大小可用机械损失功率 P_m 来表示,也可用平均机械损失压力 p_m——单位汽缸工作容积的机械损失功来表示。它们和指示指标、有效指标的关系是:

$$P_m = P_i - P_e \quad (\text{kW}) \tag{1-31}$$

与 P_i、P_e 同理:

$$P_m = \frac{p_m V_h i n}{30\tau} \times 10^{-3} \quad (\text{kW}) \tag{1-32}$$

$$p_m = p_i - p_e \quad (\text{kPa}) \tag{1-33}$$

为了比较各种不同的内燃机机械损失所占比例的大小,引入机械效率的概念。机械效率 η_m 是有效功率和指示功率的比值。

$$\eta_m = \frac{P_e}{P_i} = \frac{p_e}{p_i} = 1 - \frac{P_m}{P_i} = 1 - \frac{p_m}{p_i} \tag{1-34}$$

机械效率 η_m 的大致范围是:

汽油机　　0.7~0.9
柴油机　　0.7~0.85

二、机械损失的测定

内燃机机械损失的原因极为复杂,以致无法用分析的办法来求出准确的数值,即使有些经验公式可用来计算,也是极为近似而不可靠。为了获得较为可信的结果,只有通过实际内燃机的试验来测定。常用的测试方法有倒拖法、灭缸法、油耗线法和示功图法。

1. 倒拖法

在试验台架上将内燃机与平衡式电力测功器相连,然后按如下步骤测定机械损失功率。

首先让内燃机在给定的工况下稳定运转,使其冷却液和机油温度达到预定值。然后切断燃油供应(柴油机)或停止点火(汽油机),与此同时将电力测功器转换为电动机,以原给定转速倒拖内燃机空转,并尽可能维持冷却液和机油温度不变。此时电力测功器测得的倒拖功率即为内燃机在该工况下的机械损失功率。

这种方法的缺点是必须使用平衡式电力测功器,而且倒拖时由于缸内熄火,汽缸内的压力与温度均与实际工况不符,测量结果往往偏大,一般情况下,汽油机偏大 5% 以内,柴油机偏大 15%~20%。

我国汽车发动机试验标准规定应优先采用此法测量机械损失功率。

2. 灭缸法

此法仅适用于多缸内燃机。首先将内燃机调整到给定工况稳定运转,测出其有效功率 P_e。然后停止向一个汽缸(例如第一缸)供油(或点火),并调整测功器使内燃机恢复到原来的转速,并测出此时内燃机的有效功率 $P_e(1)$。由于有一个汽缸不工作,故第二次测得的有效功率比第一次测得的小,两者之差即为停油(或熄火)汽缸的指示功率。同理,依次使各缸熄火,并测得对应某缸熄火后的内燃机的有效功率 $P_e(2)$、$P_e(3)$…于是可得各缸指示功率：

$$P_{i1} = P_e - P_e(1)$$
$$P_{i2} = P_e - P_e(2)$$
$$\cdots$$

将上列各式相加得到整机的指示功率：

$$P_i = P_{i1} + P_{i2} + \cdots = iP_e - [P_e(1) + P_e(2) + \cdots]$$

式中：i——汽缸数。

由此可得整机的机械损失功率：

$$P_m = (i-1)P_e - [P_e(1) + P_e(2) + \cdots]$$

这种方法用于柴油机，在较好的情况下，其测量误差不超过5%。但对于汽油机，由于停缸影响了其他汽缸的换气质量和充气效率，往往会造成较大的测量误差。同时它也不能用于废气涡轮增压内燃机及单缸机。

3. 油耗线法

保证内燃机转速不变，逐渐改变柴油机供油齿条的位置，测出每小时耗油量 G_T 随负荷 p_e 变化的关系，绘制成如图1-8所示的曲线，此曲线称为负荷特性曲线。

在负荷特性曲线上存在一段接近直线的线段，找出此线段并顺此线段作延长线，则此延长线与横坐标的交点到坐标零点的距离即为该机

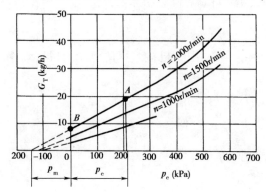

图1-8 用油耗线法求 p_m 值

在该转速下的平均机械损失压力 p_m 的数值。

此方法的基础是假设转速不变时 p_m 和指示热效率都不随负荷的增减而变化。有据于此，并根据式(1-19)和式(1-20)可得到 A、B(图1-8)两工况点的关系式：

$$G_{TA}h_u\eta_i = 3.6 \times 10^3 P_i = 3.6 \times 10^3 (P_e + P_m)$$
$$G_{TB}h_u\eta_i = 3.6 \times 10^3 P_m$$

两式相除得：

$$\frac{G_{TA}}{G_{TB}} = \frac{P_e + P_m}{P_m} = \frac{p_e + p_m}{p_m} \tag{1-35}$$

$$\eta_m = 1 - \frac{P_m}{P_i} = 1 - \frac{G_{TB}}{G_{TA}} \tag{1-36}$$

式(1-35)证明上述用作图法确定 p_m 值的方法是正确的。柴油机工作接近这个假设，故此法适用于柴油机，但不适用于汽油机。

4. 示功图法

示功图的测录方法有多种，任选其中一种方法录取被测内燃机一个汽缸的示功图，然后根据示功图算出 p_i 值，与此同时从测功器上记录该工况的读数值并由此算出 p_e 值。二者之差值即为该工况下的内燃机的平均机械损失压力 p_m。这种测试方法的精度取决于示功图测录的准确程度。

目前示功图的测录方法有两种，一种是利用示功器进行示功图的测录，另一种是利用先进的微机采集分析系统进行示功图的测录。前一种方法是沿用已久的传统方法，虽然示功器的

形式有多种,但无论哪一种形式的示功器所测录的示功图的误差都比较大。误差的来源不仅在于上止点的位置不易找准,而且在于所测录的示功图数据具有较大的分散度和随机性,这种随机误差在随后的数据处理过程中很难消除,这是此种方法在实际上得不到推广应用的原因所在。

利用微机采集分析系统进行示功图测录的方法,是随着近代电子计算机技术的迅速发展而出现的一种新方法。这种方法的特点是:活塞上止点的位置可精确测定;所测录的示功图数据准确;通过微机系统进行数据处理能又快又准确地得到所求的结果 p_i 和 p_m 值。

用于示功图测录的微机采集分析系统的大致结构如图 1-9 所示。

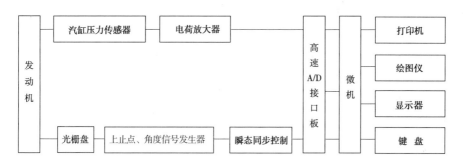

图 1-9　测录示功图的微机采集分析系统框图

比较以上 4 种测量方法,可以得出下列结论:

用示功图法求多缸机的 P_m 或 p_m,虽是直接测量,但由于各缸间的差别以及示功图易于引起的误差,结果并不准确,不常使用。

对于非增压多缸机而言(又有电力测功器的地方),采用倒拖法测量 P_m,测量迅速,使用较多。其缺点是 P_m 值较实际值偏高,在高速柴油机中可高达 15%~20%。对废气涡轮增压柴油机,由于倒拖法变更了各缸进排气情况,不能应用。

熄火法较倒拖法精确,误差不超过 5%。有电力测功器时用熄火法测量非增压多缸柴油机的 P_m 较为方便。同样由于熄火法影响排气系统气流情况,不宜用于测量废气涡轮增压柴油机。

油耗线法能用于非增压柴油机,也适用于废气涡轮增压柴油机,只要有水力测功器即可进行,因此,是测量 P_m 较常用的方法。但引申切线必须准确,如不准确误差较大。

三、影响机械效率的因素

影响机械效率的因素很多,除转速、负荷、润滑油品质和冷却液温度等使用因素外,还有汽缸内的最高燃烧压力、汽缸尺寸和数目、大气状态等结构设计参数和使用环境因素会影响机械效率。这里仅介绍使用因素的影响。

1. 转速 n 或活塞平均速度 C_m

n 或 C_m 增大,各摩擦副之间的相对速度增加,摩擦损失增大,与此同时,曲柄连杆机构的惯性力增大,活塞的侧压力和轴承负荷增大,摩擦损失也增大。n 增大,泵气损失、驱动附件消耗的功随之增加,所以机械效率下降。由实验统计资料可知,一般平均机械损失压力 p_m 随转速 n 的变化大致成直线关系,如图 1-10 所示。

机械效率随转速变化的大致关系如图 1-11 所示。随着转速上升,摩擦损失所占比例有明显增大的趋势。

一般来说,由于柴油机的压缩比大,汽缸压力高,运动部件质量大,在功率和结构要素相近,转速大致相同的情况下,其摩擦损失大于汽油机。由于转速对机械损失有重要影响,故在以提高转速为手段来强化内燃机的动力性能时,η_m 的降低将成为主要障碍之一。

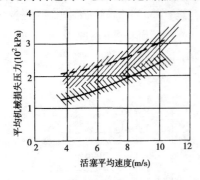

图 1-10 平均机械损失压力 p_m 与活塞平均速度的关系

虚线为 OM326 预燃室式,实线为 OM346 直接喷射式

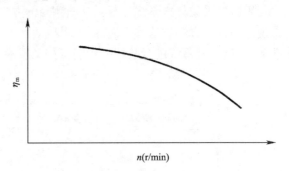

图 1-11 内燃机转速对机械效率的影响

2. 负荷变化

内燃机转速一定而负荷减小时(在汽油机中主要是减少混合气量,在柴油机中是减少供油量),平均指示压力 p_i 随之下降,但平均机械损失压力 p_m 变化很小。根据式(1-34)可知,随着负荷减小,机械效率 η_m 下降,直到空转时,$P_e = 0$,指示功率全部用来克服机械损失功率,即 $p_i = p_m$,故 $\eta_m = 0$。

3. 润滑油品质和冷却液温度

润滑油黏度对摩擦损失有重要影响。黏度大,机油的内摩擦力大,流动性差,使摩擦损失增加,但其承载能力强,易于保持液体润滑状态。反之机油黏度小,流动性好,消耗的摩擦功少,但承载能力差,油膜易破裂而完全失去润滑作用。

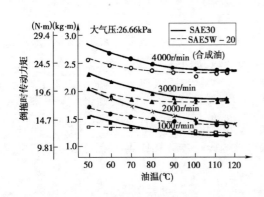

机油黏度主要受油的品种和温度的影响。黏度随温度的变化程度常用黏度比即 50℃ 和 100℃ 时机油运动黏度的比值 $\left(\dfrac{v_{50}}{v_{100}}\right)$ 来表示,黏度比越大,黏度随温度变化越大。一般希望黏度随温度变化小,以保证内燃机在各种温度下都能良好地工作。

选用机油黏度的基本原则是:在保证内燃机正常工作有可靠润滑条件的前提下,尽量选用黏度较小的机油,以减少摩擦损失,改善起动性能。

图 1-12 润滑油黏度(温度、品种)与摩擦损失的关系 图1-12表示机油黏度(品种、温度)与摩擦损失的关系。

一般来说,内燃机强化程度高,轴承负荷大时宜选用黏度较大的机油。转速高,配合间隙小时,要求机油流动性好,宜选用黏度较小的机油,经长期使用,轴承间隙变大后宜改用黏度较高的机油。与拖拉机内燃机相比,车用内燃机可选用黏度较低的机油。

冷却液温度对燃烧过程和传热损失都有直接的影响,同时冷却液温度与机油温度也密切相关。因此,在内燃机使用过程中,应严格保持一定的冷却液温度和机油温度。一般水冷式内燃机,其冷却液温度多在 80~95℃ 范围内。

内燃机摩擦副的间隙较小,机油中的杂质可能使零件表面损坏,增加摩擦损失,故使用中要注意机油滤清器的维护,按时更换润滑油。我国规定的换油期一般在 5000~10000km 之间。

第七节 燃烧热化学

在实际循环中吸入汽缸的空气和燃料在数量上应保持一定的比例关系,燃烧后工质的组成成分会发生一定的变化,这些都是燃烧热化学所要涉及的问题,其基本的数量关系也是实际循环热计算时的重要原始数据。

一、燃烧所必备的空气量

1. 1kg 燃料完全燃烧所需的理论空气量

燃料的燃烧是燃料中的可燃成分和空气中的氧发生氧化反应的过程,根据化学反应原理,可求出 1kg 燃料完全燃烧所需要的空气量。

内燃机的燃料主要是石油系列液体燃料,是烷烃、烯烃、环烷烃和芳烃的混合物,其化学分子式可写成 C_nH_m,其主要成分是碳(C)、氢(H)和少量氧(O)元素。设 1kg 燃料中所含 C、H、O 的质量成分各为 g_C、g_H 和 g_O,则:

$$g_C + g_H + g_O = 1\text{kg}$$

燃料中的 C、H 完全燃烧,其化学反应方程式分别是:

$$C + O_2 = CO_2$$

$$H_2 + \frac{1}{2}O_2 = H_2O$$

因此,1kg 燃料完全燃烧,理论上所需的氧气量为:

$$O_{2\min} = \frac{8}{3}g_C + 8g_H - g_O \quad (\text{kg/kg 燃料})$$

用摩尔数表示为:

$$O_{2\min} = \frac{g_C}{12} + \frac{g_H}{4} - \frac{g_O}{32} \quad (\text{kmol/kg 燃料})$$

已知空气中氧的相对质量成分为 23.2%,氮为 76.8%,氧的相对体积成分为 21%,氮为 79%。

所以 1kg 燃料完全燃烧理论上所需的空气量为:

$$L_0 = \frac{1}{0.21}\left(\frac{g_C}{12} + \frac{g_H}{4} - \frac{g_O}{32}\right) \quad (\text{kmol/kg 燃料}) \tag{1-37}$$

$$L_0 = \frac{1}{0.23}\left(\frac{8}{3}g_C + 8g_H - g_O\right) \quad (\text{kg/kg 燃料}) \tag{1-38}$$

几种主要燃料的质量成分及理论空气量见表 1-4。

几种主要液体燃料的成分、热值及理论空气量　　　　　　表1-4

燃料名称	相对密度	质量成分(%)			分子量	低热值 (kJ/kg)	理论空气量			混合气热值 (kJ/m³)
		g_C	g_H	g_O			(kg/kg)	(m³/kg)	(kmol/kg)	
车用汽油	0.70~0.75	0.855	0.145		114	44100	14.8	11.54	0.515	3750
车用轻柴油	0.82~0.88	0.87	0.126	0.004	170	42500	14.5	11.22	0.50	3750
甲醇	0.78	0.375	0.125	0.50	32	20260	6.47	5	0.223	3660
乙醇	0.80	0.522	0.130	0.348	46	27200	9.98	6.95	0.310	3660

2. 过量空气系数

内燃机中实际提供的空气量往往并不等于理论空气量。燃烧1kg燃料实际提供的空气量L与理论上所需空气量L_0之比称为过量空气系数α。

$$\alpha = \frac{L}{L_0} \tag{1-39}$$

碳氢燃料与空气混合后组成混合气,用燃料所占分量的多少来描述混合气的浓度。$\alpha=1$的混合气称为理论混合气;$\alpha<1$的混合气比理论混合气浓;$\alpha>1$的混合气比理论混合气稀。故常用α值来衡量混合气的浓度。混合气的浓度对燃烧过程具有特别重要的意义,它直接影响燃烧的完善程度,进而影响指示热效率、燃油消耗率和排气污染等重要性能指标。α是内燃机工作过程中的重要参数之一。

一般汽油机$\alpha=0.8$~1.2,车用高速柴油机$\alpha=1.2$~1.6,增压柴油机$\alpha=1.8$~2.2。

与α的概念相似,也有用空气量与燃料量的比值来描述混合气的浓度,称为空燃比,用A/F表示。

$$\frac{A}{F} = \frac{空气量}{燃料量} = \frac{燃料量 \times \alpha L'_0}{燃料量} = \alpha L'_0 \tag{1-40}$$

二、理论分子变更系数

不考虑汽缸中残留废气的情况下,研究燃烧前、后工质摩尔数的变化。

1. $\alpha>1$的情况

柴油机燃烧前吸入的空气量为$M_1=\alpha L_0$(kmol/kg燃料)。汽油机吸入的充量应计入燃料蒸气的摩尔数,故$M_1=\alpha L_0+\frac{1}{m_T}$(kmol/kg燃料),其中,$m_T$为汽油的分子量。

1kg燃料完全燃烧时,将生成$\frac{g_C}{12}$(kmol/kg燃料)的CO_2和$\frac{g_H}{2}$(kmol/kg燃料)的H_2O;燃烧时消耗的氧气为$0.21L_0$,燃烧后剩下的氧和氮为$(\alpha L_0-0.21L_0)$,所以燃烧后工质的摩尔数为:

$$M_2 = \alpha L_0 - 0.21L_0 + \frac{g_C}{12} + \frac{g_H}{2} \quad (\text{kmol/kg燃料}) \tag{1-41}$$

将式(1-37)代入式(1-41)得:

$$M_2 = \alpha L_0 - \left(\frac{g_C}{12} + \frac{g_H}{4} - \frac{g_O}{32}\right) + \frac{g_C}{12} + \frac{g_H}{2}$$

$$= \alpha L_0 + \frac{g_H}{4} + \frac{g_O}{32} \quad (\text{kmol/kg燃料}) \tag{1-42}$$

燃烧后工质的摩尔数增加了,增加量 ΔM 为:

柴油机 $\qquad \Delta M = M_2 - M_1 = \dfrac{g_H}{4} + \dfrac{g_O}{32}$ （kmol/kg 燃料）

汽油机 $\qquad \Delta M = \dfrac{g_H}{4} + \dfrac{g_O}{32} - \dfrac{1}{m_T}$ （kmol/kg 燃料）

燃烧后工质的摩尔数 M_2 与燃烧前工质的摩尔数 M_1 之比称为理论分子变更系数,以 μ_0 表示。

柴油机:

$$\mu_0 = \dfrac{\alpha L_0 + \Delta M}{\alpha L_0} = 1 + \dfrac{\Delta M}{\alpha L_0} = 1 + \dfrac{\dfrac{g_H}{4} + \dfrac{g_O}{32}}{\alpha L_0} \tag{1-43}$$

以 $g_C = 0.87$ kmol/kg 燃料, $g_H = 0.126$ kmol/kg 燃料, $g_O = 0.004$ kmol/kg 燃料代入上式得:

$$\mu_0 = 1 + \dfrac{0.0639}{\alpha}$$

α 在 1.2~2.0 范围内变化时, μ_0 将在 1.032~1.053 之间变化。

汽油机:

$$\mu_0 = 1 + \left(\dfrac{g_H}{4} + \dfrac{g_O}{32} - \dfrac{1}{m_T}\right) \bigg/ \left(\alpha L_0 + \dfrac{1}{m_T}\right) \tag{1-44}$$

以 $g_C = 0.855$ kmol/kg 燃料, $g_H = 0.145$ kmol/kg 燃料, $m_T = 115$ kg/kmol 燃料代入上式得:

$$\mu_0 = 1 + 0.055/\alpha$$

$\alpha = 0.8 \sim 1.2$,则 $\mu_0 = 1.046 \sim 1.069$。

2. $\alpha < 1$ 的情况

$\alpha < 1$ 的情况仅在汽油机上出现。在此情况下燃料不能完全燃烧,燃烧产物中除 CO_2 和 H_2O 外,还将产生 CO、H_2、HC 和炭烟。

在此情况下燃烧产物的总量为:

$$M_2 = \dfrac{g_C}{12} + \dfrac{g_H}{2} + 0.79 \alpha L_0 \tag{1-45}$$

燃烧后工质摩尔数的增量为:

$$\Delta M = 0.21(1 - \alpha) L_0 + \dfrac{g_H}{4} + \dfrac{g_O}{32} - \dfrac{1}{m_T}$$

理论分子变更系数为:

$$\mu_0 = 1 + \left[0.21(1-\alpha)L_0 + \dfrac{g_H}{4} + \dfrac{g_O}{32} - \dfrac{1}{m_T}\right] \bigg/ \left(\alpha L_0 + \dfrac{1}{m_T}\right) \tag{1-46}$$

三、实际分子变更系数

内燃机工作时,由于汽缸中废气不可能完全排除干净,每次吸入新鲜充量时都有上个循环留下来的残余废气。因此,研究燃烧前、后工质摩尔数的变化时,应将这种实际情况考虑进去。

设 1kg 燃料燃烧后在汽缸中留下的残余废气为 M_γ,则燃烧前汽缸中的工质总量为:

$$M'_1 = M_1 + M_\gamma = \alpha L_0 + M_\gamma \quad \text{（kmol/kg 燃料）}$$

燃烧后汽缸中的工质总量为：

$$M'_2 = M_2 + M_\gamma \quad (\text{kmol/kg 燃料})$$

汽缸中的残余废气量 M_γ 与新鲜充量 M_1 之比称为残余废气系数，以 γ 表示：

$$\gamma = \frac{M_\gamma}{M_1} = \frac{M_\gamma}{\alpha L_0} \tag{1-47}$$

考虑了残余废气后，燃烧后的工质摩尔数 M'_2 与燃烧前工质摩尔数 M'_1 之比称为实际分子变更系数，以 μ 表示：

$$\mu = \frac{M'_2}{M'_1} = \frac{M_2 + M_\gamma}{M_1 + M_\gamma} = \frac{(M_2 + M_\gamma)/\alpha L_0}{(\alpha L_0 + M_\gamma)/\alpha L_0} = \frac{\mu_0 + \gamma}{1 + \gamma} \tag{1-48}$$

第八节 燃烧基本理论

自压缩行程末期燃料喷入汽缸（柴油机）或火花塞点火（汽油机）开始，直到排气门开启、燃烧产物从汽缸内排出的整个燃烧—膨胀期内，燃料由着火到燃烧要经历极为复杂的物理—化学变化过程，这一过程本身的复杂性和经历时间的短暂，给燃烧机理的研究带来了困难，至今还有些问题没有搞清楚。尽管如此，应用燃烧化学反应动力学理论对着火过程和燃烧过程的研究还是取得了很大的进展，建立了着火和燃烧方面的基本理论，描绘了与实际着火和燃烧过程相接近的理论和经验模型，为燃烧机理的深入研究奠定了基础。鉴于汽油与柴油的分子量与分子结构不一样，在物理和化学性质上，以及在混合气形成、着火和燃烧等方面存在许多质的差别。这里将分别讨论汽油和柴油在燃烧方面的一些特点。

一、连锁反应的机理及燃烧放热规律

1. 连锁反应的基本概念

内燃机使用石油系列液体燃料时，燃料的燃烧过程实际上是烃的氧化反应过程，其反应式可表示如下：

$$C_nH_m + \left(n + \frac{m}{4}\right)O_2 = nCO_2 + \frac{m}{2}H_2O \tag{1-49}$$

此反应式描述了过程的始末，而没有涉及反应所经历的中间过程。燃烧化学反应动力学的理论分析和试验研究表明，复杂的燃烧化学反应往往不是由反应物经过一步反应就变成最终产物的，而是要经历很多的中间步骤才能完成；同时还认为，进行化学反应的活化分子不一定是具有高的运动能量的分子，而可以是一些性质很不稳定的中间产物，如自由原子和原子根等。这些活化中心很容易与其他物质起作用，且其反应要比分子中间的反应快得多。当反应体系中出现活化中心后，就会引起链反应。一次反应完成后产生同量的或多量的活化中心，使化学反应得以继续或加速进行，这种化学反应称为连锁化学反应。

一般连锁化学反应过程的发展顺序为链引发→链传播→链终止。

链引发是由反应物分子或引发剂生成自由基的反应过程。促使链引发的方式有热引发、光引发、辐射引发和自由基引发等。链引发是整个链反应中最困难的一步，在链引发反应中需要断裂化学键，链引发的活化能与断裂化学键所需要的能量相近。

链传播即链的增长。它是由活性很大的自由原子或自由基（这两者同称链载体）引起的

化学反应。其特点是：每一个自由原子或自由基经反应消失后，却同时又新生一个或数个自由原子或自由基，并由这些新生的自由原子或自由基继续反应和传播下去。

链终止是自由原子或自由基之间的结合反应，可以在空间或器壁上进行。这种结合反应将放出大量热量。

根据链的发展和传播方式，连锁反应可分为直链反应和支链反应。

直链反应是在链传播的每一步，每一个自由原子或自由基经反应消失后，仅新生一个（而不是几个）自由原子或自由基，并由它继续反应下去。

支链反应是在链传播反应中，每一步基元反应产生的新的自由原子或自由基的数目比它在反应中消耗掉的数目多，从而使链传播过程形成树枝状。燃烧和爆炸反应属支链反应，内燃机中的烃燃烧也属支链反应。

以氢的氧化反应为例，其支链反应过程如下。

在链引发反应中氢分子（H_2）受到某种因素激发分解成自由原子氢（H）。

$$H_2 \longrightarrow 2H$$

氢原子出现后，链传播的反应过程立即开始进行。即一个氢原子参与反应后产生了三个自由氢原子，新生的氢原子可使反应分成三支平行地进行下去，如下面的图解所示。

```
                              H₂O
                               ↗
              OH + H₂ → [H + O₂]
             ↗                    ↘
[H + O₂]                           H₂O
             ↘                    ↗
              O + H₂ → OH + H₂ → [H + O₂]
                                  ↘
                                  [H + O₂]
```

这种反应体系进行的结果，自由氢原子 H 的数目将迅速增加，使反应速度急剧增加。

支链反应的终止通常在反应器壁上实现。

柴油机的链引发是由压缩过程产生的热量为链引发提供了温度和供热条件所致。所以柴油机的着火和燃烧过程是链式反应过程。

汽油机的着火过程（它是靠外源点燃）虽与柴油机不同，但由火花点火至混合气形成火焰核心的滞燃期内，其反应过程仍属链式反应过程，其不同点仅在于链引发的供热条件不仅是压缩生热，而且还有电火花供给的能量，以及由电火花引起的局部混合气电离而形成的活化中心。

2. 有效反应概念和连锁化学反应的普遍方程式

由上述连锁反应的机理可知，连锁反应的速度不仅取决于参与反应的原始物质的浓度，还取决于反应过程中每一时刻内活化中心的相对数目。根据连锁反应的机理，维别（И. И. В-Иδе）于1962年提出了有效反应概念，并由此推导出连锁化学反应的普遍方程式。

所谓有效反应是指能获得最终产物及活化中心的反应。

根据有效反应的概念可知，参加反应的主要原始物质的分子数与有效反应中心的数目成比例。若以 dN 和 dN_e 分别表示 dt 时间内参加有效反应的主要原始物质数和有效反应中心数，则有：

$$-dN = ndN_e \tag{1-50}$$

式中负号表示原始物质的分子数处在不断消耗减少的过程中，n 为比例系数。

等式两边同时除以 dt 得：

$$-\frac{dN}{dt} = n\frac{dN_e}{dt} \tag{1-51}$$

此式说明，链锁化学反应的速度与有效反应中心的生成速度成正比。如果将有效反应中心的生成速度与原始物质的分子数 N 的比值称为有效反应中心的相对密度 ρ，则：

$$\rho = \frac{\frac{dN_e}{dt}}{N} \tag{1-52}$$

将 $\frac{dN_e}{dt} = \rho N$ 代入式(1-51)得：

$$-\frac{dN}{dt} = n\rho N \tag{1-53}$$

将上式进行变量分离后得：

$$-\frac{dN}{N} = n\rho dt$$

对上式两边同时积分得：

$$-\int_{N_0}^{N} \frac{dN}{N} = \int_0^t n\rho dt$$

$$\ln \frac{N_0}{N} = \int_0^t n\rho dt$$

$$N = N_0 e^{-\int_0^t n\rho dt} \tag{1-54}$$

式中：N_0——反应开始时主要原始物质的分子总数。

若以 x 表示 $0\sim t$ 时间内参加反应的原始物质的百分数，则 t 时刻尚未参加反应的原始物质百分数为：

$$1 - x = \frac{N}{N_0} \tag{1-55}$$

由式(1-54)和式(1-55)得：

$$x = 1 - e^{-\int_0^t n\rho dt} \tag{1-56}$$

上式对时间微分得：

$$w = \frac{dx}{dt} = n\rho e^{-\int_0^t n\rho dt} \tag{1-57}$$

此式即为连锁反应速度的普遍方程式。

3. 内燃机燃烧速度的半经验方程式

利用式(1-56)计算烧掉燃料的百分数 x 随时间的变化规律，首先必须确定 $\int_0^t n\rho dt$ 积分的解。为求解此积分，必须研究反应期间比例系数 n 和有效反应中心的相对密度 ρ 随时间变化的函数关系。

根据内燃机燃烧特性，可相当准确地认为，在整个反应期间比例系数 n 不随时间变化。因此可将 n 提到积分号外，即：

$$f(t) = n\int_0^t \rho dt \tag{1-58}$$

有效反应中心的相对密度 ρ 随时间变化的关系与反应链的分支、链的相互作用、链终止、汽缸内的温度、内力、散热条件、气流运动等许多因素有关，要在查明 ρ 与所有这些因素的解析关系的基础上算出 ρ 是有困难的，对内燃机的燃烧过程尤其如此。

维别在分析了大量的内燃机燃烧综合试验资料后，提出下列经验公式来描述内燃机中燃料燃烧速度的未知函数 $\rho = \phi(t)$，即认为：

$$\rho = kt^m \tag{1-59}$$

式中：m——燃烧品质指数（它是反应燃烧过程中有效反应中心相对密度随时间变化的特性参数，同时也是确定燃烧过程特性的参数）；

k——比例系数。

将式(1-59)代入式(1-58)然后积分得：

$$f(t) = nk\int_0^t t^m \mathrm{d}t = \frac{k}{m+1}t^{m+1}$$

式中：$k = nk$。

将 $f(t)$ 代入式(1-56)得：

$$x = 1 - \exp\left(-\frac{k}{m+1}t^{m+1}\right) \tag{1-60}$$

此式对时间微分得到燃烧速度的表达式：

$$w = kt^m \exp\left(-\frac{k}{m+1}t^{m+1}\right) \tag{1-61}$$

一般柴油机 $m = 0.1 \sim 1.0$，汽油机 $m = 1.0 \sim 3.0$。

为了得出实用上比较方便的表达形式，下面拟引出燃烧过程延续时间的概念。

从式(1-60)可知，物质完全变化（即 $x = 1$）只有 $t = \infty$ 才能实现，即理论上完成反应的时间等于无穷大。实际上，只要差不多全部物质都参与了反应，就可以认为反应过程完成了。例如内燃机汽缸中有 1000 份燃料，在燃烧过程中有 999 份参与了反应，则实际上可认为燃烧过程是完善的，从这个观点出发确定的燃烧过程延续时间是附加了前提条件的。若以 t_z 表示假定的燃烧延续时间，则按上述 999/1000 的条件确定的燃烧过程延续时间的概念可导得：

$$x = 1 - \exp\left[-6.908\left(\frac{t}{t_z}\right)^{m+1}\right] \tag{1-62}$$

$$w_0 = 6.908(m+1)\left(\frac{t}{t_z}\right)^m \exp\left[-6.908\left(\frac{t}{t_z}\right)^{m+1}\right] \tag{1-63}$$

式中：w_0——相对燃烧速度，$w_0 = wt_z$。

上述方程式中，相对燃烧时间 $\left(\dfrac{t}{t_z}\right)$ 可用曲轴转角的相应比值 $\left(\dfrac{\varphi_x}{\varphi_z}\right)$ 来代替。其中 φ_x 是用曲轴转角表示的燃烧过程延续时间。$\varphi_x = \varphi - \varphi_0$，$\varphi_0$ 是着火提前角。则式(1-62)和式(1-63)可表示为：

$$x = 1 - \exp\left[-6.908\left(\frac{\varphi - \varphi_0}{\varphi_z}\right)^{m+1}\right] \tag{1-64}$$

$$\frac{\mathrm{d}x}{\mathrm{d}\varphi} = 6.908\frac{m+1}{\varphi_z}\left(\frac{\varphi - \varphi_0}{\varphi_z}\right)^m \exp\left[-6.908\left(\frac{\varphi - \varphi_e}{\varphi_z}\right)^{m+1}\right] \tag{1-65}$$

此式即维别导出的内燃机燃烧速度的半经验方程式。

图 1-13 为不同 m 值对燃烧百分比 x 和燃烧速度 $dx/d\varphi$ 的影响。

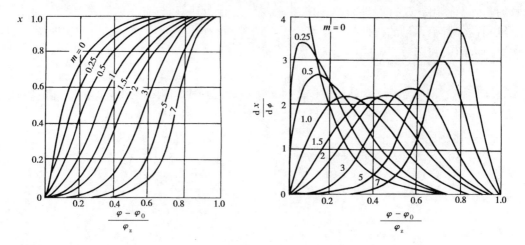

图 1-13 燃烧品质指数 m 对燃烧百分比 x 和燃烧速度 $dx/d\varphi$ 的影响

各类柴油机的 m、φ_0、φ_z 值的统计资料如下：

	m	φ_x	φ_0
直接喷射式,高速	0.15~1.2	50°~150°	-12°~0°
直接喷射式,中速	0.5~2.0	50°~120°	-12°~0°
分隔式,高速非增压	0.4~0.6	60°~100°	-12°~0°

20 世纪 50 年代以来,各国内燃机界出现了各种各样的计算燃烧速度的经验和半经验公式,但最著名的是维别导出的半经验的燃烧方程式。这个燃烧方程式是基于热力学和燃烧化学反应动力学的理论,结合他自己和别人大量的试验数据而提出的。由于它既基于一定的理论基础,又用大量的试验数据修正完善,所以相当符合柴油机的实际情况,并在各主要工业国家的内燃机界得到公认。

二、预混合气体中的火焰传播

预混合气体是指在着火前将燃料蒸气和空气以一定比例预先混合好的气体。这种预混合气体是在汽缸外形成的,是汽油机可燃混合气的形成方式。

汽油蒸气在外部引火条件下的着火温度较低,适宜于外源点火。利用电火花点燃预混合气体的燃烧过程可划分为两个阶段,第一个阶段是火焰核心的形成,第二个阶段是火焰传播。

1. 火焰核心的形成

预混合气体在外源点火的情况下形成火焰核心的前提条件是火花塞附近的混合气必须具备一定的浓度,混合气过稀或过浓都不能着火。汽油机预混合气体的着火浓度范围为 $\alpha = 0.5 \sim 1.3$。

在预混合气体中,从火花塞跳火花至火焰核心形成要经历一段时间。这段时间的长短与火花塞附近预混合气体的压力、温度、氧的浓度、燃料种类、混合气浓度、气流运动状况、电火花的性质、电极几何形状和距离等诸多因素有关。

实际上,在火花塞跳火花之前,由于可燃混合气受到压缩使温度上升,已产生缓慢氧化的先期反应。火花塞跳火花之后,靠火花提供的能量,不仅使局部混合气温度进一步升高,而且引起火花附近的混合气电离,形成活化中心,促使支链反应加速。随着连锁化学反应范围扩大,反应程度加深,出现明显的火焰小区,这就是火焰核心。

为了使点燃成功,必须使火花塞提供的放电能量大于某一个低限值。电极的间隙与点火能量有很大的关系,如果电极间隙适中,所需要的点火能量就较小;如果间隙不当,所需的点火能量就会增加;如果间隙过小,则无论点火能量多大也不能着火,这个不能着火的最小距离称为熄火距离(图1-14中的$d_{\min}$)。

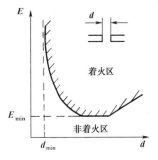

图1-14 点火能量与熄火距离

由于火花塞附近混合气的组成和吸收火花能量的情况,以及气流运动的干扰等因素在连续的循环过程中不可能保持恒定,因此火焰核心形成所经历的时间有变动。这种变动会引起循环间燃烧情况的不稳定,这种现象在汽油机低负荷及混合气浓度较稀的情况下尤为突出。

2. 火焰的传播

在汽缸中形成火焰核心之后,燃烧过程进行的实质就是火焰在预混合气体中的传播过程。火焰传播速度的大小取决于预混合气体的物理化学性质、热力状态、混合气浓度和气体流动状况。其中尤以混合气浓度和气体流动状况的影响最为显著。

混合气浓度对火焰传播速度的影响可通过实验确定。图1-15为实验所得的火焰传播速度(U_T)与过量空气系数α的关系。由图可知:

$\alpha = 0.85 \sim 0.95$时,火焰传播速度最大,汽油机用这种浓度混合气工作燃烧速度最快,功率也最大,故此混合比称为功率混合比。

$\alpha = 1.03 \sim 1.1$时,火焰传播速度降低不多,又有足够氧气使燃烧完全,因此用这种浓度的混合气工作,汽油机的经济性最好,此混合比称为经济混合比。

当α继续增大,由于火焰核心形成的时间延长,燃烧过程拖长,热效率和功率均降低。当$\alpha > 1.3 \sim 1.4$时,由于火焰核心难以形成,汽油机不能工作,此混合比称为着火下限。同样$\alpha < 0.4 \sim 0.5$时,由于严重缺氧,也使火焰核心难以形成,此混合比称为着火上限。实际上为了保证可靠的工作,汽油机的α值应在0.6~1.2范围内,即空燃比$A/F = 9 \sim 18$。

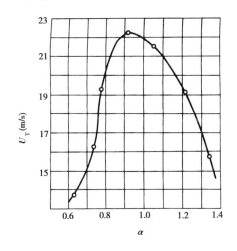

图1-15 混合气成分对火焰传播的影响

应当说明,如图1-15所示的混合气成分对火焰传播速度的影响,是使用均质混合气在内燃机上进行试验的结果,非均质混合气的试验结果将有所不同。此外,图1-15中所示的传播速度实际上包含了火焰核心形成速度的影响,是两者的综合反映。

气体流动状况对火焰传播速度的影响很大。气体的流动状况可分为层流和紊流。火焰在层流中的传播速度低,在紊流中的传播速度高。

在静止的或流速很低的预混合气体中,用电火花点火形成火焰核心后,火焰向四周传播形成一个球状的火焰面(或称为火焰前锋面)。火焰面的前面是未燃的预混合气体,后面是温度很高的已燃气体,激烈的燃烧化学反应就在这薄薄的一层火焰面上进行着。火焰面的厚度只有十分之几甚至百分之几毫米,如果把火焰前锋面放大,可看出火焰的结构及其温度和混合气浓度的大致分布情况,见图1-16。

在火焰面厚度的很大一部分范围内是化学反应速度很低的预热区(以δ_p表示),化学反应主要集中在厚度很窄的化学反应区(以δ_c表示)。经过化学反应区以后,预混合气体的95%~98%完成了氧化反应。

由于火焰面很窄,但其温度和浓度的变化却很大,因而在火焰面内出现了很大的温度梯度和浓度梯度,引起了强烈的传热和传质。层流火焰传播速度S_L很低,以汽油与空气的预混合气体为例,$S_L = 0.4 \sim 0.5 m/s$。

紊流火焰传播速度比层流的大几十倍甚至上百倍。紊流运动是由一定运动方向的涡流运动和无数小气团的无规则脉动运动所组成。这些由气体质点所组成的小气团大小不一,流动速度和方向也不相同,但宏观流动方向则是一致的。这种紊流运动使平整的火焰前锋表面严重扭曲,甚至会形成许多分隔的燃烧小区,导致火焰前锋燃烧区的厚度增加(见图1-17),火焰传播速度加快。

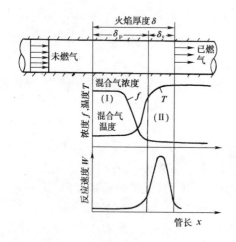

图1-16 火焰结构及其温度、浓度分布

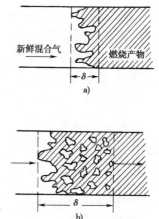

图1-17 在不同紊流作用下的火焰前锋
a)紊流较弱;b)紊流强烈

图1-18示出紊流强度与火焰速度比的关系。紊流强度u指的是各点速度的方均根值,火焰速度比是紊流火焰传播速度与层流火焰传播速度之比。可见,加强燃烧室的紊流,尤其是微涡流运动会使火焰传播速度有效地增加,这是提高汽油机燃烧速度最重要的手段。一般来说,紊流火焰传播速度$S_T = 20 \sim 70 m/s$。

三、燃油喷雾与扩散燃烧

柴油的蒸发性能比汽油差,因此不能像汽油那样在常温条件下预先制备好均匀混合气。它只能采用喷射的方法,将燃油直接喷入压缩升温后的工质中,在缸内形成可燃混合气,依靠压缩后的高温环境自燃发火。柴油机中的燃烧属于喷雾双相燃烧,它既有预混合气的均相气相燃烧,也有微油滴群的油滴扩散燃烧。

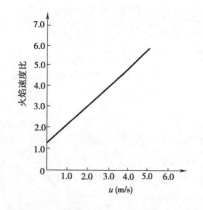

图1-18 紊流强度与火焰速度比的关系

1. 燃油喷雾与混合

喷入汽缸中的燃油首先要经历破碎和雾化过程。喷注高速前进,其前锋和周缘遇到密度相当大的热空气的阻力,包括摩擦阻力和形状阻力(即压差阻力),同时,喷注本身具有很大的扰动。由于前进阻力和自身扰动,飞驰中的喷注被不断撕裂、破碎和雾化。雾化了的较大的油滴在运动过程中,如果其惯性力超过其表面张力一定倍数,则该油滴将不断被分裂成更细小的油滴,这种油滴的细化过程称为韦勃(weber)效应。经历韦勃效应而不断细化之后,喷入的燃油变成滴径为 $5\sim100\mu m$ 的油滴群,这样的油滴群,由于油接触热空气的表面积大为增加,因而能迅速吸热而汽化。

燃油喷入汽缸后的雾化、吸热、汽化的过程总是伴随着混合气的形成过程,即边雾化、边混合的过程,以逐步形成可燃混合气。柴油机混合气形成的方式有多种形式,如雾化混合型、油膜混合型、雾化-油膜混合型等。不管具体柴油机的混合气形成哪种形式,在一个循环的工作过程中混合气的形成都必须经历预混合和扩散混合这样两个阶段。预混合阶段是燃油在滞燃期内经历的混合气形成阶段,在此阶段中,首先汽化形成气态的燃料与空气相混合,做好了焰前反应。一旦着火,这部分在着火前预先混合好了的可燃混合气首先参加燃烧,这种混合称为预混合,其相应的燃烧称为预混合燃烧。参加预混合燃烧大都是最先喷入的燃料,因为它们在破碎、雾化、吸热、汽化以及与空气混合等过程中所经历的时间比后续喷入的燃料经历的时间长,故预混合完全是气相混合,是混合均匀性最好的混合方式。预混合燃烧时,燃烧室内的空气较多,燃烧产物少,燃烧室内的温度也不太高,所以预混合燃烧的速度和加速度都很高。

扩散混合是在燃烧室内着火以后的混合阶段。这种混合是在边燃烧、边喷油的情况下进行的混合,是在新鲜空气越来越少、燃烧产物越来越多、燃烧室温度越来越高的情况下进行的,所以,扩散混合的情况相当复杂,混合条件十分恶劣。这时,既有均相(气相)混合,亦有气、液双相混合,又有未燃区的低温混合(原预混合的继续),以及已燃区的高温混合(含有高温裂解物);既有燃油与空气的混合,又有燃油、空气、燃烧中间产物(如醛类和一氧化碳)和最终产物(CO_2、H_2O)等多种物质的瞬态混杂。

扩散混合阶段的燃烧称为扩散燃烧。扩散混合的速度和进程控制着扩散燃烧的速度和进程,为此,加速和完善扩散混合是改善扩散燃烧的关键,是加速燃烧过程中、后期燃烧进程的关键所在,从而也是提高空气利用率、热量利用率和热效率的有效手段。

在扩散燃烧阶段,要尽量使燃油与空气的混合不受高温燃烧产物的干扰,热分层效应正是解决这一问题的有效途径。研究燃烧过程的主要目的之一就是要加速扩散混合,从而加速扩散燃烧,缩短扩散燃烧期和整个燃烧持续期。

2. 扩散燃烧的特点

扩散燃烧阶段的燃烧情况非常复杂,它既存在预混合燃烧的形式,又存在单油滴的扩散燃烧形式,是一种气、液双相混合的燃烧过程。为了说明此阶段的燃烧特点,有必要先弄清油滴的蒸发与燃烧的情况。

漂浮在燃烧室高温气体中的油滴,首先将从高温气体中吸收热量,其本身温度随之升高,与此同时其表面开始蒸发,并向周围扩散与空气混合。经过一段时间,油滴变小,在油滴外围形成一层燃料与空气的混合气,接近油滴表面的混合气浓度较高,由于蒸发需要吸收汽化潜热,所以这里的温度也较低。随着离开油滴表面的距离增加,混合气的浓度降低,温度升高,如图1-19所示。

试验表明,发火地点是在离开油滴表面一定距离,混合气浓度适当而温度足够高的地方。

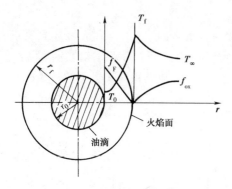

图 1-19　油滴蒸发与燃烧的模型
f_F-油蒸气浓度；f_{ox}-氧浓度；r_0-油滴半径；r_f-油滴蒸发与空气混合燃烧达到最高温度的火焰面半径；T_0-油滴表面温度；T_f-半径为 r_f 的火焰面最高温度；T_∞-最高温度火焰面之外的温度变化

于是在油滴周围出现一层球形的燃烧区，即火焰前锋面。火焰面把燃油蒸气与氧气完全分隔开，在火焰面内侧只有燃油蒸气，没有氧气，燃油蒸气自油滴表面向外扩散，同时在火焰面外侧的氧气也不断地从周围向火焰面扩散。在火焰面上混合气燃烧生成的产物向火焰面内外两侧扩散，而燃烧产生的热量也同时向火焰面两侧传递，油滴受到火焰面传来的热量，将进一步蒸发汽化。

实际的扩散燃烧比单个油滴的蒸发与燃烧过程复杂得多，因为在扩散混合阶段喷入汽缸的燃料同样也被分散成大小不同的一群油滴，油滴与空气和燃烧产物有相对运动，汽缸中各点的温度有差别，氧气的浓度各不相同。虽然每个油滴都要经历蒸发、混合及氧化等物理化学准备阶段，但准备的时间有长有短，而且相邻油滴形成的混合气区域会互相干扰、互相渗透，从而构成一幅复杂的气、液双相混合燃烧的图像。

通过以上分析可知，柴油机中的燃烧，不管是预混合气的均相气相燃烧，还是微油滴群的油滴扩散燃烧，都仅与局部的油气比例和着火环境有关，而与整个燃烧室中油气的宏观比例无关。它不像汽油机那样，需要严格控制油、气的宏观比例，因而它比汽油具有更广泛的稳定燃烧范围。这是柴油机的过量空气系数 ($\alpha = 1.2 \sim 2.2$) 比汽油机的过量空气系数 ($\alpha = 0.8 \sim 1.2$) 大得多，而又能稳定燃烧的根源所在。

柴油机燃烧过程的另一特点是它容易生成炭烟。因为在局部形成良好的油气比例和着火环境的同时，也存在着局部浓度极不均匀的富油区与贫油区，缺氧的富油区是生成炭烟的主要区域。炭烟的生成取决于裂解与氧化两个相反的过程，而裂解与氧化的速度与混合气的浓度密切相关，裂解的速度随 α 减小而迅速上升，这是富油区易生成炭烟的原因。图 1-20 示出典型燃料十二烷 ($C_{12}H_{26}$) 的氧化与裂解速度与过量空气系数的关系。

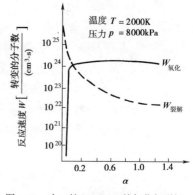

图 1-20　十二烷 ($C_{12}H_{28}$) 的氧化与裂解速度与过量空气系数的关系

第九节　实际循环的近似计算——经典热计算

实际循环的近似计算是一种半经验的估算。这种方法称为活塞式内燃机的经典热计算，是俄国学者格里涅维茨基 (В. И. Гриневецкий) 于 1907 年提出的，是长期以来内燃机设计制造单位习惯采用的一种常规计算方法。这种方法是以理论的等容加热或混合加热循环作为出发点，并假定其中的几个过程始、终点是上、下止点，然后求出各特征点的状态参数，绘制出示功图并用丰满系数加以修正的计算方法。这种算法的实质是应用较简单的关系式和利用一些经验数据来处理实际上的复杂过程。实践证明，这种计算方法具有一定的实用价值且计算简单和便于掌握。

经典热计算方法既可用于对方案设计阶段确定的指标、尺寸、结构参数进行校核计算,又可为动力计算和强度计算提供原始数据。同时,对初学者理解和掌握内燃机的基本知识也是颇有裨益的。

本节介绍的实际循环近似计算方法是以四冲程内燃机为研究对象,所列的经验数据仅用于标定工况。

一、燃烧热化学计算

按照第一至七节中所列公式,并根据给定或选定的燃料成分、过量空气系数 α 和残余废气系数 γ 计算下列各值:

1kg 燃料所需的理论空气量 L_0;

新鲜充量的摩尔数 M_1;

燃烧产物的摩尔数 M_2;

残余废气的摩尔数 M_γ;

理论分子变更系数 μ_0;

实际分子变更系数 μ。

二、换气过程参数的确定

1. 进气终点压力 p_a

p_a 是影响充气效率的主要因素,对泵气损失也有影响。一般情况下,进气终点的汽缸内压力 p_a 低于进气系数的压力,其差值取决于吸气过程中的压力降 Δp_a。

$$p_a = p_0 - \Delta p_a \quad (\text{非增压内燃机})$$

$$p_a = p_k - \Delta p_a \quad (\text{增压内燃机})$$

式中:p_0——环境大气压力;

p_k——增压压力。

气体在进气系统内的流动损失 Δp_a 主要是发生在最小流动截面——进气门处,由流体力学的公式可得:

$$\Delta p_a = k_1 \rho \frac{c^2}{2} = k_2 n^2 \tag{1-66}$$

式中:c——进气门最小截面处的气体平均流速;

ρ——进气门处空气的密度;

k_1、k_2——与进气系统设计有关的常数。

可见,内燃机转速越高,进气门开启截面越小,则进气管道流动阻力越大,亦 Δp_a 越大。在初步估算中,一般 p_a 可取下列统计数据:

四冲程非增压柴油机,汽油机 $(0.85 \sim 0.95)p_0$

四冲程增压柴油机 $(0.90 \sim 0.95)p_k$

2. 残余废气系数 γ

汽缸中残留的废气越多,则吸入的新鲜工质越少。在四冲程内燃机中,当气门重叠角较小,在不考虑燃烧室扫气作用时,根据残余废气系数的定义可得

$$\gamma = \frac{M_\gamma}{M_1} = \frac{p_\gamma V_\gamma}{8314 T_\gamma} \div \left(\eta_v \cdot \frac{p_s V_h}{8314 T_s} \right)$$

式中：p_γ、T_γ 和 V_γ——排气终点工质的压力、温度和容积；

p_s 和 T_s——进气门前的工质压力和温度。

设 $V_\gamma \approx V_c$（V_c 为压缩终点汽缸容积）则：

$$\gamma = \frac{1}{\varepsilon - 1} \cdot \frac{p_\gamma}{p_s} \cdot \frac{T_s}{T_\gamma} \cdot \frac{1}{\eta_v} \tag{1-67}$$

可见，压缩比 ε、排气终点的参数 p_γ、T_γ 和 η_v 将影响 γ 的大小。当 p_γ/T_γ 比值增大和 ε 减小时，废气的密度和在燃烧室中所占容积比例都增加，γ 值便随之上升。对于具有强制燃烧室扫气作用的增压柴油机，γ 值降低，甚至等于零。

和 p_a 值一样有：

$$p_\gamma = p_0 + \Delta p_\gamma \quad \text{（非增压内燃机）}$$
$$p_\gamma = p_T + \Delta p_\gamma \quad \text{（增压内燃机）}$$

式中：$\Delta p_\gamma = k_3 n^2$，$k_3$ 是与排气系统设计有关的系数；

p_T——排气管中的背压。

根据统计资料可知：

高速四冲程非增压柴油机、汽油机

$$p_\gamma = (1.05 \sim 1.15) p_0$$

废气涡轮增压柴油机

$$p_\gamma = (0.75 \sim 1.0) p_k$$

T_γ 的大小与内燃机的负荷、转速、ε 等都有关系。负荷增加，T_γ 上升。n 提高，也使 T_γ 上升。ε 大，则膨胀比大，T_γ 下降。

T_γ 和 γ 的一般范围是：

	T_γ(K)	γ
四冲程非增压柴油机	700~900	0.03~0.06
四冲程增压柴油机	800~1000	0~0.03
四冲程汽油机	900~1100	0.06~0.16

3. 进气终点温度 T_a

T_a 的大小受到进气温度 T_s、残余废气的热含量、高温零件对新鲜工质的加热和工质动能转化为热能等因素的影响。如将后面两种因素造成的温升用 ΔT 表示，则进气终点的热平衡方程式为：

$$(M_1 + M_\gamma) c'_p \cdot T_a = M_\gamma c''_p T_\gamma + M_1 c_p (T_s + \Delta T) \tag{1-68}$$

式中：c_p、c'_p、c''_p——分别表示新鲜工质、新鲜工质与残余废气混合物、残余废气的定压比热。

设 $c_p \approx c'_p \approx c''_p$，则得：

$$T_a = \frac{T_s + \Delta T + \gamma T_\gamma}{1 + \gamma} \tag{1-69}$$

ΔT 和 T_a 的一般范围是：

	$\Delta T(\mathrm{°C})$	$T_a(\mathrm{K})$
四冲程非增压柴油机	10~20(40)	300~340
四冲程增压柴油机	5~10	310~380
四冲程汽油机	0~40	340~380

4. 充气效率 η_v

如果把每循环吸入汽缸的工质换算成进口状态(p_a、T_a)下的体积 V_1,则 V_1 值一定比活塞排量 V_h 小,两者的比值定义为充气效率,即:

$$\eta_v = \frac{G_1}{G_{sh}} = \frac{M_1}{M_{sh}} = \frac{V_1}{V_h} \tag{1-70}$$

式中: G_1、M_1、V_1——分别为实际进入汽缸的新鲜工质的质量、摩尔数及其在进口状态(p_a、T_a)下的体积;

G_{sh}、M_{sh}、V_h——分别为进口状态下充满汽缸工作容积的工质的质量、摩尔数及汽缸工作容积。

进气终点汽缸充量的摩尔数可表示为:

$$M_1 + M_\gamma = M_1(1+\gamma) = \eta_v \cdot M_{sh}(1+\gamma)$$

以 $M_1 + M_\gamma = \frac{p_a V_a}{8314 T_a}$,$M_{sh} = \frac{p_s V_h}{8314 T_s}$ 和 $V_a = V_c + V_h$ 代入上式,经整理得:

$$\eta_v = \frac{\varepsilon}{\varepsilon - 1} \cdot \frac{p_a}{T_a} \cdot \frac{T_s}{p_s} \cdot \frac{1}{1+\gamma} \tag{1-71}$$

此式对四冲程和二冲程内燃机均适用。η_v 的统计范围如下:

四冲程非增压柴油机		0.75~0.90
四冲程增压柴油机		大致接近于1.0
四冲程汽油机	顶置气门	0.75~0.85
	侧置气门	0.70~0.75

三、压缩过程

实际的压缩过程与理论的相比存在很大的区别。在实际的内燃机中,对工质的压缩始于进气门完全关闭之后;在整个压缩过程中,工质和汽缸之间不断地进行着数量和方向上均不同的热交换;工质的数量由于泄漏而变化,其比热也在变,在压缩末期燃料已开始燃烧等。在诸多的变化因素中,占主要地位的因素是热交换和比热变化,其他因素影响较小,在近似计算中可不予计及。

热交换和比热变化使实际的压缩过程不再是等绝热指数过程,在压缩初期,工质的温度低于汽缸壁的温度处于吸热阶段,此阶段的多变压缩指数 n'_1 高于绝热压缩指数 k_1;在压缩后期,工质的温度会超过汽缸壁的温度,处于向缸壁排热的阶段,其多变压缩指数 n'_1 将低于绝热压缩指数 k_1。图1-21用曲线形式表现了多变压缩指数 n'_1 的这种变化规律,一般 n'_1 是在 1.1~1.5 之间变化。

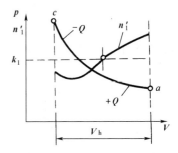

图1-21 压缩过程中,热交换和多变压缩指数 n'_1 的变化 +Q-工质吸热; -Q-工质放热

在实际循环的近似计算中,采用变化的 n'_1 值将使计算过程复杂化。为简便起见,可用一个不变的平均多变压缩指数 n_1 来取代,只要取代后的过程曲线的起点 a 和终点 c 与实际过程相符就可以。根据试验测定,n_1 的大致变化范围是:

高速柴油机(活塞不冷却)	1.38~1.42
低速及中速柴油机(活塞冷却)	1.32~1.37
增压柴油机	1.35~1.37
汽油机	1.32~1.38

平均多变压缩指数 n_1 的值接近 k_1,但偏低,这说明在压缩过程中存在热量损失,使实际压缩终点压力 p_c 低于绝热压缩压力。n_1 的大小主要决定于工质与汽缸壁的传热情况,受下列因素的影响。

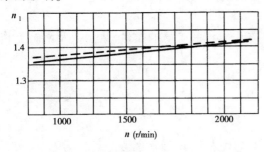

图1-22 平均多变压缩指数 n_1 随转速 n 的变化

1. 转速 n 的影响

内燃机转速 n 对 n_1 具有显著的影响。n 提高后热交换的时间缩短,向汽缸壁的传热量和气体泄漏量都减少,于是 n_1 增大(图1-22)。

2. 负荷的影响

负荷增加后,汽缸壁的平均温度增高,使工质在压缩初期从缸壁接受的热量较多,而在后期放热量减少,于是 n_1 增大。

3. 汽缸尺寸的影响

汽缸尺寸越小,传热损失越小,因而 n_1 也就越大。图1-22 上的虚线代表缸径较小的柴油机的 n_1 的变化情况,显然,它比工作容积大的汽缸的 n_1 值高些。

同理,具有分隔式燃烧室的柴油机要比直接喷射式柴油机的 n'_1 值低。

4. 汽缸壁各部分的冷却强度的影响

冷却强度决定工质的传热强弱程度,冷却强度提高则 n_1 下降,反之则 n_1 增大。

5. 压缩比 ε 的影响

ε 增大,则工质在压缩后期传出的热量增多,泄气量也增加,使 n_1 下降(图1-23)。

6. 进气终点温度 T_a 的影响

T_a 越高,工质在压缩过程中传出的热量越大,n_1 随之下降(图1-23)。

根据内燃机实验或统计数据,并考虑到上述因素的影响而选定 n_1 值后,即可按下式确定压缩终了工质的状态参数。

$$p_c = p_a \cdot \varepsilon^{n_1} \quad (1-72)$$
$$T_c = T_a \cdot \varepsilon^{n_1-1} \quad (1-73)$$

从压缩过程主要参数的选用中,可以看到,在这部分计算中已经把实际循环中的工质比热变化、部分传热损失和泄漏损失考虑进去了,n_1 越大,这部分损失越小。

压缩比 ε 是内燃机的一个重要结构参数。选定压缩比时要考虑到许多因素。压缩比在柴油机的常用范围内变化对热效率不会引起明显

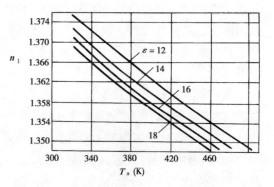

图1-23 内燃机中进气终点温度 T_a 和压缩比 ε 对平均多变压缩指数 n_1 的影响

的作用,从实际机器所承受的机械负荷和由此带来的摩擦损失来考虑,将限制压缩比的过分提高。因此,对于它的选择主要是在避免过高的爆发压力前提下,保证柴油机的冷起动性能和所在工况下获得可靠和有效的燃烧效果。

在空气压力为3000kPa时,柴油的自燃温度约在200~300℃之间,为了保证柴油喷入汽缸后能及时迅速燃烧,以及冷起动时的可靠着火,所选择的压缩比 ε 应使实际压缩终了温度比柴油的自燃温度高出200~300℃。例如:在非增压135型柴油机中,$\varepsilon = 16.5$,$p_c = 4100 \text{kPa}$,$T_c = 920 \text{K}(647℃)$左右。

一般来说,直接喷射式柴油机的压缩比 ε 要比分隔式燃烧室的低些,这是因为前者的相对传热面积较小而压力升高比 λ 较大的缘故。同样,由于传热的原因,缸径小的柴油机需采用较高的压缩比。此外,压缩比的提高可以使燃烧速度增加,为转速的提高带来有利的影响,所以,对于高转速柴油机可选用较高的压缩比。但有一定限度,因为高压缩比的燃烧室的结构非常紧凑,为了防止活塞在上止点与汽缸盖以及开启着的进、排气门相碰,活塞顶及汽缸盖上设有避让碰撞的凹坑,凹坑里聚集的空气往往由于柴油无法喷到而不能参与活塞在上止点时最有效的燃烧中去。显然,ε 越大这部分未得到高效率利用的空气所占的比例越大,虽然它还可以在迟些时候的膨胀行程里加以利用,但毕竟降低了燃烧的效率。

在增压柴油机中,为了抑制爆发压力的增长,一般都采用较低的压缩比,最低可为 $\varepsilon = 12$。

选择 ε 时,还须考虑到内燃机的用途,对于长时间在接近满负荷情况下工作的柴油机,其 ε 值可选低些,而长期在部分负荷下工作的柴油机,其 ε 值可选高些。其着眼点在于前者不至于受到过大的机械负荷,使用寿命可长些,而后者可在经常性的部分负荷工况下获得较高的经济性。

汽油机压缩比的选取主要受到燃料和燃烧室结构类型、排气污染和不正常燃烧现象等的限制。它的 ε 比柴油机低得多。

ε 的大致范围是:

汽油机	6~10
柴油机	14~22
增压柴油机	12~15

p_c、T_c 的大致范围是:

	p_c(kPa)	T_c(K)
汽油机	800~2000	600~750
柴油机	3000~5000	750~1000
增压柴油机	5000~8000	900~1100

四、燃烧过程计算

为了计算上方便起见,先假设燃烧、膨胀和排气过程按照图1-24上的虚线所示的等容过程 cz'、等压过程 $z'z$、多变指数过程 zb 和等容过程 ba 来处理。求得 z'、z、b 各点的状态参数后,用棱角修圆的办法(图1-24上的实线)使之接近实际循环的 p-V 线。

图1-24的下图是与燃烧膨胀过程对应的燃烧规律。$cz'z$ 阶段为显著燃烧阶段。在此阶段中,大部分的燃料都燃烧了,只剩小部分留待继续膨胀中进行过后燃烧以及高温分解后的复合放热。设 H_u 为1kg燃料的低热值,取 $Q_1 = H_u$,x 为燃烧放热系数。

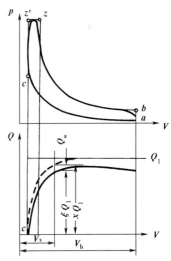

图1-24 实际循环燃烧过程的近似和相应的燃烧放热规律

燃烧过程中任一时刻放出的热量 xH_u 中,有一部分 Q_w 作为传热损失传给汽缸壁,而另一部分 ξH_u 则用于完成机械功和增加工质的内能,即:

$$\xi H_u = xH_u - Q_w \tag{1-74}$$

ξ 是在这时刻内的热量利用系数。z 点的热量利用系数称为 ξ_z,其大致范围是:

大型固定式柴油机	0.80~0.88
机车及船用柴油机	0.78~0.85
汽车拖拉机用柴油机	0.65~0.85
高速增压柴油机	0.60~0.80
汽油机	0.85~0.95

ξ_z 是一个用以反映实际燃烧过程完善程度、通道节流、高温分解和传热损失程度的重要参数。凡是能改善燃烧过程和减少传热损失的因素和措施一般都有利于 ξ_z 的提高。例如,转速的提高会促使过后燃烧增加,ξ_z 减小;分隔式燃烧室柴油机的 ξ_z 值小于直接喷射式的柴油机的值;增压内燃机,由于燃烧产物的高温分解现象减少,于是 ξ_z 的值高些。

燃烧过程计算的关键在于确定燃烧阶段的最高温度 T_z。而 T_z 可根据 z 点的能量守恒方程式来求解。由以上的分析可知 z 点的能量守恒方程式可表示为:

$$\xi_z H_u = U_z - U_c + W_{cz} \tag{1-75}$$

式中:U_z 和 U_c——工质在 z 点和 c 点的内能;

W_{cz}——工质在等容、等压过程中所做的机械功。

$$U_z = (M_2 + M_\gamma) c_v'' t_z$$
$$U_c = (M_1 + M_\gamma) c_v' t_c$$

式中:M_1、M_2、M_γ——分别为新鲜工质、燃烧产物和残余废气的摩尔数,kmol;

t_z、t_c——z 点和 c 点的温度,℃;

c_v''、c_v'——分别为燃烧产物的平均等容摩尔比热和新鲜工质与残余废气混合气的平均等容摩尔比热,kJ/(kmol·℃)。

应该说明,在 z 点,燃烧产物尚未达到最后成分,但差别不是很大,在计算时当作燃烧终了看待。对比热和下面提到的分子变更系数均与此同。

$$W_{cz} = p_z V_z - p_{z'} V_{z'} = p_z V_z - \lambda p_c V_c = 8.314[(M_2 + M_\gamma)T_z - \lambda(M_1 + M_\gamma)T_c]$$
$$= 8.314[(M_2 + M_\gamma)(t_z + 273) - \lambda(M_1 + M_\gamma)(t_c + 273)]$$

式中:$\lambda = p_z/p_c$——压力升高比。

将上述 U_z、U_c、W_{cz} 三式代入式(1-75)得:

$$\xi_z H_u + (M_1 + M_\gamma)[c_v' t_c + 8.314(t_z + 273)] = (M_2 + M_\gamma)[c_v'' t_z + 8.314(t_z + 273)]$$

以 $M_1 + M_\gamma = M_1(1+\gamma)$,$M_2 + M_\gamma = M_1(\mu_0 + \gamma)$,$c_p'' = c_v'' + 8.314$,$M_1 = \alpha L_0$,$\mu = \dfrac{\mu_0 + \gamma}{1+\gamma}$ 等关系式代入,经整理后得到柴油机的燃烧方程式:

$$\frac{\xi_z \cdot H_u}{(1+\gamma)\alpha L_0} + c_v' t_c + 8.314\lambda t_c + 2270(\lambda - \mu) = \mu c_p'' t_z \tag{1-76}$$

式中:c_p''——燃烧产物的平均等压摩尔比热,kJ/(kmol·℃)。

汽油机应按等容循环计算,式(1-75)中的 $W_{cz}=0$,故:

$$\xi_z H_u = U_z - U_c = (M_2 + M_\gamma) c_v'' t_z - (M_1 + M_\gamma) c_v' t_c$$

化简得汽油机的燃烧方程式:

$$\frac{\xi_z H_u}{(1+\gamma)M_1} + c'_v t_z = \mu c''_v t_z \tag{1-77}$$

汽油机在 $\alpha < 1$ 的工况下工作时,燃油中有一部分热量 ΔH_u 未释放出来。在这种情况下,应以 $(H_u - \Delta H_u)$ 代入上式:

$$\frac{\xi_z (H_u - \Delta H_u)}{(1+\gamma)M_1} + c'_v t_z = \mu c''_v t_z \tag{1-78}$$

$$\Delta H_u \approx 58000(1-\alpha) \quad (\text{kJ/kg 燃料}) \tag{1-79}$$

$$c'_v = \frac{c_v + c''_v \gamma}{1+\gamma} \tag{1-80}$$

式(1-80)中的 c_v 和 c''_v 可根据 t_c 和 α 值从图1-25上查出的 c_p 和 c''_p 计算得到。这样,就可把实际工质的比热变化反映到实际循环的热计算中去。

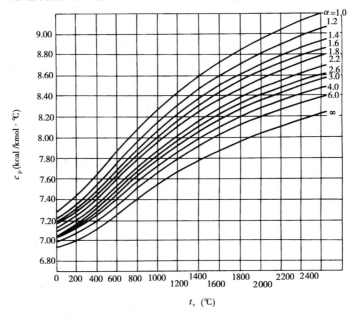

图1-25 不同 α 时,石油燃料完全燃烧产物和空气($\alpha = \infty$)的平均等压摩尔比热 c''_p 与温度的关系

[1kcal/(kmol·℃) = 4.186kJ/(kmol·℃)]

式(1-76)中的压力升高比 λ 主要决定于最大燃烧压力 p_z,而 p_z 是根据柴油机的结构强度和寿命要求凭经验选定。汽油机的 p_z 直接从热计算中求出。

现有非增压内燃机的 p_z 和 λ 的大致范围是:

	$p_z(10^2\text{kPa})$	λ
直接喷射式柴油机	60~90	1.7~2.2
预燃式柴油机	45~60	1.4~1.6
涡流式柴油机	50~70	1.5~1.7
汽油机	30~80	2.0~4.0

其中,柴油机的较高值属于高速柴油机。至于增压柴油机,其 p_z 值可高达12000~15000kPa。

这样,燃烧方程式左边的数值均属已知,即方程式右边的 $c''_p t_z$ 或 $c''_v t_z$ 的乘积就已确定。欲求 t_z 则必须先确定 c''_p 或 c''_v 的值,但后者须在已知 t_z 的前提下方能从图1-25中查出。于是出现数据求解上的矛盾,此矛盾可采取逐步试算的方法来解决。柴油机的 T_z 范围大致是

1800~2000K,汽油机的 $T_z = 2200 ~ 2700K$。

至于初期膨胀比 ρ 可从气体状态方程中求出。

$$p_z V_z = 8314(M_2 + M_\gamma) T_z$$
$$p_c V_c = 8314(M_1 + M_\gamma) T_c$$

由此得：

$$\lambda \rho = \mu \frac{T_z}{T_c} \tag{1-81}$$

一般 ρ 在 1.1~1.7 的范围内，大的 λ 值对应于小的 ρ 值。

五、膨胀过程

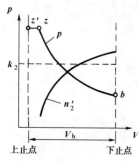

图1-26 膨胀过程中,压力和多变膨胀指数 n_2' 的变化

在急速燃烧阶段里,工质已实现初期膨胀($z'z$ 线)。在 z 点以后属后期膨胀(zb 线)。膨胀过程的讨论是指后期膨胀,膨胀过程的进行比压缩过程更为复杂,它除具有热交换和漏气损失外,还有过后燃烧的高温分解物质的复合放热现象。因此,尽管在膨胀期内工质温度始终高于汽缸壁温度而不断向外传热,但由于后燃和复合放热使多变膨胀指数 n_2' 在相当长时间内小于绝热膨胀指数 k_2 (图1-26),有时甚至具有小于1的数值,这说明在此阶段内工质还在不同程度上获得热量。直到后燃和复合热量小于汽缸壁的传热损失后, n_2' 才开始越来越大于 k_2。在膨胀过程中 n_2' 约从1变化到1.5。

在实际计算中,为了简便起见,用一个平均多变膨胀指数 n_2 来代替 n_2',只要以 n_2 计算膨胀过程时,其终点状态和实际膨胀终点状态相符即可。

n_2 的一般范围是：

高速柴油机(活塞不冷却)　　　1.15~1.25
中、低速柴油机(活塞冷却)　　　1.20~1.30
汽油机　　　　　　　　　　　　1.20~1.28

内燃机的转速、负荷、汽缸尺寸和燃烧过程的进行对 n_2 值都有很大影响,选用 n_2 值时要对这些因素加以分析。

1. 转速 n 的影响

转速增加,后燃加剧,同时膨胀时间缩短减少了传热损失和漏气,结果使 n_2 减小(图1-27)。

2. 负荷的影响

当转速不变而增大柴油机负荷时,由于后燃增加 n_2 减小(图1-28)。

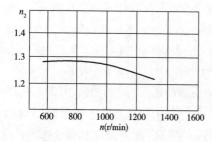

图1-27 转速 n 对 n_2 的影响

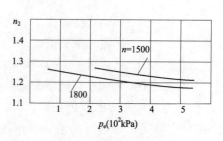

图1-28 负荷对 n_2 的影响

3. 汽缸尺寸的影响

汽缸容积增大,使相对传热面积 $\Sigma F_c/V_h$ 和相对漏气缝隙减少,因而 n_2 有所下降。

4. 燃烧速度和 ξ_z 的影响

燃料在急速燃烧阶段的燃烧速度将影响过后燃烧的燃料比例,急速燃烧速度降低会导致 ξ_z 的减小和后燃的加强,因此 n_2 下降。可见,选取 ξ_z 和 n_2 数值时,两者之间有关联,一个上升,另一个随之增大。

实际上,n_2 数值的选用涉及比热变化、燃烧损失、传热损失、泄漏损失等因素。与多变压缩指数 n_1 相比,n_2 对损失影响显然要大些,因为它与循环中的燃烧损失有密切联系,而热量的传出又是在高温和越来越大的露出面积的情况下进行的。非但如此,n_2 降低时,其膨胀终了的温度势必上升,致使排气温度过高,会直接影响排气门和废气涡轮叶片等零件的高温工作可靠性。为此,尽量促使 n_2 保持较高的数值,这是降低废气带走的热量损失、提高内燃机工作可靠性的一个不可忽视的方面。

在上述种种影响因素中,能够产生较为显著效果的因素莫过于设法提高 ξ_z,从而可减少过后燃烧。要达到这一目的,必须从研究和改进混合物形成和燃烧过程,以及合理调整供油提前角等方面入手。

选定了 n_2 值后,膨胀终点的压力和温度可从下式求出。

$$p_b = p_z \cdot \left(\frac{V_z}{V_b}\right)^{n_2} = p_z/\delta^{n_2} \quad (\text{kPa}) \qquad (1\text{-}82)$$

$$T_b = T_z \cdot \left(\frac{V_z}{V_b}\right)^{n_2-1} = T_z/\delta^{n_2-1} \quad (\text{K}) \qquad (1\text{-}83)$$

式中:$\delta = \dfrac{V_b}{V_z} = \varepsilon/\rho$,为后期膨胀比。

在 b 点的压力和温度一般为:

	$p_b(10^2\text{kPa})$	$T_b(\text{K})$
高速柴油机	3~6	1000~1200
低速柴油机	2.5~3.5	900~1000
汽油机	3~6	1200~1400

六、平均指示压力和指示热效率的计算

在计算平均指示压力 p_i 之前应先绘出 $p\text{-}V$ 示功图。根据各过程的始点和终点的 p、V 坐标值和由式(1-72)和式(1-82)求出的压缩线和膨胀线,画出有棱角的混合加热循环 $p\text{-}V$ 图 $ac'z'zbd_1ra$(图1-2)。然后再参考柴油机的供油提前角、燃烧基本终止点、排气提前角等对有棱角的示功图进行修圆,得到与实际循环相近似的、过渡圆滑的示功图 $ac_1z'_1b_1d_1ra$。

计算示功图上的做功面积时,进排气过程的换气功不算在内,它们将在机械损失中考虑。因此,p'_i 是按图1-2上的有棱角的 $ac'z'zba$ 面积来计算的。

$$p'_i = \frac{W'_i}{V_h}$$

其中

$$W'_i = W_{cz} + W_{zb} - W_{ac}$$

$$W_{cz} = p_z(V_z - V_c) = \lambda p_c V_c (\rho - 1)$$

$$W_{zb} = \frac{1}{n_2 - 1}(p_z V_z - p_b V_b) = \frac{\lambda \rho}{n_2 - 1} p_c V_c \left(1 - \frac{1}{\delta^{n_2-1}}\right)$$

$$W_{ac} = \frac{1}{n_1 - 1}(p_c V_c - p_a V_a) = \frac{p_c V_c}{n_1 - 1}\left(1 - \frac{1}{\varepsilon^{n_1-1}}\right)$$

$$V_h = V_c(\varepsilon - 1)$$

代入这些关系得:

$$p'_i = \frac{p_c}{\varepsilon - 1}\left[\lambda(\rho - 1) + \frac{\lambda \rho}{n_2 - 1}\left(1 - \frac{1}{\delta^{n_2-1}}\right) - \frac{1}{n_1 - 1}\left(1 - \frac{1}{\varepsilon^{n_1-1}}\right)\right] \tag{1-84}$$

实际循环近似示功图是经过修圆的,其有效面积 $d_1 c_1 z'_1 b_1 d_1$ 比有棱角的示功图面积小,于是用一个小于 1 的示功图丰满系数 ϕ_i 来对 W'_i 或 p'_i 进行修正,即可得到平均指示压力 p_i,即:

$$p_i = \phi_i p'_i \tag{1-85}$$

实际上丰满系数 ϕ_i 是把实际循环中的时间损失、后燃损失和部分换气损失计入其中,对于四冲程柴油机,在有利的配气定时和喷油提前角条件下, ϕ_i 一般在 0.92~0.97 的范围内;转速较高的内燃机,由于排气提前角和供油提前角均较大, ϕ_i 应取较低值。

指示效率 η_i 的计算式可由它的定义式 $\eta_i = \frac{W_i}{Q_1}$ 导出, $W_i = p_i \cdot V_h$。

由式(1-70)可知

$$M_{sh} = \frac{M_1}{\eta_v} = \frac{\alpha L_0}{\eta_v}$$

又

$$M_{sh} = \frac{p_s V_h}{8.314 T_s}$$

所以

$$V_h = 8.314 \frac{\alpha L_0}{\eta_v} \frac{T_s}{p_s}$$

$$W_i = 8.314 \frac{\alpha L_0}{\eta_v} \cdot \frac{T_s}{p_s} \cdot p_i$$

又

$$Q_1 = H_u$$

所以

$$\eta_i = 8.314 \frac{\alpha L_0}{\eta_v} \cdot \frac{T_s}{p_s} \cdot \frac{1}{H_u} \cdot p_i \tag{1-86}$$

七、实际循环热计算举例

【例1-1】 试对 6135G 柴油机标定工况进行实际循环热计算。

已知条件为:

缸径	$D = 135 \text{mm}$
行程	$S = 140 \text{mm}$
缸数	$i = 6$

12h 功率	$P_e = 88.5\text{kW}$
转速	$n = 1500\text{r/min}$
压缩比	$\varepsilon = 16.5$
每缸工作容积	$V_h = 2\text{L}$
曲柄半径与连杆长度比	$R/L = 1/4$
大气状态	$p_0 = 100\text{kPa}, T_0 = 288\text{K}$
燃料平均质量成分	$C = 0.87, H = 0.126, O = 0.004$
燃料低热值	$H_u = 42500\text{kJ/kg}$ 燃料
燃烧室形式	ω 形分开式

1. 参数选择

根据类似柴油机的实验数据和统计资料,结合本柴油机的具体情况,可选定:

过量空气系数	$\alpha = 1.75$
最高燃烧压力	$p_z = 7500\text{kPa}$
热量利用系数	$\xi_z = 0.75$
残余废气系数	$\gamma = 0.04$
排气终点温度	$T_\gamma = 800\text{K}$
示功图丰满系数	$\phi_i = 0.96$
机械效率	$\eta_m = 0.8$

2. 燃料热化学计算

1)理论所需空气量 L_0

$$L_0 = \frac{1}{0.21}\left(\frac{C}{12} + \frac{H}{4} - \frac{O}{32}\right) = \frac{1}{0.21}\left(\frac{0.87\text{kmol/kg 燃料}}{12} + \frac{0.126\text{kmol/kg 燃料}}{4} - \frac{0.004\text{kmol/kg 燃料}}{32}\right)$$

$= 0.495\text{kmol/kg}$ 燃料

2)新鲜空气量 M_1

$$M_1 = \alpha L_0 = 1.75 \times 0.495\text{kmol/kg 燃料} = 0.866\text{kmol/kg 燃料}$$

3)理论上完全燃烧($\alpha = 1$)时的燃烧产物 M_0

$$M_0 = \frac{C}{12} + \frac{H}{2} + 0.79L_0 = \frac{0.87\text{kmol/kg 燃料}}{12} + \frac{0.126\text{kmol/kg 燃料}}{2} + 0.79 \times 0.495\text{kmol/kg 燃料}$$

$= 0.5266\text{kmol/kg}$ 燃料

4)当 $\alpha = 1.75$ 时的多余空气量

$$(\alpha - 1)L_0 = (1.75 - 1) \times 0.495\text{kmol/kg 燃料} = 0.371\text{kmol/kg 燃料}$$

5)燃烧产物总量 M_2

$$M_2 = M_0 + (\alpha - 1)L_0 = 0.5266\text{kmol/kg 燃料} + 0.371\text{kmol/kg 燃料} = 0.8976\text{kmol/kg 燃料}$$

6)理论分子变更系数 μ_0

$$\mu_0 = \frac{M_2}{M_1} = \frac{0.8976\text{kmol/kg 燃料}}{0.866\text{kmol/kg 燃料}} = 1.036$$

7)实际分子变更系数 μ

$$\mu = \frac{\mu_0 + \gamma}{1 + \gamma} = \frac{1.036 + 0.04}{1 + 0.04} = 1.035$$

3. 换气过程参数计算

(1)取 $p_a = 0.9p_0$,则进气终点压力为 $p_a = 90\text{kPa}$。

(2)取进气加热温升 $\Delta T = 20℃$,则进气终点温度 T_a 为:
$$T_a = \frac{T_0 + \Delta T + \gamma T_\gamma}{1 + \gamma} = \frac{288K + 20K + 0.04 \times 800K}{1 + 0.04} = 327K$$

(3)充气效率 η_v:
$$\eta_v = \frac{\varepsilon}{\varepsilon - 1} \cdot \frac{p_a}{p_0} \cdot \frac{T_0}{T_a} \cdot \frac{1}{1 + \gamma} = \frac{16.5}{16.5 - 1} \cdot \frac{90kPa}{100kPa} \cdot \frac{288K}{327K} \cdot \frac{1}{1 + 0.04} = 0.81$$

4. 压缩过程计算

(1)选取平均多变压缩指数 $n_1 = 1.368$。

(2)压缩过程中任意点 x 的压力 p_{cx}:
$$p_{cx} = p_a \left(\frac{V_a}{V_{cx}}\right)^{n_1} = 90kPa \left(\frac{V_a}{V_{cx}}\right)^{1.368} (kPa)$$

式中:V_{cx}——x 点的汽缸容积,它等于:
$$V_{cx} = \frac{\pi D^2}{4} R \left[(1 - \cos\varphi_x) - \frac{R}{4L}(1 - \cos2\varphi_x)\right] + V_c$$

其中 φ_x 为 x 点从上止点算起的曲轴转角,$V_c = \frac{V_h}{\varepsilon - 1}$。

可以取若干个 x 点,求出若干对 p_{cx} 和 V_{cx} 值,以便绘制示功图上的压缩线 $a—c$。

(3)压缩终点压力 p_c 和温度 T_c:
$$p_c = p_a \cdot \varepsilon^{n_1} = 90kPa \times 16.5^{1.368} = 4150kPa$$
$$T_c = T_a \cdot \varepsilon^{n_1 - 1} = 327K \times 16.5^{0.368} = 918K$$
$$t_c = 918K - 273K = 645℃$$

(4)压力升高比 λ:
$$\lambda = p_z/p_c = 7500kPa/4150kPa = 1.81$$

5. 燃烧过程计算

(1)压缩终点的空气平均等压比热 c_p 可从图 1-25 上查出。

在 $t_c = 645℃$ 时,$c_p = 7.28 kcal/(kmol \cdot ℃)$
$$c_v = c_p - 8.314kJ/(kmol \cdot ℃) = c_p - 1.986kcal/(kmol \cdot ℃)$$
$$= 7.28kcal/(kmol \cdot ℃) - 1.986kcal/(kmol \cdot ℃) = 5.294kcal/(kmol \cdot ℃)$$

(2)压缩终点的残余废气平均等压比热 c''_p 也可从图 1-25 上查出。

在 $a = 1.75$,$t_c = 645℃$ 时,$c''_p = 7.65kcal/(kmol \cdot ℃)$
$$c''_v = c''_p - 8.314kJ/(kmol \cdot ℃) = c''_p - 1.986kcal/(kmol \cdot ℃)$$
$$= 7.65kcal/(kmol \cdot ℃) - 1.986kcal/(kmol \cdot ℃) = 5.664kcal/(kmol \cdot ℃)$$

(3)压缩终点的混合气平均等容比热 c'_v:
$$c'_v = \frac{c_v + \gamma c''_v}{1 + \gamma} = \frac{5.294kcal/(kmol \cdot ℃) + 0.04 \times 5.664kcal/(kmol \cdot ℃)}{1 + 0.04}$$
$$= 5.31kcal/(kmol \cdot ℃) = 22.2kJ/(kmol \cdot ℃)$$

(4)燃烧终点的温度 T_z 可由式(1-76)算出:
$$\frac{\xi_z H_u}{(1 + r)aL_0} + c'_v t_c + 8.314\lambda t_c + 2270(\lambda - \mu) = \mu c''_p t_z$$

将已知数值代入:

$$c''_p t_z = \frac{1}{1.035} \left[\frac{0.75 \times 42500 \text{kJ/kg}}{(1+0.04) \times 0.866 \text{kmol/kg 燃料}} + 22.2 \text{kJ/(kmol} \cdot ℃) \times 645℃ + \right.$$
$$\left. 8.314 \times 1.81 \times 645℃ + 2270(1.81 - 1.035) \right] = 59093.5 \text{kJ/kmol}$$

再利用图 1-25 来确定 t_z 值。先假定一 t_z 值并按此假定值查得一 c''_p 值,视其乘积 $c''_p t_z$ 与 59093.5kJ/kmol 是否相符,如相符则假定的 t_z 值即为所求值;如不相符,则视其差值的大小和符号的正负,再另选一 t_z 值,如此逐步试算,直到求得一 t_z 值和其相应查得的 c''_p 乘积等于 59093.5kJ/kmol 为止。

由此得:
$$t_z = 1680℃ \quad T_z = 1680 + 273 = 1953 \text{K}$$

(5)初期膨胀比 ρ:
$$\rho = \frac{\mu}{\lambda} \cdot \frac{T_z}{T_c} = \frac{1.035 \times 1953 \text{K}}{1.81 \times 918 \text{K}} = 1.217$$

6. 膨胀过程计算

(1)后期膨胀比 δ:
$$\delta = \frac{\varepsilon}{\rho} = \frac{16.5}{1.217} = 13.56$$

(2)选取平均多变膨胀指数 $n_2 = 1.25$。

(3)膨胀过程中任意点 x 的压力 p_{bx}:
$$p_{bx} = p_z \left(\frac{V_z}{V_{bx}} \right)^{n_2} = 75 \left(\frac{1.217 V_e}{V_{bx}} \right)^{1.25}$$

式中:V_{bx}——x 点的汽缸容积,求法与前述 V_{cx} 同。

求出若干对 p_{bx} 和 V_{bx} 值,便可绘制示功图上的膨胀线 zb。

(4)膨胀终点的压力 p_b 和温度 T_b 为:
$$p_b = p_z / \delta^{n_2} = 7500 \text{kPa} / 13.56^{1.25} = 288 \text{kPa}$$
$$T_b = T_z / \delta^{n_2 - 1} = 1953 \text{K} / 13.56^{0.25} = 1017 \text{K}$$

7. 平均指示压力 p_i
$$p'_i = \frac{p_c}{\varepsilon - 1} \left[\lambda(\rho - 1) + \frac{\lambda \rho}{n_2 - 1} \left(1 - \frac{1}{\delta^{n_2-1}} \right) - \frac{1}{n_1 - 1} \left(1 - \frac{1}{\varepsilon^{n_1-1}} \right) \right]$$
$$= \frac{4150 \text{kPa}}{16.5 - 1} \times \left[1.81(1.217 - 1) + \frac{1.81 \times 1.217}{1.25 - 1} \left(1 - \frac{1}{13.56^{1.25-1}} \right) - \right.$$
$$\left. \frac{1}{1.368 - 1} \left(1 - \frac{1}{16.5^{1.368-1}} \right) \right]$$
$$= 766 \text{kPa}$$
$$p_i = \phi_i \cdot p'_i = 0.96 \times 766 \text{kPa} = 736 \text{kPa}$$

8. 指示热效率 η_i
$$\eta_i = 8.314 \frac{\alpha L_0}{H_u} \frac{T_0}{p_0} \frac{p_i}{\eta_v} = 8.314 \text{J} \cdot \text{mol}^{-1} \cdot \text{k}^{-1} \cdot \frac{0.866 \text{kJ/kg 燃料}}{42500 \text{kJ/kg 燃料}} \cdot \frac{288 \text{K}}{100 \text{kPa}} \cdot \frac{736 \text{kPa}}{0.81} = 0.443$$

9. 指示燃油消耗率 g_i
$$g_i = \frac{3.6 \times 10^6}{H_u \eta_i} = \frac{3.6 \times 10^6}{42500 \times 0.443} = 191 \text{g/(kW} \cdot \text{h)}$$

10. 有效热效率 η_e 和有效燃油消耗率 g_e

$$\eta_e = \eta_i \eta_m = 0.443 \times 0.8 = 0.354$$
$$g_e = (3.6 \times 10^6)/(H_u \eta_e) = (3.6 \times 10^6)/(42500 \times 0.354) = 239 \text{g}/(\text{kW} \cdot \text{h})$$

11. 平均有效压力 p_e 和有效功率 P_e

$$p_e = p_i \times \eta_m = 736\text{kPa} \times 0.8 = 589\text{kPa}$$
$$P_e = (iV_h p_e n)/120000 = (6 \times 2\text{L} \times 589\text{kPa} \times 1500\text{r/min})/120000 = 88.35\text{kW}$$

12. 按计算结果绘制 p-V 示功图(图1-29)

【例1-2】 试对一台车用四冲程汽油机标定工况进行实际循环热计算。

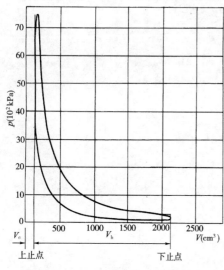

图1-29 6135G型柴油机的近似计算 p-V 图

已知条件为：

缸径	$D = 92$mm
行程	$S = 92$mm
缸数	$i = 4$
15min 功率	$P_e = 51.5$kW
转速	$n = 3800$r/min
压缩比	$\varepsilon = 6.5$
每缸工作容积	$V_h = 0.61$L
曲柄半径与连杆长度比	$R/L = 1/3.65$
大气状态	$p_0 = 100$kPa, $T_0 = 288$K
燃料平均质量成分	$C = 0.855, H = 0.145,$ $m_T = 114$
燃料低热值	$H_u = 44100$kJ/kg 燃料
燃烧室形式	浴盆式

1. 参数选择

过量空气系数	$\alpha = 0.9$
由缸壁对充量加热而引起的温升	$\Delta T = 12$℃
残余废气温度	$T_\gamma = 1050$K
残余废气系数	$\gamma = 0.086$
平均多变压缩指数	$n_1 = 1.36$
平均多变膨胀指数	$n_2 = 1.25$
热量利用系数	$\xi_z = 0.9$
示功图丰满系数	$\phi_i = 0.96$
机械效率	$\eta_m = 0.80$

2. 燃料热化学计算

$$L_0 = \frac{1}{0.21}\left(\frac{C}{12} + \frac{H}{4} - \frac{O}{32}\right)$$
$$= \frac{1}{0.21}\left(\frac{0.855\text{kmol/kg 燃料}}{12} + \frac{0.145\text{kmol/kg 燃料}}{4}\right) = 0.512\text{kmol/kg 燃料}$$

$$M_1 = \alpha L_0 + \frac{1}{m_T} = 0.9 \times 0.512\text{kmol/kg 燃料} + \frac{1}{114} = 0.470\text{kmol/kg 燃料}$$

$$M_2 = \frac{C}{12} + \frac{H}{2} + 0.79\alpha L_0$$

$$= \frac{0.855\text{kmol/kg 燃料}}{12} + \frac{0.145\text{kmol/kg 燃料}}{2} + 0.79 \times 0.9 \times 0.512\text{kmol/kg 燃料}$$

$$= 0.508\text{kmol/kg 燃料}$$

$$\mu_0 = M_2/M_1 = 0.508\text{kmol/kg 燃料}/0.470\text{kmol/kg 燃料} = 1.08$$

$$\mu = (\mu_0 + \gamma)/(1 + \gamma) = (1.08 + 0.086)/(1 + 0.086) = 1.07$$

3. 换气过程参数计算

$$p_a = 0.8p_0 = 80\text{kPa}$$

$$T_a = (T_0 + \Delta T + \gamma T_\gamma)/(1 + \gamma)$$

$$= (288\text{K} + 12\text{K} + 0.086 \times 1050\text{K})/(1 + 0.086) = 359\text{K}$$

$$\eta_v = \frac{\varepsilon}{\varepsilon - 1} \frac{p_a}{p_0} \frac{T_0}{T_a} \frac{1}{1+\gamma} = \frac{6.5}{6.5-1} \times \frac{80\text{kPa}}{100\text{kPa}} \times \frac{288\text{K}}{359\text{K}} \times \frac{1}{1+0.086} = 0.7$$

4. 压缩过程计算

$$p_c = p_a \varepsilon^{n_1} = 80\text{kPa} \times 6.5^{1.36} = 1020\text{kPa}$$

$$T_c = T_a \varepsilon^{n_1-1} = 359\text{K} \times 6.5^{1.36-1} = 704\text{K}$$

$$t_c = T_c - 273\text{K} = 704\text{K} - 273\text{K} = 431\text{℃}$$

5. 燃烧过程计算

由于 $\alpha = 0.9$,不完全燃烧损失的热量 ΔH_u 可由下式计算：

$$\Delta H_u = 58000(1 - \alpha) = 5800\text{kJ/kg 燃料}$$

燃烧终点温度 t_z 用下式求解：

$$\frac{\xi_z(H_u - \Delta H_u)}{\mu(1+\gamma)M_1} + \frac{c'_v t_c}{\mu} = c''_v t_z$$

$$c'_v = 21.5\text{kJ/(kmol·℃)}$$

查图 1-25 并计算：

$$\frac{0.9(44100\text{kJ/kg 燃料} - 5000\text{kJ/kg 燃料})}{1.07(1+0.086) \times 0.470} + \frac{21.5\text{kJ/(kmol·℃)} \times 431\text{℃}}{1.07} = c''_v t_z$$

$$c''_v t_z = 71775\text{kJ/(kmol·℃)}$$

用试凑法求得：

$$t_z = 2405\text{℃}, T_z = t_z + 273 = 2678\text{K}$$

压力升高比 λ：

$$\lambda = \mu \frac{T_z}{T_c} = 1.07 \times \frac{2678\text{K}}{704\text{K}} = 4.07$$

最高燃烧压力 p_z：

$$p_z = \lambda p_c = 4.07 \times 1020\text{kPa} = 4152\text{kPa}$$

6. 膨胀过程计算

$$p_b = \frac{p_z}{\varepsilon^{n_2}} = \frac{4152\text{kPa}}{6.5^{1.25}} = 400\text{kPa}$$

7. 平均指示压力 p_i

$$p'_i = \frac{p_c}{\varepsilon - 1}\left[\frac{\lambda}{n_2-1}\left(1 - \frac{1}{\varepsilon^{n_2-1}}\right) - \frac{1}{n_1-1}\left(1 - \frac{1}{\varepsilon^{n_1-1}}\right)\right]$$

$$= \frac{1002\text{kPa}}{6.5-1}\left[\frac{4.07}{1.25-1}\left(1-\frac{1}{6.5^{1.25-1}}\right)-\frac{1}{1.36-1}\left(1-\frac{1}{6.5^{1.36-1}}\right)\right] = 875\text{kPa}$$

$$p_i = p'_i \cdot \phi_i = 875\text{kPa} \times 0.96 = 840\text{kPa}$$

8. 指示效率 η_i

$$\eta_i = 8.314\frac{M_1 p_i T_0}{H_u \eta_v p_0} = 8.314\text{J}\cdot\text{mol}^{-1}\cdot\text{K}^{-1} \times \frac{0.470\text{kmol/kg 燃料} \times 840\text{kPa} \times 288\text{K}}{44100\text{kJ/kg 燃料} \times 0.7 \times 100\text{kPa}} = 0.306$$

9. 指示燃油消耗率 g_i

$$g_i = \frac{3.6 \times 10^6}{H_u \eta_i} = \frac{3.6 \times 10^6}{44100\text{kJ/kg 燃料} \times 0.306} = 266.8\text{g/(kW}\cdot\text{h)}$$

10. 有效热效率 η_e 和有效燃油消耗率 g_e

$$\eta_e = \eta_i \times \eta_m = 0.306 \times 0.80 = 0.213$$
$$g_e = g_i/\eta_m = 266.8/0.80 = 333.5\text{g/(kW}\cdot\text{h)}$$

11. 平均有效压力 p_e 和有效功率 P_e

$$p_e = p_i \times \eta_m = 840\text{kPa} \times 0.80 = 672\text{kPa}$$
$$P_e = (ip_e V_h n)/120000 = (4 \times 672\text{kPa} \times 0.61\text{L} \times 3800\text{r/min})/120000 = 51.9\text{kW}$$

八、热计算的计算机程序编制

由计算实例可知,实际循环热计算的数学模型虽不算复杂,但计算步骤仍较烦琐,手算很费时间。特别是在经验数据选择不当,需另选数据进行重算时尤显烦琐。如果将热计算的数学模型编成计算机程序,然后上机进行计算可大大缩短时间。读者可使用已经学习过的计算机语言,对上述热计算实例之一进行编程计算。

第十节 实际循环数值计算方法

随着数值计算方法和计算机技术的发展,电子计算机在内燃机设计和试验中的应用使一部分设计工作正逐步脱离经验设计阶段,而进入数值计算(或称循环模拟计算)的新阶段。内燃机工作过程的数值计算是从内燃机各系统的物理模型出发,用微分方程对内燃机各系统的实际工作过程进行数学描述,建立微分方程式,然后采用数值计算的方法求解微分方程,获得各参数随曲轴转角的变化规律。

与经典热计算一样,数值计算方法也离不开实验和经验数据,它从建立普遍适用而简洁的数理模型到确立相应的边界条件,都需要经过反复的实验验证。从这个意义上说,数值计算的方法丝毫没有贬低实验和经验的作用。实际上这种方法也是数理模型与实践经验相结合的产物。

与经典热计算方法相比,数值计算方法不仅速度快、精度高,而且用途广泛,能进行许多经典热计算所无法承担的任务。使用电子计算机进行内燃机工作过程数值计算可对大量的设计方案进行校核以确定最佳方案;可进行各种结构参数、热力参数及运转参数的计算对比,以寻求最佳值;可进行工作过程的模拟计算,确定主要承力零件的温度场、热应力和机械应力,从而预报内燃机的使用寿命和可靠性;利用模拟计算还可指明参数的调整方向,从而缩短调试周期。

内燃机工作过程的模拟计算,最早采用的是热力学模型,它是建立在简单热力学关系式基础上的一种近似的、半经验的计算方法,如用等熵过程或多变过程来代替实际的压缩和膨胀过程,用一个近似的放热规律来代替实际的燃烧过程等。这种方法诞生于20世纪初期,由于受当时数值计算手段的限制,物理模型的研究不够全面和深入,计算精度低、误差大,只能对内燃机的工作过程进行预估性的计算,其应用范围受到很大的限制。20世纪60年代后,随着数值计算方法和计算机技术的进步,热力学模型的计算精度也逐步提高。计算流体力学、计算传热传质学和计算燃烧学的发展更促进了内燃机数值计算方法和模型的研究与进步。相续开发的 KIVA、FIRE、GT-POWER 等商业代软件,可以进行从零维模型到多维模型、从整机到分系统的燃烧与流动计算,功能强,适应面广,可满足对发动机性能预测的要求。

一、数值计算的数学模型

按内燃机燃烧过程模拟研究的时间顺序和发展层次,其大体上经历了单纯燃烧放热率计算、零维燃烧模型(Zero-dimensional Combustion Model)、准维燃烧模型(Quasi-dimensional Combustion Model)和多维燃烧模型(Multi-dimensional Combustion Model)四个发展阶段。

1. 单纯燃烧放热率计算

燃烧放热率的计算,是指由实测的缸内压力数据(示功图),根据能量守恒方程和经验传热公式,推算燃油燃烧的放热过程,用以分析内燃机的燃烧。这种方法比较简便、直观,对诊断燃烧有一定的作用,迄今在性能研究中仍受到重视。

2. 零维燃烧模型

零维模型又称单区模型(Single-Zone Model)。它是通过对大量实际燃烧放热过程的统计分析,找出规律性,用经验公式或曲线拟合的方法,建立起一种表达燃烧放热过程参数间的经验关系式,将复杂的燃烧过程简化表达成几个特征参数间的关系。

3. 准维燃烧模型

准维模型也叫多区模型(Multi-Zone Model)。它是从实际燃烧的物理、化学过程出发,建立简化的燃烧模型。与零维模型相比,准维模型考虑了燃烧过程的中间细节,如油束的形成和发展、油滴与空气的相对运动、汽缸内工质温度分布、油滴及油气浓度分布等,将燃烧空间(雾束或者火焰)划分成若干个相对独立的区域,每个子区内各自满足零维假设,各子区内的参数变化仍然用常微分方程表达。这类模型从燃烧、可燃混合气形成、火焰传播等现象出发,列出描述分区内各参数随时间变化的关系式,这些方程式的集合,就构成了燃烧现象模型,或称为准维燃烧模型。

4. 多维燃烧模型

多维模型是目前正在被广泛研究的模型,其考虑了缸内过程物理域的二维或三维空间分布,与零维或准维模型相比在性质上有很大的不同。多维模型把系统划分成多个网格(见图1-30),每个网格都满足质量守恒定律、能量守恒定律和动量守恒定律等基本守恒定律。在多维模型中,各守恒方程与描述湍流运动、化学反应、边界层特征等相应的子模型一起,结合适当的边界条件,用数值方法求解。其计算结果能够提供有关内燃机燃烧过程中气流速度、温度和各组分在燃烧室内间分布的详细信息,是一种较为精细的模型。

上述几类内燃机燃烧模型可以根据实际情况用来分析解决各类问题。例如,零维和准维模型可以进行一些变参数研究,讨论运行变量的变化对内燃机动力性能、经济性能和排放的影响。然而当我们想要知道内燃机缸内流动的细节时,多维模型则表现

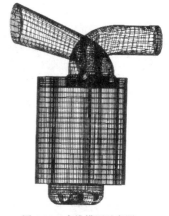

图1-30 多维模型示意图

出明显的优势。

二、一种简单的零维模型数值计算方法(详见参考文献[28])

该方法是从热力学的基本概念出发,模拟内燃机的主要热力学参数的变化,但不涉及各参数空间场的不均匀性问题以及工作过程的细节,如湍流的影响等,故又称为零维模型。其基本的思路是:从内燃机各系统内所发生的物理过程出发,用常微分方程对各系统的实际工作过程进行数学描述,通过编制计算机程序,以求得到汽缸内各参数随时间(或曲轴转角)的变化规律,然后再通过相应的计算公式,计算出发动机的宏观性能参数。

1. 模型假定

在推导缸内工作过程计算的基本微分方程式时,采用如下的简化假定:

1) 不考虑汽缸内各点的压力、温度与浓度的差异,认为缸内的状态是均匀的。

2) 工质的比热容、比热力学能和比焓等热力学参数仅与气体的温度和气体的成分有关。

3) 不考虑进排气系统压力和温度波动对进排气过程的影响,气体流动视为准稳定流动,且不计气体流入或流出时的动能。

4) 不考虑通过活塞环组、气门等处的气体泄漏损失。

2. 基本微分方程组

在上述假定条件下,对图 1-31 所示的热力系统,取缸套壁面、缸盖底面和活塞上顶面所围成的容积为控制容积,应用热力学第一定律、质量守恒定律以及气体状态方程,并经适当的变换,可以得到计算内燃机工作过程的通用方程组,即

$$
\left.\begin{aligned}
\frac{dT}{d\varphi} &= \frac{1}{m\left(\frac{\partial u}{\partial T}\right)} \left(\frac{dQ_B}{d\varphi} + \frac{dQ_w}{d\varphi} - p\frac{dV}{d\varphi} + \frac{dm_s}{d\varphi}h_s + \frac{dm_e}{d\varphi}h_e - u\frac{dm}{d\varphi} - m\frac{\partial u}{\partial \lambda}\frac{d\lambda}{d\varphi} \right) \\
\frac{dm}{d\varphi} &= \frac{dm_B}{d\varphi} + \frac{dm_s}{d\varphi} + \frac{dm_e}{d\varphi} \\
pV &= mRT
\end{aligned}\right\}
\quad (1\text{-}87)
$$

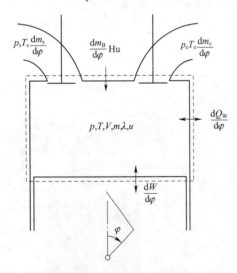

图 1-31 汽缸内工作过程计算简图

式中:φ——曲轴转角;

p、V、T——分别为缸内气体的压力、容积和温度;

Q——与气体的交换热量;

m——气体质量;

u——比热力学能;

h——比焓;

R——气体常数;

λ——瞬时过量空气系数;

下标 s——通过进气门流入汽缸的气体;

下标 e——通过排气门流出汽缸的气体;

下标 B——燃料燃烧放热项;

下标 w——通过壁面与系统外发生的热量交换。

为了使得计算统一,假定加入系统的能量或质量为正,离开系统的能量或质量为负。

求解上述方程组,可以得到温度、压力和质量三个未知量随曲轴转角的变化关系式,但由

于方程组中还有多个待求解的微分变量,如 $\mathrm{d}V$、$\mathrm{d}Q_B$、$\mathrm{d}Q_w$、$\mathrm{d}m_s$、$\mathrm{d}m_e$ 等,必须建立其相应的计算方程,才能使方程组封闭。需要补充的有关方程如下:

1) 汽缸工作容积

根据活塞连杆机构运动学的几何关系式导出汽缸工作容积随曲轴转角的变化关系,其方程为:

$$V = \frac{V_s}{2}\left[\frac{2}{\varepsilon_c - 1} + 1 - \cos\varphi + \frac{1}{\lambda_s}(1 - \sqrt{1 - \lambda_s^2 \sin^2\varphi})\right] \tag{1-88}$$

式中,V_s、ε_c 和 $\lambda_s = S/2l$(曲柄连杆比),可根据发动机的结构参数确定。

上式对 φ 求导即为 $\mathrm{d}V/\mathrm{d}\varphi$。

2) 气体流动

工质流进、流出汽缸的质量流率,可根据流体力学中气体流经节流元件的计算关系导出,其一般的形式为:

$$\frac{\mathrm{d}m_{s,e}}{\mathrm{d}\varphi} = \frac{1}{6n}\mu_{s,e}A_{s,e}\psi_{s,e}\sqrt{p_\mathrm{I}\rho_\mathrm{I}} \tag{1-89}$$

$$\psi_{s,e} = \begin{cases} \sqrt{\dfrac{2k}{k-1}\left[\left(\dfrac{p_\mathrm{II}}{p_\mathrm{I}}\right)^{\frac{2}{k}} - \left(\dfrac{p_\mathrm{II}}{p_\mathrm{I}}\right)^{\frac{k+1}{k}}\right]} & \text{当} \dfrac{p_\mathrm{II}}{p_\mathrm{I}} > \left(\dfrac{2}{k+1}\right)^{\frac{k}{k-1}} \text{时} \\ \left(\dfrac{2}{k+1}\right)^{\frac{1}{k-1}}\sqrt{\dfrac{2k}{k+1}} & \text{当} \dfrac{p_\mathrm{II}}{p_\mathrm{I}} \leq \left(\dfrac{2}{k+1}\right)^{\frac{k}{k-1}} \text{时} \end{cases}$$

式中,下标 Ⅰ、Ⅱ 分别为节流元件即气门上、下游参数;μ 与 A 分别为气门处的流量系数与流通截面积,通常是以气门座喉口横截面积为参考,根据实验结果计算出不同升程下的气体流量系数,然后由凸轮和配气机构的几何关系插值确定不同曲轴转角(升程)下的流量系数;$\psi_{s,e}$ 为流函数,与上下游的压力差即流动状态有关,当压差较大时,即 $p_\mathrm{II}/p_\mathrm{I} \leq [2/(k+1)]^{k/(k-1)}$ 时,出现超临界流动状态,此时的流量与气门前后压差无关。

3) 热交换

工质与活塞顶面、汽缸壁面及缸盖底面的传热量计算式为:

$$\frac{\mathrm{d}Q_w}{\mathrm{d}\varphi} = \frac{1}{6n}\sum_{i=1}^{3} KA_{Fi}(T_{wi} - T) \tag{1-90}$$

式中,各传热表面积 A_{Fi} 可根据活塞位移情况以及发动机的几何参数确定,壁面温度 T_{wi} 根据统计值选定,传热系数 K 有多种经验或半经验的回归公式,较常用的有 Woschni 公式等。

4) 放热规律

燃料的燃烧放热较为复杂,在本类模型中一般用一个简化的燃烧放热规律来代替实际燃烧放热过程,即认为燃料是按照一定的函数形式进行燃烧放热的,并且所放出的总热量以及所产生的结果(性能指标)与实际过程是一致的。常用的函数有余弦函数和韦伯(Wiebe)函数等,其中韦伯函数是应用较广泛的一种,其形式为:

$$\frac{\mathrm{d}Q_B}{\mathrm{d}\varphi} = H_u g_b \eta_u = \frac{\mathrm{d}x}{\mathrm{d}\varphi} = H_u g_b \eta_u \times 6.908 \frac{m+1}{\varphi_z}\left(\frac{\varphi - \varphi_0}{\varphi_z}\right)^m \mathrm{e}^{-6.908\left(\frac{\varphi - \varphi_0}{\varphi_z}\right)^{m+1}} \tag{1-91}$$

式中:η_u——燃烧效率,取决于燃烧方式。

韦伯函数中三个主要参数(燃烧始点 φ_0、燃烧持续期 φ_z 和燃烧品质指数 m)与内燃机的类型有关,其中 m 的取值范围在 0.2~3.0,取决于燃烧放热速率。各参数值需根据所研究的内燃机的具体情况酌情选定。

5)工质物性

由于内燃机的工质是由空气与燃油组成的混合气,其组成成分在燃烧过程前后有明显的不同,精确计算其比热容、比焓、摩尔热力学能等物性参数,涉及缸内不同区域温度、未燃或已燃产物平衡等复杂的计算。为了方便起见,柴油机往往采用一个拟合多项式(Justi 公式)来计算工质摩尔热力学能。

$$u = 4.1868 \times \left[-\left(0.0975 + \frac{0.0485}{\lambda^{0.75}}\right)(T-273)^3 \times 10^{-6} + \left(7.768 + \frac{3.36}{\lambda^{0.8}}\right)(T-273)^2 \times \right.$$
$$\left. 10^{-4} + \left(4.896 + \frac{46.4}{\lambda^{0.93}}\right)(T-273) \times 10^{-2} + 1358.6 \right] \tag{1-92}$$

式中:u——摩尔热力学能(kJ/kmol),适用于混合气较稀的柴油机。

汽油机由于存在不完全燃烧、高温分解等现象,其计算式更为复杂一些,具体可参阅有关资料。利用式(1-92),可以直接得到工质的摩尔热力学能或比焓及 $\partial u/\partial T$、$\partial u/\partial \lambda$,其他物性参数如 c_V、c_p、k 等均可以通过与摩尔热力学能或比焓的热力学关系求得。

这样,基本方程组式(1-87)中的各参数均可以确定,从而可以求解缸内气体温度。值得注意的是,在本方程式的建立过程中,引入了瞬时过量空气系数 λ 的概念,其目的在于能够计算工质的物性随燃烧过程而发生成分变化的情况。与传统的过量空气系数的定义相仿,λ 的定义是缸内计算瞬时的空燃比与化学计量空燃比之比,而瞬时的空燃比则是指某一瞬时缸内空气总质量与累积到该时刻缸内已燃燃料燃烧所需理论空气质量之比,即

$$\lambda = \frac{1}{l_0} \int_{\varphi_{IVO}}^{\varphi_{IVC}} \frac{\mathrm{d}m_s}{\mathrm{d}\varphi} \mathrm{d}\varphi \Big/ \int_{\varphi_0}^{\varphi} \frac{\mathrm{d}m_B}{\mathrm{d}\varphi} \mathrm{d}\varphi \tag{1-93}$$

式中,φ_{IVO}、φ_{IVC} 分别为进气门开启和关闭的曲轴转角度数。

3. 缸内实际工作过程的计算

应用上一小节建立的微分方程式(1-87),结合补充的各种计算关系式[式(1-88)~式(1-93)],即可对内燃机的实际工作过程进行零维热力学模拟计算。计算一般从压缩始点(进气门关闭时刻)开始,并预设一个缸内空气质量和残余废气系数,依次完成一个工作循环。当计算回到压缩始点时,比较两次计算结果,如果达不到精度要求,则将计算得到的终点参数作为初始参数,重新迭代计算,直至达到满意的精度。

根据缸内实际过程在各个阶段的不同特点,上述微分方程式中的有些项可以简化,具体计算时应注意赋给该项"0"值。下面依工作过程顺序对压缩、燃烧、膨胀和换气阶段(排气、叠开和进气)各个时期的计算要点分别作一些简要说明。

1)压缩期

在压缩期内,既无气体流入缸内,又无燃烧化学反应,缸内气体质量不变,气体的性质不变,因此:

$$\frac{\mathrm{d}m}{\mathrm{d}\varphi} = 0$$
$$\frac{\mathrm{d}\lambda}{\mathrm{d}\varphi} = 0 \tag{1-94}$$

此时,瞬时过量空气系数 λ 为一常数:

$$\lambda = \frac{m_1}{l_0 m_{Br}} \tag{1-95}$$

式中,m_1 是一个循环内吸入汽缸的新鲜空气;m_{Br} 为上一循环进入本循环废气折合的燃料量,

若完全扫气，$m_{Br}=0$，则 $\lambda=\infty$，此时可令 $\lambda=10^4$。

2）燃烧期

在燃烧期内同样没有气体流进流出，工质的质量变化是由于燃料的燃烧引起的，而燃料的燃烧放热规律 $dQ_B/d\varphi$ 是预先给定的（如韦伯代用燃烧放热规律），故质量守恒方程简化为：

$$\frac{dm}{d\varphi}=\frac{dm_B}{d\varphi}=\frac{1}{H_u}\frac{dQ_B}{d\varphi} \tag{1-96}$$

相应地，瞬时过量空气系数 λ 的变化关系为：

$$\lambda=\frac{m_1}{l_0 m_B}$$

则

$$\frac{d\lambda}{d\varphi}=-\frac{m_1}{l_0 m_B^2 H_u}\frac{dQ_B}{d\varphi} \tag{1-97}$$

式中，m_B 包含 m_{Br}，m_B 和气体工质总质量 m 应逐步累加已燃的燃料质量。

3）膨胀期

膨胀期与压缩期的不同之处在于工质质量增加了一个循环供油量。

$$\frac{dm}{d\varphi}=0$$

$$\frac{d\lambda}{d\varphi}=0 \tag{1-98}$$

式中，λ 是一个常数，与燃烧终点时刻的 λ 值相等。

$$\lambda=\frac{m_1}{l_0(m_{Br}+g_b)}$$

4）换气过程

从排气门开启，排出废气，到进气门关闭，完成进气，这一过程统称为换气过程。在换气过程的不同阶段，缸内气体质量和瞬时过量空气系数发生着不同的变化：在纯排气阶段，$dm_s/d\varphi=0$，$dm_e/d\varphi\neq 0$，瞬时过量空气系数 λ 保持不变，因而 $d\lambda/d\varphi=0$；在气门叠开阶段，同时存在进气和排气，$dm_s/d\varphi$、$dm_e/d\varphi$、$d\lambda/d\varphi$ 均不为 0；而在单纯进气时，$dm_s/d\varphi\neq 0$，$dm_e/d\varphi=0$，因而 $d\lambda/d\varphi\neq 0$。在整个换气阶段没有燃烧，因此 $dQ_b/d\varphi=0$。

通过上面的分析，可以按照曲轴转角逐项求出微分方程式（1-87）中的 m、p、V、u、h、λ，以及 $\partial u/\partial T$、$\partial u/\partial \lambda$、$dQ_B/d\varphi$、$dQ_w/d\varphi$、$dV/d\varphi$、$dm_s/d\varphi$、$dm_e/d\varphi$、$d\lambda/d\varphi$、$dm/d\varphi$ 等参数，具体计算时，为保证良好的计算精度，建议使用四阶龙格-库塔法进行计算。

4．进排气过程的计算

对于进排气过程热力参数的计算，不仅要求解缸内过程的热力参数，有时还希望了解进排气道及进排气管内的压力及温度波动情况，以预测或验证进排气系统的设计结果，开展发动机的增压匹配计算等。

进排气过程计算的最简单的方法是容积法，又称充满-排空法，实际上是把进排气管系看成是与原有管道容积相当的一个简单容器，把不稳定的气体流动过程简化为准稳定的流进或流出，即充满和排空；把一些存在压力降的元件（如空气滤清器、消声器、增压器、涡轮等）简化为节流元件。这样，对于简化后的简单容积系统，可以分别列出质量守恒方程、能量守恒方程以及气体状态方程，其形式与求解缸内参数的微分方程式相似，从而可以求解出进排气系统内气体的质量、压力、温度等热力学参数。

若需考虑进排气管内的温度压力波动,可以采用特征线法。涉及通过进排气管的传热问题,也有详细的资料供参考。

5. 内燃机性能的计算

按照上述的数值模拟计算方法,可以求出汽缸内的压力、温度随曲轴转角的变化关系,以及在整个循环中缸内工质质量、瞬时过量空气系数的变化情况等。根据模拟计算的缸内压力数据,就可以方便地计算出内燃机在该工况下的所有指示性能指标,如 P_i、p_i、g_i、η_i 等。为了模拟计算出内燃机的有效性能参数,需要确定在该计算工况下的机械损失或机械效率,一般需考虑内燃机的形式、转速、汽缸直径、负荷、增压压力、润滑油温度和冷却液温度等因素,由于内燃机的形式繁杂,工况多变,目前尚无公认的通用计算方法,需要计算者根据具体情况筛选。

在机械效率或平均机械损失压力确定之后,可以根据本章第五节的有关公式,计算出内燃机有效效率、有效热效率、燃油消耗率、平均有效压力等有效性能参数。

第二章　内燃机的换气过程

内燃机更换汽缸内工质的过程,即汽缸内排出废气和充入新鲜工质的整个阶段,统称为换气过程。换气过程的质量对内燃机动力性、经济性和排放指标有重要的影响。由于换气过程有功的损失,它既减少了循环指示功,又降低了热效率。此外,还影响到内燃机工作可靠性及其运行性能,如零件的热负荷、排气污染、高原工作过载等。

燃料需要一定比例的空气才能完全燃烧。1kg 汽油约需 14.7kg 空气,或者 1L 汽油完全燃烧约需 10000L 空气。柴油机要求空气的比例还要大些。可见,在可燃混合气中燃料所占容积很小,在内燃机中,要多供给一些燃料较易做到,而充入更多空气却困难得多,由于进入汽缸的空气量受到若干因素的制约,直接影响内燃机的功率和转矩。

本章的目的是研究换气过程进行情况,分析影响充气量的各种因素,从中寻找减少换气损失、提高充气量的措施,以适应内燃机日益强化的需要。

第一节　四冲程内燃机的换气过程

一、换气过程

四冲程内燃机的换气过程包括从上一循环排气门开启直到下一循环进气门关闭的整个时期,约占 410°CA ~ 480°CA。实际循环的换气过程进行的时间非常短暂,进、排气门的启闭由于结构和动力负荷等原因,不可能瞬时全开或全闭。换气时,工质是在配气机构流通截面变化的情况下作不稳定流动,汽缸内工质的温度和压力是随时间变化的,具有复杂的气体动力学现象。

图 2-1 为一实测四冲程内燃机在换气过程中,汽缸压力和排气管内压力随曲轴转角变化的关系和相应的进、排气门流通截面的变化情况。根据气体流动的特点,换气过程可分为自由排气、强制排气、进气和燃烧室扫气 4 个阶段进行研究。

1. 自由排气阶段

气门的完全开启受到配气机械惯性力的限制,需要一定时间。如果排气门在活塞到达下止点时才刚开启,由于开启初期气门流通截面增大较慢,见图 2-1b)。不能实现充分排气,当活塞又向上止点运动时,缸内较大的废气压力将增加排气冲程所消耗的功。因而,必须在膨胀行程末期提前将排气门打开,这就是排气提前,从排气门开始开启到下止点这段曲轴转角,称为排气提前角。通常,排气提前角为 30°CA ~ 80°CA。

如图 2-1a)所示,在排气门刚开启时,汽缸内压力 p 高出排气管内压力 p_γ 两倍以上,即 $\frac{p_\gamma}{p}$ 小于或等于临界压比($\frac{p_\gamma}{p} \leq \left(\frac{2}{k+1}\right)^{k/k-1} = \beta_k$,$\beta_k$ 称为临界压比),排气的流动处于超临界状态,即废气流过排气门最小截面处的流速等于该处气体状态下的音速 a,进入排气管时,则达到超音速。

$$a = \sqrt{kRT} \quad (\text{m/s})$$

式中：k——绝热指数；

R——气体常数，$\dfrac{\text{N} \cdot \text{m}}{\text{kg} \cdot \text{K}}$；

T——气体的绝对温度，K。

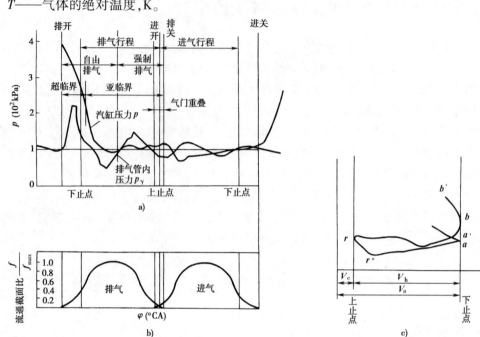

图 2-1 换气过程中汽缸压力、排气管压力及进、排气门流通截面积的变化
a) 汽缸压力 p、排气管压力 p_γ 随曲轴转角 φ 的变化曲线；b) 进、排气门相对流通截面积随曲轴转角的变化曲线；c) 汽缸压力随汽缸容积的变化曲线

在超临界排气时，废气流量与排气管内的压力无关，只决定于汽缸内的气体状态和气门开启面积的大小。在某些高速内燃机中，为使汽缸压力及时下降，需加大排气提前角。

随着废气的大量流出，汽缸内压力 p 下降，当排气门出口处压力 p_γ 与汽缸内压力 p 之比高于临界压比时，即 $\dfrac{p_\gamma}{p} > \left(\dfrac{2}{k+1}\right)^{k/(k-1)}$，气体的流动状态进入亚临界范围内（废气进入排气管的流速低于当地音速），排出的流量由汽缸内和排气管内的压力差决定。此后，p 和 p_γ 同时下降，到某一时刻，汽缸内和排气管内压力相等时，自由排气阶段结束，一般在下止点之后 10°CA～30°CA。

在自由排气阶段中，汽缸内排出的废气量与内燃机转速无关，因此，随着转速的增加，自由排气阶段拖延到下止点后所占曲轴转角增大，从而增加活塞推出废气所消耗的功。

在自由排气阶段，由于废气流速很高，排出废气量可达 60% 以上，且超临界状态排气时，伴有特殊刺耳的噪声。

2. 强制排气阶段

从自由排气阶段结束，活塞上行推出废气至上止点，为强制排气阶段。

由于排气通道特别是排气门开启处的阻力，使强制排气阶段内的汽缸平均压力比排气管内平均压力（排气背压）略高一些（约 10kPa），且流速越高，阻力与压差越大，即排气耗功越多。

若在上止点时关闭排气门，则需在上止点之前就开始关小，产生较大的节流作用，此时活塞还在向上运动，致使缸内压力上升，排气耗功和残余废气量都增加。同时排气至上止点时，废气尚有一定流动能量,可利用气流的惯性进一步排除废气。因此,排气门应在活塞过了上止点后才关闭,从上止点到排气门完全关闭这段曲轴转角,称为排气迟闭角。排气迟闭角一般为10°CA～35°CA。

3. 进气过程

进气门在进气行程上止点前5°CA～20°CA就开始开启,以保证活塞下行时,进气门已全开,使新鲜空气在最小阻力下吸入汽缸。为了利用新鲜工质的流动惯性来达到增加汽缸充气量的目的,进气门也不能在下止点时关闭,而应在下止点后20°CA～50°CA时关闭。内燃机转速越高,活塞平均速度及进气流速越大,使进气管中流动气柱的动能也越大,因此,高速内燃机可采用较大的进气迟闭角,以充分利用惯性充气的效应。

4. 气门叠开和燃烧室扫气

由于内燃机配气定时,排气门在上止点后迟闭和进气门在上止点前开启,因而在上止点前后存在进排气门同时开着的现象,称为气门叠开。此期间进气管、汽缸、排气管连通起来,可以利用气流压差和惯性清除缸内残余废气,增加进气量。特别对于增压内燃机,由于进气被增压而加大气门重叠角,使一定数量的新鲜工质直接扫过燃烧室,达到清除废气,填充新鲜工质,降低燃烧室温度的目的,这称为燃烧室扫气。

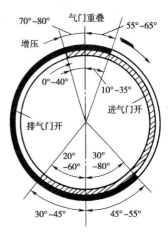

图2-2 四冲程内燃机进、排气门的开闭时间

图2-2表示了四冲程内燃机配气定时的大致范围(内圈数字为非增压发动机定时;外圈数字为增压发动机定时)。

二、换气损失和泵气损失

换气损失可定义为:理论循环换气功和实际循环换气功之差。换气损失由排气损失和进气损失两部分组成。

1. 排气损失

从排气门提前打开,废气开始排出,直到进气行程开始,汽缸内压力达到进气管内压力前,这段过程所损失的循环功为排气损失。它又可分为两部分:

(1)自由排气损失(图2-3、图2-4中面积w),这是因排气门提前打开,排气压力线从b点开始偏离理论循环膨胀线,减少的膨胀功。

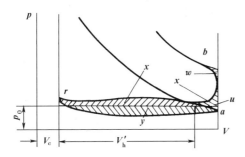

图2-3 实际的非增压发动机换气过程示功图
w-膨胀损失功;x-推出损失功;y-吸气损失功
注:$(x+y-u)$-泵损失

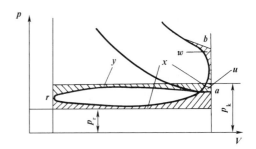

图2-4 实际的增压发动机换气过程示功图
w-膨胀损失功;x-推出损失功;y-吸气损失功
注:$(x+y-u)$-泵损失

(2)强制排气损失(图2-3、图2-4中面积x)。这是活塞将废气推出所消耗的功。

随着排气提前角的增大,自由排气损失面积w增加,而强制排气损失面积x减小,如图2-5所示。因而最有利的排气提前角应使面积($w+x$)为最小。当发动机转速高而排气门截面较小时,排气损失增大,这是因为按曲轴转角计算的实际超临界排气时间延长,强制排气时的背压加大且流速加大。为减少排气损失,高转速的内燃机应适当加大排气提前角。采用两个排气门的结构也有较好的效果。

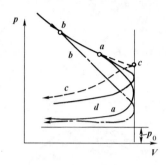

图2-5 排气门提前角和排气损失
a-最合适;b-过早;c-过晚;d-排气门面积过小

2. 进气损失

在非增压内燃机中,由于进气系统的阻力,进气过程汽缸内的压力低于大气压力,而活塞背面曲轴箱内的压力稍大于大气压力,因此,进气过程活塞要消耗功,如图2-3中面积y所示。

在增压内燃机中,进气压力高于大气压力,故活塞顶面压力高于活塞背面压力,活塞在进气过程得到正功。同样由于进气系统的阻力,进气压力低于增压压力p_k,因此,也存在功的损失,如图2-4中面积y所示。

进气损失与排气损失相比较小。

3. 换气损失和泵气损失

换气损失等于进气损失与排气损失之和。如图2-3、图2-4中面积($w+y+x$)。而在实际示功图计算中,已经用丰满系数ϕ_i修圆理论示功图的棱角,所以ϕ_i中已包括部分换气损失(面积$w+u$),故泵气损失为换气损失的一部分,即图2-3、图2-4中面积($y+x-u$)。

第二节 四冲程内燃机的充气效率

充气效率是评价内燃机实际换气过程完善程度的重要参数,其定义见式(1-70)。

充气效率η_v值高,说明每循环进入一定汽缸容积的充气量多,内燃机的功率和转矩大,动力性好。

一、充气效率的实验测定

实际内燃机充气效率可用实验方法直接测定。对于非增压内燃机,可视燃烧室没有扫气,用流量计(如标准孔板)来实测内燃机吸入的总充气量$V(\text{m}^3/\text{h})$。而理论充气量V_{sh}可由下式算出:

$$V_{sh} = \frac{V_h}{1000} i \frac{n}{2} \times 60 = 0.03 i n V_h \quad (\text{m}^3/\text{h})$$

式中:V_h——汽缸工作容积,L;
i——汽缸数;
n——内燃机转速,r/min。

由此可得实验测定的充气效率值为$\eta_v = \frac{V}{V_{sh}}$。

充气效率η_v的范围大致如下:

汽油机　　0.70~0.85
柴油机　　0.75~0.90

二、充气效率的分析式

如图2-3所示,进气门在下止点后 V_h' 处关闭,则进气门关闭时汽缸总容积为 $V_h' + V_c$,此时,缸内压力、温度、密度分别为 p_a、T_a、ρ_a,则缸内气体的总质量为:

$$m_a = (V_h' + V_c)\rho_a \tag{2-1a}$$

设排气门关闭时汽缸内体积为 V_γ,汽缸内残余废气的压力、温度、密度分别为 p_γ、T_γ、ρ_γ,则缸内残余废气的质量为:

$$m_\gamma = V_\gamma \rho_\gamma \tag{2-1b}$$

而充入汽缸的新鲜工质应为缸内气体的总质量与缸内残余废气质量之差。即:

$$V_1 = \eta_v V_h \rho_s = (V_h' + V_c)\rho_a - V_\gamma \rho_\gamma \tag{2-2}$$

则:

$$\eta_v = \frac{(V_h' + V_c)\rho_a - V_\gamma \rho_\gamma}{V_h \rho_s}$$

考虑到进排气门迟闭角的影响,令

$$\xi = \frac{V_h' + V_c}{V_h + V_c}, \phi = \frac{V_\gamma}{V_c}$$

则充气效率表达为:

$$\eta_v = \frac{1}{(\varepsilon - 1)\rho_s}(\xi \varepsilon \rho_a - \phi \rho_\gamma)$$

用气体状态方程 $\rho = \frac{p}{RT}$ 代入上式,可得:

$$\eta_v = \frac{1}{(\varepsilon - 1)} \frac{T_s}{p_s} \left(\xi \varepsilon \frac{p_a}{T_a} - \phi \frac{p_\gamma}{T_\gamma} \right) \tag{2-3}$$

式中:T_s、p_s——进气状态下气体的温度和压力;

T_a、p_a——进气终了时气体的温度和压力;

T_γ、p_γ——残余废气的温度和压力;

ε——压缩比。

式(2-3)并没有直接反映出进气过程结束时汽缸内残余废气量的多少,它将直接影响进入的新鲜工质,故引入残余废气系数的概念。所谓残余废气系数 γ 是指进气过程结束时汽缸内残余废气量与汽缸中新鲜工质的比值。由式(2-1b)、式(2-2)知:

$$\gamma = \frac{m_\gamma}{\eta_v V_h \rho_s} = \frac{V_\gamma \rho_\gamma}{(V_h' + V_c)\rho_a - V_\gamma \rho_\gamma}$$

$$= \frac{\phi V_c \rho_\gamma}{\xi V_a \rho_a - \phi V_c \rho_\gamma} = \frac{\rho_\gamma}{\frac{\xi}{\phi}\varepsilon \rho_a - \rho_\gamma} \tag{2-4}$$

将式(2-4)代入式(2-3)中,经整理后得:

$$\eta_v = \xi \frac{\varepsilon}{\varepsilon - 1} \frac{T_s}{p_s} \frac{p_a}{T_a} \frac{1}{1 + \gamma} \tag{2-5}$$

由式(2-3)、式(2-5)看出,影响充气效率 η_v 的因素有进气状态、进气终了状态、残余废气系数、压缩比及配气定时等。

第三节 影响充气效率的各种因素

一、进气终了压力 p_a

由式(2-3)知,p_a 值越高,η_v 值越大。

$$p_a = p_s - \Delta p_a$$

式中:Δp_a——由于进气系统的阻力而引起气体流动时的压降。

$$\Delta p = \lambda \frac{\rho v^2}{2} \quad (Pa) \tag{2-6}$$

式中:λ——管道阻力系数;
ρ——进气状态下气体的密度,kg/m^3;
v——管道内气体流速,m/s。

由上式看出,进气终了压降 Δp 的大小主要取决于管道阻力系数 λ 和管道内气体流速 v。

Δp_a 是气体流过进气道的各段管道时所产生压降的总和。而进气门处是进气系统中流通截面最小、流速最大之处,也是阻力最大之处。内燃机转速 n 升高,气体流速增加,Δp_a 显著增大(呈平方关系),使 p_a 迅速下降。

汽车内燃机的使用特点是转速和负荷都不断地在宽广的范围内变化。

例如,当汽车沿阻力降低的道路行驶而节气门开度保持一定时,车速将不断增加。由于曲轴转速升高,加大了进气气流速度,使进气终了压力 p_a 下降(图2-6)。

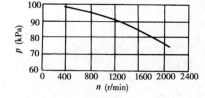

图2-6 不同转速下的进气压力

若保持车速一定,而外界对内燃机的阻力矩变化时,就需要改变内燃机油门的大小,来调节内燃机转矩以适应外界负荷的变化(即调节负荷)。由于汽油机和柴油机调节负荷的方法不同,进气终点压力 p_a 随负荷的变化也不一样。

在汽油机上,进入汽缸的是空气和燃料的可燃混合气,调节负荷是通过改变节气门的开度来调节进入汽缸混合气量的多少,即所谓"量"的调节。当汽车沿阻力减小的道路以一定速度行驶时,采用关小节气门开度的办法来保持转速一定。虽然转速不变,但节气门关小而节流损失增加,引起 p_a 下降,如图2-7所示。

在柴油机上,进入汽缸的空气量基本不变,调节负荷的方法是改变进入汽缸的燃料量,即所谓"质"的调节。当汽车沿阻力减小的道路以一定的速度行驶时,可减少供油量以减小内燃机转矩,保持车速一定。由于转速不变,进气系统又无节流装置,故流动阻力基本不变,进气终了压力 p_a 值也基本不变或随负荷下降而略有上升,其原因是缸壁和热零件的温度有所下降,图2-8 为一台柴油机 Δp_a 随负荷 p_e 变化的关系。

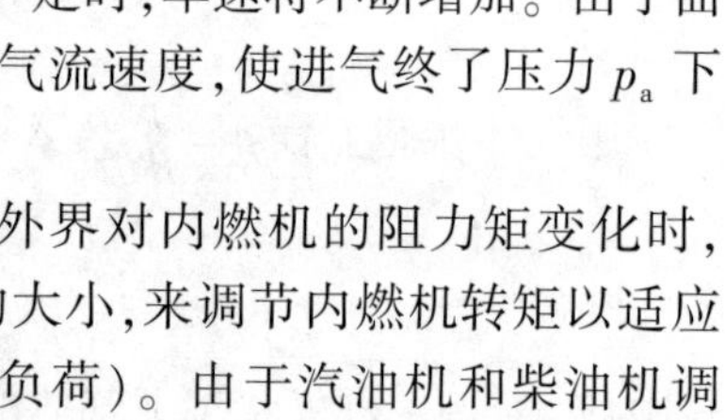

图2-9 表示汽油机在不同节气门开度下,进气终了压力 p_a 随转速变化的关系。可以看出:①当节气门开度一定时(图中某一条曲线),转速增加,p_a 下降。②当节气门

汽车速度(km/h)	30	30	30
曲轴转速(r/min)	700	700	700
节气门开度(%)	100	60	30
吸气压力(kPa)	93	83	69

图2-7 转速不变不同节气门开度时的进气压力

开度逐渐减小时(图中不同曲线),p_a 不仅下降,而且节气门保持的开度越小,p_a 随转速增加而下降得越快。

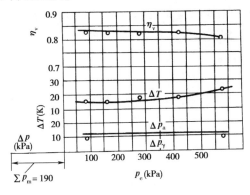

图 2-8 涡流燃烧室柴油机在 $n=1600\mathrm{r/min}$ 时,η_v、Δp_γ、Δp_a 及 ΔT 随负荷变化图

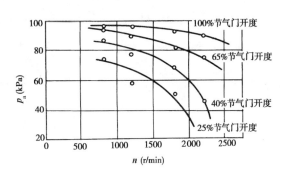

图 2-9 不同节气门开度、不同转速时的进气压力

综上所述,负荷变化时,汽油机和柴油机的进气终了压力 p_a 的变化不同,汽油机 p_a 随负荷变化显著,而柴油机 p_a 基本不随负荷变化。p_a 随使用工况(转速、负荷)的变化,决定了 η_v 的变化,也直接关系到内燃机的使用性能。

二、进气终了温度 T_a

在进气过程中,新鲜工质经过进气管而进入汽缸。进气管温度高于大气温度,而汽缸壁、活塞顶、排气门的温度更高。因此,新鲜工质流经这些零件的表面时,受到不同程度的等压加热,加之受到汽缸内高温残余废气的影响,温度上升,密度下降,导致充气效率的下降。

影响进气终了温度 T_a 的主要因素有:转速、负荷、缸壁的冷却强度及进气温度等。当负荷不变而转速增加时,由于新鲜工质与缸壁接触时间短,充量被加热少,T_a 稍有上升。当转速不变而负荷增加时,缸壁温度升高,使进气终了温度 T_a 随之上升(图 2-8 中 ΔT 曲线所示)。缸壁冷却强度越小,则温度越高,新鲜充量 T_a 值越大。若进气温度越高,则缸壁与新鲜工质的温差越小,T_a 值增加幅度减小。

三、压缩比 ε 与残余废气系数 γ

压缩比 ε 增加,压缩终点汽缸容积 V_c 减小,对于非增压发动机,汽缸内残余废气量相对减少,充气效率 η_v 有所增加;对于增压发动机,由于扫气而使压缩终点汽缸容积内充满新鲜工质,故 ε 减小,充气效率增加。

几种不同内燃机的 γ 值范围是:

四冲程非增压柴油机	0.03 ~ 0.06
四冲程增压柴油机	0.00 ~ 0.03
四冲程汽油机	0.06 ~ 0.16

当排气终了废气压力 p_γ 升高时,残余废气密度增加,γ 上升,使 η_v 下降。主要影响 p_γ 的是排气系统,特别是排气门处的阻力,此外转速增加,流阻增大,也使 p_γ 增加。

汽油机在低负荷运转时,因节气门开度小,新鲜工质减少,使残余废气系数 γ 增加,混合气中的大量残余废气,导致燃烧过程减慢,使汽油机在低负荷时工作不稳定,经济性能和排放性能都变差。

四、配气定时

在公式(2-5)中,由于进气门迟闭,导致减小新鲜工质的容积,使 $\xi<1$。但实际上 p_a 值却可能因气流惯性而使进气有所增加,因而合适的进气配气定时应使 ξp_a 具有最大值。

五、进气(或大气)状态

进气温度 T_s(或 T_0)升高,新鲜工质和汽缸壁的温差随之减小,加热相对减小,由公式(2-5)知,η_v 增加。

进气压力 p_s(或 p_0)下降,若进气温度和进气系统的阻力不变,p_a 随之下降,且 p_a/p_s 的比值基本不变,对充气效率影响不大。

但实际情况是:T_s(或 T_0)升高,p_s(或 p_0)下降,均使进气密度 ρ_s(或 ρ_0)减小,因此,进气量减少。这与上述 η_v 增大的结论并不矛盾,因为 η_v 的定义是相对于进气状态而言的。

第四节 提高充气效率的措施

进气系统由空气滤清器、进气管、进气道及进气门组成。理论和实践均证明,减小进气系统各段通道对气流的阻力是提高 η_v 的重要措施。

一、减少进气门处的流动损失

在进气系统中,进气门处的通道截面最小而且截面变更大,整个进气系统的流动损失大部分在此处,应予认真研究。

1. 进气马赫数 M

空气动力学的理论指明,在高速可压缩的流动系统中,决定气流流动性质的最重要参数是马赫数 M,它能反应流动对 η_v 的影响,成为分析 η_v 的一个特征数。内燃机进气马赫数 M 是进气门处气流平均速度 v_m 与该处音速 a 的比值,即 $M=v_m/a$。

根据连续性流量方程有:

$$v_m = \frac{F}{f_1}\frac{C_m}{\mu_1} = \left(\frac{D}{d_1}\right)^2 \frac{1}{\mu_1}C_m$$

式中:F、f_1——活塞顶和进气门头部的面积;

D、d_1——汽缸和进气门头部直径;

μ_1——进气门开启期间的平均流量系数;

C_m——活塞平均速度。

$$M = \frac{v_m}{a} = \left(\frac{D}{d_1}\right)^2 \frac{C_m}{\mu_1 a} \tag{2-7}$$

$$a = \sqrt{kRT}\,(亚临界) \quad 或 \quad a = \sqrt{2\frac{k}{k+1}RT_s}\,(超临界)$$

式中:T——进气门流通截面处气流的绝对温度;

T_s——进气门前气流的绝对温度。

由式(2-7)知,M 值已将进气门大小、形状与升程规律、活塞平均速度等因素对进气速度的影响都归结进去了。对于给定的汽缸大小和气门设计,其 M 值与内燃机转速成正比。实验证实,在一定的进排气压力和配气定时条件下,进气门直径、升程、形状的变化对 η_v 的影响可用下述函数式联系起来,即:

$$\eta_v = f(M)$$

如图 2-10 所示,试验结果在正常的配气定时条件下,当 M 值超过 0.5 左右时,充气效率 η_v 将发生急剧下降。可见进气马赫数 M 是一个反映充气效率由于流动损失所受到影响的特征数,在发动机设计中,只要是可能的话,应使其进气马赫数 M 在最高转速时也尽量不要超过 0.5~0.6,以保证充气效率不致因流动损失而过分下降。

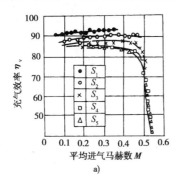 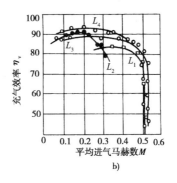

图 2-10 充气效率与平均进气马赫数 M 的关系

a)发动机 $D \times S = 83\text{mm} \times 86\text{mm}$、4 缸、$P_{emax}/n = 70\text{kW}/(6400\text{r/min})$;b)发动机 $D \times S = 42\text{mm} \times 35\text{mm}$、1 缸、$P_{emax}/n = 4.4\text{kW}/(10500\text{r/min})$;$L_1$、$L_2$……及 S_1、S_2……为不同进气门角度及面积值

表2-1 列出了几种国产内燃机的进气 M 值。从表上看出,汽油机的 M 值已经接近 0.5,汽油机转速的提高应特别慎重;柴油机的 M 值一般在 0.3~0.4 之间,说明柴油机的进气能力尚有潜力,适当提高转速,还不致在充气问题上遇到麻烦。

几种国产四冲程内燃机在标定工况下的进气马赫数 表2-1

型号	缸径 D (mm)	行程 S (mm)	功率/转速 P_e/n [kW/(r/min)]	进气门盘直径 d_1 (mm)	进气门升程 h (mm)	C_m/a	进气马赫数 M
柴 油 机							
495	95	115	36.8/2000	42	10.6	0.0222	0.32
6120Q	120	140	107.5/2000	54	13.1	0.0270	0.38
6135Q—1	135	140	101.5/2000	59	16	0.0298	0.40
新 6105	105	120	79.5/2400	46	12.3	0.0278	0.37
汽 油 机							
SH—490Q	90	90	55/4000	44	9.8	0.0348	0.46

2. 减小进气门处的流动损失

1)增大进气门直径,配置适当大小的排气门

增大进气门直径可以扩大气流通路截面积,降低进气马赫数,对提高充气效率 η_v 有显著效果,但它受到燃烧室结构的严格限制。目前在双气门(一进、一排)结构中,进气门头部直径可达活塞直径的 45%~50%,气门和活塞的面积比为 0.2~0.25。在实际中不得不适当减小排气门直径来加大进气门直径,一般可加大 15%~20%,其根据是适当增大进气门直径所带来的 η_v 增益比适当减小排气门直径所带来的损失要多。但是排气门的直径也不能太小,以免造成过大的排气损失和残余废气量。

2)采用四气门结构(二进、二排)

这是增大进气门流通面积,降低进气损失的有效措施,它与两气门相比,在某些高比功率赛车上,其功率可提高70%,转矩可提高30%(如图2-11所示)。我国的6135Q—1型柴油机采用双气门,15min功率在2200r/min时为162kW,改为四气门后增至194kW,效果显著。目前此种结构已有一定发展,多用在高性能轿车的发动机上。

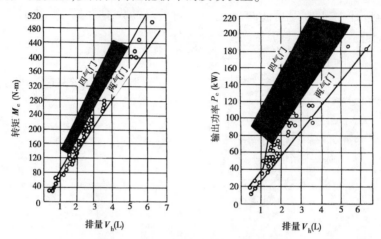

图2-11 现代汽油机的排量、转矩和输出功率

3)改善进气门和气门座处的流体动力性能

如图2-12所示,气流在进气门座处的流动有三种基本形式。气门升程较大时,气流与密封锥面脱离,形成自由射流,如图2-12a)所示;气门升程较小时,除进口棱角处外,气流基本上与密封锥面贴合,如图2-12c)所示;气门升程处于中间值时,上部脱离后又接触,下部形成射流,如图2-12b)所示。

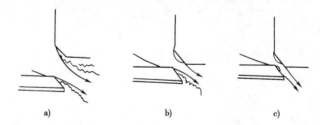

图2-12 气流在进气门座处的流动形式

试验证明,减小气门座密封锥面的宽度可减小进气的流动阻力,增大流量系数。修圆气门座密封锥面的棱角和气门密封锥面上端的棱角,如图2-12a)所示,均可减少气流与气门和气门座的分离,增大有效流通截面,增大流量系数。有的高速内燃机,在气门座上方装置一喇叭形零件(文氏管形环),效果与修圆气门座密封锥面的棱角类似,可使高速时的进气流量显著增加。

此外,采用较小的S/D值(短行程),改进凸轮轮廓线型设计和进气门的升程规律,都能有效地增大充气效率η_v。

二、减小整个进气管道对气流的阻力

在进气系统中,为了提高η_v,除充分关注进气门处的流动损失外,对全系统中各段通路处的阻力都应认真研究。

空气滤清器对气流的阻力随结构形式与使用情况而不同,应该按照滤清效果的需要和内燃机吸气量大小来合理选用,尽可能减小阻力,如加大流通有效面积,改进滤清性能。在使用中要经常清理维护,特别要避免纸芯的油污堵塞,及时更换滤芯。

对于进气管和汽缸盖中的进气道,要保证有足够的流通截面,注意管道内表面粗糙度,避免急转弯及流通截面突变而产生的阻力。汽缸盖内的进气道形状复杂,对进气阻力影响较大,有的内燃机为造成进气涡流,改善燃烧,在进气道中设置凸台,增大了进气阻力,为很好地解决这些矛盾,常需在专门的气道试验台上进行试验,做出合理的设计。

在半开式燃烧室的柴油机上,为了形成进气涡流,常采用螺旋气道或切向气道,对气道的空气动力性能要求更高,必须对不同的结构设计进行大量的气道模型试验,从中找出最佳方案。

气道内表面粗糙度对气流的流动损失有一定的影响,这对铸造工艺提出了相应的要求。在安装时注意把进气管口与缸盖进气道口及垫片孔三者对齐。

带有中冷器的增压内燃机,对中冷器的气流阻力也应给以足够的重视。

三、减少对新鲜工质的热传导

内燃机工作过程中所产生的热量,不可避免地对进气系统中的新鲜工质造成影响。新鲜工质受到热传导引起的温升和很多因素有关,除了在设计上对热传导与传热损失做周密的考虑外,在运转条件方面,降低活塞、进排气门等零件温度和减少新鲜充量接触面积,都有利于减少热传导对新鲜充量的影响。

如前所述,进气管受热对提高充气效率不利,因此,对进气管要尽可能避免被加热,通常都将进气管与排气管分开布置于汽缸体的两侧。增压内燃机组织燃烧室扫气、采用油冷活塞等都是有效措施。

四、减小排气系统对气流的阻力

排气系统包括排气门、排气管道和消声器等。尽管减小排气系统的阻力,对提高充气效率 η_v 的效果不如改进进气系统那样显著,但减小排气门、排气管道,特别是消声器的排气阻力,除有利于提高充气效率外,主要可以减少换气过程的排气损失功。

五、合理选择配气定时

配气定时的合理程度应按下列几个方面来综合评定:
(1) 提高充气效率以保证发动机的动力性能;
(2) 合适的充气效率特性以适应发动机转矩特性的需要;
(3) 较小的换气损失以保证发动机的经济性能;
(4) 必要的燃烧室扫气作用以保证高温零件的热负荷得以适当降低,达到可靠运转;
(5) 合适的排气温度;
(6) 降低噪声及排气污染。

第(1)、(2)两个方面主要靠调整进气迟闭角来达到,第(3)方面主要依赖于合适的排气提前角,第(4)、(5)方面与合理选定重叠角有关,第(6)方面需综合考虑。

在进、排气门开闭的四个定时中,进气门迟闭角对充气效率的影响最大,因此首先要保证进气门迟闭角的合理性。

进气门迟闭,是利用进气道中高速气流的惯性来增加每循环汽缸充气量的。图 2-13 所示为 105 系列柴油机在 $n=1500\text{r/min}$ 时，充气效率 η_v 与进气迟闭角的关系，内燃机每一个转速，都对应有一个最佳的进气迟闭角。

图 2-14 所示为 BJ212 汽油机改变进气凸轮在不同进气门迟闭角时，η_v 随转速变化的曲线，由曲线看出：

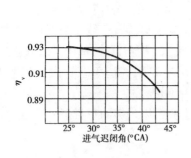
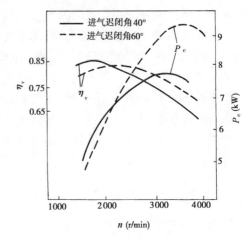

图 2-13　105 系列柴油机 η_v 随进气迟闭角变化的关系（$n=1500\text{r/min}$）

图 2-14　BJ212 汽油机改变进气迟闭角对 η_v 和 P_e 的影响

（1）图中每条 η_v 曲线相当于在一定配气定时下，η_v 随转速变化的关系。目前，实际内燃机在运行中，配气定时是不能改变的，已确定的进气迟闭角只能满足在某一转速下使 η_v 达到最高值。当转速高于此转速时，气流惯性增加，而进气迟闭角不变，使一部分本来可以利用气流惯性进入汽缸的工质被关在汽缸之外，加之转速上升，流动阻力增加，导致充气效率 η_v 下降。当转速低于此转速时，气流惯性减小，又可能使一部分工质被推回进气管，η_v 也下降。

（2）图中不同的 η_v 曲线，表示了在不同的配气定时下，η_v 随转速变化的关系，不同的进气迟闭角，η_v 最大值对应的转速不同。增大迟闭角，η_v 最大值对应的转速增加，如图 2-14 中虚线所示。

上述结论可用来调整内燃机转矩特性。如加大进气迟闭角，高转速时 η_v 增加，有利于提高最大功率，但对中低速性能不利；减小进气迟闭角，虽然可提高在低速范围内的动力性，但使高速时的动力性变坏。一般高速内燃机进气迟闭角较大，以保证高速时的 η_v 值增加。

第五节　进气管内的动力效应

进气气流在一定长度的管道内流动时，具有相当的惯性和可压缩性。进气过程在内燃机实际循环中是间断和周期交变进行的，根据流体力学的规律，气流在进气管内势必会引起一定的动力现象。在长期实践中，人们认识到，在实际循环中由于间断进气而引起的进气压力波动对内燃机进气量有较大影响。利用长进气管内的气流动力现象可提高内燃机充气效率 η_v。如图 2-15 所示为一单缸内燃机充气效率随转速的变化曲线，说明进气管内动力效应对 η_v 的综合影响。图上虚线 1 表示内燃机上不装进气管，因而没有动力现象，点画线 2 是在内燃机上装一较长的进气管后，只考虑惯性效应因素时的情况，实线 3 是将管内惯性效应和压力波动效应综合后的结果，而阴影面积 4 则表示了波动效应的影响程度。之所以将进气管内动力效应分成惯性效应和波动效应,是为了阐述的方便,而不是物理本质上确实如此。

一、惯性效应

当进气门打开,活塞下行,使汽缸内产生负压(即真空度),进气管内也随之产生负压,新鲜工质在进气管内外压差作用下,向汽缸内流动并在进气管内得到加速。随着进气行程接近终了,当进气门迎着已获得充分加速的气流关小时,在进气管道中引起短暂的压力升高,导致活塞上行进行压缩行程之初,进气流动惯性仍可继续得到利用。这种利用气流动能进行过后充气增加充气量的效应,称为惯性效应。

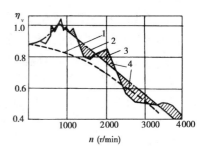

图2-15 进气管动力效应对充气系数的影响

1-静的 η_v(不装进气管);2-只考虑惯性效应的 η_v;3-实验曲线;4-波动效应

如果进气管不长,在进气过程中管内全部气柱得以加速,则可用动量变化公式计算进气终了的压力增量 Δp:

$$A\Delta p \propto \frac{\rho_s V_p v_m}{\Delta t} \tag{2-8}$$

式中：A——进气管截面积;

ρ_s——进气状态下气体的密度;

V_p——进气管容积;

v_m——工质在进气管中的平均速度;

Δt——气柱减速的时间。

又知 Δt 反比于转速 n,与配气定时具有函数关系 $f(\phi_{1n})$,则:

$$A \propto d^2$$

$$v_m \propto \left(\frac{D}{d}\right)^2 Sn$$

$$\Delta t \propto \frac{f(\phi_{1n})}{n}$$

将上式代入式(2-8)中,整理后得:

$$\Delta p \propto \frac{L^2 n^2}{f(\phi_{1n})} \left(\frac{V_h}{V_p}\right) \tag{2-9}$$

式中：L——进气管长度,m;

d——进气管直径,m;

V_h——汽缸工作容积,L;

D——汽缸直径,m;

S——活塞行程,m;

n——发动机转速,r/min。

若不考虑配气定时的影响,并引入音速 a,即可得到一表征惯性效应的无因次参数——惯性系数 ϕ_t:

$$\phi_t = \frac{114 L^2 n^2}{a^2} \left(\frac{V_h}{V_p}\right) \tag{2-10}$$

式(2-10)中略去了进气管内气流摩擦损失。从能量的角度来看，惯性效应是由于吸气所消耗的功转化为压力能而获得，因此它是以增大吸气损失的代价换取来的。从惯性系数 ϕ_t 值的物理意义是正比于压力增量 Δp 来看，似乎 ϕ_t 值越大，则惯性效果越佳。但实际上，ϕ_t 值过大，意味着气流平均速度 v_m 过高，吸气耗功增大，且过高的气流速度在管内引起较大的摩擦损失，其最后动量所能转化的压力增量补偿不了过大的前期缸内压力降，以致惯性效应被减弱。

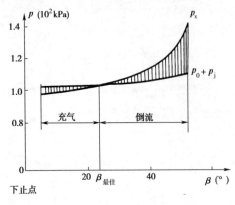

图 2-16　p_0、p_j 和 p_x 随 β 变化的关系

惯性效应的收益与配气定时中的进气迟闭角有直接关系。随着进气迟闭角 β 的增大，最佳 ϕ_t 范围(即最佳转速范围)向增大方向移动。设进气气流的惯性力为 p_j，大气压力为 p_0，进气迟闭时汽缸内的压力为 p_x。如图 2-16 所示，p_x 曲线与 $(p_0 + p_j)$ 曲线的交点对应的进气迟闭角，具有最好的充气性能。小于此角度时，$p_0 + p_j > p_x$，气流虽有进入汽缸的可能，但进气门已关闭；大于此角度时，$p_0 + p_j < p_x$，将产生已进入汽缸的充量发生倒流。一般来说，高转速内燃机要求有较大的进气迟闭角，才能得到较好的惯性效应。

二、波动效应

进气过程开始时，活塞下行使缸内和进气门进口处产生一定的真空度，形成负压波，它以膨胀波的形式沿进气管以 $(a-u)$ 的传播速度向进气口端传播(a 为音速，u 为气流速度)。当膨胀波到达开口端时，又从开口端向汽缸方向反射回压缩波，其传播速度为 $(a+u)$。这种进气压力波动将对充气效率 η_v 造成一定影响，为分析问题方便，将进气管内压力波动分为本循环波动效应和上一循环波动效应两类。

1. 本循环波动效应(谐波增压进气系统)

从进气门打开到关闭，随着新鲜工质流入汽缸，整个进气系统内产生进气压力波动，这种波动往返于进气管口与汽缸之间。如进气管长度适当，使从进气门处发出膨胀波 $(a-u)$ 到压缩波 $(a+u)$ 返回到汽缸处所经历的时间，正好与进气门从开启到关闭所需的时间相匹配，即压缩波返回到汽缸时，进气门正好处于关闭前夕。这样，就能把较高压力的新鲜充量关在汽缸内，增加汽缸的充气量，这种效应是本循环的波动效应。如图 2-17 所示，其中 b)、c) 图分别表示进气门开启时刻和关闭时刻沿进气管长度各处的压力分布，d) 图为进气管靠近汽缸端(B 点)的压力随时间的变化曲线。若 B 点压力正处于波峰位置时，关闭进气门，则达到了进气增压的目的。若进气管长度不适当，进气门关闭时，B 点的压力不是处于波峰而是波谷，那么会降低进入汽缸的压力，得到与增压相反的结果。

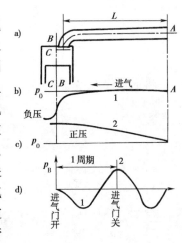

图 2-17　本循环波动效应说明

只要使这种进气压力脉动波与进气门的配气相位配合好，可使进气管内的空气产生谐振，利用谐振效果在进气门打开时就会形成增压进气效果，有利于增加发动机的输出功率。

一般而言，进气管较长时，压力波波长长，可使发动机中低速区功率增大；进气管长度较短时,压力波波长短,可使发动机高速区功率增大。如果发动机的进气管长度可以随转速改变的话,则能兼顾增大功率和增大转矩,但一般进气管长度是不能改变的,因此谐波增压通常都按最大转矩所对应的转速区域来加以利用。

但现在有一些发动机可以利用电控单元来控制进气管长度的改变,从而改变转速,提高发动机充气效率,以获得最佳输出功率。如图 2-18 所示为丰田汽车谐波增压可变进气系统。

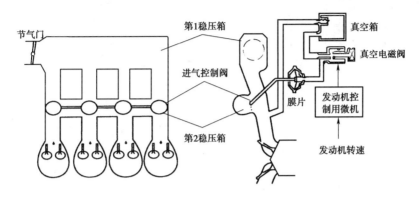

图 2-18　丰田汽车谐波增压可变进气系统

该系统在进气管中间通道上设置了与各缸进气管相连通的第 2 稳压箱,并在连通部位上安装了可变进行控制阀,其进气管有效长度可以调节。第 2 稳压箱相当于空气储存室,进气控制阀控制第 2 稳压箱的开闭,从而控制进气管实际长度的大小。利用这一原理,在发动机中低转速时关闭可变进气控制阀,而在高速时开启,从而达到谐振效果与发动机转速同步变化,以实现可变进气。

2. 上一循环波动效应

当进气门关闭后,进气管内的气柱还在继续波动,对下一循环的进气量造成影响,即称为上一循环波动效应,可用图 2-19 说明。

进气门关闭时,进气管内流动的新鲜工质因急速停止而受到压缩,在进气门处产生压缩波,并向进气管的入口端传播$(a-u)$,如图 2-19a)实线所示。当压缩波传到管的入口端时,产生反射波,由于边界条件(开口、管外压力不变)的作用,反射波的性质与入射波的性质相反,即为膨胀波,并以$(a+u)$的传播速度向进气门处传播,如a)图虚线所示。到达进气门时,由于进气门尚未打开,则其边界条件为封闭型(速度为零),此时在进气门处反射

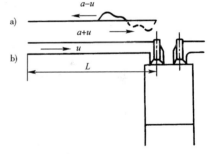

图 2-19　波动效应

波的性质与入射波相同,即为膨胀波,并向进气管的入口端传播,在入口的开口端再次反射时,反射波为压缩波,又向进气门处传播。这样,气波在进气管中周而复始地来回传播,使进气门处的压力时高时低,形成如图 2-20 所示的压力波动。如果能使正压力波与下一循环的进气过程重合,就能使进气终了时的压力升高,提高充气效率 η_v;反之则 η_v 下降。

压力波动的固有频率 f_1 为:

$$f_1 = \frac{a}{4L} \quad (\text{Hz})$$

式中:a——进气管内音速,m/s;

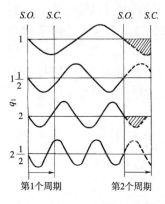

图 2-20 进气一阶压力波的次数与谐振

L——进气管长度，m。

当内燃机转速为 $n(\text{r/min})$ 时，进气频率 f_2 为：

$$f_2 = \frac{n}{60 \times 2} = \frac{n}{120} \quad (\text{Hz})$$

f_1 与 f_2 之比 q_1 为波动次数。

$$q_1 = \frac{f_1}{f_2} = \frac{30a}{nL}$$

q_1 表示进气管内压力波动的固有频率和内燃机进气频率之间的配合关系，主要是进气管长度与内燃机转速间的配合。

由图 2-20 看出，当 $q_1 = 1\frac{1}{2}$、$2\frac{1}{2}$…时，下一循环的进气门开启期间正好与上一循环波动效应的正压力波相重合，使充气效率 η_v 增加。当 $q_1 = 1、2…$时，进气频率与压力波动频率合拍，下一循环进气门开启期间正好与负压力波相重合，使充气效率 η_v 减小。

本次循环的压力波动衰减小，振幅大；而上一循环压力波动是经过多次反射后的波，衰减大，振幅小。因此前者是主要的，需充分利用。

利用进气系统的动力效应增大充气量，进气管长度是关键因素。此外，进气管的直径不应过小，以免加大流动阻力，减弱压力波的强度，过大也会使激发的压力波减小。其他诸如管道截面变化、弯曲方式、谐振室的形状等都应周密考虑。在多缸发动机上，应使各缸进气歧管长度尽可能相同，并避免各缸气波之间的相互干扰。转速不同，所需进气管长度亦不同，一般高速发动机配用较短的进气管，低速发动机所需进气管则较长。由于汽车内燃机使用转速范围较宽，配用进气管时，应在常用转速区考虑其长度，以有效利用其动力效应。

同理，也可利用排气管中的压力波，帮助燃烧室扫气，有利于减少残余废气，提高充气效率。

根据对国产柴油机的试验，只要合理利用进气管的动力效应，一般可使内燃机功率提高 10%~20%，最低油耗率降低 3%~5%。在相同功率下，排气温度下降，排气烟色好转。

第六节 二冲程内燃机的换气过程

二冲程内燃机是在曲轴回转一圈，即活塞上下两个行程内完成一个工作循环。它与四冲程内燃机的主要不同之处在于换气过程，二冲程内燃机换气过程比四冲程所占曲轴转角小，在整个换气过程中，几乎不存在活塞的吸排作用，靠废气能量排气，并以曲轴箱或单独的扫气泵将新鲜工质压入汽缸，扫除缸内残余废气。二冲程内燃机组织好换气过程是获得良好工作指标的关键。

一、换气过程及示功图

图 2-21 为曲轴箱扫气二冲程内燃机，在工作汽缸下部开有排气口 1 和扫气口 2。当燃烧—膨胀过程开始，活塞从上止点向下运动直至下止点前活塞顶部开启排气口，膨胀过程即告结束。排气行程开始（示功图上 b 点），直到活塞至下止点后，返回上行到其顶部遮蔽排气口的整个期间，即示功图 bdb' 曲线为二冲程内燃机的换气过程。根据气体流动情况，上述换气过程可分为 3 个阶段：

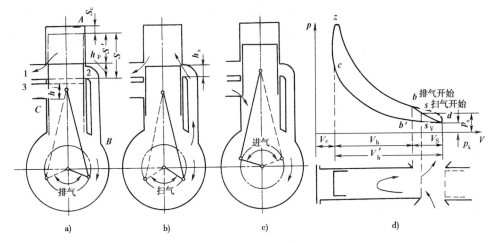

图 2-21 曲轴箱扫气二行程内燃机工作过程
a)、b)、c)工作机构简图；d)工作缸内示功图
1-排气口；2-扫气口；3-进气口

(1) 自由排气阶段——从排气口开启（b 点）到扫气口开启，新鲜工质开始进入汽缸。排气口开启时，汽缸内废气压力较高，一般为 300～600kPa，排气管内压力与缸内压力之比低于临界压比，废气以当地音速（$a = 700 \sim 800 \mathrm{m/s}$）流过排气口，进入排气道，此时缸内压力迅速下降，当压比超过临界压比时，废气低于音速流出，处于亚临界状态。在自由排气的后期，由于排气流速很高，排气惯性作用将使汽缸内压力急剧下降，甚至出现真空（负压）。通常认为汽缸内废气压力等于换气新鲜工质压力时为自由排气的终点。

(2) 强制排气和扫气阶段——扫气口开启，提高了压力和新鲜工质进入汽缸，并利用进入气体强制将废气排出缸外，既扫除废气又充入新鲜工质，直至活塞到下止点后返回，上行将扫气口遮蔽，扫气过程结束。

(3) 额外排气阶段——在扫气口关闭之后，排气口还开着，这时由于活塞上行的排挤和废气气流的惯性，而继续排出废气或新鲜工质与废气的混合气，直至排气口关闭（b' 点）为止。

活塞继续上行，进行压缩过程（$b'—c$），到上止点前开始喷油（或点火）燃烧，缸内压力迅速增长（$c—z$）。接着活塞下行膨胀做功（$z—b$），重复新的工作循环。整个换气过程，大约占 130°CA～150°CA。

自排气口开启到排气口关闭的整个换气时期，活塞是不做功的，活塞所获正功（示功图面积 $bdb'b$）是消耗扫气泵的功，这部分汽缸容积并没有容纳新鲜工质，算为损失容积 V_s。二冲程内燃机的有效工作容积为：

$$V_h = V_h' - V_s = V_h'(1 - \psi)$$

式中：ψ——行程损失百分比，$\psi = \dfrac{V_s}{V_h'} = \dfrac{h_s}{s'}$；

h_s——排气口高度；

s'——活塞行程；

V_h'——活塞行程容积。

因而，实际压缩比为：

$$\varepsilon = \frac{V_c + V_h}{V_c}$$

几何(或名义)压缩比为:

$$\varepsilon' = \frac{V_c + V_h'}{V_c} = \frac{V_c + V_h + V_s}{V_c} = \varepsilon + \frac{\psi V_h'}{V_c} = \varepsilon + \psi(\varepsilon' - 1)$$

所以:

$$\varepsilon = \varepsilon'(1 - \psi) + \psi$$

图 2-21d)的虚线表示相应四冲程内燃机的示功图,二冲程内燃机示功图面积为相应四冲程内燃机示功图面积的 0.86~0.95。由于二冲程内燃机需驱动扫气泵,因此,机械效率比四冲程内燃机低。在 D、S、n 相同条件下,二冲程内燃机的升功率只能比四冲程内燃机高 50%~70%。由于二冲程内燃机的扫气过程仅占 130°CA~150°CA,只有四冲程内燃机的 1/3 左右,它又是利用新鲜工质来扫除汽缸内废气,新鲜工质容易与废气相混排出汽缸,造成损失,同时,缸内废气也不易扫除干净,这就成为二冲程内燃机换气困难的特有问题。

为了进行工质更换,避免废气倒流,必须提高新鲜工质的压力,而设置扫气泵。归纳起来,起扫气作用的装置大致有以下 3 种类型:

(1)曲轴箱扫气形式,如图 2-21 所示,它是利用封闭着的曲轴箱作为往复式压气机的汽缸。当活塞下行时,活塞裙部关闭进气口后(图中 3),活塞背面压缩曲轴箱中的新鲜充量,起扫气泵作用。当活塞上行,其裙部打开进气口时,新鲜工质被吸入曲轴箱。由于曲轴箱压缩终点汽缸容积大,故其压缩比较低,一般仅有 1.3~1.55,扫气压力为 108kPa 左右,充气效率 η_v 一般仅为 0.6~0.7。其结构简单、紧凑,故多用于小型汽油机及小功率单缸柴油机上。

(2)单独设置扫气泵。扫气泵大多采用转子泵和离心泵,如往复式压气机、罗茨式压气机、离心式压气机、螺杆式压气机等,直接由发动机曲轴增速驱动。其中罗茨式压气机和离心式压气机应用较多,一般扫气压力 $p_k = 110~150$kPa。

(3)废气涡轮增压(见第八章)。扫气压力 $p_k = 140~200$kPa,甚至更高。

二、换气系统的基本形式

根据二冲程内燃机汽缸内新鲜工质流动的性质,换气系统可分为横流换气型、回流换气型和直流换气型三种形式。

1. 横流换气型

横流换气型是二冲程内燃机最早的换气形式,如图 2-22 所示。扫气口与排气口在汽缸圆周下部的两侧对置,为了达到理想的气流线型,使换气完善,故排气口、扫气口的中心线与圆周方向及汽缸中心线方向均有倾斜角。

横流换气系统主要的缺点是,汽缸内有较大的废气死角(图 2-22 中 A),气流不稳定,形成涡流,扫气气流以短路流出排气口(图 2-22 中 B)。且扫气口比排气口早关,产生额外排气,造成缸内新鲜充量损失。此外,汽缸和活塞受热不均,易变形。又由于扫气压力作用,使活塞推向排气口一侧,活塞组产生单边磨损。

2. 回流换气型

如图 2-23 所示,扫气口与排气口不对置,往往位于汽缸同侧,扫气口双向倾斜,使扫气气流首先扫过活塞顶,然后顺着汽缸壁沿轴线向上回转 180°,扫除废气,流

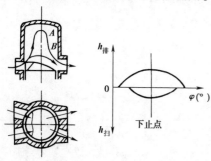

图 2-22 横流扫气形式以及气口开启高度 h 随曲轴转角 φ 的变化关系

向位于扫气口同侧上方的排气口。它部分地克服了横流扫气中新鲜充量短路现象,扫气效果比横流扫气好。它具有结构简单、制造方便的优点。但扫气口、排气口同在一侧,气道布置比较困难。

在小型柴油机中,扫气口两个,排气口一个,简称"三口回流扫气"。它实质上是回流扫气和横流扫气的复合方式,属于回流扫气的一种变形。

3. 直流换气型

如图2-24所示。它的主要特点是,扫气气流沿汽缸轴线由下向上运动,并流过整个汽缸断面,新鲜工质与废气的掺混较少,换气质量高。

直流换气中又分为气口—气门式(图2-24a)和对向活塞式(图2-24b)两种形式。

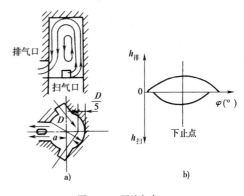

图 2-23 回流扫气
a)三口回流扫气;b)气口开启高度随曲轴转角 φ 的变化关系

气口—气门式直流换气系统,扫气口在汽缸下部圆周均匀分布,并与汽缸半径成一定角度。使扫气气流在汽缸内形成旋转向上的气垫,避免与废气相混,并将废气从顶部的排气门推出。排气门传动机构和四冲程的气门传动机构相似,由于排气门受凸轮轴定时控制,可实现非对称换气,排气门比扫气口早关,避免了新鲜工质损失,实现过后充气。由于扫气口沿整个汽缸圆周布置,可以缩短孔高,减少了行程损失。该换气方式的缺点在于装置有排气门机构,使其结构复杂,且排气门的开闭频率比同转速四冲程内燃机大一倍,因而气门机构的惯性力较大,气门弹簧容易损坏。

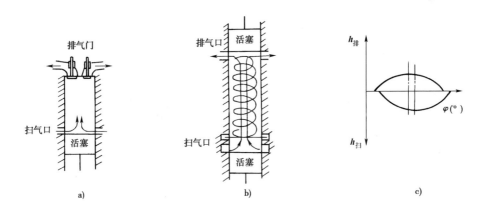

图 2-24 直流扫气
a)气口—气门式;b)对向活塞式;c)气口开启高度随曲轴转角 φ 的变化关系

对向活塞式直流换气系统中,扫气口与排气口分别布置在汽缸的两端,扫气口与排气口的启闭由相反方向运动的两活塞分别控制。这种内燃机也称对置活塞式内燃机,两个活塞分别通过两套曲轴—连杆机构传递功率,并由齿轮传动机构联动。

通常排气口端的曲轴比扫气口端的曲轴超前 9°CA ~ 15°CA,以使排气口比扫气口先开启、早关闭,造成过后充气。排气活塞领先,使其输出功率大于扫气活塞输出功率,领先角越大,两个活塞输出功率之差越大,一般排气活塞输出功率为整机功率的 60% ~ 70%。我国东风内燃机车发动机就是应用这一换气形式,其缺点是上下曲轴的传动机构较为复杂,整机高度尺寸增大,且缸套热负荷较高。

三、评价换气质量的参数

评价二冲程内燃机的换气质量,常用下述几个指标:

1. 扫气效率 η_s 和残余废气系数 γ

扫气效率 η_s 是换气后留在汽缸内的新鲜工质质量 m_1 与换气后汽缸内气体总质量 m_a 之比。

$$\eta_s = \frac{m_1}{m_a}$$

残余废气系数 γ 是扫气后汽缸内残留废气的质量 m_r 与扫气后留在汽缸内新鲜工质的质量 m_1 之比。

$$\gamma = \frac{m_\gamma}{m_1}$$

由于

因此
$$m_a = m_1 + m_\gamma$$

$$\eta_s = \frac{m_1}{m_a} = \frac{m_1}{m_1 + m_\gamma} = \frac{1}{1+\gamma}$$

扫气效率高表明汽缸内残余废气少,换气质量高。

不同换气系统的 η_s 和 γ 值如表 2-2 所示。

各种换气系统的 η_s、γ 值 表 2-2

换气系统形式	η_s	γ	换气系统形式	η_s	γ
曲轴箱换气	0.80~0.72	0.25~0.40	气口—气门直流换气	0.94~0.87	0.06~0.16
回流换气	0.92~0.80	0.08~0.25	气口—气口直流换气	0.96~0.91	0.04~0.10

2. 过量扫气系数(又称给气比)ϕ_0

$$\phi_0 = \frac{m_s}{m_h}$$

过量扫气系数 ϕ_0 是每循环由扫气泵供给汽缸的新鲜工质 m_s 与在大气状态(p_0、T_0)下充满汽缸工作容积 V_h 的新鲜工质 m_h 之比。

过量扫气系数 ϕ_0 大,表明用于扫气的新鲜工质消耗多,相应的扫气泵消耗功率也大。完善的换气系统应该在较小的过量扫气系数 ϕ_0 下,保证较高的扫气效率 η_s。

3. 充气系数(或容积效率)

$$\eta_{v0} = \frac{m_1}{m_h}$$

二冲程内燃机充气系数和扫气效率的关系是:

$$\eta_{v0} = \frac{\varepsilon}{\varepsilon-1} \frac{p_a}{p_0} \frac{T_0}{T_a} (1-\psi) \eta_s$$

对于非增压的四冲程内燃机,因气门重叠角较小,扫气作用不强,故通常只用充气效率 η_v 来表示新鲜工质充满汽缸的程度。在试验测量时只需测出进气流量,即可求得充气效率 η_v;但对二冲程内燃机,因为扫气是靠扫气泵进行的,仅测出进气流量,还不能直接得出充气系数 η_{v0},在二冲程内燃机上,要求在尽可能小的过量扫气系数(给气比)ϕ_0 之下,得到尽可能高的扫气效率 η_s(或尽可能小的残余废气系数 γ),η_{v0} 的概念就显得不重要了。

四、关于主要换气参数的选取

1. 扫气压力 p_k

对于某一特定要求的二冲程内燃机来说,有一个最佳的 p_k 值。实验表明,影响 p_k 值的主

要因素是汽缸直径 D 和转速 n 的乘积 $D \cdot n$ 值。对于现代不同类型的二冲程柴油机，p_k 值的大致范围是：

汽车、拖拉机	130～200kPa
机车、船用中高速机	130～270kPa
陆用、船用高速机	150～300kPa

二冲程内燃机进气终点压力 p_a 与扫气压力 p_k 的关系很复杂，不同换气形式的机型其数值不同。

直流换气 $p_a = (0.95 \sim 1.05) p_k$

回流换气 $p_a = (0.85 \sim 0.90) p_k$

低速柴油机 $p_a \approx \dfrac{p_k + p_r}{2}$

式中：p_r——排气系统中的平均压力。

2. 过量扫气系数 ϕ_0

为了降低扫气泵的驱动功率，希望尽量降低 ϕ_0，但为了降低热负荷，扫气效率 η_s 不致过多降低，ϕ_0 值又不能取得过小，ϕ_0 值的大致范围为：

车用高速内燃机		1.25～1.50
机车、船用中高速机	非增压	1.25～1.30
	增压	1.40～1.70
曲轴箱扫气		0.50～0.90

五、二冲程内燃机的应用和发展

由于二冲程内燃机是曲轴每转一圈做功一次，与同转速的四冲程内燃机相比，单位时间内的工作循环次数提高一倍，所以在相同功率下，二冲程机的外形尺寸小、质量轻，这是它的最大优点。但因汽缸壁上开有气口，有部分损失容积，加之换气效果较差，带动扫气泵需要消耗有效功，故二冲程机的升功率比四冲程机大 50%～70%。

回流扫气二冲程机结构简单，保修方便，特别是曲轴箱扫气，无需另带扫气泵，因此，广泛用于小型汽油机上。

二冲程机转矩的周期性波动较小，当要求飞轮旋转的不均匀度相同时，其飞轮尺寸、质量要比同缸数的四冲程机小。

二冲程机的缺点是换气效果较差，新鲜工质与废气容易相混，残余废气系数大，致使其经济性、HC、排烟等性能均不如四冲程机。在相同额定工况时，二冲程汽油机的燃油消耗率比四冲程机高 20%～30%，部分负荷时燃油消耗率更高。

由于与同转速的四冲程机相比，二冲程机单位时间内的燃烧次数提高一倍，故燃烧噪声大，NO_x 排放量高，且热负荷高，冷却困难，容易出现排气口处和活塞顶局部过热，喷油孔堵塞，针阀咬死，甚至活塞拉缸等现象。

为了发挥其优点，解决存在的问题，近年来，国内外对中、小型二冲程内燃机进行了大量的试验研究，采用新技术、新材料、新工艺，使其实用化前景十分可观。

日本丰田汽车公司新研制的 S—2 型（Supercharged 2 Stroke Engine）二冲程直列六缸水冷汽油机，作为高性能豪华型轿车的动力（主要性能见表2-3）。

日本 S—2 型二冲程汽油机、柴油机主要性能　　　　　　　　表 2-3

型号	类型	排量(L)	最大功率[kW/(r/min)]	最大转矩[N·m/(r/min)]	空转速(r/min)
S—2	六缸水冷汽油机	3	176/3000	490/2800	600
S—2	四缸水冷柴油机	2.5	74/3200	284/1600	350

　　S—2 型二冲程汽油机采用了四冲程机的一些改进结构,如直列六缸双顶置凸轮轴、四气门(两进气门、两排气门)等,克服了传统二冲程内燃机由于利用曲轴箱扫气所导致的怠速不稳定现象。用质轻价高的钛合金制造气门和气门弹簧,部分热负荷高的零件采用陶瓷材料,解决了零件热负荷过大的问题。采用电控汽油直接喷射、微机点火控制和分层燃烧技术,有效地防止了扫气过程中油气流失,改善燃烧,提高热效率,低速运转性能良好。尽管 S—2 型机结构较为复杂,但比 V12 四冲程内燃机的结构要简单,体积更小,适应于高级轿车。

　　日本丰田汽车公司除研制出 S—2 型二冲程直列六缸水冷汽油机外,还研制出 S—2 型二冲程直列四缸水冷柴油机(主要性能见表2-3),该机具有低噪声、低振动、运转平稳的特点,由于汽缸内最高燃烧压力有所下降,故其怠速稳定性比目前四冲程柴油机好。

　　此外,日本、西欧和美国的一些汽车公司正在对二冲程内燃机的一些高难度课题进行研究,如采用微机控制扫气,控制可变排气口和燃油喷射等,这些研究成果将使二冲程内燃机燃烧更加充分,工作性能更加完善,应用范围更加广泛。

第三章 柴油机混合气形成和燃烧

在柴油机的工作过程中,混合气形成和燃烧对柴油机性能影响最大。在燃烧过程中,燃料的化学能经过燃烧产生热量,使气体膨胀做功,转变为机械能。燃烧过程的好坏,关系到能量转换效率的大小,从而直接影响柴油机的性能指标。

第一节 柴油机混合气形成

柴油机所用的燃料——柴油不易蒸发,因此,柴油机是采用缸内混合的方式形成可燃混合气。其燃料借助喷油系统在压缩行程接近上止点时高压喷射进入汽缸后,在极短的时间内(一般为 0.0007~0.003s)经历破碎雾化、吸热、汽化、扩散与空气混合等过程,以形成良好的可燃混合气,混合气形成过程是控制和决定燃烧过程的关键因素。

一、形成混合气的两种基本形式

1. 空间雾化混合

空间雾化混合是在喷油压力较高(一般为 20000~30000kPa)的条件下,将燃料喷向燃烧室空间,利用喷注与空气的相对运动及空气在压缩过程中产生的热能,实现破碎雾化、吸热蒸发并与空气混合形成可燃混合气。在汽缸直径较大(大、中型柴油机)的情况下,由于燃烧室的体积大,这种空间雾化混合的形式可在无涡流或弱涡流的情况下,依靠喷油系统提供良好的喷雾条件来实现(直喷式燃烧室);对于汽缸直径较小的中、小型柴油机,光靠喷雾条件的改进还不行,还必须依靠燃烧室内组织强烈的涡流运动予以配合才能实现(分隔式燃烧室)。一般来说,采用空间雾化混合形式的直喷式燃烧室喷油器的位置处于燃烧室的中间,喷孔数较多,孔径相对来说较细。在喷孔位置对称均匀分布的情况下,喷注形成的油雾可在无涡流或弱涡流的情况下弥散于燃烧室的空气中。

混合气形成所需要的能量主要来自喷注的动能,它是由喷油泵的压力能转化而来的,在油与气两者的混合中,起主导作用的是油。

空间雾化混合是一种传统的混合气形成方式。它对供油系统和供油设备的技术和质量要求比较高,而对进气系统和燃烧室形状的要求相对来说较低。

空间雾化混合方式的优点是不必专门组织进气涡流,从而避免了复杂的进气道以及由此造成的充量系数的下降。因而柴油机的经济性较好。其缺点是供油设备的制造和调试水平要求高,供油系统的故障相对来说较多;且由于预混合燃烧阶段烧掉的燃油量较多,最高燃烧压力和最大压力升高率较高,内燃机的工作粗暴,零件承受的热应力和机械应力较大;由于最高燃烧温度较高,一般 NO_x 的排放率较高。

空间雾化混合主要用于大、中型柴油机。缸径为 140~160mm 的中、小型高速柴油机亦有发展这种混合气形成方式的趋向。

2. 油膜蒸发混合

油膜蒸发混合是将大部分燃油喷到燃烧室壁面上,形成一层油膜,油膜在壁温和热空气的作用下蒸发、汽化并与空气混合形成可燃混合气。这种混合气形成方式,由于油膜有一定厚度,在进气涡流和压缩涡流的吹拂下可沿燃烧室壁面扩展,从而可扩大其受热与汽化面积;燃烧室壁面上的油膜逐步蒸发、汽化,然后分层、分批投入燃烧,使混合和燃烧过程呈现出明显的热分层效应。从而有利于空气的有效利用。

在喷油过程中,有少部分从油束中分散出来的燃油以油雾的形式分散在燃烧室空间,并在炽热的空气中首先完成着火准备形成火源,然后靠此火源点燃从壁面上蒸发出来并和空气混合的可燃混合气。

控制燃烧室壁温和喷在壁面上的油量,可以抑制燃烧前期的反应,控制燃烧过程的进展。

油膜蒸发混合方式形成可燃混合气的燃烧过程,由于只有少量燃油喷射的空间作引燃,而大部分燃油附在燃烧室壁面上,一方面使着火延迟期中形成的可燃混合气数量减少,$\Delta p/\Delta \varphi$ 值较低,柴油机工作柔和、噪声小;另一方面可抑制燃油在燃烧前的热裂解,减少炭烟形成。

油膜蒸发混合方式对供油系统及其设备和喷油压力要求较低(相对于空间雾化混合方式而言)。喷嘴上的喷孔数量较少,只有双孔甚至单孔,孔径为 0.5~0.7mm。喷油时启喷压力为 15000~20000kPa。由于喷孔较大,喷油压力又不太高,使喷油系统故障较少。同时,由于工作过程相对柔和,最高燃烧压力和最高燃烧温度不太高,内燃机零件的热应力和机械应力较低,NO_x 的排量也较少。此外,由于这种混合气形成方式存在着明显的热分层效应,有利于空气的有效利用,故过量空气系数可以较小($\alpha = 1.3 \sim 1.4$),因而平均有效压力较高。

油膜蒸发混合方式及其相应的燃烧系统的缺点是对供油系统和进气系统的变化较敏感,因而燃烧过程的稳定性较差;冷起动较困难,HC 排放率较高;由于需要强涡流匹配,螺旋进气道使充量系数下降,因此,内燃机的转速不能太高,一般只能达到 2000~2200r/min;可增压性也较差;这种燃烧系统要求较高的使用和维修水平。由于存在这些缺点,近年来单独使用这种混合气形成方式及其燃烧系统的内燃机已日趋渐少。但对于小型高速柴油机来说,由于燃油或多或少地会喷到燃烧室壁上,所以两种混合方式都兼而有之。从这个意义上说油膜蒸发混合方式仍有重要的学术和实用价值。

现代中小型高速柴油机以及部分大中型中速柴油机,在吸取上述两种混合气形成方式优点的同时,力图避免或减少两者各自的缺点,从而出现多种雾化—油膜混合型的混合气形成方式,多数情况下是以雾化混合为主,兼有一定程度的油膜混合。

二、燃料的喷雾

将燃料喷射雾化,可以大大增加燃料的蒸发表面积,增加燃料与氧接触的机会,以达到迅速混合的目的。现研究雾化质量的评价及其影响因素。

1. 油束的形成及特性

燃料以很高的压力 12000~25000kPa 和很高的速度(100~300m/s)从喷油器的喷孔喷出,形成一个如图 3-1 所示的圆锥状油束(称为喷注)。油束中间部分的燃料雾化较差,油粒密集、直径较大,前进速度也较大。油束外部燃油粒分布较散,直径较小。外部细小油粒最先蒸发并与空气混合形成可燃混合气。油束本身的特征可用喷雾锥角 β、射程 L 及雾化质量来

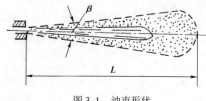

图 3-1 油束形状

描述。

喷雾锥角 β 与喷油器结构有很大关系。对相同的喷油器结构，一般用 β 来描述油束的紧密程度，β 大说明油束松散，β 小说明油束紧密。以 135 系列柴油机为例，其多孔喷油器的 $\beta = 15°\sim20°$，β 一般用肉眼观察，必要时与样品进行比较。

油束射程 L 也称油束的贯穿距离。L 大小对燃料在燃烧室中的分布有很大影响，如果燃烧室尺寸小，而射程大，就有较多的燃油喷到燃烧室壁上。反之如果 L 过小，则燃料不能很好地分布到燃烧室空间，燃烧室中的空气得不到充分利用。因此，油束射程必须根据混合气形成方式的不同要求与燃烧室的大小相互配合。

雾化质量表示燃油喷散雾化的程度，一般是指喷雾的细度和均匀度。细度可用油束中油粒的平均直径来表示。均匀度是指喷注中油粒直径相同的程度，油粒的尺寸差别越小，说明喷雾均匀度越高。喷雾的细度和均匀度可通过实验的方法来测定，可将实验测定的结果绘成图 3-2 所示的雾化特性曲线。图中的横坐标是油粒的直径，纵坐标是某一直径油粒占全部油粒的百分数。曲线越窄，越靠近纵坐标轴，表示油粒越细越均匀，即雾化质量越好。

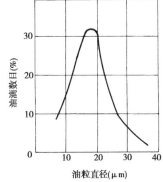

图 3-2 雾化特性曲线

以上所讨论的雾化质量是指单一的油束而言，至于多油束在燃烧室空间的分布对整个燃烧室内混合气形成的影响，乃是雾化质量的另一个重要方面，这与喷油器喷孔的数目与分布、喷油器的安装位置等因素有关。

2. 影响油束特性的因素

1) 喷油器构造

喷油器的结构不同，引起油束形成的内部扰动也不同，从而就产生不同形式的油束。喷油器的主要结构形式如图 3-3 所示。

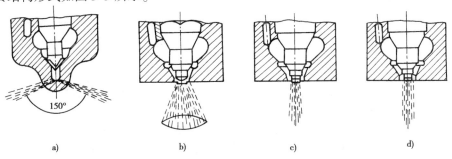

图 3-3 各种喷油器的结构

a) 多孔喷油器（ZCK150S435）; b) 顺锥形的轴针式喷油器（ZS15S15）; c) 圆柱形的轴针式喷油器（ZS4S1）; d) 倒锥形的轴针式喷油器（ZS0SJ2）

图 3-3a) 为多孔喷油器，用于对雾化质量要求较高的直接喷射式柴油机。当喷油压力和介质反压力不变及喷孔总截面积不变的条件下，增加喷孔数目，则每个喷孔的直径减小，燃料流出喷孔时的节流作用增大，在喷孔内的扰动也就增加，因此，雾化质量提高，如图 3-4 所示。如果喷孔直径加大，则油束核心稠密，射程增大。图 3-3b)、c)、d) 为轴针式喷油器，其针阀头部伸入喷孔中，针阀头部的形状为锥形或柱形，改变锥角的大小可控制喷雾锥角的变化。例如 ZS15S15 喷油器（图 3-3b）针阀头部带顺锥，锥角为 19°26′，其喷雾锥角约为 15°。ZS4S1 喷油器（图 3-3c）针阀头部是圆柱形，锥角为零，其喷射锥角约为 4°。ZS0SJ2 喷油器（图 3-3d）针阀

头部带倒锥,锥角为30°,其喷雾锥角约为0°。

2) 喷油压力

燃油喷射压力越大,则燃油流出的初速度就越大,在喷孔中燃油扰动程度及流出喷孔后所受到的介质阻力也就越大,使雾化的细度和均匀度提高,即雾化质量好,如图3-5所示。喷油压力增加时,也会使射程增加(如图3-6所示),图中曲线末端所标数字即为喷油压力值,其单位为10^2kPa。喷油压力过高,则高压油管容易胀裂,喷油器容易磨损,对喷油管的制造要求也越高。在喷油过程中,燃油的实际喷射压力是变化的,一般产品说明书上的喷油压力是指喷油器针阀开启压力。高速柴油机喷油器针阀开启压力一般在10000~20000kPa之间,而在喷油过程中高压油管中的最高压力对一般柴油机可达50000kPa,对高增压的中速柴油机甚至达到100000kPa以上。

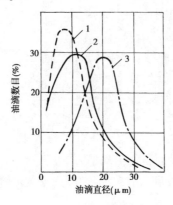
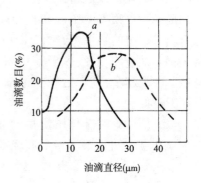

图3-4 喷孔直径对雾化特性的影响
1-喷孔直径4×0.4mm;2-喷孔直径2×0.57mm;3-喷孔直径1×0.8mm
(喷射压力27400kPa,背压980kPa,喷油泵凸轮转速900r/min)

图3-5 喷油压力对雾化特性的影响
a-34300kPa;b-14700kPa

3) 介质反压力

介质密度增大使反压力增加,引起作用在油束上的空气阻力增加,因此,燃料雾化有所改善,喷雾锥角增加,射程缩短(见图3-6)。在非增压柴油机中,介质反压力在3500~4000kPa之间,变化不大,对油束特性的影响不显著。

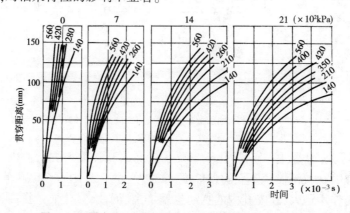

图3-6 不同喷油压力和反压力下,油束射程随时间的变化关系

4) 喷油泵凸轮外形及转速

凸轮形状较陡或转速较高时,均使喷油泵的柱塞供油速度加快,由于节流作用会使油管中的燃油压力增加,从而使喷油速度增大,因此,雾化变好,油束射程和喷雾锥角均有所增加。

三、空气运动对混合气形成的影响

(1)空气运动可以促使油束分散,增大混合的范围。如图 3-7 所示,燃料从喷油器喷出后在很短的距离内即分散成大量的油粒,油粒大小不同,在空气作用下的运动轨迹也不同,油束核心部分的大油粒在气流作用下偏转较小;油束外围的细小油粒质量较小,与空气的相对运动很快减弱,使之从自己的轨迹转移到空气运动的轨迹上,因此,空气运动促使油粒分散到更大的容积范围去。转速越高,涡流就越强,气流对油束的吹散作用也越大。

(2)热混合作用对混合气的形成有重要影响。一般认为在燃烧室中的空气运动规律比较接近势涡流的规律,即气流的切向速度随燃烧室半径增大而减小,如图 3-8 所示。燃烧室中气流的压力分布与速度分布有关,在燃烧室壁面附近的气流速度小,但压力高。而在燃烧室中心附近的气流速度高,则压力小。一个质点 A 随旋转气流运动,沿切线速度方向具有惯性力,另一方面受到压差的作用将产生一个向心力。向心力的大小仅取决于质点的径向位置,处在同一径向位置上的不同质点,它们的切线速度相同,由压差引起的向心力也相同,如果它们的密度有差别,密度大的质点所具有的惯性力大,而密度小的质点的惯性力小。质点的惯性力不同而所受的向心力相同,其运动轨迹必然不相同。

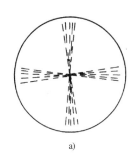 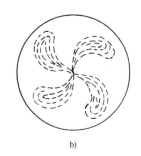 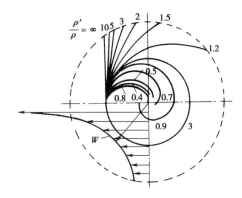

图 3-7 多孔喷油嘴的混合气形成
a)静止空气;b)空气做旋转运动

图 3-8 随空气运动的燃烧质点轨迹与密度比值的关系

设质点 A 的密度为 ρ',空气介质的密度为 ρ。则根据分析计算,当 $\rho' = \rho$ 时,质点 A 做圆周运动;当 $\rho'/\rho > 1$ 时,质点 A 由于惯性力起主导作用,将沿一条螺旋线的轨迹向离心方向运动;当 $\rho'/\rho < 1$ 时,质点 A 由于压差引起的向心力将起主导作用,质点 A 将沿螺旋线轨迹做向心运动。

对于液体油粒或燃油蒸气,其密度比空气大,$\rho'/\rho > 400$,因此将沿螺旋线轨迹向外飞向缸壁;对于已燃的气体,其密度比空气小,$\rho'/\rho < 0.3$,因此运动轨迹为螺旋线方向向内,由于火焰向中心运动,会将中心部分的新鲜空气挤向外壁与未燃燃料混合,这样就使已燃气体与未燃物分开,促使了混合气形成和燃烧。这种混合作用叫作热力混合。对有空气涡流运动的燃烧过程进行高速摄影,都发现了火焰向内作螺旋形运动的现象。由此证明,空气涡流运动能产生热力混合作用。此外空气涡流运动还可以加速火焰传播,促使燃烧及早结束。

由于燃烧室内的气流运动实际上很复杂,介质按刚体涡流特性旋转的情况也不能排除。在介质按刚体涡流运动的情况下,质点在介质中的运动轨迹与在势涡流中的运动轨迹大致相仿,仅在轨迹的长度上存在差别。质点在刚体涡流中的运动轨迹较长,由室中央飞到缸壁所经历的时间也较长。

第二节 柴油机的燃烧过程

柴油机的燃烧过程包括着火过程和燃烧过程,其范围是从压缩末期燃油开始喷入汽缸到膨胀行程燃烧终点为止。

柴油机的燃烧过程所占的时间极短(高速柴油机只有 3～10ms),所处的空间很小(小功率柴油机的燃烧空间只有 20～60mL),燃烧反应物很不均匀而且与燃烧产物共处同一容积,着火的方式是压缩自燃和多源着火。这一切使柴油机的燃烧过程变得十分复杂。时间短暂和情况复杂给柴油机燃烧过程的研究带来很大的困难。

燃料着火燃烧后汽缸中的压力和温度随之变化,所以汽缸中的压力和温度是反映燃烧进行情况的重要参数。示功图是实测的汽缸压力随曲轴转角的变化关系,因此,利用展开示功图是分析研究燃烧过程的重要依据。

一、燃烧过程进行情况

柴油机燃烧过程中的放热速度(即燃烧速度)极不均匀,呈现出明显的阶段性。科学地确定燃烧过程的分段,对正确地认识燃烧进程的全貌是有益的,按照燃烧速度的区别,柴油机的燃烧过程可划分为滞燃期、速燃期、缓燃期和后燃期四个阶段,如图3-9 所示。

第Ⅰ阶段——滞燃期(也称着火延迟期,图3-9 中的1—2 段)。从喷油开始(点 1)到压力线与纯压缩线的分离点(点2)止。点2 视为燃油开始着火点。

柴油机的着火过程一般认为是低温多阶段的着火过程。从喷油到着火要经历一定的物理化学准备阶段。此阶段包括燃油的雾化、加热、蒸发、扩散与空气混合等物理变化,以及重分子的裂化、燃油的低温氧化等化学变化,直到混合气浓度比较合适、氧化充分的地方,一处或几处同时着火。滞燃期经历的时间 τ_i 一般为 0.0007～0.003s。

滞燃期是柴油机着火过程和燃烧过程中的一个极为重要的时期,它对整个燃烧过程和柴油机各个方面的技术经济指标,都有直接的影响,它是控制和改善燃烧过程的关键。

第Ⅱ阶段——速燃期(图3-9 中2—3 段)。从汽缸压力偏离纯压缩线(点 2)起开始急剧上升,到最高压力(点3)止。

由于着火延迟期中喷入汽缸的燃油都已经过不同程度的物理化学准备,一旦着火,第Ⅰ阶段已喷入汽缸的燃油几乎一起燃烧。而且此时活塞已靠近上止点,因此,汽缸内压力急剧上升,接近等容燃烧。压力升高的急剧程度一般用最大压力升高率 $(dp/d\varphi)_{max}$ 或平均压力升高率 $\Delta p/\Delta\varphi$ 表示。

$$\frac{\Delta p}{\Delta \varphi} = \frac{p_3 - p_2}{\varphi_3 - \varphi_2} \quad (\text{kPa}/°\text{CA}) \quad (3\text{-}1)$$

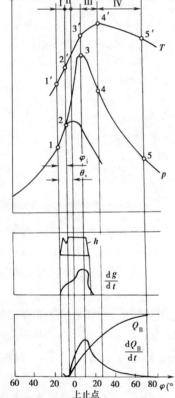

图 3-9 柴油机燃烧过程的展开示功图
h-针阀升程;$\dfrac{dg}{dt}$-喷油速率;Q_B-循环放热量;$\dfrac{dQ_B}{dt}$-放热速率;θ_s-喷油提前角;φ_i-着火延迟角

式中：p_2、p_3——第Ⅱ阶段起点和终点压力，kPa；

φ_2、φ_3——第Ⅱ阶段起点和终点的角相位，°CA。

速燃期中较高的 $\left(\dfrac{\mathrm{d}p}{\mathrm{d}\varphi}\right)_{\max}$ 值将导致燃烧最高压力 p_z 增大，燃烧噪声增高，机件的冲击负荷增加。因此，$\left(\dfrac{\mathrm{d}p}{\mathrm{d}\varphi}\right)_{\max}$ 值应予以控制，一般应在 300～500kPa/°CA 以下。最大压力升高率数值的大小主要与滞燃期内形成的可燃混合气数量有关。缩短滞燃期，减少滞燃期中喷入汽缸的燃油数量，抑制滞燃期中可燃混合气的形成，均可减少着火后一起燃烧的混合气数量，从而降低最大压力升高率的数值，如图 3-10 所示。可见速燃期中的燃烧特性主要受滞燃期长短的控制。

第Ⅲ阶段——缓燃期（图 3-9 中 3—4 段）。从最高压力点（点 3）开始到最高温度点（点 4′）止。

实际循环中的大部分燃油在此阶段中燃烧。随着燃烧的进行，燃烧产物逐渐增多，氧和燃油的浓度下降，燃烧条件变得恶劣，燃烧速度逐渐缓慢。同时此阶段汽缸容积在不断增加，虽然汽缸内的温度还在上升，但压力保持不变或稍有下降。循环最高温度（1700～2000℃）一般出现在上止点后曲轴转角 20°～35°范围内，此阶段的放热量约为循环放热量的 70%～80%。

缓燃期中缸内温度很高，燃油化学准备时间极短，如果燃油和空气的混合跟不上，混合不均，燃油就会在高温缺氧的条件下发生裂解生成炭烟，使经济性下降，排气冒黑烟。所以加速缓燃期混合气形成，是保证完善燃烧的先决条件，也是柴油机燃烧过程组织的一大关键。目前柴油机均在 α>1 的条件下工作，一般汽车拖拉机的柴油机 α=1.3 左右，即至少有 30% 的空气未被利用。这是柴油机的容积利用率低，比质量、升功率不如汽油机的根本原因。

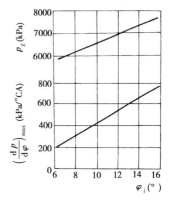

图 3-10　最高燃烧压力及最大压力升高率与着火延迟角的关系
（十六烷值 = 55；n = 2000r/min；ε = 17）

第Ⅳ阶段——补燃期（图 3-9 中 4—5 段）。从缓燃期终点（点 4）到燃油基本燃烧完为止。这一阶段的终点很难确定，一般当热量到达循环总放热量的 95%～97% 即可认为补燃期结束。

在高速柴油机中，由于燃油和空气形成混合气的时间短，混合不均，总有一些燃油不能及时燃烧，要拖到膨胀过程燃烧。由于这部分热量是在活塞远离上止点时放出，故做功的效果很差。同时还会增加传给冷却液的热量，并使排气温度升高，零件热负荷增加，使柴油机经济性和动力性下降。故应尽量减少补燃。

二、着火延迟的影响因素

着火延迟是燃烧过程的一个重要参数，着火延迟时间虽短，但对燃烧过程的影响极大，特别是在空间混合气形成的燃烧系统中更是如此。影响着火延迟的因素很多，在正常运转情况下，压缩温度和压力是影响着火延迟 τ_i 的主要因素。此外，喷油提前角、转速以及燃料品质等对 τ_i 也有较大的影响。

1. 压缩温度对着火延迟的影响

压缩温度对着火延迟的影响是呈指数函数关系变化的。在其他条件一定时，压缩温度 T

与 τ_i 的关系为：

$$\tau_i = k\exp\left(\frac{B}{T}\right) \tag{3-2}$$

式中：k——常数，与系统中的温度、压力等有关；
B——温度系数。

由式(3-2)可知，随着压缩温度的上升着火延迟期 τ_i 值下降，如图3-11所示。凡是能促使压缩末期温度上升的因素，均可使 τ_i 值下降，如增加压缩比、增加进气温度、采用增压技术都可使压缩末期的温度上升，从而使 τ_i 值下降。

2. 压缩压力对着火延迟的影响

在其他条件相同时，燃烧室的压力增加，则着火延迟期 τ_i 缩短。如图3-12所示汽缸内压力增加后，分子运动的平均自由行程缩短，反应物分子之间的碰撞频率增加，从而使焰前化学反应的速度增加，化学反应所需的时间缩短。另外混合气密度增加后，从热空气到气液相燃油的传热增加，但同时，饱和蒸气压力增加，汽化速度减慢。着火延迟 τ_i 与压力 p 的关系可以表达为：

$$\left.\begin{array}{l}\tau_i = K_1 p^{-m} \\ \lg\tau_i = K_2 - m\lg p\end{array}\right\} \tag{3-3}$$

式中：K_1、K_2——常数，与温度、油品及浓度等有关；
m——常数，$m = 0.4 \sim 1.3$，多数在 $0.8 \sim 1.2$。

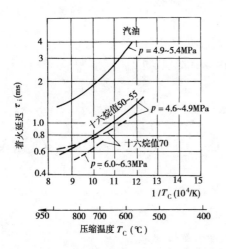
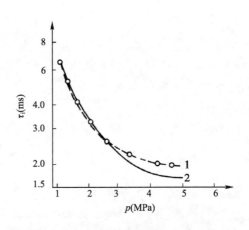

图3-11　压缩温度和压力对着火延迟的影响　　　图3-12　滞燃期随压力的变化
1-试验值；2-计算值

凡是能促使压缩末期压力增长的因素，都会使着火延迟期缩短。如压缩比增加、进气压力增大、采用增压技术都可以使压缩末期的压力增大，因而也能使 τ_i 下降。

3. 喷油提前角对着火延迟的影响

喷油提前角 θ_s 对着火延迟期 τ_i 的影响实际是温度、压力和反应物焰前反应时间（诱导期）对着火延迟的综合影响。由于这三方面因素对着火延迟期有明显影响，所以喷油提前角 θ_s 是影响 τ_i 的最大因素之一。图3-13给出了 τ_i 随 θ_s 的变化，由图可知 τ_i—θ_s 曲线呈U字形。对柴油机有实用意义的是U形的左半个曲线图，即 τ_i 随 θ_s 的增加而急剧增加。因为 θ_s 越大，喷油时缸内的温度和压力越低，因而反应的速度越慢，反应的时间越长。

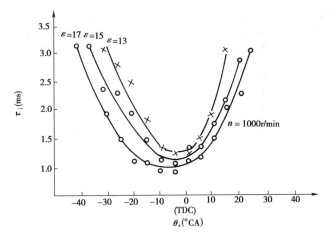

图 3-13 滞燃期随喷油提前角和压缩比的关系
($n=1000\text{r/min}$,直喷式燃烧室)

喷油提前角 θ_s 对着火延迟期 τ_i 的这种重大的、本质性的影响,将直接决定着延迟期内预先混合好的可燃混合气中燃油量的多少,从而影响速燃期间的燃烧速度和加速度,放热速度和加速度,以及缸内压力升高的速度和加速度,进而影响最高燃烧压力和最高燃烧温度、排污、排烟和经济性等。

4. 转速对着火延迟的影响

转速 n 对着火延迟期 τ_i 的影响有双重性。它对以时间计的 τ_i 和对以曲轴转角计的着火延迟角 φ_i 的影响是不同的。以时间计的着火延迟期 τ_i 随 n 的增加而缩短,如图 3-14 的试验结果。压缩比 ε 越低,则 n 对 τ_i 的影响越明显。

转速 n 增加后,每循环缸内漏气和散热的时间减少,因而漏气量和散热量减少,同时单位时间内燃烧的次数增加,使整个缸内的热力状态提高,图 3-15 给出了汽缸内温度 T 和压力 p 随转速升高而增加的情况。T、p 增加使 τ_i 缩短。但是,n 增加后以曲轴转角计的着火延迟期 $\varphi_i(=2n\tau_i)$ 可能增大,这就要求内燃机的供油提前角随转速 n 的变化作相应的调整。近代车用柴油机为改善使用性能均装有供油自动提前器,以保证在各种转速范围内都有合适的喷油时刻。

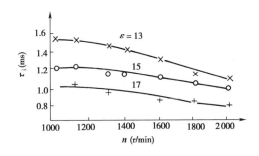

图 3-14 滞燃期 τ_i 随转速 n 的变化关系(该曲线是在 $p_0=18\text{kPa}$,$\theta_s=12°\text{CA}$ 时测绘的)

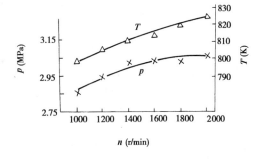

图 3-15 汽缸内温度 T 和压力 p 随转速 n 的变化关系(该曲线是在 $\varepsilon=13$,$\theta_s=10°\text{CA}$ 时测绘的)

5. 油品对着火延迟的影响

柴油是由正烷烃、异烷烃、环烷烃、烯烃和芳烃等组成的。柴油中含烷烃量愈多,含芳烃量越少,则着火延迟期越短,反之含烷烃量少,含芳烃量多,则 τ_i 长。当芳烃含量超过35%时,τ_i

过长,柴油机工作粗暴将超过许用程度,这种柴油难于在高速直喷式柴油机上应用。

柴油的十六烷值是表示其着火性能的综合指标。对十六烷值起本质性和决定性影响的是柴油的芳烃含量,特别是其中多环芳烃的含量。当多环芳烃含量占柴油的5%以上时,将构成对 τ_i 明显的影响。图3-16给出了不同燃油着火始点和压升率图形的比较。图3-17和图3-18分别给出了 τ_i 与柴油的十六烷值 CN 和芳烃含率 $A(\%)$ 之间的关系。

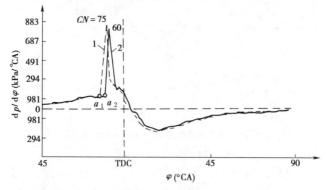

图3-16 不同燃油着火始点和压升率图形的比较

1-直馏柴油,$CN=75$;2-0号柴油,$CN=60$(a_1 和 a_2 为着火始点,θ_s 相同)

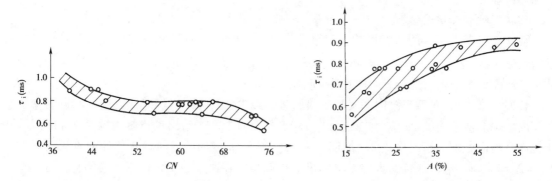

图3-17 滞燃期随柴油十六烷值 CN 的变化(该曲线是在 $\theta_s=18°CA$ 时测绘的)

图3-18 滞燃期随柴油中芳烃含率 A 的变化

从这三张图中看出:柴油中芳烃含量越多,则其着火延迟期越长。同时由图3-17可知,在 $46<CN<68$ 的范围内,CN 对 τ_i 的影响不明显,仅当 $CN>68$ 和 $CN<46$ 时 CN 对 τ_i 才有明显的影响,即 τ_i 随 CN 的减少而增加,随 CN 增加而减少。这一现象可以这样来理解,当 $46<CN<68$ 时,由于柴油机中含有足够的长链和单链正烷烃,这是柴油中最容易和最早着火的成分,这些成分的存在使芳烃的影响相对来说不明显。只有十六烷值 CN 超出上述范围后,芳烃对 τ_i 的影响才趋于明显。

三、着火延迟对燃烧过程和柴油机性能的影响

着火延迟对燃烧过程和柴油机性能有着极为重要的影响,要控制燃烧过程和调节柴油机的各种性能,其重要手段之一就是通过改变着火延迟期来实现。混合气形成的方式不同,着火延迟对燃烧过程的影响程度也不同,雾化混合型(空间混合型)燃烧的着火延迟对燃烧过程和内燃机性能的影响最大;油膜混合型(也称M型)燃烧的着火延迟对燃烧和性能的影响最小。

图3-19给出了直喷式燃烧室与M过程着火延迟期的比较。图3-20给出了不同燃料和不

同燃烧室对着火延迟期的影响。从这两张图看出,在相同的燃料下,M 过程的着火延迟期比直喷式燃烧室的约长 10%。在所列柴油、煤油和汽油中,柴油的着火延迟期最短,汽油的着火延迟期最长,煤油居中。

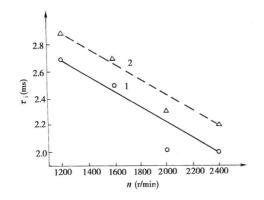

图 3-19　直喷式燃烧室与 M 过程滞燃期的比较
（轻柴油）
1-直喷式燃烧室;2-M 过程

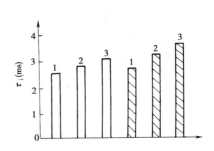

图 3-20　不同燃料和不同燃烧室对滞燃期影响的比较(该图是在 $n = 1000 \mathrm{r/min}$ 时测绘的,有阴影线者为球形燃烧室,无阴影线者为一般直喷式燃烧室)
1-轻柴油;2-航空煤油;3-汽油

1. 着火延迟期对燃烧过程的影响

1) 对最高燃烧压力和最大压力升高率的影响

着火延迟期越长,则着火延迟期内喷入缸内的油越多,这些燃油在着火前所经历的物理—化学准备时间长,以致汽缸内积累起来的、达到可燃程度的燃料量也越多,从而使在速燃期一爆而起的预混合燃烧的燃油量增多,放热量增加,放热速度和加速度增加,放热峰值加高,最后导致最高燃烧压力 p_z 和最高燃烧温度 T_z 以及最大压升率 $(\mathrm{d}p/\mathrm{d}\varphi)_{\max}$ 随 τ_i 的增加而增大。图 3-21 和图 3-22 分别给出了最高燃烧压力 p_z 和最大压升率 $(\mathrm{d}p/\mathrm{d}\varphi)_{\max}$ 随着火延迟期 φ_i 的变化。

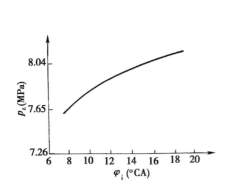

图 3-21　最高燃烧压力 p_z 随滞燃期 φ_i 的变化

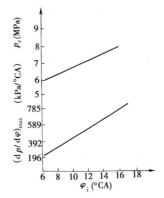

图 3-22　最高燃烧压力 p_z 和最大压升率 $\left(\dfrac{\mathrm{d}p}{\mathrm{d}\varphi}\right)_{\max}$ 随滞燃期 φ_i 的变化

2) 对示功图图形的影响

图 3-23 和图 3-24 分别给出了着火延迟期对示功图图形的影响和具有不同着火延迟期的燃油对示功图图形的影响。图 3-24 中,十六烷的十六烷值为 100,着火延迟期最短,a-甲基萘的十六烷值为 0,着火延迟期最长。依次为 $\tau_{i1} < \tau_{i2} < \tau_{i3} < \tau_{i4} < \tau_{i5} < \tau_{i6}$。从这两幅图可见,当燃料相同而喷油提前角不同时(图 3-23),即喷油时汽缸内的温度和压力不同,喷油提前角 θ 大时,τ_i 长,示

功图图形大，p_z、T_z 和 $(\mathrm{d}p/\mathrm{d}\varphi)_{\max}$ 高，有时甚至会发生燃烧压力振荡（图 3-23 中 $\tau_i = 1.5\mathrm{ms}$ 时示功图峰值区段有波动即是）。当 τ_i 短时，图形小，p_z、T_z 和 $(\mathrm{d}p/\mathrm{d}\varphi)_{\max}$ 也小，且没有燃烧压力振荡。

反之，当喷油提前角相同而燃料的着火延迟期不同时，则 τ_i 短的燃料示功图图形大而丰满，τ_i 长的燃料示功图小，峰值低而后移，后燃严重（图 3-24）。

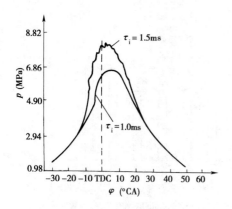

图 3-23 滞燃期对示功图图形的影响（喷油提前角不同，燃料相同）

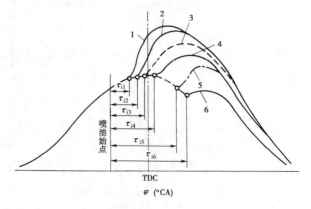

图 3-24 具有不同滞燃期燃料对示功图图形的影响（喷油提前角一定）
1-十六烷；2-柴油；3-重柴油；4-摩托油；5-重油；6-α-甲基萘

3）对放热规律的影响

图 3-25 给出了滞燃期对放热规律的影响。图中线 2 的滞燃期较长，从而在滞燃期内积存的、做好了物理—化学准备的可燃混合气量较多，导致预混合燃烧的放热峰值较高，而其扩散燃烧时的放热曲线稍低。线 1 的滞燃期较短，从而在滞燃期内积存的可燃混合气量较少，所以其预混合燃烧放热峰值较低，而扩散燃烧阶段的放热曲线稍高。

2. 着火延迟期对柴油机性能的影响

1）对平均有效压力和功率的影响

各种柴油机均有自己的最佳着火延迟期 τ_{iop}（实际上反映在最佳喷油提前角上），如图 3-26 所示，着火延迟偏离 τ_{iop} 值，平均有效压力均降低。当 $\tau_i < \tau_{\mathrm{iop}}$ 时，由于着火延迟期过短，最高燃烧压力在上止点前过早出现，使压缩过程中消耗的负功过大，散热损失增加，使 p_e 下降；当 $\tau_i > \tau_{\mathrm{iop}}$ 时，示功图的峰值位置将在

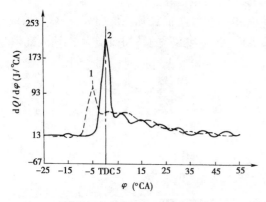

图 3-25 滞燃期对放热规律的影响（该曲线是在 $n = 1500\mathrm{r/min}$，$N_e = 8.85\mathrm{kW}$，$\theta_s = -18°\mathrm{CA}$ 时测绘的）
$1-\tau_i = 0.89\mathrm{ms}$；$2-\tau_i = 1.44\mathrm{ms}$

上止点后过迟出现，燃烧过程推迟，热效率降低，也使 p_e 下降。

柴油机的功率与其平均有效压力成正比，所以着火延迟对功率的影响与对平均有效压力的影响相同。

2）对燃油消耗率的影响

对柴油机的燃油消耗率来说也存在一个最佳着火延迟期，其原因与上述着火延迟期对平均有效压力 p_e 和功率 P_e 的影响是一致的。如果单位时间内柴油机的耗油量一定，则功率增大就使燃油消耗率下降。图 3-27 给出了着火延迟期对燃油消耗率的影响。

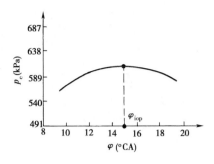
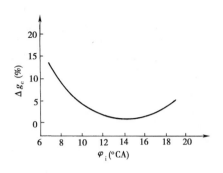

图 3-26 滞燃期对平均有效压力的影响　　　图 3-27 滞燃期对燃油消耗率的影响

3) 对烟度和排气温度的影响

着火延迟期对烟度和排气温度有明显的影响。着火延迟期对排气温度的影响趋势与对燃油消耗率的影响趋势大致相同；而对烟度的影响趋势则相反，着火延迟期过短，则预混合燃烧阶段烧掉的燃料量减少，而扩散燃烧阶段燃烧的燃油量增多，后燃增加，故烟度升高。考虑到着火延迟对燃油消耗率、排气温度和烟度三者的影响，其最佳值应取某一折中值，图 3-28 中 τ_i 的折中值约为 0.78ms。

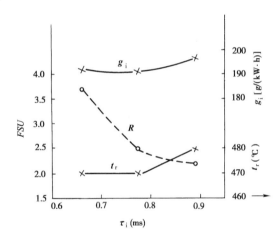

图 3-28 滞燃期对烟度、排气温度和指示燃油消耗率的影响（该图是在 $D=110\mathrm{mm}, S=126.5\mathrm{mm}, n=1500\mathrm{r/min}, \varepsilon=16$ 时测绘的）

第三节　柴油机机械控制燃油喷射系统

柴油机的燃油喷射、气流运动和燃烧室结构三者之间的匹配情况对柴油机的燃烧过程和整机性能有重要影响。有关气流运动和燃烧室结构方面问题将结合柴油机的燃烧室一起讨论，本节仅讨论机械控制燃油喷射对燃烧过程的影响。机械控制燃油喷射的情况取决于供油系统的工作特性。目前，柴油机机械控制燃油喷射系统正逐步被淘汰。

一、燃油喷射

1. 喷油过程

现以柱塞式喷油泵的供油系统为例，来说明喷油过程的工作特性（图 3-29）。

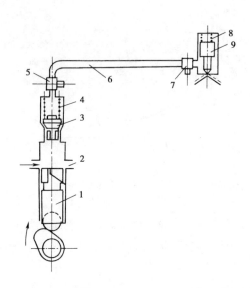
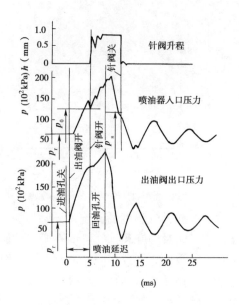

图 3-29 喷油过程

1-喷油泵柱塞;2-进、回油孔;3-出油阀;4-出油阀弹簧;5、7-压力传感器;6-高压油管;8-针阀弹簧;9-喷油器针阀

由柱塞泵的结构特点可知,喷油泵是以柱塞开始关闭进油孔的瞬间作为供油始点。柱塞到达供油始点的位置后,泵油室里的燃油被压缩,其压力升高,当泵油室里的压力超过弹簧4和高压油管中剩余压力 p_r 的联合作用时,燃油进入高压油管。此时喷油器并不能马上喷油,当喷油器内的压力升高到超过针阀开启压力 p_0 时,针阀才打开将燃油喷入汽缸。所以喷油器的实际喷油始点落后于喷油泵的供油始点,从柱塞开始关闭进油孔到针阀打开的时间称为喷油延迟,由于喷油延迟使实际喷油提前角比几何供油提前角要小。在针阀打开过程中,一部分燃油喷入汽缸,虽然喷油器内的压力将下降,但由于喷油泵端柱塞继续上升压油,所以喷油泵端的压力仍继续上升。

当柱塞斜槽打开回油孔时,最初由于开度小有节流作用,泵油室中的压力并不会立刻下降,当回油孔开大时,喷油泵端的压力才急剧下降。而喷油器端的压力下降较喷油泵端迟,当喷油器处的压力降到低于针阀落座压力 p_s 时针阀关闭,便停止喷油。

泵油室中压力下降到出油阀落座压力时,出油阀关闭,燃油便停止进入高压油管。喷油器针阀在开启和关闭时,由于燃油的压力波动,可能使针阀产生振动,并有可能引起不正常的喷射。

2. 几何供油规律和喷油规律

由于燃油在高压下具有一定的压缩性,在高压供油系统的工作过程中将不断出现压力波的传播。压力波的传播需要时间,以及压力波的反射、叠加等将造成实际喷油过程(喷油规律)与柱塞供油过程(供油规律)的差别。

几何供油规律是指从几何关系求出的油泵凸轮每转1°(或每秒)喷油泵供入高压系统的燃油量 g_p(mm^3/deg 泵轴或 mm^3/s)随凸轮转角 φ(或时间 t)的变化关系。由于它纯粹是由几何关系决定的,因此,只要知道柱塞的运动特性即可求得,即:

$$\frac{dg_p}{dt} = f_p\omega_p \qquad (mm^3/s) \tag{3-4}$$

$$\frac{dg_p}{d\varphi} = f_p\omega_p \qquad (mm^3/deg 泵轴) \tag{3-5}$$

式中：f_p——柱塞面积，mm^2；
ω_p——柱塞速度，mm/s 或 mm/deg 泵轴。

喷油规律是指在喷油过程中每秒或每度泵轴转角从喷油器喷出的燃油量 g_b 随时间或泵轴转角的变化关系，即：

$$\frac{dg_b}{d\varphi} = \mu f \sqrt{2\frac{\Delta p}{\rho_f}} \times 10^3 \quad (mm^3/s) \tag{3-6}$$

或

$$\frac{dg_b}{d\varphi} = \frac{\mu f}{6n_p} \sqrt{2\frac{\Delta p}{\rho_f}} \times 10^3 \quad (mm^3/deg 泵轴) \tag{3-7}$$

式中：$\Delta p = p - p_z$；

p、p_z——喷孔前及汽缸内压力，N/m^2；
μ——喷孔的流量系数；
f——喷孔截面积，mm^2；
ρ_f——燃油密度，kg/m^3；
n_p——燃油泵凸轮轴转速，r/min。

图 3-30 是一台国产高速大功率柴油机的供油规律与喷油规律。由图可见，喷油开始时刻比几何供油开始时刻滞后约 9°泵轴转角，喷油持续时间比供油持续时间延长约 4°泵轴转角，而且曲线形状也有较大变化。

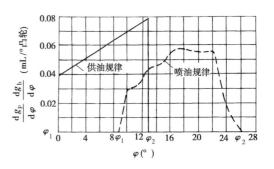

图 3-30 供油规律和喷油规律的比较
（喷油器 ZSOSJ $n_p = 750 r/min$）

二、喷油泵速度特性及其校正

1. 喷油泵速度特性

当喷油泵油量控制机构（齿条或拉杆）位置不变时，每循环供油量随转速的变化特性称为喷油泵的速度特性。图 3-31 是 II 号泵的速度特性，每循环的供油量随转速升高而增加。这种特性是由进、回油孔的节流作用引起的，理论上当柱塞上端面关闭进、回油孔时，才开始压油，实际当柱塞上端面还未完全关闭油孔时，由于节流作用，被柱塞排挤的油量来不及通过油孔流出，致使泵油室内压力升高，出油阀提早开启。同理，当供油终了，柱塞斜切槽边缘开启回油孔通道面积较小时，节流作用会使泵油室中燃油不能立即流到低压系统中去，仍维持较高压力使出油阀延迟关闭，出油阀的早开和迟闭，会使流向高压油管的燃油量增多。转速越高，柱塞的压油速度就越大，由于节流作用使泵油室内的压力建立也越早，而压力下降也越迟，使供油量随转速升高而增加。

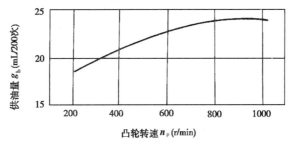

图 3-31 II 号泵的速度特性

供油量随转速降低而减小,将使发动机转矩随转速降低而下降。这样的转矩特性对发动机工作的稳定性不利。此外,由于柴油机的充气效率随转速下降而提高,如果供油量随转速下降而减小,则低转速时汽缸中的空气将得不到充分利用。柴油机的潜力就得不到充分发挥。因此,从使用要求和充分发挥柴油机潜力来看,都需要设法改变喷油泵的速度特性。

2.喷油泵速度特性校正

常用校正方法有出油阀校正和弹簧校正两种。弹簧校正方法将在第七章第四节中论述,这里只介绍出油阀校正。

1)可变减压容积

在内燃机结构中已讲解了带有减压带的出油阀的结构及其减压作用,见图3-32。出油阀的头部有密封锥面,尾部有四个铣槽3,在阀头与阀尾之间有一个圆柱形的减压带1。

减压带的作用是使出油阀下落过程中能提前将高压油管与泵油室隔开以实现减压的作用。从减压带下落进入圆柱孔开始到阀头作用。从减压带下落进入圆柱孔开始到阀头的锥面落座这段时间,高压油管中增加的容积为 $\pi d^2 \cdot h/4$,这部分容积即为减压容积。借助出油阀的减压作用,可以控制高压油管中的残余压力,由此影响喷油特性。

可变减压容积就是使减压容积能随转速发

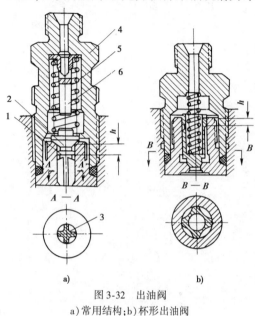

图3-32 出油阀
a)常用结构;b)杯形出油阀
1-减压带;2-出油阀;3-直形铣槽;4-出油阀紧帽;5-出油阀弹簧;6-减容器;h-减压带高度

生变化,从而改变喷油泵的速度特性。

为了使减压容积随转速发生变化,要适当修改出油阀的形状。只要使修改后的出油阀上的减压带高度 h 能随转速变化,就可使减压容积随转速发生变化。图3-33给出了两种校正出油阀的结构形状。图3-33a)所示的校正出油阀的尾部开了四条楔形槽,油槽尺寸向阀顶逐渐减小。当柴油机转速升高时,燃油通过楔形槽的速度增加,由于节流作用将使出油阀在供油过程中的升程加大,在供油终了时切断高压油管与泵油室之间通道的时间提前。其结果相当于 h 的增大,使高压管路中的减压容积随之增大。减压容积的增大意味着喷油量的减小,对喷油泵的速度特性起了校正作用。校正后的供油速度特性见图3-34。

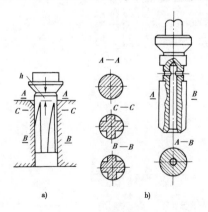

图3-33 校正出油阀

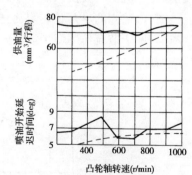

图3-34 可变减压容积出油阀的供油速度特性(应用轴针式喷油器)

——可变减压容积出油阀　----标准出油阀

图 3-33b)所示的出油阀其作用原理与前者相同,所不同的是它使用中心的小孔节流作用取代前者的楔形槽。

2)可变的减压作用

利用出油阀减压带凸肩与出油阀座内孔之间的不同配合间隙可以得到不同的减压作用。在小油泵上此间隙值约为 0.025~0.076mm,在大油泵上可达 0.18mm。这种校正方法,其出油阀的升程在各种转速下均不变。当回油孔打开后,高压油管泵端的油压迅速下降到接近油泵进油压力(即柴油输送泵的出口压力值),在减压带进入阀座孔以后,开始发生减压作用。此时由于出油阀继续回落使高压油管泵端部位出现低压区。这时虽有喷嘴端的燃油迅速回流填补,但由于减压带与阀座孔之间存在间隙,低压油腔内将有一些燃油回流到高压油管内,从而使减压作用有所削弱。高转速时,由于节流作用较大以及出油阀落座迅速,由低压油腔回流到高压油管的燃油量少,减压带的减压作用明显。在低速时,情况相反,由于节流作用相对较小,出油阀落座时间相对增长,回流到高压油管的燃油量增多,减压效果削弱,残余压力升高,使循环供油量增加。图 3-35 给出了这种校正出油阀供油速度特性的一个试验结果。

三、不正常喷射现象

柴油机的喷射过程,由于压力波动的存在会产生各种不正常的喷射现象。异常喷射的形式主要有二次喷油、波动喷油、间断喷油、不齐喷油、后滴等。

1. 二次喷油

柴油机在高速、高负荷运转时,高压油管内的压力较高,针阀和出油阀的落座速度较快,落座后的反弹能力也较大。出油阀落座后,在高压系统内会形成油压反射波,当油压反射波与前进波(供油波)叠加(或经几次叠加)超过启喷压力时,针阀会第二次开启,并形成第二次喷油,如图 3-36 所示。

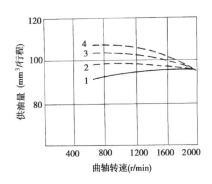

图 3-35 可变减压作用出油阀在不同间隙时的供油速度特性
1-正常间隙;2-间隙 Δ = 0.025mm;3-间隙 = 2Δ;4-间隙 = 4Δ

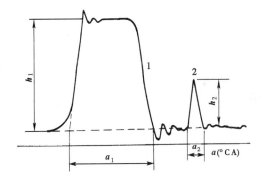

图 3-36 二次喷油的针阀升程图
1-正常喷油;2-二次喷油;h_1-正常喷油的针阀升程;h_2-二次喷油的针阀升程;a_1-正常喷油时的曲轴转角;a_2-二次喷油时的曲轴转角

实践说明,柴油机在高负荷时比在低负荷时容易出现二次喷油。增加发动机的强化度,加大柱塞直径,提高喷油速度,提高喷油压力,增加柱塞速度等都会增加二次喷油的趋向。

二次喷油使整个喷射期拉长,过后燃烧现象加重,使柴油机经济性下降及部分零件过热。同时,由于二次喷射是在燃油压力较低的情况下进行的,因此,这部分燃油雾化不好,燃烧不完全,排烟量增加,并易引起喷孔积炭。因此,应力求避免二次喷油的现象。

2. 低速不稳定喷油

不齐喷油、间断喷油和波动喷油(双波喷油)等发生在发动机低速、低负荷或怠速运转时,因此,可统称为低速不稳定喷油。图 3-37 给出了不齐喷油、间断喷油、波动喷油与正常喷油波形的比较。

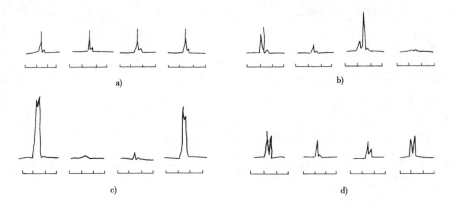

图 3-37 各种低速不稳定喷油波形的比较
a)正常喷油；b)不齐喷油；c)间断喷油；d)波动喷油

各种低速不稳定喷油的根本原因在于喷油器的结构参数选择不合理,以及油泵、高压油管和喷油器三者之间的匹配不合理。喷油器参数选择是否合理,以及它与泵、管之间的匹配是否最佳,可通过喷油器的静力特性曲线的形状来判别。

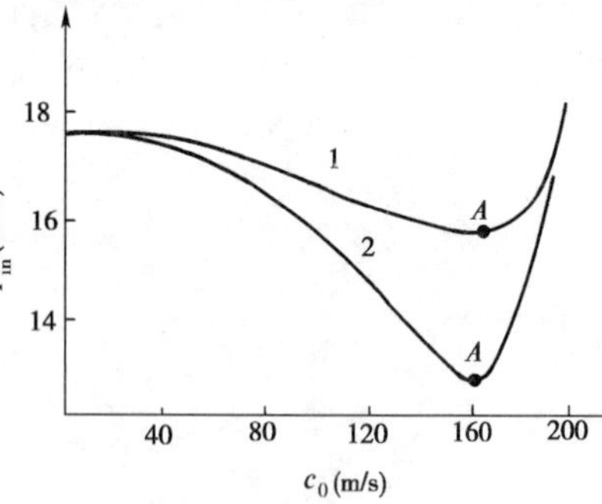

喷油器的静力特性是指喷嘴腔内的压力 p_{in} 与通过喷孔的喷油流速 c_0 之间的特性关系,见图 3-38。

静力特性曲线有一谷值(A 点)将曲线分为正斜率段和负斜率段两部分。曲线的正斜率段意味着针阀密封锥周围的环形通过面积大大超过喷孔总面积,反应针阀到达限制位置之后的工作情况。负斜率段反应针阀升程尚未达到限位之前的工作情况,这一段相当于喷嘴的不稳定工作区。由于针阀未到限位,它处于针阀弹簧力与喷嘴腔内压力对抗作用的"弹性"状态,这是形成低速不稳定的异常喷射的根源。负斜率段的斜率变化越陡,则低速的不稳定喷射越严重,如图 3-38 中的曲线 2 所示。图中的曲线 1 的负斜率段的斜率变化平缓,不会产生异常喷油现象。

图 3-38 有无不稳定喷油时静力特性的比较
1-无不稳定喷油；2-有不稳定喷油

为了使喷油器的静力特性曲线下降段变得平缓,可以加大针阀弹簧的刚性,减小压力室直径 d_1 和针阀密封带直径 d_2,试验证明,d_1 和 d_2 的大小对喷油器静力特性曲线下降段的下倾角以及是否发生低速和怠速不稳定喷油起着明显的影响。

第四节 柴油机电子控制燃油喷射系统

为了改善柴油机运转性能和降低燃油消耗率,同时也为了适应严格的柴油机排放标准的需要,从 20 世纪 80 年代开始,各种电子控制柴油喷射系统(以下简称电控柴油喷射系统)相继问世。

与传统的机械控制柴油喷射系统相比,电控柴油喷射系统有下列优点:

(1)机械控制喷射系统的基本控制信息是柴油机的转速和加速踏板的位置,而电控喷射系统则通过许多传感器检测柴油机的运行状态和环境条件,并由电控单元计算出适应柴油机运行状况的控制量,然后由执行器实施,因此,控制精确、灵敏。而且在需要扩大控制功能时,只需改变电控单元的存储软件,便可实现综合控制。

(2)机械控制喷射系统往往由于设定错误和磨损等原因,而使喷油时刻产生误差。但是,在电控喷射系统中,总是根据曲轴位置的基本信号进行再检查,因此,不存在产生失调的可能性。

(3)在电控喷射系统中,通过改换输入装置的程序和数据,可以改变控制特性,一种喷射系统可用于多种柴油机。在此过程中不需要机械加工,故可缩短开发新产品的周期,有利于降低成本。

一、基本要求

目前,柴油机技术领域研发的重点是在提高柴油机性能和转矩的同时,获得低的燃油消耗和排放(NO_x、CO、HC 和颗粒物)。柴油电控喷射系统应能精确地控制不同条件下的燃油喷射参数,并对该系统实现下列目标的基本要求:

(1)高的燃油喷射压力。
(2)喷射速率可变控制。
(3)预喷射,第二次喷射的应用。
(4)喷油量、增压压力、喷油起始时刻的变化与工作条件相适应。
(5)起动时有随温度变化的过量燃油供给量。
(6)不随柴油机负荷变化的怠速控制。
(7)可控的废气再循环。
(8)巡航控制。
(9)喷射过程和喷油量具有微小补偿,并在整个寿命期内保持高精度。

二、电控柴油喷射系统的基本类型

燃油供给系统的性能是影响缸内燃烧过程的重要因素,改进燃油供给系统是改善柴油机排放的重要措施之一。对柴油机采用电控燃油喷射技术,能够获得更高的燃烧效率,同时降低燃烧峰值温度,从而减少柴油机的各种有害排放。在传统的柴油喷射系统基础上,首先发展起来的电控喷射系统是位置控制系统,称之为第一代电控喷射系统。基于电磁阀的时间控制系统,则称为第二代电控喷射系统。第三代电控系统——电控高压共轨系统被世界发动机行业公认为 20 世纪三大突破之一,将成为 21 世纪柴油机燃油喷射系统的主流。

1. 位置控制系统

第一代柴油机电控燃油喷射系统采用的是位置控制。它保留了传统喷射系统的基本结构,只是将原有的机械控制机构用电控元件取代,在原机械控制循环喷油量和供油正时的基础上,用线位移或角位移电磁执行机构控制油量调节杆的位移和提前器运动装置的位移,实现循环喷油量和供油正时的电控,使控制精度和响应速度较机械式控制高。

对循环供油量所采取的"位置控制",是以电子调速器代替传统的机械式离心飞块调速器。其中,设置一个齿杆位置传感器,向电控单元提供齿杆实际位置的反馈信息,以此进行调节循环供油量的反馈控制。

对供油正时的"位置控制",就是用各种形式的电控液压提前器来替代传统的机械或液压式自动提前器。

对供油速率的"位置控制",主要用于电控直列喷油泵上,通过改变柱塞预行程来实现对供油速率的控制。

位置控制式电控燃油喷射系统的特点：

(1)电脑数字控制器通过伺服机构的连续位置控制,对喷射过程实现间接调节,故相对其他电控燃油喷射系统,执行响应较慢、控制频率较低、控制精度不稳定。

(2)不能改变传统喷射系统固有的喷射特性,虽能对喷油速率起到一定的调节作用,但使直列泵机构变得复杂。

(3)几乎无需对柴油机本身结构进行改动,即可实现位置控制喷射,故生产继承性好,便于对现有机型进行升级改造。

位置控制式电控燃油喷射系统的技术关键是喷油量和定时机构的位置伺服控制技术。

2. 时间控制系统

时间控制系统是第二代柴油机电控燃油喷射系统,它改变了传统喷射系统的结构,将原有的机械式喷油器改用高速强力电磁阀喷油器,以脉动信号来控制电磁阀的吸合与断开,以此来控制喷油器的开启与关闭。泵油机构和控制机构相对分开,燃油的计量是由喷油器的开启时间长短和喷油压力的大小所确定,喷油正时由电磁阀的开启时刻控制,从而实现喷油量、喷油正时的柔性控制和一体控制,且极为灵活,其控制自由度和控制性能都是位置控制系统所无法比拟的。

常用的时间控制系统对循环供油量的控制原理是:电控单元根据柴油机转速和负荷传感器的信号,按预存的负荷—转速—循环供油量三维脉谱图确定基本循环供油量,并根据冷却液温度等信息计算出经过优化的循环供油量,然后发出指令,使装在溢油通路内的常闭式高速电磁溢流阀关闭或打开。从电磁溢流阀关闭后柱塞开始泵油到电磁溢流阀打开,所持续的时间确定了循环供油量。

在时间控制系统中,用高速电磁溢流阀关闭的时刻来控制供油正时。因此,与循环供油量控制合二为一,大大简化了机构。

时间控制式电控燃油喷射系统的特点：

(1)属直接数字电控喷射系统,脉动式高压燃油与开关式电磁控制阀直接接口。

(2)采用高速强力电磁阀的溢流控制实现喷油量和喷油定时的控制,使传统喷油系统的结构得到简化和强化,喷射特性得到改善,适合于高压喷射。

(3)燃油量的计量是一种时间计量方式,用两个连续的开关脉冲来设定有效供油行程。由于开关时间依赖于特定的瞬时转速,而在加速或减速期间速度变化非常快,因此要保持喷射的有效行程较为困难。

(4)电磁阀的响应时间对喷油过程的影响较大,特别在高速时需通过对电磁阀的合理设计尽量缩短响应时间,以提高控制精度。

时间控制式电控燃油喷射系统的技术关键是提高高速强力电磁阀的响应速度。

3. 电控高压共轨系统

电控高压共轨系统(又称燃油分配管式电控柴油喷射系统)是第三代电控燃油喷射系统,也是第二代时间控制型电控柴油喷射系统。

图3-39为用于轿车柴油机的ECD-U2(P)型燃油分配管式电控柴油喷射系统。

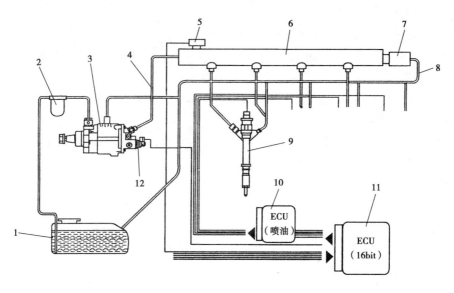

图 3-39 ECD-U2(P)型电控柴油喷射系统

1-燃油箱；2-燃油滤清器；3-供油泵；4-高压油管；5-燃油压力传感器；6-燃油分配管；7-限压阀；8-回油管；9-喷油器；10、11-ECU；12-供油量控制阀

在这类系统中，燃油在供油泵内增压后先供入燃油分配管，再由燃油分配管分配到各缸喷油器。喷油器直接由 ECU 控制其启闭，这与电控汽油喷射系统基本相同，所不同的是，由于柴油机喷油压力较高，燃油分配管需承受较高的燃油压力。

在该系统中，电子控制单元(ECU)一般由逻辑模块和驱动模块两个集成电路板组成，其中逻辑模块是电控柴油机的控制核心。其工作原理(图 3-40)是：它接收柴油机工况的各传感器输入的信号，进行控制决策的运算处理，然后向驱动模块发出相应的指令；驱动模块具有电压、电流放大的作用，把逻辑模块发出的指令信号放大后，变成能直接驱动执行电磁阀的电压或电流。即由电子控制单元计算出的最佳喷油量和喷油时间的模拟信号输送给一台专门研制的喷油泵(或喷油器)，控制柴油的喷射过程。

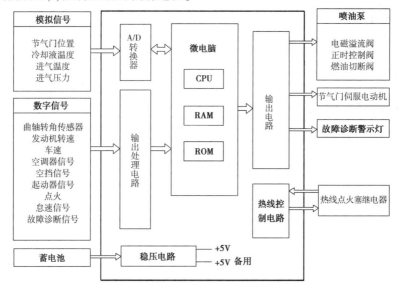

图 3-40 柴油机控制中所用的 ECU 工作电路原理框图

高压共轨燃油喷射系统在发达国家于20世纪90年代中后期开始进入实用化阶段。它可实现在传统喷油系统中无法实现的功能,其优点有:

(1)共轨系统中的喷油压力柔性可调,对不同工况可确定所需的最佳喷射压力,从而优化柴油机综合性能。

(2)可独立地柔性控制喷油正时,配合高的喷射压力(120～200MPa),可将NO_X和微粒排放同时控制在较小的数值范围内。

(3)柔性控制喷油速率,实现理想喷油规律,容易实现预喷射和多次喷射,既可降低柴油机NO_X排放,又能保证优良的动力性和经济性。

(4)由电磁阀控制喷油,其控制精度较高,高压油路中不会出现气泡和残压为零的现象,因此在柴油机运转范围内,循环喷油量变动小,各缸供油不均匀性得到改善,从而减轻柴油机的工作粗暴并降低排放。

电控高压共轨燃油喷射系统具有节能和环保的显著优势,可完全取代传统的燃油喷射系统。

三、电控柴油喷射系统的控制功能

带有柴油机电子控制系统EDC的燃油喷射系统具有如表3-1所列的控制功能。

为了使柴油机的各种工况始终处于最理想的燃烧状态下运行,则要求ECU对所有工况都能精确地计算出最理想的喷油量和喷油时刻。

公路车辆EDC类型:控制功能概况　　　　表3-1

功能 \ 燃油喷射系统	直列式喷油泵 PE	斜槽控制分配式喷油泵 VE-EDC	电磁阀控制分配式喷油泵 VE-M、VR-M	电控泵喷嘴和单体泵系统 UIS、UPS	共轨系统 CR
喷油量限制	●	●	●	●	●
外部转矩干涉	●[3]	●	●	●	●
车速限制	●[3]	●	●	●	●
车速控制(巡航控制)	●	●	●	●	●
海拔补偿	●	●	●	●	●
增压压力控制	●	●	●	●	●
怠速控制	●	●	●	●	●
中间转速控制	●[3]	●	●	●	●
主动喘振抑制	●[2]	●	●	●	●
BIP控制	—	—	—	●	●
进气道关闭	—	—	●	●[2]	●
电子防盗	●[2]	●	●	●	●
可控制的预喷射	—	—	—	●[2]	●
预热控制	●[2]	●	●	●[2]	●
空调(A/C)开关	●[2]	●	●	●	●
辅助冷却液加热	●[2]	●	●	—	●

续上表

燃油喷射系统 功能	直列式喷油泵 PE	斜槽控制分配式喷油泵 VE-EDC	电磁阀控制分配式喷油泵 VE-M、VR-M	电控泵喷嘴和单体泵系统 UIS、UPS	共轨系统 CR
汽缸平衡控制	●②	●	●	●	●
喷油量补偿控制	●②	—	●	●	●
风扇断开触发	—	●	●	●	●
EGR 控制	●②	●	●	●②	●
带传感器的喷油起始控制	●①③	●	●	—	—
汽缸断缸	—	—	●③	●③	●③

注：①仅控制滑套直列式喷油泵。
②仅用于轿车。
③仅用于商用汽车。

图 3-41 表示 ECU 中燃油喷射的计算流程。

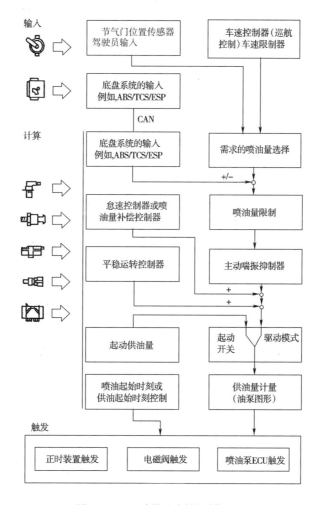

图 3-41　ECU 中燃油喷射的计算流程

107

在多数电磁阀控制的分配泵上,燃油喷射量和喷油时刻控制的电磁阀由独立的油泵ECU(PSG)控制。

1. 起动供油量

在起动工况下,喷油量是由冷却液温度和曲轴转速确定的,起动开关转动到起动挡控制单元即可获得起动信号(图3-41中开关在"起动"位置时),在给定的最小转速达到前,驾驶员不能影响起动供油量。

2. 驱动模式

在车辆被正常驱动时,喷油量由节气门位置(节气门位置传感器)和柴油机转速确定(图3-41开关在"驱动"位置),计算时考虑其他的影响(例如燃油和进气温度),这使得柴油机的输出尽可能与驾驶员的期望一致。

3. 怠速控制

当加速踏板没有被操作时,怠速控制(LLR)功能工作,设定转速可以依据柴油机特殊的工作模式变化,例如在柴油机冷态时怠速通常设定得比热态时高。还有一些柴油机怠速保持稍高一点的情况,例如,车辆电子系统电压过低时、空调系统打开时、车辆惯性行驶时。在车辆遇到交通堵塞时、遇信号灯停车时,柴油机可能长时间怠速工作,考虑到排放和燃油消耗的规定,怠速必须保持尽可能的低,当然这对平稳运转和起步是不利的。

在调整规定的怠速时,怠速控制必须应对严重的柴油机转速波动,柴油机驱动附加设备需要的输出功率变化很大。

电气系统电压过低时,柴油机消耗的功率要大一些,必须考虑空调(A/C)压缩机、转向助力泵、燃油喷射系统的高压泵所需的动力。这些瞬间的外部负荷和与温度相关的柴油机内摩擦力也会要求柴油机输出更大的动力,这些也必须通过怠速控制来补偿。

为了得到理想的怠速,控制器必须持续地调节喷油量直到实际的柴油机转速与目标转速一致。

4. 最高转速控制

最高转速控制保证柴油机不会超速运行,为了避免柴油机损坏,柴油机制造厂规定了仅可以在非常短的时间内超过的最高转速。

超过额定功率的工作点,最高转速调速器持续减小喷油量,直到完全停止燃油喷射时,柴油机转速刚刚在最高转速点之上。为了防止柴油机喘振,引导功能保证燃油喷射的急剧减小并能快速响应,正常工作点与最高柴油机转速点越接近,实现起来越困难。

5. 中间转速控制

中间转速控制(ZDR)用于中速有额外功率输出(例如起重机)的商用汽车和轻型货车或特殊车辆(例如具有发电设备的救护车)。在这种操作的控制下,柴油机被调节到与负荷无关的中间转速。

在车辆处于静止状态时,中间转速控制通过巡航控制元件激活,在按下按钮后,规定的转速可以从数据存储中被调取,这个巡航控制元件可以预选特定的柴油机转速,中间转速控制也可以用于具有自动传动系统(例如Tiptronic)的轿车,用来控制换挡时的柴油机转速。

6. 车速控制器(巡航控制器)

巡航控制器允许车辆以一个恒速被驱动,它将车辆速度控制到由驾驶员选择的车速,不再需要驾驶员踩加速踏板来调整车速。驾驶员可以通过操纵一个手柄或按压转向盘的按钮设定车速,喷油量自动增加或减少,直到达到并维护预设车速。

在一些巡航控制系统中，踩下加速踏板，车辆加速并超过设定的车速，一旦抬起加速踏板，巡航控制随即调节车速回到先前设定的车速。

在巡航控制器被激活时，如果驾驶员踩下离合器或制动器踏板，巡航控制终止。还有一些巡航控制可以通过加速踏板中断。如果关闭巡航控制器，驾驶员仅需要移动控制杆到存储位置，再选择最后一个设定的速度。操作控制也可以被用作按部就班地选择速度的变化。

7. 车速限制器

(1) 可变车速的限制。即使驾驶员继续踩下加速踏板，车速限制器(FGB，也称限速器)可将车速限制到一设定值。当听到柴油机粗暴声时，车速限制器将帮助驾驶员控制车速而不超过速度限制。

车速限制器可以保持较低的喷油量，这个喷油量与选择的最高车速相对应，它可以通过压下操纵杆或压下强制降挡开关被关闭，为了选择最后一个设定速度，驾驶员仅需压下操纵杆到存储位置。

(2) 固定速度限制器。在许多国家，对于一定级别的车辆(如重型载货汽车)，强制限制一定的最高车速，车辆制造厂通过安装不能被激活的固定速度限制器，来限制重型载货汽车的最高速度。

对于一些特殊车辆，驾驶员可以选择某一固定速度范围，那么已编程的速度即被限制(例如当工人站在垃圾车的平台上时)。

8. 主动喘振抑制

1) 主动喘振抑制(ARD)

驾驶员在车辆加速时感觉到，突然的柴油机转矩变化将会引起车辆的传动装置振动，这就叫喘振。主动喘振抑制(ARD)用于减小加速过程中的这些振动。

2) 主动喘振抑制的方法

主动喘振抑制有两种不同的方法：

(1) 在驾驶员(通过加速踏板)要求的转矩急剧变化时，ECU接到此输入信号后，输出相应驱动信号驱动喷油器等执行器动作以满足需求。

(2) 利用转速信号判断传动装置的振动，然后通过主动控制来抑制传动装置的振动。为了减小传动装置的振动，主动控制在转速升高时降低燃油喷射量，转速降低时增加燃油喷射量。

9. 平稳运转控制(SRC)、喷油量补偿控制(MAR)

假定同样的喷油过程，不是所有的汽缸均能获得同样的转矩，这可能是由汽缸盖密封不同、汽缸的阻尼不同、喷油器性能不同而引起。各缸转矩输出的差异引起柴油机工作粗暴和废气排放升高。

平稳运转控制(SRC)、喷油量补偿控制(MAR)是利用柴油机转速波动来检测各缸转矩输出的差异，通过调整汽缸内的喷油量来补偿柴油机输出转矩的变化。某汽缸在燃油喷射后的转速与预期转速相比，如果转速过低，该控制系统会增加喷油量；如果过高，会减小喷油量。

平稳运转控制的主要目标是确保柴油机以相应的转速平稳运转。喷油量补偿的目的不仅仅是改善怠速时的舒适性，并且通过保证在中等转速时所有缸的喷油量均等而降低排放。

在商用汽车上，平稳运转控制也被认为是AZG(自匹配汽缸平衡)。

10. 喷油量限制

当柴油机实际工作出现下列状态：

(1)过量的废气排放。
(2)过多的炭烟。
(3)高转矩或超转速引起机械过载。
(4)由于过高的排气温度、冷却液温度、机油温度、涡轮增压器温度引起超高的热负荷。
(5)触发时间过长引起电磁阀过高的热负荷。

此时,为了避免上述负面影响,EDC 并不按驾驶员的实际要求或某些物理条件要求进行喷油,而是 ECU 利用一些输入变量(例如进气量、柴油机转速、冷却液温度)来确定喷油量,结果限制了最高的燃油喷射量和最大的柴油机输出转矩。

11. 柴油机制动功能

当利用柴油机制动时,喷油量降为零或以怠速喷油量喷油,为了这个目的,ECU 拾取柴油机制动开关位置信号。

12. 海拔补偿

随着海拔的升高,大气压力下降,进入汽缸的空气量就会减少,这意味着喷油量必须相应地减少,否则就会生成过量的炭烟。为了减少高海拔时的喷油量,大气压力通过装在 ECU 上的大气压力传感器测量,这样就会减少高海拔的喷油量。大气压力对增压压力的控制和转矩限制也会产生影响。

13. 断缸

如果柴油机在高转速小转矩工况运行时,所需的喷油量非常小,断缸可能用来减小柴油机输出转矩。关闭一半的喷油器(商用汽车的 UIS、UPS、CRS),剩下的喷油器以非常精确的较多的喷油量提供燃油。

当个别喷油器被接通或关闭时,通过软件修改控制程序,保证柴油机平稳过渡,使转矩的变化感觉不明显。

14. 喷油器供油量补偿

为了提高燃油喷射系统在整个寿命期内的精确性,共轨(CR)、泵喷嘴/单体泵(UIS/UPS)系统附加了新的功能。

对喷油器供油量补偿(IMA)而言,在喷油器生产过程中,对每个喷油器进行大量实验,并将测量数据以数据矩阵码的形式贴到喷油器上,对内嵌压电喷油器而言,还包括了升程响应的数据。这个数据在车辆制造时被输入 ECU,在柴油机运行时这些数据被用于补偿计量和开关响应的偏离。

15. 零供油量标定

在车辆寿命周期内的预喷射量控制,对车辆的舒适性(通过降低噪声)和尾气排放是极其重要的,这将通过对喷油量进行补偿来实现。为了这个目的,第二代、第三代共轨系统在超速条件下,向某一个缸喷射非常少的燃油,轮速传感器监测由此产生的转矩升高量,并将它作为柴油机转速的微小变化,然而因此产生的明显转矩提升驾驶员是察觉不到的。这个过程重复用于所有汽缸,并在不同的工作点监测预喷射量的细小变化,并相应地修正所有的预喷射的喷油器触发时刻。

16. 平均供油量的自匹配

实际喷油量的偏离(与设定点值的偏离)要与废气再循环和增压压力正确匹配,供油的自匹配(MMA)是根据 λ 氧传感器和空气质量传感器的信号确定各缸的平均供油量,修正值通过设定点和实际值计算得到。

MMA 功能保证整个寿命期内,在部分负荷范围内的排放值恒定。

17. 压力波动修正

在所有的共轨系统中,喷射时在喷油器与共轨间的管路中产生一定的压力波动。在燃烧过程中,压力波动会影响以后的喷射过程(预喷射、主喷射、后喷射)的喷油量,后续喷射的偏离与先前喷射的燃油量、喷射时间间隔、共轨压力和燃油温度相关。结合这些参数进行合适的补偿运算,ECU 可以计算出一个修正值。

该修正功能要求极高的应用资源,为了得到理想的柔性燃烧,通过调节预喷射与主喷射间的间隔时间就可实现。

18. 喷射起始时刻控制

喷射起始时刻严重影响功率输出、燃油消耗、噪声和排放。喷射起始时刻的目标值与柴油机转速和喷油量相关,它被以特定的图形存储于 ECU 中,喷射起始时刻的目标值主要由冷却液温度和环境压力两个参数确定。

制造和安装误差以及电磁阀使用过程的变化,电磁阀通电时刻的微量变化,都会导致喷油起始时刻的变化。喷油器总成的响应能力在整个过程也会变化,燃油的密度和温度也影响喷射的起始时刻。为了保证精确的排放控制,必须通过控制进行补偿。

通常采用:

(1)使用感应式针阀运动传感器的闭环控制;

(2)使用增量转角、时刻信号(IWZ)的喷油起始时刻控制;

(3)BIP 控制:BIP 控制通常用于电磁阀控制的泵喷嘴系统(UIS)和单体泵系统(UPS)。

带有共轨的系统无需喷射起始时刻控制,因为使用在共轨系统的高电压触发允许高精度可重复的喷油起始时刻。

19. 停机

由柴油机的工作原理可知,要使柴油机停机就必须切断它的燃油供给。带有柴油机电子控制(ECD)系统的柴油机,ECU 输出"燃油量为零"信号(即电磁阀不再被触发,或者齿杆移动到零供油位置),柴油机就会自动熄火。

也有许多的冗余(增补的)停机措施在柴油机电子控制(EDC)系统上应用,如斜槽控制的分配泵上的电子断油阀(ELAB)。

对于 UIS 和 UPS 而言停车是十分安全的,并且可能发生的故障仅仅是单个的不必要的喷射产生(单个喷油器工作),没有必要增补的停车措施。

除以上所述功能外,柴油机电子控制(EDC)系统还能具有更大范围内的其他功能(如:行车记录、竞赛载货车的特殊应用、非公路车辆的适应性等)。

第四章 汽油机混合气形成和燃烧

一百多年来,最早出现的汽油机燃烧系统是利用化油器在进气道内进行油气混合,由于化油器能简单可靠地提供汽油机所需要的预混合气,且经过多年不断地改进,化油器式汽油机已经非常成熟,直到 20 世纪 80 年代初,化油器式汽油机一直是汽车的主要动力。但是化油器有其固有的缺点,影响了汽油机的性能。如化油器式汽油机的转矩会随着转速的增高而迅速下降,由于化油器喉管的进气阻力随转速的增高而迅速增加,使充气效率下降,造成化油器的流动阻力对汽油机高转速转矩和最大功率的不利影响;又如只用一个化油器要为多个汽缸提供预混合气,势必造成各缸进气歧管长度不一致且路径过长,使得在工况变动时进入汽缸的混合气量和浓度变化滞后,响应慢,且各缸之间的供油均匀性难以控制等。

从 20 世纪 80 年代开始,汽油机燃烧系统的研究已不再主要集中在提高热效率、平均有效压力及升功率上了,而更多地关注节油和环保。此时,电喷汽油机的开发和广泛应用,满足了更加严格的排放法规和降低油耗的需要。最初的电喷汽油机只是在原来化油器的位置上安装了一个电子控制的喷油器,采用单点喷射,虽然喷油可以得到较精确的控制,但上述化油器式汽油机的固有缺点并未得到解决。进一步改进的电喷汽油机采用了缸外多点喷射,并由开始时的同时喷射改进为多点顺序喷射,其后又发展了缸内喷射。目前,新型汽油机都采用汽油喷射燃烧系统。

进入 21 世纪,一种新型的、完全不同的燃烧方式——均质压燃(HCCI)发动机受到了广泛地关注,世界上几乎所有主要汽车公司都开始研发。总之,汽油机燃烧系统仍在不断地完善和发展。

第一节 电子控制汽油喷射系统

电子控制汽油喷射系统利用各种传感器监测发动机的运行状态参数,并将这些参数(发动机转速、空气流量、进气压力、进气温度、冷却液温度、空燃比和点火提前角等)转换成电信号,输送到电控单元(ECU)。电控单元对输入信号作运算、处理、分析后计算出所需的喷油量,然后将相应不同宽度的电脉冲信号输送给电磁喷油器,以控制喷油器开启时间的长短来控制喷油量,实现空燃比的精确控制。此外,通过电控喷射系统还能实现起动加浓、暖机加浓、加速加浓、全负荷加浓、减速调稀、强制怠速停油、自动怠速等控制功能,满足发动机各种特殊工况对混合气空燃比的要求,从而使发动机获得良好的燃油经济性、动力性,并降低废气中的有害排放物。

一、电子控制汽油喷射系统的优点

与化油器相比,电子控制汽油喷射系统(以下简称电控汽油喷射系统)具有以下优点。

(1)电控汽油喷射系统易于控制燃油供给量,实现混合气空燃比及点火提前角的精确控制,使发动机无论在什么工况都能处于最佳状态下运行。

(2)电控汽油喷射可以提高发动机功率。化油器为了使燃油细微化,改善发动机的过渡性,喉管直径不能无限制地加大。电控汽油喷射则完全不需要喉管,这就减少了进入汽缸的空气阻力,提高了充气效率,从而得到比化油器更高的功率输出。例如,上海桑塔纳2000型轿车装用电控多点汽油喷射系统,与化油器系统相比,其最大功率提高了9%,最大转矩提高了6.9%。同时,它也从根本上解决了各缸混合气空燃比分配不均匀的问题。

(3)电控汽油喷射系统不对进气加热,使得压缩温度较低,不易发生爆震,故可采用较高的压缩比来改善热效率。如桑塔纳2000型轿车多点电喷式发动机的压缩比,由化油器式发动机的8.5提高到9.3,汽车的百公里油耗也有所降低。

(4)电控汽油喷射的燃油雾化是由喷油器的特性所决定的,与发动机转速无关,故起动性能良好。

(5)电控汽油喷射系统的控制自由度大,对动力性、经济性和排放等可以实现多目标控制;因工况变化,海拔高度、温度变化等,对供油系统的影响可以非常容易地校正。

(6)电控汽油喷射系统具有良好的耐热性能。电控汽油喷射的供油压力为0.25MPa左右(化油器只有它的约1/10),也没有浮子室。所以,具有良好的抗气阻和防热渗性能。

汽油发动机缸外混合气形成的燃油供给系统经历了机械式化油器→电控化油器→单点喷射→多点喷射的发展过程。4种燃油供油系统的比较见表4-1。

燃油供给系统比较　　　　　　　　　　　　　　　　表4-1

性能参数	多点喷射(MPI)	单点喷射(SPI)	电控化油器	机械式化油器
输出功率	高	较高	稍低	低
燃油经济性	较好	好	好	好
混合气分配均匀性	好	差	差	差
排放性能	好	较好	稍差	差
过渡性能	好	较好	稍差	差
控制自由度	好	好	较好	差
耐热性	好	好	差	差
开发周期	短	较短	长	长

二、电子控制汽油喷射系统分类

电子控制汽油喷射系统分类见图4-1。

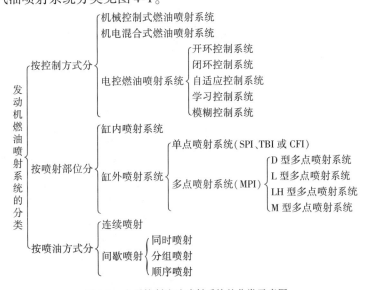

图4-1　电子控制汽油喷射系统的分类示意图

三、缸内直接喷射系统

采用缸内汽油直喷点燃式汽油机有下列形式(图4-2)。

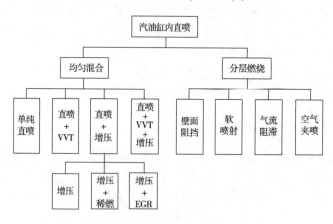

图 4-2 各种缸内直喷点燃式汽油机
VVT-可变气门定时；EGR-废气再循环

为了提高汽油机的压缩比和热效率，20世纪中期，欧美出现了缸内直喷点燃式汽油机，当时通常采用分层燃烧系统来提高燃油经济性和着火的稳定性。1980年代以后，进气道(缸外)喷射的电喷汽油机进入市场，它利用氧传感器反馈控制化学计量空燃比，以满足越来越严格的排放法规。

1990年代以来，缸内直喷式汽油机由于新的燃油喷射系统的开发利用而重新获得重视。首先，它利用了低压共轨电喷系统，喷油时间可以根据需要灵活调整；其次，它有良好的喷雾特性，可以满足缸内直喷汽油机的需要。如图4-2所示，缸内直喷系统有两种类型，一类是采用均匀混合燃烧系统，以便处理尾气排放；另一类是采用分层燃烧系统，以便降低油耗。

近年来均匀混合缸内直喷系统在氮氧化物排放后处理方面的优势越来越受到重视，已逐渐成为缸内直喷汽油机的主流。它燃用由氧传感器反馈控制的均质化学计量空燃比混合气，采用三效催化转化器进行排气后处理。与进气道喷射的电喷汽油机的区别仅仅是燃油喷射的方式(缸内直接喷射)和时间(在压缩过程前期喷射入缸内)的不同。燃用化学计量比混合气在燃油经济性方面会有所损失，往往采用一些成熟技术如VVT和增压来补偿。

1. 采用分层燃烧的点燃直喷式汽油机

1) 分层燃烧汽油机的特点

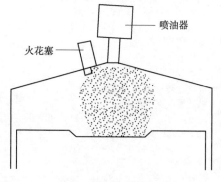

图 4-3 软喷射分层燃烧系统

通常在缸内形成两个区域，如图4-3所示，一个区域通过汽油喷雾的蒸发形成含油混合气区，空燃比接近当量空燃比；另一个区域汽油喷雾没有达到，成为无油区，空燃比为无穷大。火花塞间隙位于含油浓混合区，能够点燃混合气。分层燃烧混合气的平均空燃比可远大于化学计量空燃比，在30~50之间。过小的空燃比会造成局部混合气过浓，炭烟排放增加。过大的空燃比会增加点火和燃烧的不稳定。

发动机在部分负荷工况采用分层燃烧，提高空燃比，其热效率得到提高,在大负荷时仍然用化学计量比混合气。根据理论空气循环计算,空燃比由当量空燃比增加到36,发动机的比油耗可下降11.5%。汽车在规定运行工况下的平均燃油效率可以提高8%以上。

2)分层燃烧汽油机遇到的问题

分层燃烧系统目前的主要问题是富氧条件下的氮氧化物排放后处理比较困难,这是因为在化学计量空燃比下,三效催化转化器对NO_x的转换效率可达99%以上,分层燃烧混合气的空燃比远大于化学计量空燃比,从而不能有效净化排气中的NO_x。采用选择性催化反应器来净化NO_x时不需要把混合气的浓度控制在化学计量比,但选择性催化转化器转换效率较低,不能满足排放法规的要求。另一种目前普遍采用的技术是NO_x吸附器,但吸附器有饱和的问题,需要用HC和CO来夺走NO_x中的氧使NO_x还原成氮气。此外,分层燃烧的汽油机必须根据负荷情况周期性地从分层燃烧转化为均匀混合燃烧,以还原被吸附器吸附的NO_x,使用略低于当量空燃比的浓混合气。因为从分层燃烧转化为均匀混合气燃烧需要关小节气门,发动机热效率和动力性下降,此时要适当增加循环供油量,即燃用比当量空燃比略浓的混合气。此外,还必须使用超低硫汽油,以防止吸附器吸附硫化物后大幅度降低NO_x的吸附效率。

在分层燃烧汽油机的发展过程中,陆续出现过四种分层燃烧直喷系统(壁面阻挡型、软喷射型、气流阻滞型和空气夹喷型)。现在除了软喷射型直喷系统还在汽车发动机上使用外,其余均已被淘汰。

软喷射(Soft-Spray System)型直喷点燃式汽油机是利用适当的喷雾特性形成分层混合气的缸内直喷点燃式汽油机,如图4-3所示。此喷射系统需要有较低的油束贯穿度、较大的喷雾锥角和较小的油滴平均直径,因此被称为软喷射系统。

2. 均匀混合直喷点燃式汽油机

1)均匀混合直喷汽油机

汽油机缸内直喷的另外一个发展方向是直喷均匀混合燃烧系统,即在所有工况下都采用均匀混合气,空燃比控制和一般电喷汽油机相似。这种燃烧系统虽然热效率改进较小,但仍带来诸多好处,它容易解决排放问题。均匀混合气的形成采用在压缩过程初期(进气门关闭之后)喷射。这种喷射方式除可以提高压缩比和燃油经济性外,由于喷射时间晚,还可减少由燃烧室狭缝中形成的碳氢排放。

2006年后,除了少数依靠这种软喷射形成分层混合气的缸内直喷点燃式汽油机以外,绝大部分缸内直喷点燃式汽油机都采用了均匀混合。它对发动机热效率的提高比较有限,但它往往同时和可变气门正时技术(VVT)或增压技术相结合,互相利用各自的优点来弥补对方的不足之处,从而成为一个优化的发动机燃烧系统。

2)均匀混合直喷点燃式汽油机的优点

均匀混合直喷燃烧系统可以充分利用喷雾油滴蒸发从缸内空气中吸热的效应,提高发动机的充量系数(雾化燃油不占进气容积)和降低爆燃倾向。由于充量系数的提高,发动机的转矩可以提高。由于爆燃倾向的降低,发动机的压缩比可以提高1~1.5,从而可以提高热效率,发动机的排量可以减小。在部分负荷工况,较小排量的汽油机将在较高的平均有效压力下工作来达到同样的转矩,工作点向高效率方向移动。因此热效率可以有所提高。均匀混合缸内直喷还可以改进发动机冷起动,降低在冷起动和暖车过程中的排放,有助于满足越来越严格的排放法规。

3)采用VVT和增压的均匀混合缸内直喷汽油机

(1) 采用VVT装置的均匀混合直喷点燃式汽油机。

把均匀混合直喷技术和VVT技术结合存一起可以弥补双方的缺点而保留各自的优点,VVT技术可以减小泵气损失以弥补均匀混合直喷系统不能降低泵气损失(采用节气门)的不足。而缸内直喷技术可以通过喷雾在缸内实现油气混合,不再依靠用少量废气回流进气道来促使汽油蒸发与空气混合,改善了采用VVT的电喷汽油机在提高了进气压力后汽油蒸发与空气混合恶化的缺点。这样,装有VVT机构的均匀混合直喷点燃式汽油机可以有更高的效率。

(2) 采用增压的均匀混合直喷点燃式汽油机。

利用缸内直喷喷雾油滴蒸发从空气中吸热的效果,解决汽油机增压后缸内温度高,容易爆燃的问题。另外,采用增压的均匀混合缸内直喷点燃式汽油机可以减小排量来降低汽车平均油耗也是近年来一个重要的发展方向。

四、缸外喷射系统

若按喷油方式分类,可分为连续喷射和间歇喷射。

缸外喷射电控汽油喷射系统多采用间歇喷射方式。将汽油间歇地喷入进气道内(进气阀盘外)。

间歇喷射可按各缸喷射时间分为同时喷射、分组喷射和按序喷射3种形式。同时喷射是电控单元发出同一个指令控制各缸喷油器同时喷油(图4-4a)。分组喷射是指各缸喷油器分成两组,每一组喷油器共用一根导线与电控单元连接,电控单元在不同时刻先后发出两个喷油指令,分别控制两组的喷油器交替喷射(图4-4b)。按序喷射则是指喷油器按发动机各缸的工作顺序进行喷射。电控单元根据曲轴位置传感器信号,辨别各缸的进气行程,适时发出各缸喷油指令以实现按序喷射(图4-4c)。

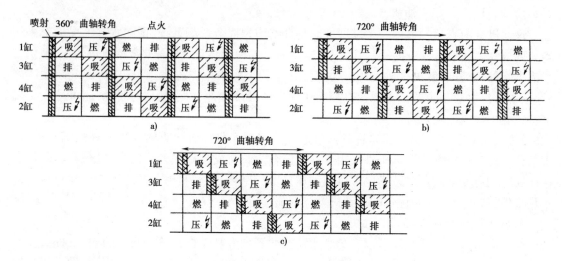

图4-4 间歇喷射定时图
a) 同时喷射; b) 分组喷射; c) 按序喷射

缸外喷射系统又可分为单点喷射系统(SPI、TBI、CFI)和多点喷射系统(MPI)。现介绍一种电控多点喷射系统的布置(如图4-5)。

电控多点汽油喷射系统是一种将汽油喷射和点火控制结合起来的电子控制系统,对应于每一个汽缸设置一个或多个喷油器,喷油器大多安装于进气门附近的进气道内。它的工作原理是通过由各种传感器测得的参数来确定发动机所处的工况,再根据ECU系统中储存的数据,求出对应于各种工况的喷油时刻、喷油持续时间和点火提前角的最佳值。与单点系统控制相比,多点汽油喷射系统具有更好的动态响应,该系统实现的各种功能是相互关联的。

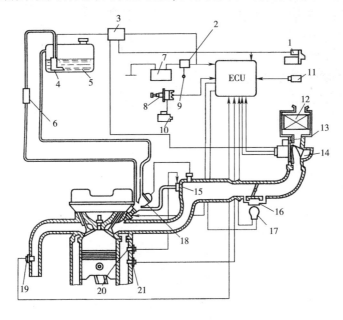

图 4-5 电控多点汽油喷射系统

1-起动机;2-主继电器;3-电路开启继电器;4-汽油泵;5-燃油箱;6-滤油器;7-蓄电池;8-转速及曲轴转角位置传感器;9-点火开关;10-点火线圈;11-大气压力传感器;12-空气滤清器;13-进气温度传感器;14-空气流量计;15-冷起动喷嘴;16-怠速空气阀;17-节气门位置传感器;18-压力调节器;19-氧传感器;20-起动喷嘴时间开关;21-冷却液温度传感器

电控单元是电子控制单元(ECU)的简称。

电控单元的功用是根据其内存的程序和数据对空气流量计及各种传感器输入的信息进行运算、处理、判断,然后输出指令,向喷油器提供一定宽度的电脉冲信号以控制喷油量。

电控单元由微型计算机、输入、输出及控制电路等组成(图4-6)。

微型计算机是 ECU 的核心部分,主要由中央处理器(CPU)、存储器及输入/输出(I/O)接口等组成。CPU 是计算机中运算器与控制器的总称,其功用是对输入的各种信号进行运算处理、逻辑判断,并确定最佳控制量,对执行器进行适时控制。存储器具有保存和存取数据的功能。存储器分为随机存储器(RAM)和只读存储器(ROM)两种。RAM 用于数据的暂时保存以及不断变化的实时数据的存储。当电源断开时,所存储的数据立即消失。ROM 用于存储固定不变的数据,如控制程序软件、喷油

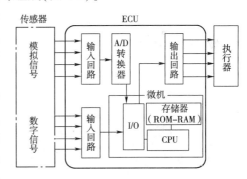

图 4-6 ECU 的基本组成框图

量脉谱图和点火定时脉谱图等。这些数据在制造电控单元时就被固化在 ROM 的集成电路中,是不会丢失的,即使切断电源,ROM 中所存储的信息也不会消失。I/O 接口是 CPU 与传感器、控制器进行正常通信的控制电路,是微机不可缺少的部分。

输入电路的作用是将各传感器检测到的信号进行滤波、整形、放大等处理后,经过 I/O 接口送至 CPU。由于 CPU 只能识别数字信号,因此,当传感器输出的是数字信号时,可直接送至

CPU;而当传感器输出的是模拟信号(如冷却液温度信号、空气流量计输出信号等)时,则必须经 A/D 转换器将其转换成数字信号后,才能送至 CPU 进行运算处理。

输出电路的作用是将微机输出的控制指令转变为控制信号以驱动执行器(喷油器、电动汽油泵等)进行工作。一般微机输出的是数字信号,且其输出功率较小,通常难以直接驱动执行器动作,为此需用输出电路将微机输出的弱信号进行功率放大。

随着电子技术和数控技术的发展,电子控制系统的功能不断扩展。从单一的汽油喷射控制发展为对汽油喷射、点火定时、怠速及排气再循环等进行综合控制的发动机管理系统(图 4-7),并具有自诊断功能。

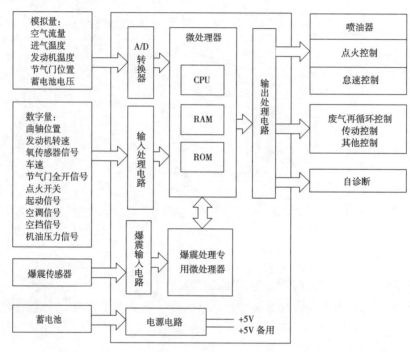

图 4-7　发动机管理系统框图

五、喷油量的控制

电子控制单元(ECU)的首要功能是根据发动机不同工况的要求,控制最佳喷油等。

ECU 根据各种传感器测得的发动机进气量、转速、节气门开度、冷却液温度与进气温度等多项运行参数,按设定的算法进行计算,并按计算结果向喷油器发出电脉冲,通过改变每个电脉冲的宽度来控制各喷油器每次喷油的持续时间,从而达到控制喷油量的目的。电脉冲的宽度越大,喷油持续时间越长,喷油量也越大。

发动机在不同工况下运转时,对混合气浓度的要求也不同。喷油量的控制方式有起动控制、运转控制、断油控制和反馈控制等几种。

1. 起动控制

起动时,由于转速很低,转速的波动也很大,这时空气流量计所测得的进气量信号有很大的误差。基于这个原因,在发动机起动时,ECU 不以空气流量计的信号作为喷油量的计算依据,而是按预先给定的起动程序来进行喷油控制。ECU 根据起动开关及转速传感器的信号,判定发动机是否处于起动状态。当起动开关接通,且发动机转速低于某一转速(如 300r/min)

时,ECU按发动机冷却液温度、进气温度和起动转速计算出一个固定的喷油量,这一喷油量能使发动机获得顺利起动所需的浓混合气。

冷车起动时,发动机温度很低,喷入进气道的燃油不易蒸发。为了保证发动机在低温下也能正常起动,需进一步增大喷油量。一般采用以下两种方法。

(1)通过冷起动喷油器和冷起动温度开关控制冷起动加浓。这种控制方式在冷车起动时,除了通过ECU延长各缸喷油器的喷油持续时间来增大喷油量之外,还在进气总管的中间位置上安装一个冷起动喷油器,用以喷入一部分冷车起动所需的附加燃油。

冷起动喷油时,喷油器是连续喷射的,冷起动温度开关根据起动时的发动机温度来控制冷起动喷油器的喷油持续时间,在发动机冷却液温度超过50℃时,冷起动温度开关触点断开。因此在热车起动时冷起动喷油器不工作。

(2)通过ECU控制冷起动加浓。通过增加各缸喷油器的喷油持续时间或喷油次数来增加喷油量。所增加的喷油量及喷油持续时间由ECU根据进气温度传感器和冷却液温度传感器测得的温度来确定。发动机冷却液温度或进气温度越低,喷油量就越大,喷油持续时间也就越长。

2. 运转控制

在发动机运转过程中,ECU根据进气量和发动机转速来计算喷油量。此外,还要参考节气门开度、发动机冷却液温度与进气温度、海拔以及怠速工况、加速工况、全负荷工况等运转参数来修正喷油量,以提高控制精度。由于ECU要处理的运转参数很多,为了简化ECU的计算程序,通常将总喷油量分成基本喷油量、修正油量和增加油量三个部分。

(1)基本喷油量 Q 是根据发动机每个工作循环的进气量,按化学计量空燃比14.7计算出的喷油量,计算公式为:

$$Q = KA/n$$

式中:A——进气量,kg/h;

n——发动机转速,r/min;

K——比例常数。

可见,基本喷油量与进气量成正比,与发动机转速成反比。空气流量计和发动机转速传感器是电子控制汽油喷射系统中最重要的两个传感器。特别是空气流量计,其测量精度将直接影响喷油量计算的精度。

(2)修正油量 Q_1 是根据进气温度、大气压力等实际运转条件,对基本喷油量进行的修正,使发动机在各种不同的运转条件下都能获得最佳浓度的混合气。修正油量的大小用修正系数 C_1 表示:

$$C_1 = 1 \pm Q_1/Q$$

式中:Q——基本喷油量;

Q_1——修正油量。

修正油量主要包括以下几项内容。

①进气温度修正。空气的密度与其温度有关,由于多数空气流量计只能测量进气的体积流量,在相同的进气量信号下,进入发动机的空气质量随空气温度的增加而减少。为了补偿这个误差,在空气流量计内常装有进气温度传感器,通常是以20℃时的进气温度为基准。当进气温度低于20℃时,修正系数大于1,应适当增加喷油量;当进气温度高于20℃时,修正系数小于1,应适当减少喷油量。

②大气压力修正。海拔变化会引起大气压力和空气密度的变化,这个误差由 ECU 根据大气压力传感器测得的大气压力进行适当的修正。

③蓄电池电压修正。当 ECU 控制的喷油电脉冲到达喷油器时,由于喷油器电磁线圈具有电感阻抗,延缓了电磁线圈内电流的增大,使喷油器针阀的开启滞后于电脉冲到达的时刻,而喷油器针阀关闭的时刻和电脉冲消失的时刻则基本上一致,因此导致实际的喷油持续时间小于电脉冲宽度,见图4-8a)。这样,在同样宽度的喷油电脉冲控制下,当蓄电池电压不同时,会引起实际喷油量的变化,即电压下降时,喷油量也会下降。ECU 在蓄电池电压变化时,自动对喷油电脉冲的宽度加以修正,见图4-8b)。

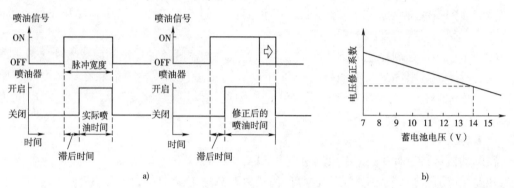

图4-8 蓄电池电压修正示意图
a)喷油时间修正;b)蓄电池电压变化与修正系数的关系

(3)增加油量 ΔQ 是在一些特定工况(暖机、加速等)下,为加浓混合气而增加的喷油量。加浓的目的是为了使发动机获得良好的使用性能(如动力性、加速性、平顺性等)。加浓的程度可用增量比 μ 来表示:

$$\mu = 1 + \Delta Q/Q$$

增加油量主要包括以下几项内容。

①起动增量。发动机冷车起动后,由于低温下混合气形成不良以及部分燃油在进气管道壁上沉积,造成混合气变稀。为此,在起动后一段短时间内,必须增加喷油量,以加浓混合气,保证发动机稳定运转。

②暖机增量。在冷车起动结束后的暖机过程中,发动机的温度一般不高。喷入燃油与空气的混合较差,结果造成汽缸内的混合气变稀。因此,在暖机过程中必须增加喷油量。暖机增量的大小取决于冷却液温度传感器所测得的发动机温度,并随着发动机温度升高而逐渐减小。

③加速增量。在加速工况时,ECU 能自动按一定的比例适当增加喷油量,使发动机能产生最大转矩,从而改善加速性能。ECU 是根据节气门位置传感器测得的节气门开启的速率来鉴别发动机是否处于加速工况的。加速增量的大小及增量作用时间取决于加速时发动机的冷却液温度,冷却液温度越低,加速增量与持续时间越长。

④大负荷增量。部分负荷工况是汽车发动机的主要运行工况。在这种工况下的喷油量应能保证供给发动机化学计量空燃比的混合气。但在大负荷工况下,要求发动机能发出最大功率,因而应加大喷油量,以提供稍浓于化学计量空燃比的功率混合气。大负荷信号由节气门位置传感器测得的节气门开度来决定。通常当节气门开度大于70°时,按功率混合气要求供给喷油量。

3. 断油控制

断油控制是指 ECU 在某些特殊工况下暂时中断燃油喷射,以满足发动机运转中的特殊要求。它包括以下两种断油控制方式。

(1) 超速断油控制。当发动机转速超过允许的最高转速时,由 ECU 控制自动中断喷油,以防止发动机超速运转而造成机件损坏,这样有利于降低油耗,减少有害排放物。

(2) 减速断油控制。当汽车在高速行驶中突然松开加速踏板减速时,发动机仍在汽车惯性的带动下高速旋转。由于节气门已关闭,进入汽缸的空气数量很少,若继续正常喷油,则会造成燃烧不完全及废气中有害排放物增多的不良现象。减速断油控制就是在汽车突然减速时,由 ECU 自动控制中断燃油喷射,直到发动机转速下降到设定的低转速时再恢复喷油。这样有利于控制急减速时的有害排放物,降低燃油消耗量,促使发动机转速尽快下降,便于汽车减速。

减速断油控制过程是由 ECU 根据节气门位置、发动机转速、冷却液温度等运转参数,做出综合判断后,在同时满足以下 3 个条件时执行减速断油控制,切断喷油脉冲。

①节气门位置传感器中的怠速开关接通。

②发动机冷却液温度已达正常温度。

③发动机转速高于某一数值,该转速称为减速断油转速,其值根据发动机冷却液温度、负荷等参数确定。通常,冷却液温度越低,发动机负荷越大(如使用空调时),该转速越高。

当上述 3 个条件只要有 1 个不满足(如发动机转速已下降至低于减速断油转速)时,ECU 就立即停止减速断油而恢复喷油。

4. 反馈控制

反馈控制又称为闭环控制,利用反映混合气浓度的传感器对每一瞬间进入发动机的混合气浓度进行检测,并将检测结果输入 ECU。ECU 根据这一反馈信号,不断修正喷油量,使混合气浓度始终保持在理想范围内。这种控制方式可以进一步提高喷油量的控制精度,并可避免由于元件制造误差或使用老化带来的影响。

目前,用于电控汽油喷射系统反馈控制的传感器是氧传感器,或称 λ 传感器。它安装在发动机的排气管上,用来检测排气中的氧浓度,并将其转换成电压或电阻信号。根据燃烧化学反应方程式可知,排气中的氧浓度取决于混合气的空燃比。当空燃比小于 14.7 时,在燃烧过程中氧全部耗尽,排气中没有氧;当空燃比大于 14.7 时,在燃烧过程中氧未能全部耗尽,排气中含有氧。混合气越稀,排气中氧浓度就越大。因此,氧传感器发出的信号间接地反映了混合气空燃比的大小。ECU 按照氧传感器的反馈信号,对喷油量的计算结果进行修正,使混合气的空燃比更接近于理论空燃比。

氧传感器通常和三元催化转化器一同使用,应用氧传感器进行反馈控制的目的也在于保证三元催化转化器的排气净化效果。

在发动机运行中,并不是所有时刻和任何工况下,氧传感器和反馈控制系统都起作用。ECU 是通过开环和闭环两种方式对喷油量进行交替控制的。发动机在起动、大负荷(节气门全开)及暖机运转过程中,需要较浓的混合气,此时 ECU 处于开环控制状态,氧传感器不起作用。另外,因为氧传感器只有在高温状态下(一般需加热至 350℃)才能产生可靠的信号,因而发动机起动后,在氧传感器未达到一定温度之前,ECU 也是处于开环控制状态下工作的。只有在发动机达到正常工作温度后,ECU 才进行闭环控制,氧传感器才发挥反馈控制的作用。当氧传感器出现故障,输出信号异常时,ECU 会自动切断氧传感器的反馈作用,进入开环控制状态。

5.急速自动控制

急速控制通过急速控制阀来调节发动机进气量,达到调整急速转速的目的。急速控制阀有步进电动机式和脉冲电磁阀式两种。

发动机急速运转时,节气门全闭,节气门位置传感器内的急速开关触点闭合,ECU根据这一信号,开始进行急速自动控制(图4-9)。急速时的进气是通过两条绕过节气门的旁通气道进入发动机的。一条旁通气道的流通截面由急速调节螺钉调整,在使用中保持不变;另一条旁通气道的流通截面由急速控制阀控制。在急速自动控制过程中,ECU不断地从发动机转速传感器得到发动机的实际转速信号,并将这一实际转速与控制程序中设定的最佳急速转速相比较,最后按实际转速和设定转速的偏差,向急速控制阀发出控制信号。

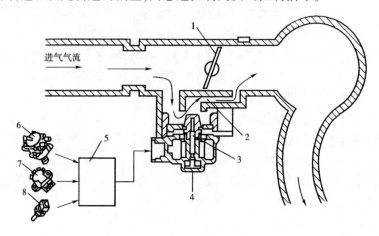

图4-9 急速自动控制

1-节气门;2-旁通气道;3-旁通阀;4-急速控制阀;5-ECU;6-转速传感器;7-节气门位置传感器;8-冷却液温度传感器

通常,急速控制阀内的步进电动机有3~4个绕组,分别与ECU连接。改变向这几个绕组发出脉冲信号的顺序和个数,即可改变步进电动机转动的方向和转角,从而改变急速控制阀的开度,调整旁通空气量。由于这一部分旁通空气已经过空气流量计的计量,因此喷油量也会随旁通空气量的大小做出相应的变化。这样,通过调整旁通空气量就可使急速转速得到调整。例如,当实际转速低于理论设定转速时,ECU使急速控制阀开大,增加旁通进气量,使转速上升,直至测得的实际转速和设定转速相一致为止。反之,当实际转速高于设定转速时,ECU使急速控制阀关小,减少旁通进气量,使转速下降,直至测得的实际转速再与设定转速一致为止。

第二节 电子控制点火系统

一、电子控制点火系统的基本组成及工作原理

1.基本组成

电子控制点火系统一般由电源、传感器、ECU、点火器、点火线圈、分电器(有分电器点火系统)、火花塞等组成,如图4-10所示。

电源一般由蓄电池和发电机共同组成,主要是给点火系统提供所需的电能。

各种传感器用来检测发动机的运行参数,主要包括凸轮轴位置传感器、曲轴位置传感器、爆震传感器、进气管绝对压力传感器(或空气流量传感器)、节气门位置传感器和冷却液温度

传感器等。

ECU是控制点火系统的中枢,在发动机工作时,接收传感器信号,并进行运算、分析、判断,确定最佳点火提前角,控制点火器产生电火花。

点火器是电控点火系统的执行元件,对点火系统输出的点火信号进行功率放大,驱动点火线圈工作。

点火线圈是储能元件,存储点火能量,并将电源提供的低压电,转变为能够击穿火花塞电极间隙的高压电。在有分电器的点火系统中,只有一个点火线圈,在无分电器的点火系统中可以有多个点火线圈。

在有分电器的点火系统中,分电器的作用是将点火线圈产生的高压电,按发动机汽缸的工作顺序依次送到各缸的火花塞上。

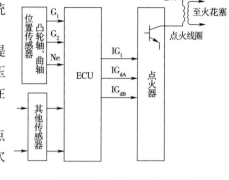

图 4-10 电控点火系统的基本组成

火花塞的作用是产生电火花,点燃混合气。

2. 工作原理

发动机工作时,ECU根据接收到的各传感器的信号,按存储器中存储的有关程序和相关数据,确定出该工况下最佳点火提前角和点火线圈初级电路的通电时间(闭合角大小),并向点火器发出指令,去控制点火线圈初级电路(低压电路)的导通和切断。当初级电路导通时,点火线圈将点火能量以磁场的形式存储起来,当初级电路切断时,在次级线圈中产生很高的感应电动势(15～20kV),该电动势经分电器上的高压导线送给火花塞或直接送到火花塞上,去击穿电极间隙,产生电火花点燃混合气,使发动机完成做功过程。

此外,在具有爆震控制功能的电控点火系统中,ECU根据爆震传感器信号判断发动机有无爆震及爆震的强度,对点火提前角进行闭环控制。

因此汽油机电控点火系统的控制包括了点火提前角的控制、通电时间的控制及爆震控制等方面。

二、点火提前角的控制

1. 确定最佳点火提前角的各种因素

最佳点火提前角的数值必须视燃料性质、转速、负荷、混合气浓度等很多因素而定。

1) 发动机转速

点火提前角应随发动机转速升高而增大。因为随发动机转速的提高,以秒计算的燃烧过程所需时间缩短,但燃烧过程所占的曲轴转角增大,为保证发动机汽缸内的最高压力出现在上止点后 $10°\sim15°$ 的最佳位置,就必须适当提前点火(即增大点火提前角)。

与采用机械式离心提前器的传统点火系统相比,采用电控点火(ESA)系统时,可以使发动机的实际点火提前角接近于理想的点火提前角。

2) 负荷

汽油发动机的负荷调节是通过节气门进行的量调节,随负荷减小,进气歧管真空度增大,进气量减少,汽缸内的温度和压力均降低,燃烧速度变慢,燃烧过程所占的曲轴转角增大。应适当增大点火提前角,如图 4-11 所示。

与采用真空提前器的传统点火系统相比,采用电控点火系统时,可以使发动机的实际点火提前角接近于理想的点火提前角。

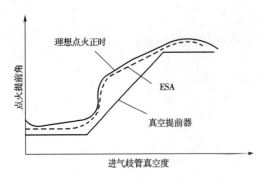

图4-11 负荷对点火提前角的影响

3）燃料的性质

汽油的辛烷值越高,抗爆性越好,点火提前角可适当增大,以提高发动机的性能;辛烷值较低的汽油,抗爆性差,点火提前角则应减小。在有些发动机的ECU中存储了两张点火正时图,实际使用中,可根据使用的燃料不同进行选择,在出厂时一般开关设定在无铅优质汽油的位置上。

4）其他因素

最佳点火提前角除应根据发动机的转速、负荷和燃料性质确定之外,还应考虑发动机燃烧室形状、燃烧室内温度、空燃比、大气压力、冷却液温度等因素。在传统点火系统中,当上述因素变化时,系统无法对点火提前角进行调整。当采用电控点火系统时,发动机在各种工况和运行条件下,ECU都可保证理想的点火提前角,因此发动机的动力性、经济性和排放性都可以达到最佳。

2. 控制点火提前角的基本方法

理论推导发动机运行状态下的数学模型比较困难,且很难真实描述其运行状态。国内外一般采用试验的方法,用最佳状态下的数据建立模型。电控点火系统中,在主ECU内首先存储记忆发动机在各种工况及运行条件下最理想的点火提前角。点火提前角控制可分为起动时点火提前角控制和起动后点火提前角控制。

发动机起动时,按ECU内存储的初始点火提前角(设定值)对点火提前角进行控制。起动时点火提前角的设定值随发动机而异,对一定的发动机而言,起动的点火提前角是固定的,一般为10°曲轴转角左右。

发动机正常运转时(起动后),主ECU根据发动机的转速和负荷信号,确定基本点火提前角,并根据其他有关信号进行修正,最后确定实际的点火提前角,并向电子点火控制器输出点火指令信号,以控制点火系的工作。

发动机起动后正常运转时,实际点火提前角的控制方法各车型有所不同,可分为以下两种类型:

(1)如在日本丰田车系TCCS系统中:

实际的点火提前角 = 初始点火提前角 + 基本点火提前角 + 修正点火提前角

(2)如在日本日产系ECCS系统中:

实际的点火提前角 = 基本点火提前角 × 点火提前角修正系数

关于起动时点火提前角的控制:

在发动机起动过程中,发动机转速变化大,且由于转速较低(一般低于500r/min),进气管绝对压力传感器信号或空气流量传感器信号不稳定,ECU无法正确计算点火提前角,一般将点火时刻固定在设定的初始点火提前角。此时的控制信号主要是发动机转速传感器信号(Ne信号)和起动开关信号(STA信号)。

关于起动后基本点火提前角的确定:

发动机起动后怠速运转时,ECU根据节气门位置传感器信号(IDL信号)、发动机转速传感器信号(Ne信号)和空调开关信号(A/C信号)确定基本点火提前角。

发动机怠速工况下,为保证发动机工作稳定,空调工作时的基本点火提前角比空调不工作时大,如图4-12所示。

发动机起动后在除急速以外的工况下运转时,ECU根据发动机的转速和负荷(单位转数的进气量或基本喷油量)确定基本点火提前角,不同转速和负荷时的基本点火提前角数值存储在ECU内的存储器中,基本点火提前角控制模型如图4-13所示。

3. 点火提前角的修正

不同的发动机控制系统中,对点火提前角的修正项目和修正方法也不同。修正方法有修正系数法和修正点火提前角法两种,修正系统(或修正点火提前角)与修正项目之间的关系曲线都是存储在ECU中,ECU根据初始点火提前角、基本点火提前角和修正系数(或修正点火提前角)计算实际点火提前角。主要修正项目有冷却液温度修正、急速稳定修正和空燃比反馈修正等。

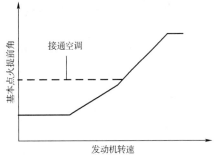

图4-12 急速时基本点火提前角的确定

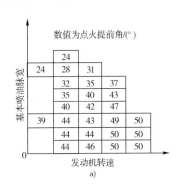
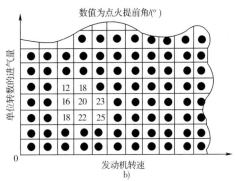

图4-13 基本点火提前角控制模型
a)按喷油量和转速确定;b)按进气量和转速确定

1)冷却液温度

冷却液温度修正又可分为暖机修正和过热修正。

发动机冷车起动后的暖机过程中,随冷却液温度的提高,混合气的燃烧速度加快,燃烧过程所占的曲轴转角减小,点火提前角也应适当减小,如图4-14所示。修正曲线的形状与提前角的大小随车型不同而异。暖机修正控制信号主要有:冷却液温度传感器信号(THW信号)、进气管绝对压力传感器信号(PIM信号)或空气流量计信号(Vs信号)、节气门位置传感器信号(IDL信号)等。

发动机工作时,随冷却液温度的提高,爆燃倾向逐渐增大。冷却液温度过高时,为了避免产生爆燃,必须修正点火提前角,如图4-15所示。发动机处于急速工况运行(IDL触点接通)时,冷却液温度过高,一般是由于燃烧速度慢、燃烧过程占的曲轴转角过大,为了避免发动机长时间过热,应增大点火提前角,以提高燃烧速度,减小散热损失。正常运行工况(急速触点IDL断开),当冷却液温度过高时,为了避免产生爆燃,则应减小点火提前角。过热修正控制信号主要有:冷却液温度传感器信号(THW信号)、节气门位置传感器信号(IDL信号)等。

2)急速稳定修正

发动机在急速运转过程中,由于负荷等因素的变化会导致转速改变,所以ECU必须根据实际转速与目标转速的差值修正点火提前角,以便保持发动机在规定的急速转速下稳定运转,如图4-16所示。急速稳定修正控制信号主要有:发动机转速信号(Ne信号)、节气门位置传感器信号(IDL信号)、车速传感器信号(SPD信号)、空调开关信号(A/C信号)等。

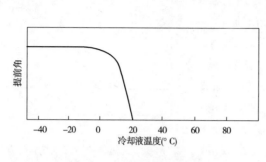
图4-14 点火提前角的暖机修正曲线

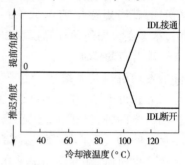
图4-15 点火提前角的过热修正曲线

3)空燃比反馈修正

由于空燃比反馈控制系统是根据氧传感器的反馈信号调整喷油量的多少来达到最佳空燃比控制的,所以这种喷油量的变化必然带来发动机转速的变化。为了稳定发动机转速,点火提前角需根据喷油量的变化进行修正,如图4-17所示。

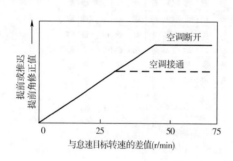
图4-16 点火提前角的急速稳定修正曲线

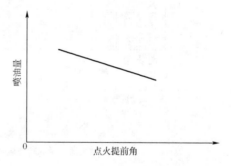
图4-17 点火提前角的空燃比反馈修正曲线

第三节 汽油机的燃烧过程

由于燃料性质、混合气形成方式和着火方式的不同,汽油机的燃烧过程与柴油机的燃烧过程有较大的区别:

(1)汽油机的燃烧过程属于预混合燃烧,具有定容燃烧的性质。燃烧持续期比较短,约为25~40℃A(柴油机的燃烧过程持续期约为50~70℃A);

(2)由于爆震的限制,汽油机的压缩比 ε 不能过高,一般为7~9,用分层燃烧时 ε 可达12.5。与柴油机相比其压缩比的值低很多,这就决定了这种燃烧过程的热效率较低,排气温度较高(因为膨胀不充分);

(3)由于接近定容燃烧,因此燃烧的最高温度较高;同时由于过量空气系数较小,范围较窄,因而容易出现不完全燃烧的现象;为了防止燃烧室远端(离火花塞远)混合气形成爆震,有意将燃烧室远端设计成狭窄缝隙,造成了燃烧室内的激冷区。所有这一切都使 NO_x、CO、HC等的排放增高。同时,由于汽油的挥发性好,挥发损失大,挥发性排污较多,故汽油机的燃烧过程排气污染比柴油机严重(除炭烟外)。

汽油机的燃烧过程是指从火花塞点火开始到燃料基本上烧完为止所经历的过程。

一、正常燃烧过程

1. 燃烧过程的分段

按燃烧进程中的物理—化学状态,将燃烧进程人为地分为三段:滞燃期、急燃期和补燃期,见图4-18。

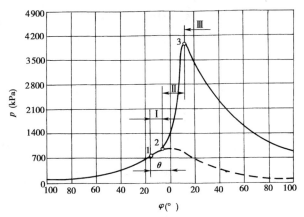

图4-18 汽油机的燃烧过程
1-开始点火;2-形成火焰中心;3-最高压力点;Ⅰ-着火延迟期;
Ⅱ-明显燃烧期;Ⅲ-补燃期;

1) 滞燃期(着火延迟期)

从点火电极跳过火花开始(点1)到形成独立的火焰核心(点2)为止,这一段时间称为滞燃期。混合气的燃烧过程不是从电极跳火花开始,而是从混合气中形成独立的火焰核心开始。火焰核心固然是由电极跳火引起的,但必须以适当浓度和温度的可燃混合气作基础,且不被气流吹熄,并能靠自身的燃烧而积聚热量,扩展火源和持续燃烧。

火花塞放电时,两极电压在15000V以上,电火花能量40~80mJ,局部温度达2000℃,从而使电极周围的预混合气热反应加速,当反应生成的热积累使反应区温度急剧升高而使某处混合气着火时,即形成火焰中心(核心)。

滞燃期的长短与混合气浓度($\alpha = 0.8 \sim 0.9$时最短)、点火时缸内温度和压力、缸内气体流动速度、火花能量、残余废气等因素有关。应力求缩短滞燃期并保持稳定。

2) 急燃期(明显燃烧期)

从形成独立的火焰核心(点2)开始到汽缸内出现最高压力点3为止的一段时期称为急燃期。

急燃期是汽油机燃烧进程中的重要阶段。这一阶段的燃烧是火焰从火焰核心向燃烧室整个空间传播的时期,在均质预混合气中,火焰核心形成后,即以此为中心,由极薄的火焰层(即火焰前锋)开始向四周未燃混合气传播,直到火焰前锋扫过整个燃烧室。其火焰传播速度U_T一般为50~80m/s。燃油的80%~90%在急燃期内基本烧完,因此,这一期间的燃烧是急剧的,燃烧室的温度和压力急剧上升,直到出现最高燃烧压力p_z。急燃期也有用最高燃烧温度所在角位或放热率峰值所在角位作为终点的,由于是预混合燃烧,这三个值相应的角位互相靠得较近(不像柴油机中那样),所以,实际上区别不大。

一般急燃期约占20~30℃A,燃烧最高压力出现在上止点后12~15℃A,$\Delta p / \Delta \varphi = 175 \sim$

250kPa/°CA 为宜。这样能保证动力性与经济性,且噪声、振动、排气污染不大。

3) 补燃期(后燃期)

从最高燃烧压力(点3)到燃烧结束称为补燃期。由于紊流燃烧,在火焰前锋面过后被翻卷在锋面后面的未燃烧的可燃混合气,以及处于燃烧室边缘和缝隙中的未燃烧的可燃混合气在火焰前锋面扫过整个燃烧室后继续燃烧放热,加之高温分解的产物(H_2、CO等)重新氧化都属于补燃期燃烧。补燃期的燃烧与柴油机的后燃期有所区别。

由于汽油机的压缩比小,即膨胀比小,膨胀不够充分。所以,其补燃期可能拖得较长,甚至在排气初期还有残余燃烧。排气管内的"放炮"就是这种残余燃烧的一种现象。

2. 燃烧速度

燃烧速度是指单位时间内燃烧的混合气数量,可用下式表示:

$$\frac{dm}{dt} = \rho_T U_T A_T$$

式中:m——混合气的质量;

A_T——火焰前锋面积;

ρ_T——可燃混合气密度;

U_T——火焰传播速度。

火焰传播速度 U_T 是决定急燃期长短的主要因素,现代汽油机 U_T 可高达 $50\sim80m/s$。影响 U_T 的主要因素是燃烧室中气体的紊流程度、混合气的浓度和混合气的初始温度等。加强燃烧室内气体运动的紊流程度,尤其是微涡流运动可使火焰传播速度有效地增加,这是提高汽油机燃烧速度最重要的手段,也是控制急燃期长短的重要手段。混合气成分不同,火焰传播速度也明显不同,这一点已在第一章第八节中论及,其变化规律是汽油机混合气制备与汽油喷射系统设计的基本依据。混合气的初始温度高,火焰传播的速度也高。

可燃混合气的密度 ρ_T 增大,可提高燃烧速度。因此增大压缩比,增加进气压力和采取增压措施等均可增大燃烧速度。

火焰前锋面积 A_T 与燃烧室的几何形状及火花塞的位置密切相关。燃烧室的形状不同则不同时期火焰前锋扫过的面积不同,可见改变燃烧室的形状可以调整燃烧速度及放热锋值所对应的曲轴转角的位置,从而改变示功图上压力曲线的形状,如图4-19所示。

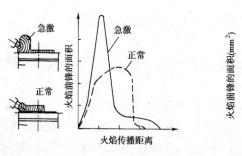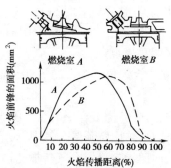

图4-19 燃烧室形状与粗暴性的关系

3. 不规则燃烧

汽油机在稳定的正常运转情况下,不同汽缸的燃烧情况以及不同循环的燃烧情况很难保持稳定,会产生燃烧上的差异,这种循环之间和汽缸之间的燃烧差异称为不规则燃烧。

1) 循环间的燃烧变动

循环间的燃烧变动会使汽缸的不同循环的示功图发生变化,如图 4-20 所示。

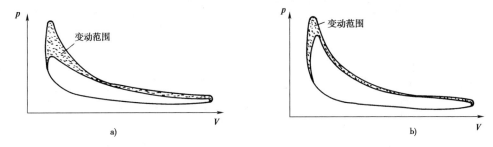

图 4-20 汽油机典型汽缸压力的循环变动情况

a) 稀混合气,$\alpha = 1.22$,$n = 2000\text{r/min}$,$\varepsilon = 9$,节气门全开,p_i 变动 $\pm 4.5\%$,p_z 变动 $\pm 28\%$;b) 浓混合气,$\alpha = 0.8$,$n = 2000\text{r/min}$,$\varepsilon = 9$,节气门全开,p_i 变动 $\pm 3.6\%$,p_z 变动 $\pm 10\%$

不同循环输出的示功图不同,意味着燃烧情况的不稳定,说明汽缸的工作不能始终维持最佳状态。因此将导致油耗上升,功率下降。使整机的性能下降,特别是低负荷时情况更为严重。

产生循环间燃烧变动的主要原因,在于火花塞附近形成火焰核心的条件难于保持恒定,导致滞燃期的长短发生变化所致。电极周围的混合气的稀浓程度、残余废气的滞留情况、气体的紊流程度在各循环间均难于保持恒定,致使火焰核心形成的时间发生变化。

2) 各缸间的燃烧差异

各缸间燃烧差异主要是燃料分配不均匀造成的,进气量的差别,进气速度的差别,燃烧室几何形状的制造误差等也有影响。燃料分配不均,各缸混合气成分不同,使各缸不能同时处在最佳的混合比条件下工作,将导致整机功率下降,油耗上升,排放性能恶化。此外燃料分配不均可能使某汽缸不正常燃烧倾向增大,从而提高了对燃料辛烷值的要求。分配不均还有可能使个别汽缸中的活塞、气门过热,火花塞损坏,并使汽油机低速、低负荷工作稳定性变差。为此必须采取措施减少或消除燃料分配不均的现象。

影响混合气分配不均匀的因素很多,进气系统中任何不对称和流动阻力不同的情况都会破坏均匀分配。其中影响最大的是进气歧管,进气歧管布局不当往往造成各汽缸之间燃料分配不均匀。

二、不正常燃烧

不正常燃烧可分为爆震和表面点火两类。汽油机的不正常燃烧是提高汽油机性能的一大障碍。

1. 爆震

当汽油机出现爆震现象时,不仅会使发动机功率下降,燃油消耗率和排污率增加,而且由于汽缸内出现特别高的压力和压力升高率 $\left[\left(\dfrac{\mathrm{d}p}{\mathrm{d}\varphi}\right)_{\max} \geqslant 3\text{MPa}/°\text{CA}\right]$,并出现激振波在汽缸内来回反射冲撞,敲击汽缸和燃烧室壁面,除发生金属敲击声外,还会破坏缸壁上的润滑油膜,加剧运动副的磨损,甚至造成机件的损坏。

经常发生爆震的汽油机,由于不正常燃烧使排气温度升高,冷却液温度升高,润滑油温度上升,润滑油老化加剧,将使换油期缩短。

汽油机的爆震一般出现在燃烧的中后期,在上止点后一段曲轴角位上。产生爆震时,示功图燃烧段上出现急剧的压力振荡(图 4-21),压升率图上出现相应的压力升高速度的振荡(图4-22)。

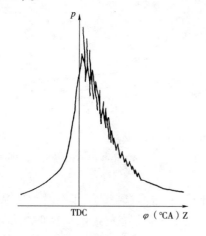

图 4-21　汽油机爆震时的示功图

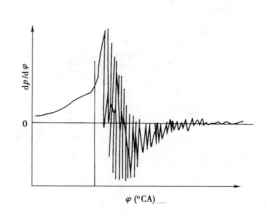

图 4-22　汽油机爆震时的压力升高率图

汽油机的爆震是在燃烧室内末端(相应于火花塞的位置来说)混合气中发生的,是末端混合气在火焰前锋面尚未到达之前产生自燃现象的结果。一般来说,在汽缸内火焰传播的过程中,处在最后燃烧位置上的那部分未燃混合气,由于受到进一步的压缩和热辐射作用,加速了先期的物理—化学反应。这部分末端混合气如果在火焰前锋面尚未到达之前,达到自燃的程度,产生一个或数个新的火焰核心,则会引发爆炸式的燃烧反应,这就是爆震,亦称爆燃。爆炸式的燃烧会产生激振波,这种激振波在汽缸内来回反射并叠加在正常的汽缸压力上,从而形成示功图上的锯齿形波。出现轻微爆震时,火焰传播速度可达 100～300m/s;出现强烈爆震时,火焰传播速度高达 800～1000m/s,局部压力上升可高达 10MPa 以上,对发动机产生很大的危害。但短期轻微爆震,使燃烧接近定容过程,有利于提高 P_e,降低 g_e,使 η_e 上升。汽车正常运行中,一般在重载爬坡时及突然加速时容易出现爆震,可采用换低速挡,提高汽油机转速来消除。

在发动机电控系统中,当点火时刻采用闭环控制时,就能有效的抑制发动机产生爆震。检测发动机是否发生爆震的方法是将发动机无爆震时的传感器输出电压与产生爆震时的输出电压进行比较,从而做出判定结论。采用发动机机体振动检测的爆震传感器安装在发动机的缸体上,有磁致伸缩式和压电式两种类型,压电式又分为共振型和非共振型。

当发动机发生爆震时,微机通过爆震传感器的输入信号和比较电路进行判别,并根据爆震强度输入信号,由微机控制延迟点火提前角的大小。当爆震现象消失时,则微机恢复正常的点火提前角的控制。发动机爆震控制系统原理如图 4-23 所示。

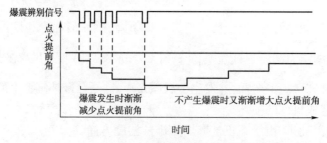

图 4-23　爆震控制系统原理图

当微机进入闭环控制时,其实际点火提前角的控制如图 4-24 所示。当任何一缸产生爆震时,微机立刻减少一定的点火提前角。直至无爆震后,又逐渐的增大点火提前角,一直到产生爆震时,又恢复前述的反馈控制。

图 4-24　实际点火提前角的控制

根据末端混合气是否易于自燃来分析,影响爆震有下列因素:

1) 燃料品质

燃料对爆震的影响可用抗爆指标或辛烷值来表征。燃料的辛烷值愈高则其抗爆性越好,但辛烷值越高意味着燃料的成本越高或加入的四乙铅抗爆添加剂增多,使排气中的有毒的含铅颗粒增多,污染严重。目前国外使用的汽油其辛烷值一般不超过 MON88(MON 为马达法辛烷值代号)。

2) 末端混合气的压力和温度

混合气的浓度、燃烧室的结构及其散热情况、压缩比等凡能影响混合气的压力和温度的因素,均会影响爆震的倾向,其中尤以压缩比的影响最甚。由于提高汽油机的压缩比是提高热效率的重要途径,故爆震现象的产生限制了汽油机热效率的进一步提高。

3) 火焰前锋传播到末端混合气的时间

提高火焰传播速度,缩短火焰传播距离都会减少火焰前锋传播到末端混合气的时间,从而有利于避免爆震。例如增加气体运动的紊流度,考虑火花塞的设计位置或增加火花塞的数量,减小汽缸直径等均有利于避免爆震。

2. 表面点火

在汽油机中,凡是不靠电火花点火而由燃烧室内炽热表面(如排气门头部、火花塞绝缘体或零件表面炽热的沉积物等)点燃混合气的现象统称为表面点火。

表面点火的时刻是无法控制的,一般情况下表面点火的结果是产生早燃现象。早燃是指在火花塞点火之前,炽热表面就点燃混合气的现象。由于它提前点火而且热点表面比电火花大,使燃烧速率快,汽缸内压力和温度迅速增高,发动机工作粗暴,压缩过程消耗的功增大,向缸壁传热增加,会导致功率下降,且使火花塞、活塞等零件过热。图 4-25 给出汽油机早燃的示功图。

早燃会诱发爆震,爆震又会让更多的炽热表面温度升高,促使更剧烈的表面点火,两者互相促进,危害可能更大。

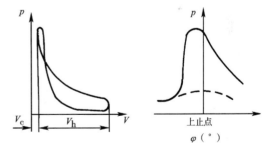

图 4-25　早燃时的示功图

与爆震不同,表面点火一般是在电火花点火前或在正常火焰前锋到达之前由燃烧室内炽热表面点燃混合气所致,它不是自燃,不会产生压力冲击波。"敲缸"比较沉闷,主要由运动件受到冲击负荷产生振动所造成。各种燃烧情况的示功图比较如图 4-26 所示。

凡是能促使燃烧室温度和压力升高以及促使积炭等炽热点形成的一切条件都能促成表面点火。

消除表面点火现象主要在于清除缸内积炭和恢复、提高点火能量。

三、使用因素对燃烧过程的影响

1. 混合气浓度

混合气浓度对燃烧过程的影响是对汽油机的动力性和经济性起决定性作用的。它受发动机工况变化的制约,其具体变化规律已在前文中述及。一般在 $\alpha = 0.8 \sim 0.9$ 时,缸内燃烧温度最高,火焰传播速度最大,故 p_z、T_z、$\Delta p/\Delta \varphi$、P_e 均达到最高值,但爆震倾向加大; $\alpha = 1.03 \sim 1.10$ 时,燃烧完全, g_e 最低。

2. 点火提前角

点火提前角是从火花塞跳火花到上止点间的曲轴转角,其数值应视燃料性质、转速、负荷、过量空气系数等多种因素而定。

节气门开度、转速以及混合气浓度一定时,汽油机功率和燃油消耗率随点火提前角改变而变化的关系称为点火提前角调整特性,如图 4-27 所示。对应于每一工况都存在一个最佳点火提前角,这时汽油机的功率最大,燃油消耗率最低。当点火提前角过大,大部分混合气在压缩过程中燃烧,使活塞消耗的压缩功增加,且燃烧最高压力升高,末端混合气燃烧前温度较高,爆震倾向加大。当点火过迟,燃烧延长到膨胀过程,燃烧最高压力和温度下降,传热损失增多,排气温度升高,功率、热效率降低,但爆震倾向减小。

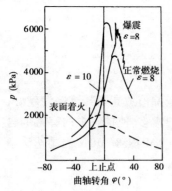

图 4-26 各种非正常燃烧过程的 $p - \varphi$ 图

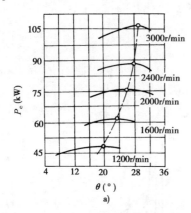
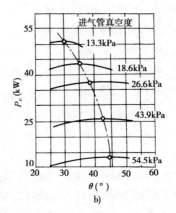

图 4-27 25Y-6100Q 型汽油机的点火提前角调整特性
a) 节气门全开时; b) 转速 $n = 1600 \text{r/min}$

3. 转速

转速增加时,汽缸中紊流增强,火焰传播速度大体与转速成正比增加(见图 4-28),因而以秒计的燃烧过程缩短,但一般燃烧过程相应的曲轴转角增加,应相应加大点火提前角(图 4-27a),才能适应转速增大带来的影响。这在结构上可采用离心式调节点火提前器来实现点火提前角随转速的变化。转速增加,火焰传播速度增加,爆震倾向减小。

4. 负荷

汽油机的负荷调节简称为量调节,当负荷减小时,节气门关小,进入汽缸的混合气减少,而残余废气量基本不变,残余废气所占比例相对增加,使混合气稀释程度变大,火焰传播速度下降,燃烧恶化。同时由于进气节流,泵损失加大,冷却散热损失也相对增加,因此经济性显著降低。为使燃烧过程有效进行,在转速一定,而负荷减小时,需要增大点火提前角(图4-27b),这可通过真空调节点火提前器来实现。

5. 大气状况

当大气压力低时,将使汽缸充气量减少,混合气变浓。同时压缩终点的压力也随之降低,故经济性和动力性下降,但爆震倾向减小。

当大气温度高时,同样会造成充气量下降,经济性、动力性变差,而且容易发生爆震和气阻。气阻是由于燃油蒸发在供油系管路中形成气泡,减少甚至中断供油的现象。因此,在炎热地区行车,应加强冷却系散热能力,采用供油量稍大的汽油泵。反之在寒冷地区行车要加强进气系统预热,增强火花能量等,以保证燃油雾化、正常点火及起动。

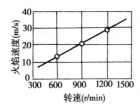

图4-28 火焰传播速度随转速的变化(斯隆安试验用发动机,点火提前角30°,进气温度10℃,空燃比13)

第四节 均质压燃(HCCI)发动机

均质压燃燃烧是预混合气在压缩过程中温度升高达到自燃温度以后所发生的燃烧现象。要在发动机中应用均质压燃燃烧有两个关键:一是向混合气提供足够的热量使之能在压缩上止点附近达到自燃温度;二是对混合气温度进行控制使之能在最佳曲轴相位达到自燃温度开始燃烧,过早将使燃烧粗暴而热效率下降,过晚将会使发动机失火。

均质压燃是一种全新的发动机燃烧方式。从表面上看,均质压燃发动机是点燃式汽油机和柴油机的结合:它像点燃式汽油机一样采用预混的均匀混合气,又像柴油机一样利用压缩过程所产生的热使混合气自燃,不需要使用火花塞来点燃。而实际上,均质压燃的燃烧过程与点燃式汽油机以及柴油机的燃烧过程都不同。点燃式汽油机和柴油机的燃烧都是扩散燃烧过程。如图4-29所示,点燃式汽油机主要依靠热扩散来实现火焰传播。压燃柴油机的主燃烧过程是依靠燃油蒸气和氧气的扩散现象使油气相遇产生化学反应。在这两种燃烧过程中,燃烧室内物理量在空间的分布是不均匀的,因而发生热扩散或物质扩散现象。而理想的均质压燃是在整个燃烧室内同时发生的燃烧过程,在燃烧过程中物理量在空间的分布是均匀的,仅随时间变化。因此,均质压燃燃烧在理论上不存在扩散现象,是非扩散的燃烧过程。

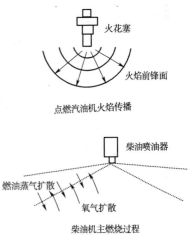

图4-29 汽油机火焰传播燃烧和柴油机扩散燃烧示意图

一、HCCI发动机的主要特点

均质充量压缩着火燃烧被认为是"内燃机的第三种燃烧方式",其基本特征是均质混合气的压燃着火和低温燃烧。该燃烧方式能降低颗粒物和氮氧化物排放,同时能燃用多种燃料,实现较高的热效率。HCCI方式综合了传统汽油机和柴油机燃烧方式的优点:类似于传统汽油机,使用均质混合气,因而避免了柴油机中浓的扩散火焰,极大地降低了颗粒物排放;类似于柴油机,使用压燃着火,缸内均质混合气自燃,避免了汽油机中点火后产生的高温火焰,降低了氮氧化物的排放。概括起来,HCCI 发动机主要具有以下几个特点。

1)超低的 NO_x 和 PM 排放。HCCI 发动机在部分负荷工况下的 NO_x 排放相对于传统柴油(汽油)机可降低 95%~98%。

2)热效率高。HCCI 发动机的热效率可超过直喷式柴油机的热效率。

3)HCCI 燃烧过程主要受燃烧化学反应动力学控制。其着火与燃料特性和缸内热氛条件密切相关。

4)HCCI 发动机运行范围较窄。其燃烧受到失火(混合气过稀)和爆燃(混合气过浓)的限制,使发动机运行范围变窄。对于高十六烷值燃料,在高负荷工况下(混合气浓度大)易发生爆燃;对于高辛烷值的燃料,由于 HCCI 燃烧为稀薄燃烧,发动机在小负荷工况下容易失火。

5)HCCI 发动机 HC、CO 排放偏高。这主要是由于 HCCI 燃烧通常采用较稀的混合气和较强的 EGR,缸内温度较低造成的。

二、HCCI 的燃烧特性

从表面上看,均质压燃发动机像点燃式汽油机一样采用预混均质混合气,又像压燃式柴油机一样利用压缩过程产生的热量使混合气自燃,似乎像是这两者的结合,而实际上均质压燃的燃烧过程与点燃式汽油机和压燃式柴油机的燃烧过程有着本质的区别。点燃式汽油机和压燃式柴油机的燃烧都是扩散的燃烧过程,点燃式汽油机主要是利用热扩散来实现火焰传播,压燃式柴油机的主燃烧过程是依靠燃油蒸气和氧气的扩散产生热化学反应。

如 4-30 所示,HCCI 燃烧表现出独特的两阶段放热特点。第一阶段放热是低温化学动力学反应,此时是冷焰、蓝焰。在第一阶段放热与主放热阶段之间有一个很短的时间延迟。第二阶段燃烧是多点同时进行的,一旦开始着火。燃烧迅速且比较均匀,既没有局部高温区,也没有明显的火焰传播,因而 NO_x 和炭粒的形成能够被有效抑制。与传统的柴油机相比,低负荷 NO_x 排放可减少 90%~98%。HCCI 方式的 HC 和 CO 排放比普通柴油机高,导致这种现象产生的原因之一是混合气稀薄、缸内燃烧温度低;此外,在混合气形成过程中,一部分燃料会进入燃烧室缝隙中,最终导致 HC 和 CO 排放增加。但可以通过催化转化器进行后处理。

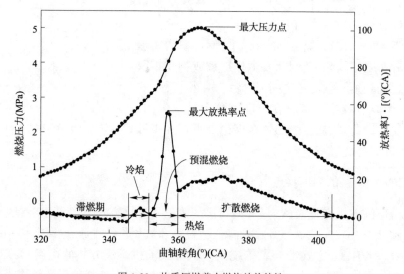

图 4-30 均质压燃着火燃烧放热特性

两阶段放热现象的出现与燃料的辛烷值或十六烷值(Cetane Number,简称 CN)有关,使用低辛烷值或高十六烷值燃料很容易观察到两阶段放热过程(图 4-31)。

HCCI 采用稀薄混合气燃烧,在中、低负荷运行时几乎实现了等容燃烧,接近理想 Otto 循环,具有很高的放热率。此外,HCCI 发动机燃烧室内没有局部高温区,热辐射损失减少,因此,HCCI 部分负荷运行具有比直喷柴油机更高的热效率。

HCCI 系统的燃烧始点是由均质混合气的自燃着火特性控制,其混合气的自燃受混合气化学特性和燃烧室内时间-温度历程的影响。由于着火始点与汽缸内气流状况关系较少,且燃烧速率较快,每个循环燃烧的持续时间差距不大,有利于减少燃烧循环变动。

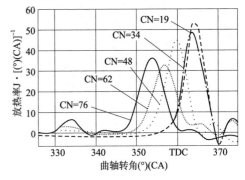

图 4-31 不同十六烷值时均质压燃着火燃烧放热特性

三、HCCI 技术尚待解决的问题

HCCI 方式是使用稀薄的均质混合气来达到减少 NO_x 和 PM 的目的,在内燃机上的应用有着诱人的前景。要在发动机上应用均质压燃有两个关键:一是向混合气提供足够的热量,使之能在压缩上止点附近达到自燃温度;二是对混合温度进行控制,使之能在最佳曲轴相位达到自燃温度开始燃烧。过早将使燃烧粗暴,热效率下降,过晚会使发动机失火。目前要实现 HCCI 燃烧在发动机上的应用,需要解决以下一些问题。

(1) 随发动机转速和负荷的改变控制着火正时(Ignition Timing)。
(2) 高负荷运行时燃烧速率的控制(使放热率减缓,以限制噪声或过高的燃烧压力)。
(3) 改善冷起动和发动机变工况运行的响应特征。
(4) 排放(特别是低负荷 HC 和 CO 的排放)控制系统的发展。
(5) 发动机控制策略和系统(闭环反馈系统)的发展以及相应传感器的研制。
(6) HCCI 燃烧运行范围扩展。
(7) 合适燃料(包括混合燃料)的开发。
(8) 多缸机各缸均匀性的保证。

目前研究的重点是:燃烧相位的控制,工况范围的扩展,合适燃料及均质混合气的制备。其中,最关键的是要解决着火时刻和燃烧速率的控制问题。

四、几种典型的均质压燃汽油机(详见参考文献[18])

1. 可控自燃(CAI)燃烧系统

首先受到广泛关注的均质压燃燃烧系统称为可控自燃(CAI,Controlled Auto-Ignition)燃烧系统。在 1998 年秋,欧洲研究者在 SAE 发表了这种燃烧系统的设想。其后,有很多试验研究结果发表。这种燃烧系统的主要特点是通过改变进、排气门的开闭时间来大幅度增加残余废气系数,提高混合气温度,使混合气在压缩过程终点达到自燃温度。CAI 燃烧系统采用双燃烧模式。图 4-32 为这种发动机在两种燃烧模式下的气门升程示意图。在以均质压燃方式工作时,排气门在上止点前 10°CA 就提前关闭,使相当一部分废气不能排出汽缸而成为残余废气。当排气门提前关闭后,缸内气体由于活塞继续上行受到压缩。为避免进气门打开时缸内压缩气体突然膨胀,不能再对活塞做功,造成能量损失,进气门打开的时间被推迟到上止点后,直至缸内压力下降至大气压时再打开。这样进、排气门打开的时间不再重叠,反而有相当大的间隔,称为负气门重叠。在不同工况下运行时,对气门开闭的时间进行调节来控制残余废气系数和混合气温度,从而控制燃烧时间。这类均质压燃汽油机的压缩比通常与点燃汽油机相同,大约是10,或者略高。

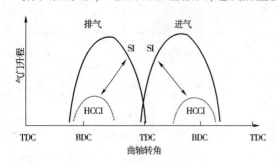

图4-32 可控自燃型(CAI)均质压燃汽油机在不同燃烧模式时的气门升程

在高负荷工况,CAI系统采用点燃方式工作。气门升程与常规汽油机相同,见图4-32。由于压缩比与点燃汽油机相同,燃烧模式转换到点燃方式工作不困难,只要降低残余废气系数并控制进气压力就可以实现。燃烧模式的转换主要是通过改变进、排气门的开闭时间来完成的,即从负的气门重叠改变为正常的气门重叠。此外进气压力也需要进行调整。如前所述,由于点燃燃烧所产生的残余废气温度较高,从点燃转换到均质压燃后的第一个循环混合气温度可能过高,使燃烧过早。这个问题通过适当的控制策略可以得到解决。

CAI燃烧系统的最大优点是相对简单。尤其是早期采用进气道电喷的CAI型燃烧系统最简单。除了需要对进、排气门的驱动机构进行改造以控制残余废气系数并实现燃烧方式转换外,汽油机的其他部分都和常规汽油机相似。因此制造一台CAI汽油机可仅仅对一台常规汽油机的气门机构进行改造而完成。如果进行大规模生产,也仅需要对原有生产线进行部分改造。这是CAI汽油机受到汽车工业和学术界广泛重视的重要原因。

CAI系统也有一些缺点,主要为均质压燃方式工作时的热效率提高幅度相对不够大,以及均质压燃的工作区域比其他均质压燃系统的工作区域相对小一些,尤其是在低负荷工作的能力相对差一些。CAI系统热效率提高幅度较小的原因是它对均质压燃提高热效率的潜力利用不够。CAI系统仅仅依靠了减少泵气损失、减少传热损失以及减少燃气分子高温离解的损失来提高热效率。另外两个对热效率有很大影响的因素,压缩比和空燃比,没有得到改善。此外,CAI系统通过调节残余废气系数来控制燃烧时间。但这种方法的调控范围由于要考虑燃烧的需要因而较窄,不易在各种工况下都能把燃烧时间控制在最佳值,常会造成燃烧时间的损失。此外,进、排气门升程变小以及在排气门关闭后缸内气体受到压缩也带来一定损失。有试验表明,排气和进气行程的平均有效压力损失可达0.02MPa左右。很多发动机台架试验结果表明,CAI汽油机在以均质压燃方式工作时其热效率大致与壁面阻挡型分层燃烧汽油机的热效率相当。

从控制可靠性的角度,由于CAI系统主要依靠残余废气提供混合气达到自燃温度所需要的热量,如果在一个工作循环失火,下一个工作循环将因残余废气温度低而不能使混合气达到自燃温度。此时需要转换为点燃方式才能重新恢复工作。这对控制的可靠性来说是不利的。

与其他均质压燃燃烧系统相比,CAI系统对进、排气门的控制精度和响应速度的要求较高。它既要求气门开闭时间能够大幅度、迅速地变化以满足燃烧方式转换的要求,又要求气门开闭时间能进行精细地微调以满足对燃烧时间控制的要求。采用电驱动或者电液压驱动的无凸轮气门系统可以满足这些要求。但这些气门驱动机构尚不成熟,成本也很高。可选择采用凸轮廓线机构并且同时采用可变凸轮相位机构也能大致上满足对进、排气门控制的要求,技术上也比较成熟。

CAI 是近年来最受关注的均质压燃燃烧系统,近 10 年来对其开发有大量的投入。在 2007 年,两种装有 CAI 型均质压燃汽油机的样车在欧洲展示。由于这种技术存在着上述先天性的问题,CAI 汽油机能否真正上市,能否真正成为汽车发动机的主流,还需拭目以待。

2. 压燃点燃(CSI)燃烧系统

还有一种与 CAI 燃烧系统类似的燃烧系统,称为压燃点燃型燃烧系统(CSI,Compression Spark Ignition),它也是依靠大幅度增加缸内残余废气来提高混合气温度,使混合气在压缩过程终点能够自燃。但 CSI 系统增加缸内已燃气体的方法与 CAI 系统不同。图 4-33 显示了这种发动机的进、排气门在两种燃烧方式的升程示意图。在以均质压燃方式工作时,发动机的排气门在进气过程后期再次打开。由于缸内压力在进气过程中低于排气道压力,部分已流出汽缸进入排气道的炽热排气又返回流入汽缸。回流的排气提供一部分混合气自燃所需要的热量。为了增加回流的排气,排气门的升程曲线可以用可变凸轮廓线装置改变,如图 4-33 中虚线所示,把进气门关闭的时间提前。通过对进、排气门相位的调整可控制回流的排气量,从而控制混合气的温度和燃烧时间。在以点燃方式工作时,排气门在进气过程中不再打开。

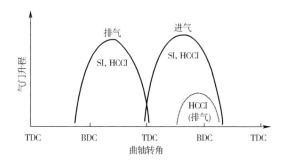

图 4-33 压燃点燃型(CSI)均质压燃汽油机在不同燃烧方式时的气门升程

CSI 系统与 CAI 系统相比有一些优点。首先,CSI 系统与 CAI 系统不同,它的进、排气门升程都没有减小,或减小得不多,流动阻力没有增加或增加得不大。同时,在进气结束时,CSI 系统的排气门重新打开,汽缸与排气道相通,由于排气道压力通常略高于外界气压,压缩前 CSI 系统的汽缸压力不仅不像 CAI 系统一样低于外界气压,反而可能略高于外界气压。在低负荷工况时,CSI 系统较高的压缩前汽缸压力使缸内已燃气体可以比 CAI 汽油机多一些,为混合气多提供一些热量,向低负荷方向扩展工作范围。在较高负荷工况时,CSI 系统较高的压缩前汽缸压力使缸内气体质量多一些,进一步稀释混合气,使 CSI 均质压燃工作区域的上限可以向上扩展一些。

CSI 系统比较容易形成缸内混合气温度分布的不均匀性。在进气过程后期,它的两个排气门可以只打开一个,使排气仅从一个排气门返回汽缸,造成缸内混合气温度分层。温度分布的不均匀性可以延长均质压燃燃烧的持续期,降低燃烧的粗暴性,使工作区域向高负荷区扩展。

此外,由于没有负气门重叠,缸内气体在负气门重叠期间没有被再次压缩,减少了在进、排气行程的损失。

但另一方面,CSI 系统与 CAI 系统相比有一些缺点。CSI 系统的燃气先排出汽缸,再流回汽缸。在这个过程中有部分热量散失到排气道壁面,使残余废气温度降低。同时,由于没有负气门重叠,不能利用已燃气体的再压缩所产生的高温,使先期喷射的汽油开始燃烧,因而不能在低负荷时通过先期喷射提供更多的热能来帮助实现均质压燃。此外,由于在进气过程中进、排气门都打开,如果采取进气增压,必须同时提高排气背压。也就是说只能采用废气涡轮增压,不能采用机械增压,对系统设计增加了约束。

除上述区别外,这种系统的优缺点以及平均燃油效率都和 CAI 系统相似,但受到的关注远不如 CAI 燃烧系统。

3. 优化动力过程(OKP)燃烧系统

在 1999 年上半年,一种与上述系统完全不同的均质压燃燃烧系统被发明,称为优化动力过程(OKP,Optimized Kinetic Process)燃烧系统。与上述主要利用残余废气提供混合气自燃所需热能的系统不同,OKP 均质压燃系统力图充分利用汽油机几乎所有可利用的热能源使混合气达到自燃温度。它采用较高的压缩比,大约为 15,增加了压缩做功转化的热能。它采用热交换器来回收冷却液和排气中的余热对空气进行加热,使进气温度升高。同时,它还适当增加缸内残余废气使混合气温度升高。必要时,它也可以采用先期供油和燃烧来进一步补充混合气自燃所需的热能。OKP 系统对燃烧时间的控制主要依靠对进气温度进行控制来实现。

图 4-34 为 OKP 燃烧系统利用排气和冷却液的余热加热进气的示意图。这种设计能够实现对进气温度的快速控制,或称作快速热管理。如图 4-34 所示,进气被分成两股。一股空气流经两个热交换器,先被冷却液加热,再被排气加热。另一股空气不经过热交换器,直接流到进气道。进气温度的快速控制是通过调节两股气流的比例来实现的。冷热气流的比例可用一个或多个气流控制阀来调节。这种进气系统设计基本上避免了进气系统热惯性对温度调节响应速度的影响,可进行快速温度调节。

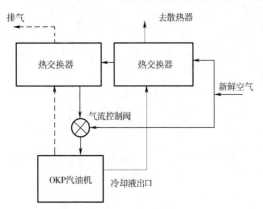

图 4-34 优化动力过程燃烧系统(OKP)进气加热和进气温度控制示意图

除了加热进气外,在以均质压燃方式工作时,OKP 系统可以适当增加残余废气量,向混合气提供更多的自燃所需要的热能。

OKP 系统也采用双燃烧模式来扩大汽油机的工作范围。在高负荷工况及冷起动和暖机过程中,OKP 系统以点燃方式工作。由于 OKP 汽油机的压缩比提高到 15 左右,在以点燃方式工作时需要降低有效压缩比至 10 左右,以避免爆燃。同时,点燃燃烧要求把残余废气系数控制在一定范围内,不能像均质压燃燃烧时那样高。OKP 系统对有效压缩比和残余废气量的控制是用可变气门定时机构(有可变凸轮轴相位机构 VCT 或可变凸轮廓线机构 CPS)调节进、排气门的定时来实现的。

利用气门机构的控制可以实现均质压燃和点燃双燃烧模式。但是,单纯改变气门机构来实现双燃烧模式还会遇到汽油机最大转矩下降的问题。在高负荷工况,汽油机以点燃方式工作时,OKP 汽油机推迟进气门的关闭时间来降低有效压缩比,避免爆燃。但是进气门关闭时间的推迟也降低了汽油机的充量系数,使最大平均有效压力或转矩下降。为了弥补充量系数的下降,OKP 系统在高负荷工况采用增压和中冷。在一台几何压缩比约为 15 的均质压燃单缸机所做的试验结果表明,采用上述方法后其指示平均有效压力可达 1.17MPa,不亚于点燃式汽油机,此时的进气压力增加到 0.15MPa。更理想的方式是采用两级可变几何压缩比机构,在以点燃方式工作时降低压缩比。但目前可变几何压缩比机构尚不够成熟,成本也高。

4. 可变压缩比(VCR)均质压燃系统

还有一种均质压燃燃烧系统主要通过大幅度增加压缩比,产生更多的压缩热来向混合气提供热能,实现均质压燃。在 20 世纪末,瑞典研究者在高压缩比的柴油机上对汽油均质压燃进行了一系列试验研究。发动机的压缩比高达 20 以上。采用可变压缩比机构(VCR)来控制在不同工况下的燃烧时间。

从理论上讲,采用连续改变几何压缩比可以提供足够的热量使混合气达到自燃温度并能对燃烧时间进行控制。均质压燃工作范围不再受到向混合气提供热能的限制。而实际上,由于可变压缩比机构设计的困难,压缩比的变化范围往往有限,不能完全满足控制的要求。此外,这种燃烧系统还有很多其他问题。例如,由于汽油的自燃温度高于柴油,至少需要 20 或者更高的压缩比才能使混合气自燃。这样高的压缩比会使汽缸压力过高,不得不采用更坚固的内燃机结构,使摩擦损失增加。同时,在改变几何压缩比时,可变压缩比机构需要克服汽缸压力移动,受很大的力,因此可变压缩比机构的设计很难满足对压缩比进行快速准确调节的要求。最初发表的台架试验结果并不能令人非常满意。

随后,在 2003 年发表的可变压缩比均质压燃汽油机采用了和 OKP 汽油机相同的方法,利用热交换器回收排气中的余热来加热空气,并通过气流控制阀调节被加热和没有被加热的空气流之间的比例,来控制进气温度和燃烧时间。图 4-35 为改进的可变压缩比均质压燃汽油机(VCR)示意图。在比较两种燃烧时间控制方法后,该机的研究者得出结论:与改变压缩比来控制燃烧时间的方法相比,调节进气温度能对燃烧时间进行更好的控制。

同时采用进气温度控制和连续可变压缩比机构的 VCR 均质压燃汽油机应当比 OKP 汽油机的均质压燃工作范围更大。但是,连续可变几何压缩比机构的成本较高。从内燃机控制角度,必须有一种控制燃烧时间的方法对均质压燃进行控制。用两种独立的方法来控制燃烧时间并非必须条件。上述改进的 VCR 型均质压燃汽油机实际上也仅用一种方法控制燃烧时间。

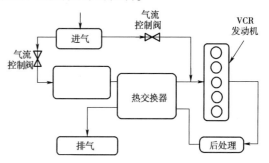

图 4-35 采用排气热交换器的改进型 VCR 均质压燃汽油机

可变压缩比的能力对采用双燃烧方式的均质压燃汽油机确实非常理想,但并不需要连续可变。上述改进的 VCR 汽油机以及 OKP 汽油机如果采用两级可变几何压缩比的机构就可达到与采用连续可变压缩比机构的 VCR 汽油机相同的效果。

下面对 4 种均质压燃汽油机作简单总结

1) OKP 型汽油机

从以上分析可以看出,OKP 型汽油机能达到最高的部分负荷热效率,其均质压燃工作范围也最宽。因此,OKP 型汽油机对汽车平均燃油效率提高的作用最大,可提高 25% ~ 30%。氮氧化物排放也降低了两个数量级,使排气后处理比分层燃烧缸内直喷汽油机容易得多。但整个发动机系统最复杂。设计一台 OKP 汽油机需要对常规汽油机进行较大的改造,除了提高压缩比以外,还需要对进、排气系统进行重新设计,增加冷却液和空气以及排气和空气之间的热交换器以及一些气流控制阀。同时,进、排气门的驱动机构必须采用可变气门定时机构,例如采用可选择凸轮廓线机构来迅速改变气门开闭时间以满足燃烧方式转换的要求。此外,为了提高汽油机的性能,采用进气增压和中冷以及汽油缸内直喷技术。这些都使得整个系统的体积较大,在汽车发动机舱内布置较困难,也使得成本增加较多。OKP 型汽油机的成本将高于 CAI 型和 CSI 型汽油机,但仍远低于柴油机的成本。

2) CAI 型汽油机

CAI 型汽油机的主要优点是对发动机的改装少,容易在常规汽油机上改装而成为均质压燃汽油机。如果不采用无凸轮轴气门机构,成本增加也会少一些。它的一个优点是利用了均质压燃使氮氧化物排放低的特点,排气后处理比分层燃烧缸内直喷汽油机容易得多。但汽车平均燃油效率的提高较少,大约10%。同时因对发动机热源利用不够,受环境温度影响大,当环境温度低时难以在较低负荷工况实现均质压燃。

3) CSI 型汽油机

CSI 型均质压燃汽油机的优缺点与 CAI 型汽油相似。对汽车平均燃油效率的改进也相似。

4) VCR 型汽油机

VCR 型均质压燃汽油机的部分负荷指示和热效率也非常高,均质压燃工作范围也最宽,都与 OKP 型汽油机相似。但由于机械摩擦损失较大,对汽车平均燃油效率的提高略低于 OKP 型汽油机,估计可达20%以上。氮氧化物排放极低可是个很大的优点。由于采用了可变几何压缩比机构,成本可能会比较高,发动机质量也会比较大。

第五章　替代燃料发动机及新能源汽车

随着汽车保有量的不断增长和石油资源的日益减少,世界各国都在千方百计降低汽车的燃油消耗率和致力于替代燃料的开发研究工作。

第一节　替代燃料发动机

一、替代燃料

目前,汽车使用最多的清洁替代燃料有天然气、液化石油气和醇类燃料,使用这三类燃料替代汽油和柴油的发动机改动不大,技术也比较成熟。另外还有二甲醚、太阳能、生物质能(生物柴油)、电能(含充电电池和燃料电池)、氢气等替代燃料。它们各自的主要优、缺点及现状与前景见表5-1。

汽车替代燃料的比较　　　　　表5-1

新能源	主要优点	主要缺点或问题	现状与前景
天然气	1. 天然气资源丰富; 2. 污染小; 3. 天然气辛烷值高; 4. 天然气价格低廉	1. 建加气站网络要求投资强度大; 2. 气态天然气的能量密度小,影响续驶里程等性能; 3. 与汽油车比动力性低; 4. 储带有所不便	在许多国家获得广泛使用并被大力推广,已有约100多万辆; 是21世纪汽车重要品种
液化石油气	1. 液化石油气来源较为丰富; 2. 污染小; 3. 液化石油气辛烷值较高	面临天然气汽车的类似问题,但程度较轻	目前世界上液化石油气汽车的保有量达400多万辆; 是21世纪汽车的重要品种
醇类 (甲醇) (乙醇)	1. 甲醇[乙醇]来源较为丰富; 2. 辛烷值高; 3. 污染较小; 4. 乙醇是一种持续发展的生物物质能源	1. 甲醇的毒性较大; 2. 需解决分层问题; 3. 对金属及橡胶件有腐蚀性; 4. 冷起动性能较差	已获得一定程度的应用; 可以作为能源的一种补充,在某些国家或地区可能保持较大的比例
二甲醚	1. 二甲醚来源较为丰富; 2. 污染小; 3. 十六烷值高	面临与液化石油气类似的储运方面的问题	正在研究开发; 采用一步法生产二甲醚成本大幅度下降后,可望有较好的发展前景
太阳能	1. 来源非常丰富,可再生; 2. 污染很小	1. 效率低; 2. 成本高; 3. 受时令影响	正在研究; 达到实用需要相当长的时间
生物质能	1. 来源丰富,可再生; 2. 污染小	1. 供油系部件易堵塞; 2. 冷起动性能较差	可以作为能源的一种补充,应用于某些国家或地区

续上表

新能源	主 要 优 点	主要缺点或问题	现状与前景
电能	1.电能来源非常丰富,且来源方式多; 2.直接污染及噪声很小; 3.结构简单,维修方便	1.蓄电池能量密度小,汽车续驶里程短,动力性较差; 2.电池重量大,寿命短,成本高; 3.蓄电池充电时间长	从总体看仍处于试验研究阶段,要完全解决技术上的难题并降低成本,还需要一定的时间; 公认的未来汽车的主体
氢气	1.氢气来源非常丰富; 2.污染很小; 3.氢的辛烷值高,热值高	1.氢气生产成本高; 2.气态氢能量密度小且储运不便,液态氢技术难度大,成本高; 3.需要开发专用发动机	仍处于基础研究阶段,制氢及储带技术有待突破; 有希望成为未来汽车的重要组成部分

各种替代燃料的理化性能见表 5-2。

汽车替代燃料理化性能　　　表 5-2

燃料	车用汽车 Petrol	车用柴油 Diesel Oil	天然气 NG	液化石油气 LPG	甲醇 Methanol	乙醇 Ethanol	二甲醚 DME	氢气 Hydrogen
化学分子式	$C_4 \sim C_{12}$ 以 C_8H_{18} 为代表	$C_{16} \sim C_{23}$ 以 $C_{16}H_{34}$ 为代表	主要成分:CH_4	主要成分:C_3H_8(C_4H_{10})	CH_3OH	C_2H_5OH	CH_3-O-CH_3	H_2
分子量	[114-(C_8H_{18})]	[226-($C_{16}H_{34}$)]	16.05	44.11(58.14)	32	46	46	2.02
含氧量(%)	0	0	0	0	50	34.8	34.8	0
物理状态(常态)	液态	液态	气态	液态	液态	液态	液态	气态
在车上的存储状态	液态	液态	气态或液态或吸附	液态	液态	液态	液态	气态或液态或吸附
液态密度 20℃ (g/cm³)	0.72~0.75	0.83	<-161.5℃ 典型天然气:0.44 甲烷:0.424 (气态0.72kg/m³) 15℃时气液体积比:甲烷624 典型天然气600	<-14℃ 商用丙烷0.52 丙烷0.582 丁烷0.60215℃时气液体积比:丙烷273 商用丙烷280	0.796	0.790	<(-24.8℃ 0.661)	(与空气的密度比0.069) 标准沸点液体的密度与标准状态下气体的密度比845
沸点(常压)(℃)	30~220	180~370	-161.5	-41(丙烷-42)(丁烷-0.5)	64.8	78.3	-24.8	-252.8
饱和蒸气压(kPa)(38℃)	62.0~82.7	0.0069	246(25℃)	358.5	31.0	17.33		246

续上表

燃料	车用汽车 Petrol	车用柴油 Diesel Oil	天然气 NG	液化石油气 LPG	甲醇 Methane	乙醇 Ethanol	二甲醚 DME	氢气 Hydrogen
质量低热值（MJ/kg）	44.52	43	49.54	45.31	20.26	27.20	27.6	120
液态容积低热值（MJ/L）	32.05~33.39	35.69	21.80	23.56	16.13	21.49	18.24	8.496
汽化潜热（kJ/kg）	297	250	506	丙烷422 丁烷372.2	1101	862	467.3/−24.8℃	447
自燃点（℃）	260~370	250	537	丙烷432	470	420	235	400
闪点（℃）	−43	60	−187	−104[丙烷]	11	21	−41.4	<−253
辛烷值 RON	（催化裂化88−89）（催化重整95−99）（直馏40−50）		120	94（112HD−5）	112	111		
MON	（催化裂化77−79）（催化重整83−86）		120	90（>95HD−5）	95	94		
十六烷值	27	40~60	0		3(5)	8	55~66	
最低点火能量（MJ）	0.25~0.3		0.2(0.29)	0.305				0.018
在空气中的可燃范围体积比（%）	1.3~7.6	1.58~8.2	5~15	丙烷2.1~9.5	5.5~30	4.3~19	3.4~19	(a=0.14~9.85) 4~75
理论空燃比（质量比）（体积比）	14.8 58.4	14.5 84.2	16.75 9.52	丙烷15.7 丁烷15.45 23.8	6.47 7.14	9.98 14.3	9.98 14.3	34.5 2.38
比热（20℃）[(kJ/kg)^−1 K^−1]	2.3	1.9		液态：2.48/2.36 气态：1.67/1.68	2.55	2.72		
凝固点（℃）	−57	−1~−4		−187.7 −138.4	−98	−114		

续上表

燃料	车用汽车 Petrol	车用柴油 Diesel Oil	天然气 NG	液化石油气 LPG	甲醇 Methane	乙醇 Ethanol	二甲醚 DME	氢气 Hydrogen
动力黏度 (20℃) (10^{-3}Pa·s)	0.42	3.7			0.6	1.2		
运动黏度 (20℃) (10^{-6}m²/s)	0.65~0.85	2.5~8.5						

二、替代燃料发动机

目前,替代燃料发动机除了专门研究、试验、开发的新型发动机外,大多数是在原有汽油机或柴油机的基础上改装而成。一般有三种类型:

若改装一套替代燃料供给系统,取代原有汽油机或柴油机燃料系统,则称为单(替代)燃料发动机;

若在原有汽油机或柴油机燃料系统之外,增设一套替代燃料供给系统,这两套燃料系统分别、但不同时向发动机供给燃料,则称为两用燃料发动机;

若在原有汽油机或柴油机燃料系统之外,增设一套替代燃料供给系统,这两套燃料系统按预定的配比同时(或先后)向发动机供给燃料,则称为双燃料发动机。

1. 压缩天然气(CNG)发动机

天然气的主要成分是甲烷(占85%~95%)和少量的乙烷、丙烷、丁烷,因而氢含量大,且硫、氮等杂质少,不含芳香烃,加之天然气是气态燃料,容易与空气混合,燃料燃烧完全。发动机燃烧天然气仅排放极微量的一氧化碳、碳氢化合物、氮氧化物,故尾气排放污染物较低。因此,天然气是目前世界公认的"清洁替代燃料"。

汽车携带天然气可以有四种方式:分别是常压(低压)天然气(NG)、压缩天然气(CNG)、液化天然气(LNG)和吸附天然气(ANG)。由于低压天然气容器太大而被淘汰,液化天然气要求绝热很严格而难度较大,吸附天然气正在研究中。因此,我们常说的天然气汽车主要是压缩天然气汽车(CNGV)。

目前,燃用压缩天然气的发动机可有:

CNG单(替代)燃料发动机(指发动机燃用单一的压缩天然气;采用点燃式)。

汽油/CNG两用燃料发动机(汽油与CNG这两套燃料系统通过转换开关实现分别、但不同时向发动机供给汽油或CNG;采用点燃式)。

柴油—CNG双燃料发动机(柴油与CNG这两套燃油系统在每一个工作循环,均向汽缸内喷入少量柴油作为"引燃燃料",待柴油着火燃烧后再将天然气点燃;采用压燃式)。

现对燃用压缩天然气的发动机作如下分析。

1)动力性分析

燃用天然气的发动机比燃用汽油时的功率明显下降,若不改变发动机的结构参数,发动机功率要下降10%~18%。这是因为汽油与空气混合气的热值为3.73MJ/m³,而天然气与空气混合气的热值为3.39MJ/m³,较汽油与空气混合气的热值约低12%;其次,目前使用天然气的发动机是由原汽油机改装而成,经进气管进入汽缸的天然气是以气态与空气混合,而经进气管进入汽缸的汽油是以液态雾化与空气混合,相比之下,天然气本身的体积占进气体积的比例要比汽油本身体积(可忽略不计)占进气体积的比例大得多,导致燃用天然气时的汽缸空气进气量减少,使充气系数下降。且汽油雾化后气化吸热使进气温度下降,而天然气在相同工况下,不需进气吸热,而使充气系统进一步下降。这些是燃用天然气比燃用汽油时功率下降的主要原因。

为了提高改装后的汽油机燃用天然气的功率,一般采取下列措施:

(1)提高充气系数。提高充气系数的有效途径是采用进气增压,由于天然气的辛烷值比汽油高而具有更好的抗爆性能,这使天然气的混合气具备了利用进气增压提高动力性的潜力。

(2)适当提高改装后汽油机的压缩比。对于CNG单燃料发动机(用于天然气供应有保障的城市公共汽车、出租车等),利用天然气高辛烷值(研究法辛烷值>140)的抗爆性能,可提高压缩比(一般为10~12),以提高发动机的功率。但对于汽油/CNG两用燃料发动机,虽然用CNG时,提高压缩比可提高发动机功率,但转换燃用汽油时,则高压缩比可能产生爆震。特别是现代汽油发动机的燃烧室设计非常精密,如果在改装这类汽油发动机为汽油/CNG两用燃料发动机时,简单地采用减薄汽缸盖底部来实现提高压缩比,则可能会破坏发动机的正常燃烧,因而必须谨慎采用。

(3)增大点火提前角。增大点火提前角可以增加发动机的最大功率,特别是对于未改变发动机压缩比的改装汽油/CNG两用燃料发动机,则可通过增大点火提前角以提高发动机的功率。

(4)采用CNG电控喷射方式。电控喷射CNG(不论缸外或缸内)可以根据发动机的转速、负荷等工况信号准确地控制喷射量和更好的混合气分配,并实现稀薄混合气燃烧,以进一步提高发动机的动力性、经济性及改善排放特性。

(5)大负荷加浓。发动机大负荷时,适当增加CNG的供给量,增大混合气浓度,以提高发动机的大负荷功率。

2)燃料经济性分析

尽管天然气的热值比汽油略低,但其燃料费用约为汽油的2/3。加之天然气的着火极限较汽油的宽,可在$\alpha=0.58\sim1.8$的范围内着火燃烧,有利于采用稀薄混合气燃烧技术,从而燃用天然气具有比燃用汽油更好的燃料经济性。加之CNG燃料燃烧完全、少结炭、无爆震,使发动机使用寿命延长、维修费用下降(可为汽油机的70%左右)。

3)尾气排放分析

天然气是气态,与空气混合均匀,燃烧完全并可采用稀薄燃烧技术,排放性能好。相同使用条件下,发动机燃用CNG与燃用汽油相比:CO减少97%,HC减少72%,NO_x减少39%,CO_2减少24%,SO_2减少90%,苯、铅等粉尘减少100%。

4)安全性分析

燃用CNG发动机的汽车上携带着内装20MPa天然气的高压储气瓶,人们自然会关注其安全性问题。其实,CNG发动机的燃料系统除了天然气的高压储气瓶外,其他元器件并不多,且都有严格的国家标准要求,只要严格遵循质量标准和操作规程,从燃料性质上来讲,天然气汽车比汽油机汽车更安全。

天然气在空气中燃烧时,着火浓度极限是5%~15%(而汽油是1.3%~7.6%),即着火下限比汽油高,且天然气比空气轻(密度只有空气的55%),一旦CNG储气瓶意外发生泄漏时,天然气将迅速向上逸散,不易聚积达到着火下限。加之,规定凡无臭味或臭味不足的天然气需加有臭剂,便于察觉。现在,大部分CNGV装有天然气防泄漏保护装置和泄漏报警装置,对于出租车在储气瓶阀处强制装有漏气导流装置,一旦意外漏气也能将天然气导出车外。此外,天然气的自燃温度高达537℃,可见只要在没有外界火源的情况下,天然气要达到537℃才能自行着火燃烧(汽油的自燃温度为400℃)。但需注意,天然气的闪点为-187℃(汽油为-43℃),只要天然气的浓度达到着火极限,若有外界火源则可被点燃。总之,从燃料性质来衡量,天然气的安全性比汽油好。

目前,我国车用压缩天然气执行的是强制性国家标准 GB 18047—2000《车用压缩天然气》,主要规定了车用压缩天然气的高位发热量、硫(以硫计)含量以及水露点等指标要求。在正确选用压缩天然气时,天然气的水露点应比使用地区的最低气温低5℃。

2. 液化石油气(LPG)发动机

液化石油气的主要成分是丙烷、丙烯、丁烷、丁烯以及少量不易液化的乙烯及少量不易汽化的戊烷,液化石油气在常温常压下是一种无毒、无色、无味的气体,具有辛烷值高、氢含量大、硫、氮等杂质少、热值高、储运压力低等优点。在发动机内燃烧完全、尾气排放污染低,是城市车辆比较理想的"清洁代用燃料"。

目前,燃用液化石油气的发动机可有:

LPG 单(替代)燃料发动机(指发动机燃用单一的液化石油气;采用点燃式)。

汽油/LPG 两用燃料发动机(汽油与 LPG 这两套燃料系统通过转换开关实现分别、但不同时向发动机供给汽油或 LPG;采用点燃式)。

柴油—LPG 双燃料发动机(柴油与 LPG 这两套燃油系统在每一个工作循环,均向汽缸内喷入少量柴油作为"引燃燃料",待柴油着火燃烧后再将液化石油气点燃;采用压燃式)。

现对燃用液化石油气的发动机作如下分析(由于液化石油气的理化性质相比汽油和柴油更加接近压缩天然气,因此,下列分析中的很多影响因素和结果与燃用压缩天然气的发动机相类似)。

1) 动力性分析

燃用液化石油气的发动机比燃用汽油时的功率明显下降,若不改变发动机的结构参数,发动机功率要下降10%(下降幅度没有燃用压缩天然气时大)。这是因为液化石油气与空气混合气的热值为 $3.50 MJ/m^3$,较汽油与空气混合气的热值($3.73 MJ/m^3$)约低6%;其次,目前使用液化石油气的发动机是由原汽油机改装而成,LPG 以气态与空气混合经进气管进入汽缸,而汽油是以液态雾化(体积可以忽略不计)与空气混合进入汽缸,相比之下,在燃用 LPG 时,理论空燃比时 LPG 与空气的体积比为 1:23.8,也就是说 LPG 占混合气总容积的 1/24.8,使进入汽缸的空气量减少4%。加之,汽油雾化后汽化吸热使进气温度下降,而 LPG 在相同工况下,不需进气吸热,故充气系数下降而造成功率下降。

为了提高改装后的汽油机燃用液化石油气的功率,一般采用下列措施:

(1) 提高充气系数。提高充气系数的有效途径有两种,一种是采用进气增压,由于液化石油气的辛烷值比汽油高而具有更好的抗爆性能,这使液化石油气的混合气具备了利用进气增压提高动力性的潜力;另一种采用 LPG 缸内直接喷射汽化法(类似于柴油机的燃料供给方式),避免了因 LPG 汽化后所占进气管体积而造成的充气系数下降。

(2) 适当提高改装后汽油机的压缩比。对于 LPG 单燃料发动机(用于液化石油气供应有保障的城市公共汽车、出租车等),利用 LPG 的高辛烷值(其主要成分丙烷的研究法辛烷值为111),可提高压缩比以提高 LPG 单燃料发动机的功率。试验表明:当 $\varepsilon=8.2$ 时,燃用 LPG 的动力性比燃用汽油时低,但当压缩比提高到 $\varepsilon=12.5$ 时,燃用 LPG 的动力性则超过了原汽油机。但考虑到目前大部分都是汽油/LPG 两用燃料发动机,虽燃用 LPG 时,提高压缩比可提高发动机功率,但转换燃用汽油时,则高压缩比可能产生爆震,因此汽油/LPG 两用燃料发动机压缩比提高有一定的限度。试验表明：原使用70号汽油的汽油机，改装为汽油/LPG两用燃料发动机时，可将压缩比提高到使用90号汽油的压缩比；原使用90号汽油的改装后可将压缩比提高到使用93号或95号汽油的压缩比。特别是现代汽油发动机的燃烧室设计非常精密，如果在改装这类汽油发动机为汽油/LPG两用燃料发动机时，简单地采用减薄汽缸盖底部来实现提高压缩比，则可能会破坏发动机的正常燃烧，因而必须谨慎采用。

(3) 增大点火提前角。增大点火提前角可以增加发动机的最大功率，特别是对于未改变发动机压缩比的改装汽油/LPG两用燃料发动机，则可通过增大点火提前角以提高发动机的功率。

(4) 采用LPG电控喷射方式。电控喷射LPG（不论缸外或缸内）可以根据发动机的转速、负荷等工况信号准确地控制喷油量（缸内喷射完全实现燃料供给的质调节）和更好的混合气分配，并实现稀薄混合气燃烧，以进一步提高发动机的动力性、经济性及改善排放特性。

(5) 大负荷加浓。发动机大负荷时，适当增加LPG的供给量，增大混合气浓度，以提高发动机的大负荷功率。试验表明，采用大负荷加浓可使燃用LPG时发动机的大负荷功率提高5.9%。

2) 燃料经济性分析

由于LPG的汽化与空气混合的质量比汽油与空气混合的质量更好，燃烧更加完全，故燃用LPG的燃料经济性优于汽油。试验表明：燃用LPG时的有效耗油率按质量计平均比汽油低7%左右，考虑到两者低热值的差异，按热值计，燃用LPG比燃用汽油的有效耗油率低4%左右。

3) 尾气排放分析

燃用LPG和燃用汽油时，HC排放随混合气浓度的变化规律大体一样，因为HC主要由燃烧室内的狭缝效应和激冷效应生成。但由于LPG与空气混合形成的混合气质量优于汽油与空气的混合气，故燃烧更为完全，HC排放浓度较低。在整个混合气浓度范围内，燃用LPG比燃用汽油，其HC排放浓度低35%~42%。

正因为LPG的混合气质量优于汽油的混合气，燃烧更为完全，故CO排放大幅度下降，甚至可达90%以上。

NO_x的生成主要受氧气浓度、燃烧温度及燃烧产物在高温中停留时间的影响。对于国内大量使用的汽油/LPG两用燃料发动机，如果在相同空燃比、相同点火提前角和相同转速的情况下进行比较，一方面LPG混合气和汽油混合气的燃烧产物在高温汽缸内停留的时间基本相同，另一方面，LPG完全燃烧所需的氧气量（1kg车用LPG完全燃烧需要空气15.60kg）比汽油完全燃烧所需的氧气量（1kg车用汽油完全燃烧需要空气14.72kg）要多6%，且LPG混合气比汽油混合气燃烧更加完全，故消耗的氧气量更多，使LPG混合气燃烧后的氧气浓度进一步降低。至于燃烧温度，前面关于动力性分析时，已经提到燃用LPG比燃用汽油时的功率明显下降，说明燃用LPG时缸内燃烧气体的做功压力较燃用汽油时低，相应的燃烧温度也较低。综合NO_x生成的三个主要因素，可知燃用LPG比燃用汽油时的NO_x生成量（即排放量）减少。

4) 安全性分析

燃用LPG发动机的汽车，与燃用CNG一样，人们最担心的还是LPG储气瓶和燃料系统所有元器件的安全问题。为保证安全，我国出台了GB 17259—1998《机动车用液化石油气钢瓶》等一系列质量标准。除LPG气瓶的强度与刚度设计有较高的安全系数外；气瓶上的安全阀（限量充气阀）开启压力为2.50±0.2MPa，回座压力不低于2.2MPa，压力过大时能自动开启放出瓶内的LPG；自动截止阀能在点火开关未打开、发动机未运转以及LPG供液管线断裂情况下，自动切断LPG供给。可以说，只要严格遵循质量标准和操作规程，从燃料性质上来讲，液化石油气汽车比汽油机汽车更安全。

液化石油气的主要成分丙烷在空气中燃烧时,着火浓度极限是2.2%~9.5%,即着火下限比汽油高,LPG要积累到2.2%才达到它的燃烧爆炸下限。LPG的主要成分丙烷的分子量为44(空气的分子量为29,汽油的平均分子量为114),当燃料系统出现意外泄漏时,LPG不像天然气那样迅速向上飘逸,而是聚积在地表附近,其容易聚积的程度又不如汽油。加之LPG中加有臭剂,保证空气中聚积的LPG含量达到其爆炸下限2.2%的20%(即0.44%)时,就能够被觉察。此外,LPG的自燃温度(432℃)略高于汽油(400℃),可见只要在没有外界火源的情况下,LPG要达到432℃才能自行着火燃烧。但需注意,LPG的闪点为-104℃,只要LPG的浓度达到着火极限,若有外界火源则可被点燃。总之,从燃烧性质来衡量,LPG的安全性比汽油好。

5)正确选用

首先车用LPG区别于民用LPG。车用LPG的主要成分是丙烷和丁烷,通过蒸气压限制不易液化的轻烃(如乙烯)的含量,保证其液化性能;通过限制戊烷及以上组分的含量,保证其良好的燃烧性能;通过限制烯烃含量(民用LPG中含量较多),保证减少燃烧积渣的生成;通过限制硫含量(不得含有硫化氢),保证减少腐蚀性。

我国车用LPG目前仍执行强制性国家标准GB 19159—2003《车用液化石油气》,该标准将车用LPG主要按丙烷含量的不同分为1号(丙烷含量>85%)、2号(丙烷含量为65%~85%)、3号(丙烷含量为40%~65%)。

正确选用时,1号LPG可在环境温度-20℃以上地区使用,2号LPG可在环境温度-10℃以上地区使用,3号LPG可在环境温度0℃以上地区使用。

3. 醇类燃料发动机

醇类燃料发动机主要指使用甲醇、乙醇、甲醇汽油、乙醇汽油为燃料的发动机。对此类燃料发动机本书仅作下列简述。

(1)甲醇和乙醇均属有机化合物,是无色透明、易挥发的可燃液体。与汽油相比,它们热值低、蒸发潜热大、抗爆性好、含氢量高。甲醇略带酒精味,有毒,进入人体会引起胃痛、肌肉痉挛、头昏、乏力等症状,严重时可导致失明甚至死亡;乙醇又称酒精,有强烈的酒精气味,对人体的大脑神经有麻痹作用,乙醇作为燃料使用对人体健康的影响比汽油和甲醇小。

车用乙醇汽油由车用无铅汽油、变性燃料乙醇和改善其使用性能的添加剂组成。变性燃料乙醇是以玉米、小麦、薯类、甘蔗、甜菜、纤维素等为原料,经发酵、蒸馏制成乙醇,脱水后再添加变性剂而变性的燃料乙醇,变性剂是车用无铅汽油,添加到燃料乙醇中的主要目的是防止人们误食为食用酒精。按国家标准GB 18350—2001《变性燃料乙醇》要求,燃料乙醇与变性剂的体积混合比为100∶2~100∶5,即变性剂在变性燃料乙醇中的体积含量为1.96%~4.76%。

按国家标准GB 18351—2004《车用乙醇汽油》规定,目前有90号、93号、95号和97号等四个牌号,其牌号与车用无铅汽油一样是按研究法辛烷值大小来划分的,数值越大表明抗爆性能越好。选用时,与选用无铅汽油一样,发动机压缩比越高则选用的牌号数值越大。

车用甲醇汽油的牌号和使用可参照车用乙醇汽油的有关规定。

(2)乙醇及车用乙醇汽油在汽车上以多种方式应用于点燃式发动机。

①纯烧。纯烧乙醇应对原汽油机作必要改装,为充分发挥乙醇的高辛烷值,需提高压缩比($\varepsilon = 9 \sim 11$);提高压缩比后需采用冷型火花塞;为避免气阻,需加大输油泵的供油能力;为改善冷起动,需附加供油系统及加强预热;为保证续驶里程,需加大燃油箱,同时要改善有关零件的抗腐蚀性和抗溶胀性等。

②掺烧。乙醇与汽油掺烧这是醇类燃料在发动机中应用的主要方式,乙醇与汽油的混合

燃料中,用 E 表示乙醇的容积比例,如 E10、E20 分别表示乙醇占 10%、20%,E100 即为纯乙醇。采用掺烧乙醇汽油应根据高辛烷值的乙醇含量提高原发动机的压缩比。

③灵活燃料。指既可使用汽油,又可使用乙醇与汽油以任何比例混合的燃料。发动机工作时由燃料传感器识别燃料成分,通过电脑提供发动机最佳运行参数。

(3) 甲醇及车用甲醇汽油在汽车上主要应用于点燃式发动机。

①纯烧。通常当燃用甲醇含量超过容积比的 85% 时,原汽油机要进行一系列的设计、改装。

②掺烧。甲醇与汽油混合燃料中,用 M 表示甲醇的容积比例,如 M10、M20 分别表示甲醇占 10%、20%,纯甲醇燃料为 M100,但实际甲醇含量最多为 85% ~90%,其他都是添加剂。试验表明:M15 是原汽油机稍作改装即可使用的最高可接受的掺烧比极限,通常掺烧 3% ~5% 的 M3、M5 这类混合燃料时,原汽油机不需作任何改装,且材料也是相容的。

③甲醇改质。甲醇改质是利用发动机排气的余热将甲醇在催化剂的作用下分解为 H_2 和 CO,改质后的理论成分为:含氢 66.7% (mol),含一氧化碳(CO)33.3% (mol),实际上还会含有少量的甲烷(CH_4)和甲醛(CH_2O)等。改质气的最大火焰传播速度高达 215cm/s(所含 H_2 的最大火焰传播速度为 291.2cm/s)远大于汽油;改质气的着火界限很宽,下限为 $\alpha =7$,很容易实施稀薄燃烧;改质气辛烷值高,许用压缩比高;改质气回收了一部分排气热量,这些都是有利于发动机热效率提高。同时 CO 和 HC 排放少,由于采用稀混合气($\alpha =1.7$),燃烧温度低,故 NO_x 的排放浓度也较低。

甲醇改质重整是燃料电池的一个重要方案。

(4) 醇类燃料开发与利用的历程

关于乙醇燃料。20 世纪 70 年代第二次世界石油危机后,世界各国为寻找代用燃料而纷纷开展了一系列掺烧或纯烧醇类燃料的研究工作。其中巴西、美国等曾先后推广使用含 10%、22%、85% 等不同比例乙醇的车用燃料,目前美国市场上以 10% 乙醇含量的乙醇汽油为主,而巴西只供应 20% 乙醇含量的乙醇汽油和纯乙醇燃料,成为世界上唯一不供应纯汽油的国家。1998 年 12 月世界汽车制造商组织联合发布的"世界燃料规范"中,对不同等级汽油的含氧要求均为不大于 2.7%,其中乙醇添加量要求为不大于 10% (v/v)。在欧洲 85/536/EEC 法规中,乙醇(同时包括腐蚀抑制添加剂)添加量要求不大于 5% (v/v)。

我国从"八五"期间开始,交通部属科研机构先后进行了 E20、E40、E60 及 E100 乙醇汽油的应用研究工作。由于乙醇是可再生能源,资源十分丰富,推广使用车用乙醇汽油已成为国家的一项战略性举措,并颁布了前述的国家标准,将推广应用车用乙醇汽油列入"十五"发展规划。2004 年,经国务院同意,国家发改委等 8 部委决定开展车用乙醇汽油扩大试点工作,要求试点范围基本实现民用汽车使用乙醇汽油替代其他汽油。

关于甲醇燃料。20 世纪 70 年代,德国、美国、日本先后进行甲醇燃料及甲醇汽车配套技术的研究开发,美国重点开发燃烧 M85、M100 的专用甲醇燃料汽车,德国曾推广使用 M15 甲醇汽油。但从 1998 年后甲醇燃料汽车逐年减少,至今美国通用、福特、克莱斯勒三大汽车公司在其用户手册上公开声明:使用甲醇汽油的车辆发生损害不在汽车的保修范围内。目前,美国、欧洲、日本汽车制造商都坚决反对在汽油中掺烧甲醇,美国车用无铅汽油标准 ASTM4814 中要求,汽油中甲醇含量最大不超过 0.3% (v/v);欧洲 85/536/EEC 法规中也规定,车用汽油中甲醇的添加量不应超过 3.0% (v/v);德国对汽油中的甲醇含量最大限额为 3.5%;日本对汽油中甲醇的检出量要求不超过 0.1%。1998 年 12 月世界汽车制造商组织联合发布"世界燃料规范"中要求"不允许使用甲醇",2000 年 4 月新一版的"燃油规范"中,再次明确要求"不允许使用甲醇"。国外反对在汽油中掺烧甲醇,主要原因是甲醇腐蚀性大,目前的技术还不能很好地解决甲醇汽油对金属腐蚀性的问题,使汽车的耐久性(16万km)得不到保障。此外,由于甲醇有毒,使用不慎将对人体造成伤害甚至死亡。

我国甲醇生产主要以煤为原料,鉴于山西省煤炭资源丰富,从20世纪80年代开始,在山西省开展甲醇燃料在汽车上的研发和推广应用工作。"六五"期间,国家科委等部委在山西省进行了在汽油或柴油中掺烧15%~100%甲醇(即M15~M100)的推广使用,取得了良好的效果。"七五"期间,中德签订了M100甲醇汽车在中国联合研究协议,也取得了全面系统的成果。"九五"期间,国家科委组织包括美国福特公司、中科院等权威机构对煤制甲醇做了"3E"(能源、经济、环保)生命周期研究,结论是"在中国富煤缺油的地区发展甲醇燃料及甲醇汽车是可行的"。此后,山西省燃料甲醇和甲醇汽车产业化示范工作进入全面推广阶段,仅2003年,全省就累计消耗12192t甲醇汽油,使用变性甲醇1836t。2004年下半年,山西省决定在全省11个市全面推广甲醇汽油M15,但在建设配套的调配站、加油站及能否确认甲醇汽油比汽油稳定等问题上存在分歧,加之世界公认的甲醇腐蚀性大和毒性,山西省安全生产监督局认为,在安全条件不具备的情况下,甲醇汽油不能正式推向市场,遂驳回了清洁燃料甲醇汽油的推广申请。国家标准化管理委员会于2004年8月23日批准的GB 17930—1999《车用无铅汽油标准》第2号修改单中(自2004年9月1日起实施),明确规定不得人为加入甲醇,车用无铅汽油中的甲醇检出量限值为不大于0.1%(质量分数)。

综合简述:醇类燃料的理化性质与石油燃料相近,且辛烷值高、抗爆性好、许用压缩比高,着火界限宽、火焰传播速度快、有利于采用稀薄燃烧;醇类燃料含氢量高,有利于改善燃烧,降低尾气排放污染。试验表明:当乙醇汽油中的乙醇含量为6%、15%、25%时,HC的排放分别降低5%、16%、30%,CO排放分别降低2%~28%、30%、47%,NO_x排放降低0~16%。由于醇类燃料是一种可再生能源,资源丰富,实属"清洁代用燃料"。但是,醇类燃料汽化潜热大,除导致低温起动性较差外,容易产生液膜,液膜的形成会使发动机功率下降、油耗增加、磨损增大;醇类燃料沸点较低,容易产生供油中断的气阻现象;醇类燃料吸水性差,化学活性高,容易发生早燃;甲醇与汽油互溶性差,乙醇与汽油遇水发生相分离,均增加了储运难度。特别是醇类燃料及有关燃烧产物对铅、锡镀层、镁、锌、铜、铝和黑色金属及腈橡胶有腐蚀作用,且使用中或燃烧后有一部分未燃甲醇排出,其毒性有害人体健康安全,加之甲醇燃烧时将产生数倍传统燃料燃烧时的甲醛,有强烈的致癌作用。因此,世界各国对醇类燃料(特别是甲醇燃料)的使用有严格的控制标准,对醇类燃料发动机的设计改装有完善的技术措施。

第二节 新能源汽车

新能源汽车是指以蓄电池或燃料电池为主要动力,可在较大范围内的城市道路或城际公路上用电动机驱动行驶的汽车(不包括有轨、无轨电车及电动叉车和普通电瓶车)。

早在1873年Davidson于阿伯丁制造了世界上第1辆以电池为动力源的车辆,但从19世纪到20世纪较长时期内,由于电池技术发展缓慢,使电动汽车发展受限。直至1996年美国通用汽车公司制造了第一代现代电动汽车EV1,它采用铅酸电池技术,继而1999年研发了第二代电动汽车,它采用镍氢电池为动力源,同期日本丰田汽车公司制造了内燃机和电动机相结合的第三代电动汽车HEV,仍采用了镍氢电池技术。随着2006年锂离子电池技术的迅速发展并成功地应用于纯电动汽车和混合动力汽车上,2007年又诞生了插电式混合动力汽车PHEV,

它与 HEV 最大不同之处在于电池能量来自于电网。2008 年全球汽车产业正式进入能源转型时期,新能源汽车及电池产业从此进入了加速发展的新阶段。

2012 年 6 月,中国国务院印发《节能与新能源汽车产业发展规划(2012—2020 年)》,将新能源汽车界定为"采用新型动力系统,完全或主要依靠新型能源驱动的汽车,"主要包括纯电动汽车,插电式混合动力汽车及燃料电池汽车。

电动汽车的最大优势在于:作为新能源汽车可利用可再生能源产生的电能或错峰剩余电力替代日益枯竭的石油燃料,且能源有效利用率高,行驶中无废气排放、不污染环境、可谓"零排放污染汽车"(除混合动力汽车中的汽、柴油发动机间歇的排放污染外),同时动力系统的振动和噪声小,整体结构相对简单,维护使用方便。

但目前电动汽车核心技术仍存在一些缺陷:一次充电时间长(约 6~10h),且充电后行驶的里程较短(约 200km),同时成本高、寿命短而折旧费用高。

近年来,随着高新技术的发展,电动汽车的共性关键技术装备——蓄电池组、超级电容器、燃料电池、电流变换器及电动机等有了长足的进步,从而电动汽车逐渐地准入市场,显现其优势。

(1)车载电源技术是电动汽车共性的关键技术之一。电动汽车对车载电源主要有下述要求:能量密度又称比能量(W·h/kg)大、功率密度又称比功率(W/kg)大、循环寿命(充放电一次为一个循环)长、起动性能(预热时间和从起动到最高速所需时间短)好、价格费用(电池价格和运行费用)较低、可靠性(恶劣条件下的故障率低)好、安全性(操作安全和对人体、环境的安全性)好,以及车载电源的质量和体积小等。现阶段较理想的电动汽车可接受的蓄电池上述指标为:能量密度 >100W·h/kg、功率密度 >150W/kg、循环寿命 >600 次、一次充电里程 >200km、价格 <150 美元/kW·h。

蓄电池的功率决定了电动汽车的加速和爬坡性能;而能量密度给出了其潜在的运行范围;循环寿命决定了蓄电池充电到满容量的次数;蓄电池的质量和体积在一定范围内影响着整个系统的效率。

国内外电动汽车使用的二次蓄电池主要性能见表 5-3。

国外电动汽车用二次蓄电池主要性能　　　　　　表 5-3

电池类型	能量密度(W·h/kg)	功率密度(W/kg)	单体电池电压(V)	循环寿命(次)	成本(美元/kW·h)	温度(℃)	主要优点	主要缺点
铅酸(非密封)	40	80	2.05	500	80	0~40	价格低可靠性好	比特性差
铅酸(密封)	35	70	2.05	500	100	0~40	价格低可靠性好	比特性差
镍-铁	55	100	1.37	1000	200	0~40	寿命长	不能密封
镍-镉	50	200	1.30	1500	500	0~40	寿命长可快充	价格高有毒
镍-氢(NH)	60	120	1.32	500	520	0~40	能量密度高	价格偏高
钠-硫	120	140	2.08	2000	150	350	能量密度高,寿命长	高温起动
铁-空气	80	200	1.28	200		40	能量密度高	寿命短
锌-空气	100	50	1.65	200		60	能量密度高	寿命短
锌-镍	70	200	1.81	50	75		能量密度高	寿命短
锂钠硫酰氯	100	250	1.6	600	150	450	能量密度高	高温起动不安全

美国"先进电池联合体(USABC)"做出了 EV 用蓄电池的发展规划,见表 5-4。

美国"先进电池联合体(USABC)"做出的 EV 用蓄电池发展规划   表 5-4

性能指标	单位	中期	过渡期	远期
比能量(C/3 放电率)	W·h/kg	80~100	150	200
能量密度(C/3 放电率)	W·h/L	135	230	300
比功率(80% DOD/30s)	W/kg	150~200	300	400
功率密度(80% DOD/30s)	W/L	250	460	600
循环次数(DOD80%)	次	600	1000	1000
寿命	年	5	10	10
正常充电时间	h	6	6	4
快速充电时间	min	<15	<20	<20
快速充电比例	%	40	50	60
充电效率(C/3 放电充电 6h)	%	75	80	80
工作温度	℃	-30~+60	-30~+65	-40~+85
自放电率	%/天	—	<15/30	<15/30
连续放电 1 小时率	额定能量%	70	75	75
热损耗(高温电池)	W/kW·h	3.2		
价格	美元/kW·h	<150		<100

一段时期以来,电动汽车使用的电池主要有铅酸电池,镍氢电池和锂离子电池,以国产有代表性的三种电池为例,其性能指标及其在电动汽车上的使用情况,分别显示于表 5-5a)、b)、c)。

铅酸蓄电池的性能指标及其在电动汽车的应用情况   表 5-5a)

比能量 (W·h/kg)	能量体积密度 (W·h/L)	比功率 (W/kg)	循环次数	单体电压 (V)	电动汽车电池组单体容量 (A·h)	电动汽车电池组单体质量 (kg)	电动汽车电池组单体电压 (V)	电动汽车类型
30~50	60~75	90~200	500~800	2.105	150	42	12	短距离电动汽车(如观光车)

注:电动汽车电池组模块数据为超威集团电动车用密封铅酸电池 6DM150,容量标定为 3 小时率。

镍氢电池的性能指标及其在电动汽车的应用情况   表 5-5b)

比能量 (W·h/kg)	能量体积密度 (W·h/L)	比功率 (W/kg)	循环次数	单体电压 (V)	电动汽车电池组单体容量 (A·h)	电动汽车电池组单体质量 (kg)	电动汽车电池组单体电压 (V)	电动汽车类型
30~110	140~490	250~1200	500~1500	1.2	90	2.2	1.2	混合动力车(如混合动力公共汽车)

注:电动汽车电池组模块数据为春兰(集团)公司电动车用镍氢电池 QNFG90,容量标定为 3 小时率。

锂离子电池的性能指标及其在电动汽车的应用情况   表 5-5c)

比能量 (W·h/kg)	能量体积密度 (W·h/L)	比功率 (W/kg)	循环次数	单体电压 (V)	电动汽车电池组单体容量 (A·h)	电动汽车电池组单体质量 (kg)	电动汽车电池组单体电压 (V)	电动汽车类型
100~250	250~360	250~340	400~2000	3.7	400	14.4	3.2	纯电动车(如私家车、纯电动公共汽车)

注:电动汽车电池组单体数据为中航锂电有限公司生产的 SE400AHA,容量标定为 3 小时率。

但现今最引人关注并在国内外竞相研究,开发的锂电池技术,其发展路径见图 5-1 所示。首先是第三代锂离子电池,之后是固态锂电池,目标是固态锂空气电池。若按电极材料的不同可分为磷酸铁锂、三元锂、锰酸锂、镍酸锂等多种类型。

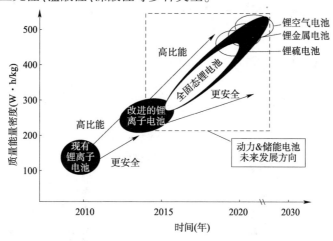

图 5-1 未来大容量锂电池的发展路径

锂空气电池采用金属锂或含锂材料作为负极,空气作为正极。由于负极金属锂具有很高的比容量(3862mA·h/g)和最低的电化学电位(3.04V),因而具有极高的能量密度,其理论值可达 3505W·h/kg(按产物 Li_2O_2 的质量计算),这远高于锂离子电池的能量密度,也高于汽油机的实际能量密度。此外,作为锂空气电池正极活性物质的氧气,可直接从空气中获取,大幅降低了电池的成本。因此,锂空气电池被认为极具发展前景的电动汽车所用电池。

由于锂空气电池所采用的电解质的不同可分为三类,即有机电解质型(含 Li 的有机电解质)、有机-水组合电解质型(含 Li 的有机电解质及含水相电解液),全固态电解质型(含固态锂离子电解质)。图 5-2a)、b)、c)分别为上述三类锂空气电池的示意图。

锂空气电池的反应机理为:放电时负极金属锂失去电子成为锂离子,正极上氧气得到电子和锂离子形成过氧化锂(Li_2O_2)或氧化锂(Li_2O),充电时即发生上述反应的逆反应。

具体的锂电池反应原理还取决于电解质的种类。

当电解质使用有机电解质时(如图 5-1a)

阴极反应 $O_2 + 2e^- + 2Li^+ \longrightarrow Li_2O_2$

阳极反应 $Li^+ + e^- \longrightarrow Li$

电池反应 $2Li + O_2 \underset{充电}{\overset{放电}{\rightleftharpoons}} Li_2O_2 (E = 2.959V)$

当电池使用水相电解质时(如图 5-1b)

①若为碱性电解质:

阴极反应 $O_2 + 2H_2O + 4e^- \longrightarrow 4OH^-$

阳极反应 $Li \longrightarrow Li^+ + e^-$

电池反应 $4Li + O_2 + 2H_2O \underset{充电}{\overset{放电}{\rightleftharpoons}} 4LiOH (E = 2.982V)$

②若为酸性电解质:

阴极反应 $O_2 + 4H^+ + 4e^- \longrightarrow 2H_2O$

阳极反应 $Li \longrightarrow Li^+ + e^-$

电池反应　　　$4Li + O_2 + 4H^+ \underset{充电}{\overset{放电}{\rightleftharpoons}} 4Li^+ + 2H_2O(E = 3.720V)$

当电池使用固体电解质时(如图 5-1c)

阴极反应　　　$O_2 + 4e^- + 4Li^+ \longrightarrow 2Li_2O$

阳极反应　　　$Li^+ + e^- \longrightarrow Li$

电池反应　　　$4Li + O_2 \underset{充电}{\overset{放电}{\rightleftharpoons}} 2Li_2O(E = 2.913V)$

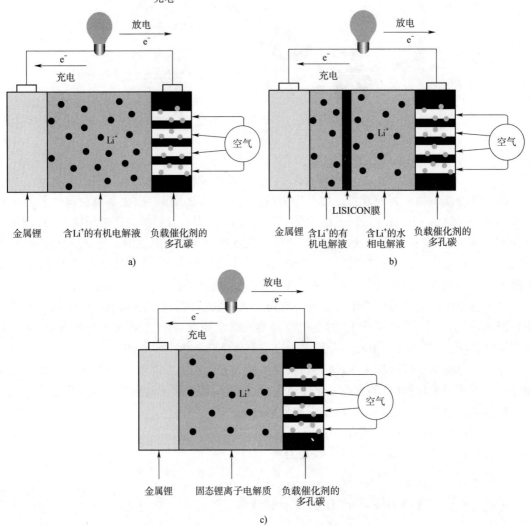

图 5-2　三类锂空气电池的示意图

a)有机电解液型；b)有机-水组合电解液型；c)全固态电解质型

锂空气电池由于其高能量密度、低成本以及环境友好等优势,即可做二次电池,也可做一次燃料电池。但要成为广用的商业电池还需进一步开展基础性研究并解决好一些实用性的问题,如电池放电的主要产物 Li_2O_2 的生成和分解机理,抑制影响电池性能的反应副产物碳酸盐的形成并寻找电子电导率高、密度低、化学和电化学稳定性好、比表面积大、孔隙率高的新型电极材料,提高阴极催化剂的效率和稳定性、大幅降低充放电过程中的过电势,在保证电导率的前提下降低非水基电解质的黏度以增加其溶氧量,降低其挥发性并制备满足组合电解质反应的固体电解质隔膜等。

(2)电动车辆对电动机性能的基本要求为:

①电动机的功率、转矩和转速应满足电动车辆动力性能的要求,能够适应电动车辆频繁的起动、加速、减速、倒车和停车的运行要求,并保持高效率。

②一般要求电动机能够承受2~4倍的过载,并能够实现四象限的运转,高效率地回收电动车辆在制动时反馈的能量。

③电动机的工作电压高、转速高可以提高电动机的比功率,减小电动机的尺寸,降低电动机的重量和各种控制装置和导线的截面积,有利于在电动车辆上进行安装和布置,并可以降低成本。

④电动机有良好的可靠性、耐温和耐潮湿,可以在恶劣的环境条件下长时期的运转,且结构简单、使用维修方便,适合批量生产。

电动汽车常使用的几种典型电动机及性能,见表5-6。

常用电动机的性能　　　　　　　　表5-6

项 目	直流电动机	交流感应电动机	开关磁阻电动机	永磁电动机
转速范围(r/min)	4000~6000	12000~20000	>15000	4000~10000
功率密度	低	中	较高	高
功率因数(%)	—	82~85	60~65	90~93
峰值效率(%)	85~89	94~95	85~90	95~97
负荷效率(%)	80~87	90~92	78~86	97~85
过载能力(%)	200	300~500	300~500	300
恒功率区比例	—	1:5	1:3	1:2.25
电动机质量	重	中	轻	轻
电动机外形尺寸	大	中	小	小
可靠性	一般	好	好	优良
结构的坚固性	差	好	优良	一般
控制操作性能	最好	好	好	好
控制器成本	低	高	一般	高

一、纯电动汽车(EV)

1. EV的类型

1)用纯蓄电池作为电力源的EV

用单一蓄电池作为电力源的EV只装置了蓄电池组,结构较简单。用单一蓄电池作为电力源的EV的电力和动力传输系统如图5-3所示。

图5-3　用单一蓄电池作为电力源的EV的布置形式

2)装有辅助电力源的EV

用单一蓄电池作为电力源的EV,由于蓄电池的比能量和比功率较低,蓄电池组的质量和体积较大。因此,在某些EV上增加辅助电力源,辅助电力源有超级电容器或发电机组来改善起动性能和增加续驶里程。装有辅助电力源的EV的电力和动力传输系统如图5-4所示。

2. 典型的纯电动汽车组成

纯电动汽车由电力驱动系统、电源系统和辅助系统等三部分组成。如图5-5所示。

电力驱动系统包括电子控制器、功率转换器、电动机、机械传动装置和车轮,其功用是将存

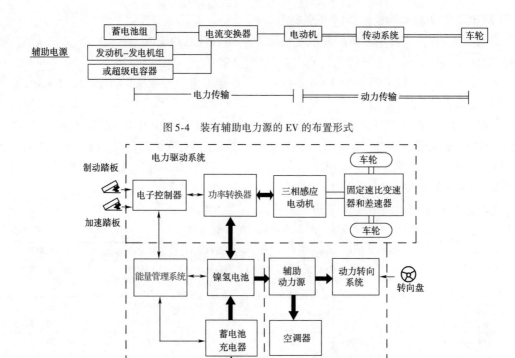

图 5-4 装有辅助电力源的 EV 的布置形式

图 5-5 典型的电动汽车组成框图

图中:双线表示机械连接;粗线表示电气连接;细线表示控制信号连接;线上的箭头表示电功率或控制信号的传输方向

储在蓄电池中的电能高效地转化为车轮的动能,并能够在汽车减速制动时,将车轮的动能转化为电能充入蓄电池,后一种功能称作"再生制动"。

电源系统包括电源、能量管理系统和充电机,其功用是向电动机提供驱动电能、监测电源使用情况以及控制充电机向蓄电池充电。

辅助系统包括辅助动力源、动力转向系统、导航系统、空调器、照明及除霜装置、刮水器和收音机等,借助这些辅助设备来提高汽车的操纵性和乘员的舒适性。

3. 电动机的运行机制

在纯电动汽车中,电动机可以有电动机驱动运行状态和反馈制动状态。当使用电动机驱动车辆模式时,电动机处于驱动运行状态为电动机;在车辆制动能量回馈时,电动机处于反馈制动状态转换为发电机。

1)电动机的转矩

(1)电动机的额定转速 n_e:

$$n_e = 60f(1-s)/p$$

式中:f——电源频率,Hz;

s——较差率[$s=(n_0-n)/n_0$](其中,n_0 为磁场转速,r/min);

p——电动机电极对数。

(2)额定转矩 M_e。额定转矩是电动机额定负载时的转矩,它可以从电动机铭牌上的额定功率 P_e 和额定转速 n_e 来计算求得。在等速转动时,电动机的转矩 M_n 与阻力转速 M_c 相平衡,

阻力转矩 M_c 包括机械的负载转矩和空载损耗转矩 M_0，由于 M_0 很小，常可以忽略不计，所以：$M_n \approx M_c$。电动机额定转矩与电动机额定功率关系如下：

$$M_e = M_c = 9550 P_e / n_e$$

式中：P_e——感应电动机的额定输出功率，kW；

n_e——额定转速，r/min。

（3）最大转矩 M_{max} 和过载系数 λ。从电动机特性曲线上可以看出，电动机转矩有一个最大值，称为最大转矩或临界转矩，当负荷转矩超过最大转矩时，电动机就不能带动负载转动，电动机会发生"堵转"现象，"堵转"时电动机的电流将升高 6~7 倍，使得电动机严重过热，以致烧坏。

电动机的最大转矩表示电动机有一定的过载能力，最大转矩 M_{max} 与额定转矩 M_e 的比值称为过载系数 λ。如果过载时间很短（3s），电动机不会立即发热，因此，短时间的过载是允许的。电动机的过载系数如下：

$$\lambda = M_{max} / M_e$$

电动机的过载系数 λ 为 1.8~2.2。在选择电动机时，必须考虑到可能出现的最大负载转矩，然后根据过载系数计算出额定转矩来选择合适的电动机。

（4）起动转矩。电动机在起动时（$n = 0, s = 1$）的转矩，称为起动转矩。在起动时，起动电流大大地超过额定电流，起动电流与额定电流的比值大约为 5~7 倍。虽然转子电流较大，但转子的功率因数 $\cos\varphi_2$ 却很低，因此实际的起动转矩并不很大，起动转矩与额定转矩之比约为 1.0~2.2。由于起动时间很短，约 3s 左右，电动机起动后转速迅速提高，电流很快地降低，从发热的角度考虑不会有大问题。但过大的起动电流会对供电线路造成较大的电压降。

如果电动机起动转矩过大，就会对传动系统的齿轮造成冲击。如果电动机起动转矩小，就不能在满载下起动。要根据电动车辆的使用情况，来采取不同的起动方式，包括可以采用在空载条件下起动。

2）电动机运转状态

（1）电动运转状态。图 5-6 是电动机在电动运转状态时转矩 M 的方向与旋转速度 n 的关系特性。在电动运转状态时，电网向三相异步感应电动机供给电能，产生正向旋转的驱动转矩 $+M$，图中第一象限为电动机在正向旋转时的电动运转状态；当三相电源中任何两相接线交换时，则产生反向旋转的驱动转矩 $-M$，图中第四象限为电动机在反向旋转时的电动运转状态。可以通过简单的换相接线，即可实现电动车辆的电动逆向行驶（倒车）：

$$P_m = P_M / \eta_m$$

式中：P_m——驱动电动机的有效输出功率；

P_M——驱动电动机输入的功率；

η_m——驱动电动机效率。

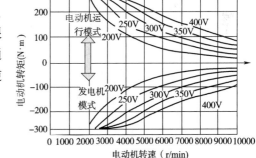

图 5-6 电动机在电动工况和发电工况的转矩特性曲线

（2）制动运转状态。电动机有三种制动运转状态：①反馈制动；②反接制动；③能耗制动。在电动车辆上特别重视反馈制动，利用反馈制动可以回收的能量达到车辆所消耗能量的 10% 左右，这对电动车辆的节能有重要意义。

在电动车辆上，当由于车辆制动时的惯性作用，会出现电动机的运行转速大于电动机的同步转速，即 $n > n_0, S = (n_0 - n)/n_0 < 0$，电动机转换为发电状态。这时转子导线切割旋转磁场

的方向与电动状态时相反,电流 I_2' 也改变了方向,电磁转矩 M' 也随之改变了方向,M' 与 n 的方向相反,M' 起制动作用。

$$P_m' = P_M'/\eta_m$$

式中:P_m'——制动时驱动电动机的有效输出功率;
　　　P_M'——制动时车轮反馈的功率。

电动机在电动工况和发电工况的转矩特性曲线见图 5-6。

3) 电动机的效率

感应电动机的效率是指电动机输出的功率与电源输送给电动机的功率之比。在电动机工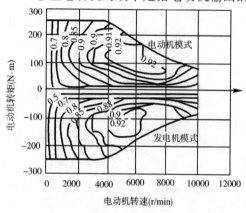作过程中存在机械损耗和电磁损耗。机械损耗包括铁耗和摩擦损耗等,一般机械损耗不随电动机的电压和电流变化而变化。电磁损耗包括定子铜耗、转子铜耗和附加损耗等,电磁损耗随电动机的电压和电流变化而变化。当电动机在空载或轻负荷时,此时电磁损耗起主要作用,电动机的效率只有 20%~30%;电动机的负载增加到额定负载附近,电动机的效率逐渐增高达到 75%~92%。电动机的容量越大,其效率也越高。三相感应电动机的效率范围分布是不均匀的,三相感应电动机的效率分布范围见图 5-7。

图 5-7 电动机在电动工况和发电工况的效率特性曲线

二、混合动力电动汽车(HEV)

混合动力电动汽车是指装备内燃机与电动机两种动力源并能协调工作的车辆,可以视为介于内燃机汽车和纯电动汽车之间的一种独立车型。

1. HEV 的类型

HEV 根据所采用不同的动力组合装置和不同的组合方法可分为:(1)串联式 HEV;(2)并联式 HEV;(3)混联式 HEV。

1) 串联式混合动力电动汽车(SHEV)

串联式 HEV 以发动机为主要动力源,在发动机的动力输出轴上装置 ISG,相当于发动机的飞轮。然后通过离合器与变速器来驱动车辆。ISG 作为发动机的起动机和发电机,在 SHEV 上,ISG 参与发动机共同组成混合动力驱动系统来共同驱动车辆(图 5-8)。

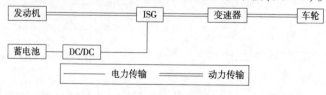

图 5-8 SHEV 的布置形式

2) 并联式混合动力电动汽车(PHEV)

并联式 HEV 以发动机和驱动电动机为主要动力总成。根据不同的组合方法,PHEV 可分为:

(1)发动机与驱动电动机并联,两者动力在动力混合器中组合(图 5-9);

(2)发动机与驱动电动机并联,两者动力分别带动前、后轮驱动,动力在驱动轮处组合(图 5-10)。

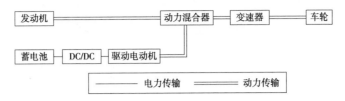

（动力混合器可以装在变速器的前面或后面）

图 5-9 发动机与电动机的动力在动力混合器中混合的 PHEV 的布置形式

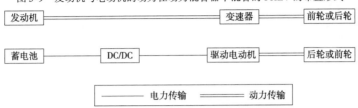

图 5-10 发动机与电动机的动力在车轮处混合的 PHEV 的布置形式

3）混联式混合动力电动汽车（串、并联）（PSHEV）

混联式 HEV 以发动机和驱动电动机为主要动力总成，另外在发动机输出轴上还串联一个 ISG。根据不同的组合方法，PSHEV 可分为：①发动机（带 ISG）与驱动电动机并联，两者动力在动力混合器中组合（图 5-11）；②发动机（带 ISG）与驱动电动机并联，两者动力分别带动前、后轮驱动，动力在驱动轮处组合（图 5-12）。

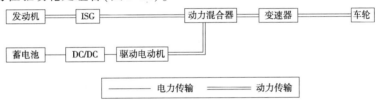

（动力混合器可以装在变速器的前面或后面）

图 5-11 发动机（带 ISG）与电动机的动力在动力混合器中混合的 PSHEV 的布置形式

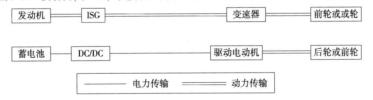

图 5-12 发动机（带 ISG）与电动机的动力在车轮处混合的 PSHEV 的布置形式

2. 混合动力电动汽车实例——丰田 THS—Ⅱ

丰田车系研发了多款混合动力车型，普锐斯是目前为止最成熟的油电混合动力轿车之一。

普锐斯混合动力先后经历了 THS（丰田混合动力系统）和 THS—Ⅱ（第二代）系统。THS—Ⅱ系统最大的优点是在同一系统中，同时使用了并联与串联混合动力系统，如图 5-13 所示。

THS—Ⅱ混合动力系统组成如图 5-14 所示。

THS—Ⅱ混合动力系统的主组件功能见表 5-7。

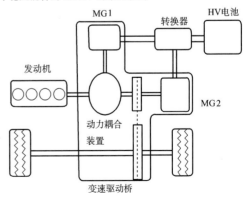

图 5-13 串联与并联混合动力系统示意图

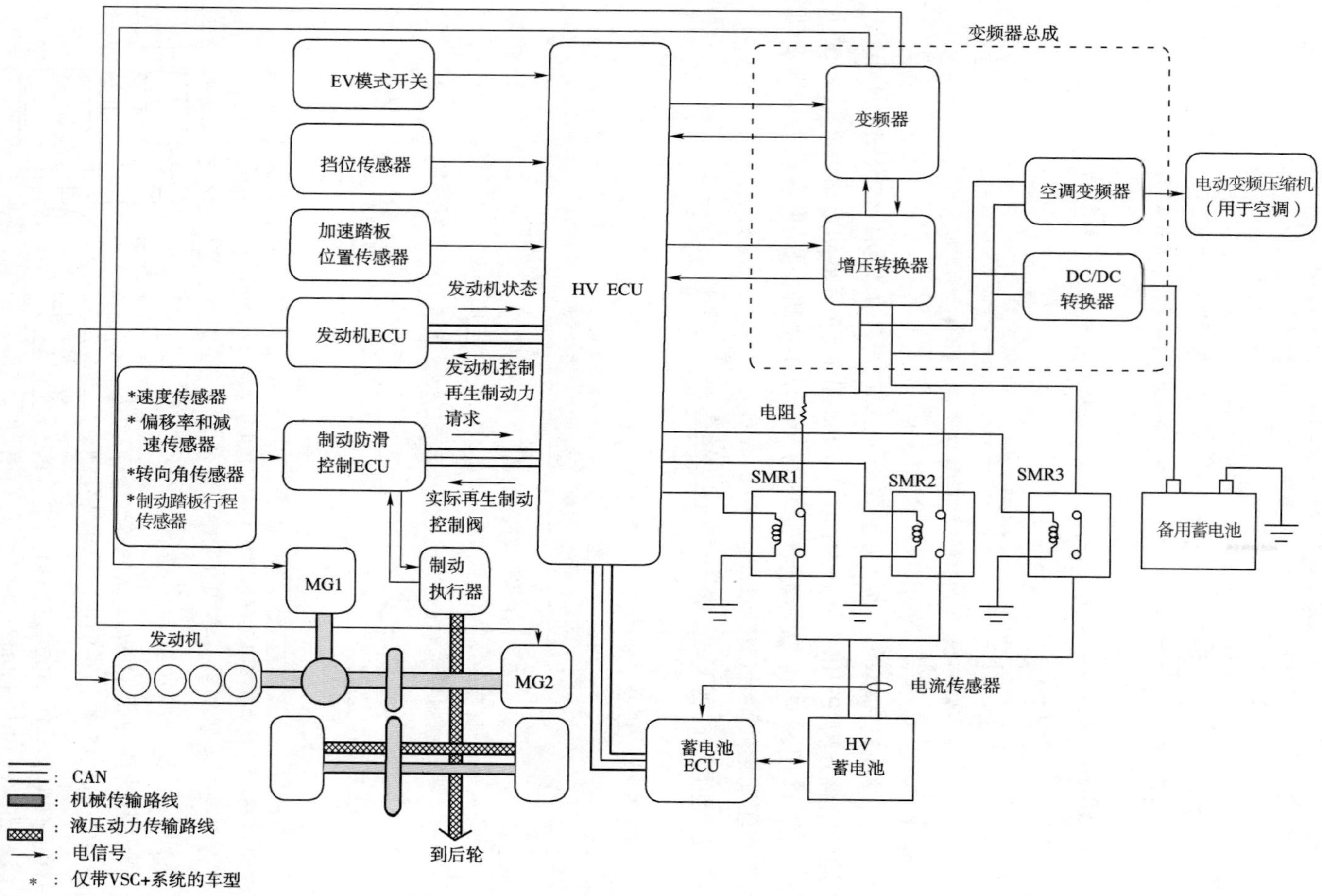

图 5-14 THS—Ⅱ混合动力系统组成图

THS-Ⅱ 混合动力系统主组件功能表　　　　　　　　　表5-7

项　目		概　述
混合动力变速驱动桥	MG1	MG1由发动机带动旋转产生高压电以操作MG2或为HV蓄电池充电,还可以作为起动机起动发动机
	MG2	由来自MG1或HV蓄电池的电能驱动,产生车辆动力。制动期间或制动踏板未被踩下时,产生电能为HV蓄电池再次充电(再生制动控制)
	行星齿轮组	以适当的比例分配发动机驱动力来直接驱动车辆和发动机
HV蓄电池		在起步、加速、上坡、将制动或制动踏板未踩下时再次充入的电能提供给MG2
变频器总成		用于将高压DC(HV蓄电池)转变为AC(MG1和MG2),或相反(AC转为DC)
变频器	增压转换器	将HV蓄电池的最高电压从DC201.6V增压到DC500V,或相反(从DC500V降到DC201.6V)
	DC/DC转换器	将最高电压从DC201.6V降到DC12V,为车身电气组件供电以及为备用蓄电池再次充电(DC12V)
	空调变频器	将HV蓄电池的额定电压DC201.6V转换为AC201.6V为空调系统中电动变频压缩机供电
HV ECU		接受每个传感器及ECU(发动机ECU、蓄电池ECU、制动防滑控制ECU和EPS ECU)的信息,根据此信息计算所需要的转矩和输出功率。 HV ECU将计算结果发送给发动机ECU、变频器总成、蓄电池ECU和制动防滑制动ECU
发动机ECU		根据接受来自HV ECU的目标发动机转速和所需的发动机动力,起动ETCS-i(智能电子节气门控制系统)
蓄电池ECU		监控HV蓄电池的充电状态
制动防滑控制ECU		控制MG2产生的再生制动以及控制液压制动,使总制动力等于仅配备液压制动的传统车辆
加速踏板位置传感器		将加速踏板角度转换为电信号并输出到HV ECU
挡位传感器		将挡位转换为电信号并输出到HV ECU
SMR(系统主继电器)		用来自HV ECU的信号连接或断开蓄电池和变频器总成间的高压电路
互锁开关(用于变频器盖和检修塞)		确认变频器盖和检修塞均已安装完毕
断路器传感器		如果检测到车辆发生碰撞,则切断高压电路
检修塞		为了车辆检查或维修而拆下此塞时,关闭HV蓄电池高压电路

THS-Ⅱ使用发动机和MG2提供的两种动力,并使用MG1作为发电机。系统根据各种车辆行驶状态优化组合这两种动力。HV ECU始终监视SOC状态、蓄电池温度、冷却液温度和电载荷状况。在READY指示灯打开,车辆处于P挡或车辆倒车时,如果监视项目不满足条件,则HV ECU发出指令起动发动机驱动MG1并为HV蓄电池充电。

三、燃料电池电动汽车(FCEV)

FCEV是以电动机驱动为唯一驱动模式的汽车。

FCEV的电力系统由燃料电池发动机和辅助电源、电流变换器、驱动电动机和整车控制系统等组成。

1. FCEV的类型

1)以甲醇或汽油等经过改质的氢气为燃料的FCEV(图5-15)

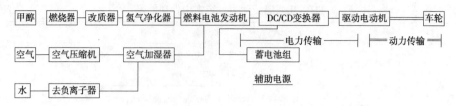

图 5-15　以甲醇经过改质的氢气为燃料的 FCEV 动力系统的布置形式

2) 以氢气为燃料的 FCEV

以氢气为燃料的 FCEV 是我国和世界多个汽车公司研发的主要 FCEV,目前以氢气为燃料的 FCEV,由于燃料电池的特性,大多数采用了辅助电源来帮助车辆快速起动和回收制动反馈的能量。根据 FCEV 所配置的辅助电源不同,FCEV 的动力系统见图 5-16 和图 5-17。

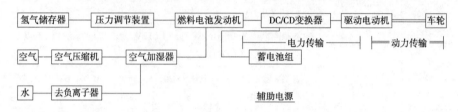

图 5-16　以蓄电池为辅助电源的 FCEV 电力系统的布置形式

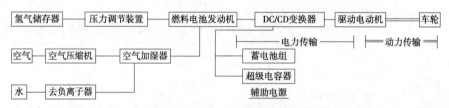

图 5-17　以蓄电池和超级电容器为辅助电源的 FCEV 电力系统的布置形式

2. 燃料电池发动机

燃料电池发动机除以燃料电池组(堆)为核心外,还装有氢气供给系统、氧气供给系统、气体加湿系统、反应生成物的处理系统、冷却系统和电能转换系统等辅助系统,共同组成了"燃料电池发动机"。只有这些辅助系统匹配恰当和正常地运转,才能保证燃料电池发动机的正常工作。

燃料电池发动机中的燃料氢气,有两种提供方式,一种是直接使用高压储气瓶储存的气态氢气;另一种是利用甲醇、乙醇、沼气、煤气、天然气及石油燃料等有机燃料和气体燃料经过改质器改质后产生的氢气。

1) 以氢气为燃料的燃料电池发动机系统

图 5-18 是以氢为燃料的燃料电池发动机系统。

2) 以甲醇为燃料的燃料电池发动机系统

图 5-19 为以甲醇为燃料的燃料电池发动机系统。

在以甲醇为燃料的燃料电池发动机系统中,用甲醇供应系统代替了上述的氢气供应系统。包括甲醇储存装置、甲醇供应系统的泵、管道、阀门、加热器及控制装置等。

燃料电池发动机的运作一般采用计算机进行控制,根据 FCEV 的运行工况,通过 CAN 总线系统,进行信息传递和反馈,并经过计算机的处理,以保证燃料电池正常运行。

3. 燃料电池(Fuel cell)

燃料电池是一种氢在氧化时化学能直接转换为电能的"发电装置"。20 世纪六七十年代,美国开始将燃料电池用于"双子星"和"阿波罗"号航天飞机,20世纪80年代用于潜艇,之后向电动汽车使用方向发展。

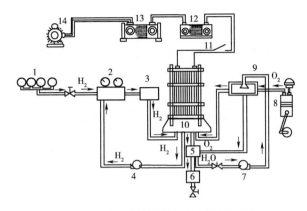

图5-18 以氢为燃料的燃料电池发动机系统

1-氢气储存罐;2-氢气压力调节仪表;3-热交换器;4-氢气循环泵水循环系统;5-冷凝器及气水分离器;6-散热器;7-水泵氧化剂(空气或氧气)供应系统;8-空气压缩机(或氧气罐);9-加湿器及去离子过滤装置电气系统;10-燃料电池组;11-电源开关;12-DC/DC转换器;13-逆变器;14-驱动电动机

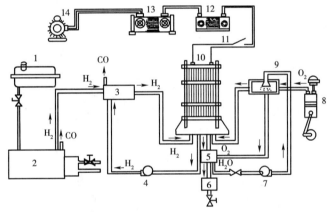

图5-19 以甲醇为燃料的燃料电池发动机系统

1-甲醇储存罐;2-带燃烧器的改质器;3-H_2净化装置;4-氢气循环泵水循环系统;5-冷凝器及气水分离器;6-散热器;7-水泵氧化剂(空气或氧气)供应系统;8-空气压缩机(或氧气罐);9-加湿器及去离子过滤装置电气系统;10-燃料电池组;11-电源开关;12-DC/DC转换器;13-逆变器;14-驱动电动机

燃料电池是一种能量转换装置,工作时必须有能量(燃料)输入,才能产生电能。输入的燃料可以是再生的有机燃料,也可以是石油、天然气等。

燃料电池按电解质的种类可分为:碱性燃料电池(AFC)、磷酸燃料电池(PAFC)、熔融碳酸盐燃料电池(MCFC)、固体氧化物燃料电池(SOFC)、质子交换膜燃料电池(PEMFC)等。

最实用的车用燃料电池是以氢或含富氢的气体作燃料,以氧气或空气作氧化剂。

下面重点介绍最适合装备汽车的质子交换膜燃料电池(又称固体高聚合物电解质燃料电池)的结构和工作原理。

1)PEMFC的结构

质子交换膜燃料电池的单体(图5-20)由氧电极(正极)、氢电极(负极)、质子交换膜、氧气室及氢气室等组成。氧电极和氢电极均采用多孔碳电极,在电极内浸入氟磺酸并与质子交换膜压合,在电极之间为催化剂层和电解质。采用的全氟磺酸离子交换膜兼有电解质、电极活性物质的基底和能够选择透过离子 H^+ 的功能,这是 PEMFC 的关键技术。

2）PEMFC 的工作原理

PEMFC 的工作过程是:将氢气送到燃料电池的阳极板(负极),经过催化剂(铂)的作用,氢原子中的一个电子被分离出来,失去电子的氢原子(质子)穿过质子交换膜,到达燃料电池阴极板(正极),而电子是不能通过质子交换膜的,这个电子,只能经外部电路,到达燃料电池阴极板,从而在外电路中产生电流。电子到达阴极板后,与氧原子和氢离子重新结合为水。由于供应给阴极板的氧,可以从空气中获得,因此只要不断地给阳极板供应氧,给阴极板供应空气,并及时把水或水蒸气带走,就可以不断地提供电能。

质子交换膜燃料电池的电极反应如图 5-21 所示。

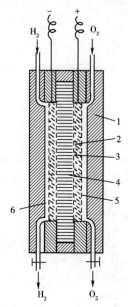

图 5-20　质子交换膜燃料电池示意图
1-面极;2-氧电极;3-氢电极;4-质子交换膜;
5-氧气室;6-氢气室

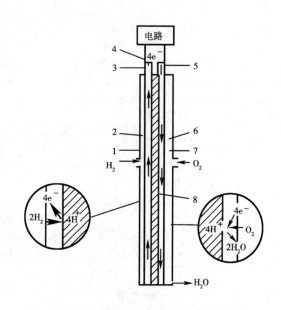

图 5-21　质子交换膜燃料电池的电极反应
1-燃料夹层;2-氢气通道;3-氢电极;4-电流及负载;5-氧电极;6-空气夹层;7-空气通道;8-催化剂 Pt 夹层

燃料电极(负极)上产生的化学反应:

$$H_2 \longrightarrow 5H^+ + 2e$$

氧电极(正极)上产生的化学反应:

$$\frac{1}{2}O_2 + 2H^+ + 2e \longrightarrow H_2O$$

质子交换膜燃料电池总的化学反应:

$$H_2 + \frac{1}{2}O_2 \longrightarrow H_2O$$

质子交换膜燃料电池的工作原理,见图 5-22。

单体 PEMFC 的电压一般在 1V 左右,需用若干单体 PEMFC 串联成实用的 PEMFC 电池组(堆),才能获得 FCEV 驱动电动机所需的工作电压,再用端板将其装配在一起。要特别注意,单体电池之间的密封性要求很高,否则因氢气泄漏而降低氢气的利用率,即降低了 PEMFC 电池组(堆)的工作效率。

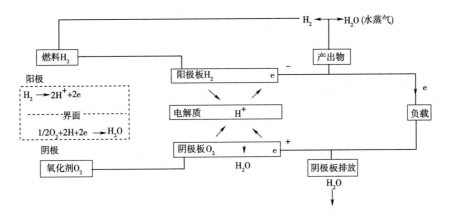

图 5-22 质子交换膜燃料电池的工作原理

由于 PEMFC 的最终燃料是氢气,氢气可以从几乎所有含氢元素的燃料中,甚至从水中制取,是一种取之不尽的燃料。PEMFC 的能量转换不受卡诺循环规律的限制,能量转换率理论上可以达到 80% 左右。PEMFC 的能量密度大,比能量可达 $200W·h/kg$ 左右。且起动性好,易于快速冷起动和关闭并在常温条件下运转。PEMFC 的固体电解质耐压强度高、结构强度大、安全耐用、寿命长、工艺性好,且电池也可以打开便于维修。PEMFC 工作过程中,零污染、低噪声。这些优势性能,能够满足电动汽车对电池的要求。目前正在进一步提高比能量,降低质子交换膜燃料电池系统的装备总质量,提高催化剂对 CO 的允许值和更有效的 CO 处理技术,以及降低成本(主要是催化剂成本)等关键技术。可以说,质子交换膜燃料电池比其他类型电池更为适合装备电动汽车。

第六章 内燃机噪声、排放污染及防治

第一节 内燃机噪声污染及防治

噪声污染是指不同频率和强度的声音,无规则地组合在一起,造成对人和环境的影响。它是社会公害之一,影响人们休息,降低工作效率,损伤听觉。国际标准规定,城市住宅噪声的容许声级白天为42dB,夜间为37dB。

汽车和其他运输工具在行驶过程中产生交通噪声,而发动机是汽车的主振动源和噪声源。一般说来,柴油机的噪声比汽油机高,这是它的一大缺点,应该加以限制。

一、噪声分析

1. 车辆噪声源

汽车系统结构复杂,运行条件恶劣,行驶工况多变,使得一辆汽车中存在许多的噪声源,因此,汽车噪声实际是许多噪声源所产生的噪声复合而成的。

图6-1所示为汽车的主要噪声源和噪声的传播途径。其中,包括发动机、离合器和变速器等在内的驱动总成的噪声占据着最重要的位置。发动机同时产生燃气噪声和机械噪声,驱动辅助装置如发电机和冷却风扇也是重要的噪声源,负荷的变化也会在进气系统和排气系统中产生噪声。轮胎和路面噪声会随车速的增加而急剧增加,导致强烈的车外噪声。其他的噪声则来自行驶风噪声和车轮激水噪声等。所有噪声源产生的噪声以固体波动和气体波动两种形式向车身传播。其中的固体波动以振动的形式通过各种各样的支承件和连接件(例如电缆、软管和钢绳)直接传递到车身,与从噪声源发出的一次空气声共同激发车身上较大的板件(如车顶棚等)产生二次空气声,辐射到车内外空间。另外,部分一次空气声通过车身上的缝隙(如通风装置和电缆通孔等)直接传入车内空间。

在汽车上,许多噪声源与振动源是一致的,而且振动源应该是最根本的。汽车主要振动源包括路面不平度、发动机燃气力和机械惯性力、制动器和离合器的摩擦力波动、轮胎不均匀性和车轮纵向、垂向和侧向载荷的变化等。研究表明,各种振动现象和振源与汽车整车及零部件参数之间存在复杂的关系。主要的整车影响因素为:汽车质量和转动惯量,汽车轴距和轮距,汽车车桥形式及驱动方式等。影响振动的车身因素主要是车身结构本身的振动特性,以及车身与底盘系统的连接点的阻抗特性。

汽车噪声的传递有固体波动和气体波动两种传播形式。两种传递形式所传播的噪声能量比例会因车型和结构而变化,而且与频率有很大的关系。通常500Hz以下的低、中频率噪声,主要以固体波动形式传播,而在较高的频带内,则以空气传播为主。

简单概括车辆噪声源大致可分为:与发动机转速有关的声源和与车速有关的声源。图6-2说明了这些基本噪声源。

与发动机转速有关的噪声源主要有进气噪声、排气噪声、冷却系风扇噪声和发动机表面辐射噪声,以及发动机带动旋转的各种附件(如空气压缩机、发动机、空调等)的噪声。

与车速有关的噪声主要有传动噪声(变速器、传动轴等)、轮胎噪声、车体产生的空气动力噪声。

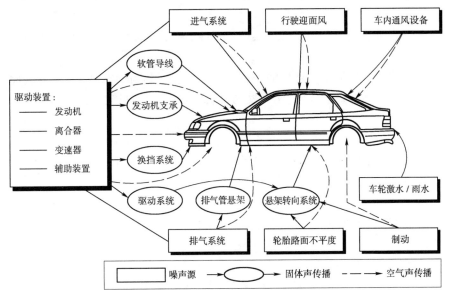

图 6-1 汽车的主要噪声源和传播途径

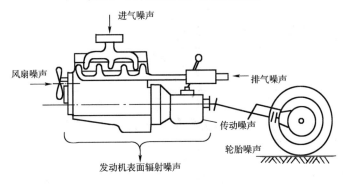

图 6-2 车辆基本噪声源

表 6-1 说明了上述噪声与发动机转速(或车速)的关系及其影响因素。

汽车主要噪声源及其影响因素 表 6-1

噪声源	与其他参数的关系	结构设计因素
进气噪声	$I \propto n^{3\sim4}$	气门重叠角、缸径、凸轮轮廓
排气噪声	$I \propto n^{2\sim4.5}$	缸径、凸轮轮廓
风扇噪声	$I \propto n^5$	风扇直径
发动机噪声	$I \propto n^{2\sim5}$	缸径、燃烧方式、发动机结构
齿轮噪声	$I \propto n^2$	齿形、啮合系数
轮胎噪声	$I \propto V_a^{2.5\sim3.5}$ $I \propto W^3$	轮胎花纹、宽度、路面结构

注:I——声强;

n——发动机转速,r/min;

V_a——车速,km/h;

W——轮胎宽度。

2. 发动机噪声源

在汽车噪声中,发动机噪声是主要噪声源之一,它对整车噪声级有决定性影响。

发动机的噪声源,按照噪声辐射的方式来分,有直接向大气辐射的和通过发动机表面辐射的两大类。

直接向大气辐射的噪声源包括进气噪声、排气噪声和风扇噪声等。它们是由气流的振动而产生的空气动力噪声。

发动机内部结构的机械振动产生的噪声,是通过发动机表面以及与发动机表面刚性连接的零部件的振动向大气辐射的,因此叫作发动机表面噪声。按其产生的机理,又可分为燃烧噪声和机械噪声。

燃烧噪声是由于燃烧室内燃料燃烧急速地放出热量,而在极短的时间内产生高温高压激起发动机结构振动产生的。它主要与缸内燃烧最高压力及压力升高率、发动机结构的动刚度等有关。

机械噪声是由于发动机运转时内部各部件间间隙的撞击及内部作用力在部件上引起弹性变形,导致在发动机表面发生振动而产生的。它主要与激振力的大小、运动件的结构等因素有关。

发动机各噪声源的噪声频谱,一般都是宽带连续谱,其主要频率分布范围如表6-2所示。

发动机各噪声源的主要频率分布范围　　　　　　表6-2

噪声源	主要频率范围(kHz)	噪声源	主要频率范围(kHz)
燃烧噪声	1~10	齿轮噪声	>4
活塞敲击声	2~8	进气噪声	0.05~0.5
配气机构噪声	0.5~2	排气噪声	0.05~5
喷油泵噪声	<2	风扇噪声	0.2~2

不同形式的发动机,各种噪声源所占发动机噪声的比例是不同的。图6-3是典型的汽油机和柴油机各主要噪声源的分析比较。从图可知,汽油机的主要噪声源是风扇噪声和配气机构噪声;柴油机的主要噪声源是燃烧噪声。

二、内燃机噪声的防治

我们可以采取措施,将发动机噪声控制在法规之内,具体措施有:

1. 降低燃烧噪声

对于柴油机采用分隔式燃烧室和"M"燃烧系统较好。对使用众多的直接喷射式柴油机而论,推迟喷油始点,对降低噪声有显著效果。图6-4为通过大量试验得出的喷油定时对噪声影响的关系,它说明在直接喷油式柴油机上喷油定时每迟后10℃A,噪声平均降低约6dB(A)。降低噪声的关键应是将滞燃期内喷入的燃油量减少到只够着火需要,而使主要的燃油量于着火后在喷油泵的控制下喷入,从而使汽缸内压力上升率不至于过大。分两阶段喷油的二级喷射可以在整个转速和负荷范围内将噪声降低4dB(A)。

2. 加强结构强度

加固主轴承,使全部机械负荷和振动都由加固了的结构来承受,使油底壳和发动机的两侧壁都连到刚度最大的地方,油底壳和侧壁最好用高度消振的材料来制造。在V形机中,两列汽缸的音叉振动方式也可能产生大的噪声,降低噪声的措施是在V形空间铸出有足够刚度的横隔板。

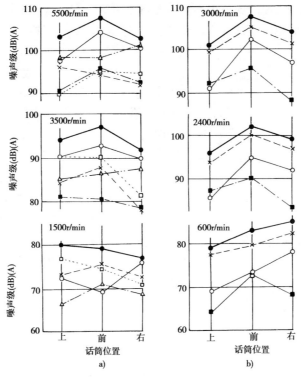

图 6-3 发动机各噪声源分析
a) 汽油机;b) 柴油机

●-总噪声;○-风扇噪声;×-燃烧噪声;■(点画线)-进气噪声;□-配气机构噪声;△-链传动噪声;■(实线)-供油系噪声

通过在曲轴箱中加特殊的筋以及将发射噪声的罩壳增强刚度,可以降低总噪声 3dB(A);对摇臂罩和油底壳采取消振和隔振措施,可使其辐射的噪声降低 10dB(A),这两处有可能是主要噪声源;通过改进喷油泵的支撑,增强支承的刚度和将定时齿轮室盖加筋,以增加刚性,可以降低噪声 3dB(A)。

3. 采用隔声罩壳

用钢板和玻璃纤维做成隔声罩壳,在其内部贴一层玻璃纤维和其他吸声材料,将这些隔声罩壳尽可能安装在发动机的主要噪声声源处(如曲轴箱侧壁和排气总管)。隔声罩和发动机结构之间用橡胶件支承,这样一般可降低噪声 3~4dB(A)。

4. 采用排气消声器

消声器是声滤波器,其性能随频率发生变化。消声器有阻性、抗性和复合式三大类。常用的基本消声单元见图 6-5。

(1)阻性消声器。其声学性能主要取决于声吸收构件和材料的流阻。这种消声器通常具有较宽广的频带的降声特性,一般用于小轿车。

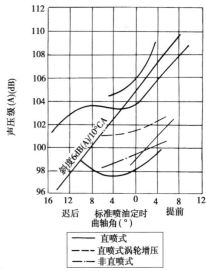

图 6-4 喷油定时对柴油机噪声的影响

(2)抗性消声器。其声学性能主要取决于它的几何形状,一个或多个空腔、共鸣腔和有限长度管段制成的抗性消声器,使沿通道传播的声能造成阻抗失配。这种阻抗失配使部分声能向声源反射或在空腔内来回,阻碍那部分声能通过消声器向外发散。这种消声器多用于载货汽车。

(3) 阻抗复合式消声器。这种消声器一般是在抗性消声器基础上发展成的。这是因为抗性消声器往往在其内部伴随发生交变的声压和质点速度的增强效应,只要用很少的吸声材料便可吸收很大的声能。

5. 低噪声发动机设计

必须强调,产品设计阶段在满足基本性能的前提下,应同时按降声要求选择结构参数,注意结构的细节设计。降低发动机噪声的一般方法有:

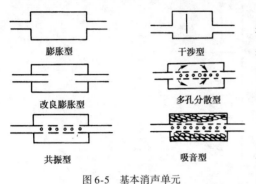

图 6-5　基本消声单元

(1) 降低发声重要频域内燃烧和机械激振力的数量级;
(2) 提高结构刚度,减少外部声发射表面的振动;
(3) 在结构上引入附加阻尼,衰减振动能量;
(4) 改变激振力的传递途径;
(5) 减少辐射声表面;
(6) 采用隔声罩。

第二节　内燃机排放污染及防治

汽车有害气体主要从下述途径排入大气:

(1) 以 HC 为主要成分(约占 HC 总排量的 25%),并含有 CO 等其他成分的窜气,从曲轴箱排出;

(2) 在不同运行工况,从排气管排出不同成分的 CO、HC(约占 HC 总排量的 55%)及 NO_x 等有害气体;

(3) 汽油从油箱、化油器浮子室及油泵接头处蒸发,散发出 HC(约占 HC 总排量的 20%)。

内燃机排放的主要有害气体是 CO、HC 和 NO_x。主要有害微粒在汽油机是铅化合物,在柴油机是炭烟。此外还有醛(—CHO)、臭氧(O_3)及其他致癌物质等。

汽车汽油机由于数量大,经常密集于城市,再加上相同排量汽油机排出的污染物(除微粒外),在所有工况下特别是 CO、HC 均比柴油机大(表 6-3),因此控制汽油机的排放污染远比柴油机重要得多。

相同排量的汽车用汽油机和柴油机排放值的比较(均未采用控制污染措施)　表 6-3

有害气体	怠速		加速		中等车速		减速	
	浓度	g/h	浓度	g/h	浓度	g/h	浓度	g/h
HC(按 CH_3 计算)								
汽油机	1%	68	0.6%	645	0.5%	127	3%	208
柴油机	0.15%	38.5	0.1%	109	0.08%	63.5	0.15%	109
NO_x(按 NO_2 计算)								
汽油机	0.003%	0.68	0.12%	417	0.065%	54.5	0.003%	0.68
柴油机	0.006%	5	0.085%	295	0.024%	59	0.006%	0.68

续上表

有害气体		怠速		加速		中等车速		减速	
		浓度	g/h	浓度	g/h	浓度	g/h	浓度	g/h
汽油机α		0.73		0.861		0.993		0.662	
排气总量(标m³/min)	汽油机	0.192		2.88		0.707		0.510	
	柴油机	0.707		2.88		2.18		1.980	
CO%	汽油机	5.0		5.0		0.6		5.0	
	柴油机	0.4		0.2		0.03		—	
CO_2%	汽油机	9.5		10		12.5		9.5	
	柴油机	1.0		11		7.0		—	

汽车排放对大气污染的影响，绝不是由于一种物质造成的，而是各种污染物综合的结果，但目前主要是分别探索各种污染物的单独影响。

一、内燃机排放污染物的危害

1. 一氧化碳(CO)

CO 是燃料在空气不足的情况下的燃烧产物，是内燃机排气中有害浓度最大的成分。一般来说，汽车在未采取净化措施前，CO 浓度为 3%～4%。国产车用汽油机怠速时 CO 可达 4%～6%。就地区大气污染来说，美国和日本大气中 CO，约 95%～99% 来自汽车。

CO 是一种无色、无刺激的气体，通常认为 CO 是由于被人吸入体内才显示影响的。吸入的 CO 很容易和血红蛋白 Hb 及少量肌红蛋白结合并输送到体内。CO 急性中毒症状是由于阻碍血红素带氧，造成体内缺氧而引起的窒息状态，这种内窒息状态一旦被解除，症状也就随之消失。

大气中各种 CO 浓度的毒性如表 6-4 所示。由于 CO 在大气底层停留时间较长，其累积浓度常易超过允许值，因此要特别重视大气中 CO 的危害性。

各种浓度 CO 的危害　　表 6-4

CO 浓度	危 害	CO 浓度	危 害
0.001%	人慢性中毒，贫血，病人心脏、呼吸道恶化	0.012%	人在 1h 内中毒
0.003%	人在 4～6h 内中毒	1%	使人死亡
0.01%	使人头痛、恶心		

2. 氮氧化物(NO_x)

氮氧化物有 NO、NO_2、N_2O、N_2O_3、N_2O_4、N_2O_5 及 NO_3 等。从大气污染的角度来看，最重要的是 NO 和 NO_2，除了 N_2O 在环境中有少量可见外，其余氮氧化物可忽略不计。与环境污染有关的 NO 和 NO_2 总称 NO_x。

内燃机排气中的氮氧化物是由于燃烧室内高温燃烧而产生的，空气中的氮经过氧化首先生成 NO，然后与大气中氧相遇又成为 NO_2。目前大气中的 NO_x，在美国约 32%～55% 来自汽车排气，日本东京约 36% 来自汽车排气，其余大部来自工业发生源。

NO_x 除了本身对生物产生危害外，还与 HC 生成光化学过氧化物。

高浓度的 NO 能引起中枢神经的瘫痪及痉挛，而低浓度 NO 影响尚有待于今后探讨，目前只能就 NO_2 的影响加以讨论。

NO_2 是一种褐色气体，沸点 21.2℃，有特殊刺激性臭味，是内燃机排气中恶臭物质成分之一。它使人中毒的症状是在发生肺水肿的同时,引起独具特点的闭塞性纤维性细支气管炎。对健康人大约在 0.0016%、10min 期间,肺气流阻力有明显上升。大气中不同浓度 NO_2 对人及生物的影响见表6-5。由于 NO_x 在大气中几天之内就扩散,下雨时就溶解,其累积浓度不会过高,因此,NO_x 对大气污染的危害不像 CO 那样严重。

NO_2 对人及生物的影响　　　　　　　　　　　　　　表 6-5

NO_2 浓度	影　响	NO_2 浓度	影　响
0.5×10^{-6}	连续 3~12月,患支气管炎部位有肺气肿出现	50×10^{-6}	1min 之内,人的呼吸异常,鼻受刺激
1.0×10^{-6}	闻到臭味	80×10^{-6}	3~5min 引起胸痛
2.5×10^{-6}	超过7h,西红柿、植物等作物叶子变白色	$(100~150) \times 10^{-6}$	人在 30~60min,因肺水肿而死亡
5.0×10^{-6}	闻到强烈臭味		

3. 碳氢化合物(HC)

内燃机排气中 HC 浓度随着工况与试验条件的不同差别很大。美国汽车 1966 年前约为 0.085%,我国 CA10B 与 EQ6100 汽油机,高速时为 0.08%~0.12%,怠速时较高,但是和 CO 相比浓度还是低得多。这样低的浓度究竟对人会产生什么样的直接影响,人们把注意力放在致癌性碳化氢上。

当前比较一致的看法是3,4-苯并芘(一种五个环的稠环芳香烃 $C_{20}H_{12}$,主要来自煤焦油和沥青),20 世纪 30 年代就已证实,它是一种很强的致癌物质,目前研究已经从汽车排气中分析出含有此种成分。

另外,甲醛苯甲醛(废气中芳香族的主要产物)和丙烯醛等强烈刺激眼睛及呼吸器官,更需予以注意。

当前,汽车排气中的 HC 和 NO_x 一样,由光化学反应所生成的过氧化物更加引人注目。

4. 光化学烟雾

汽车内燃机排气中,作为起因物质的 NO_x 和 HC 在太阳能的作用下进行光化学反应,生成的光化学过氧化物而形成的烟雾称为光化学烟雾。光化学反应是一个极其复杂的过程,它的主要产物是氧化能力很强的臭氧 O_3 及 PAN(Peroxyacyl Nitrates)过氧化酰基硝酸盐等光化学过氧化物,此外还生成各种游离基、醛、酮、硫酸烟雾等。

光化学氧化物的主要物质是臭氧 O_3,它是一种极强的氧化剂,具有独特的臭味,其嗅觉值在 0.02×10^{-6} 以下。表 6-6 给出光化学烟雾对人体和生物的影响。

光化学烟雾对人体和生物的影响　　　　　　　　　　　表 6-6

O_3 浓度	影　响	O_3 浓度	影　响
0.02×10^{-6}	5min 内多数人能觉察,1h 内胶片脆化	$(1~2) \times 10^{-6}$	2h 头痛、胸痛、肺活量减少,人慢性中毒
0.2×10^{-6}	人肺的机能减弱,胸部有紧缩感,眼睛红痛	$(5~10) \times 10^{-6}$	全身疼痛、麻痹、肺气肿
$(0.2~0.5) \times 10^{-6}$	3~6h,使人视力减弱	$(15~20) \times 10^{-6}$	小动物 2h 内死亡
$(0.5~1.0) \times 10^{-6}$	1h 内呼吸紧张,气喘病恶化	50×10^{-6} 以上	人在 1h 内死亡

5. 微粒

所谓微粒是指存在于接近大气条件的,除掉未化合的水以外的任何分散物质。这种分散物质可能是固态的,也可能是液态的,它包括原始的和二次的微粒。原始微粒是直接来自发动机燃烧产物的微粒;二次微粒是在大气条件下,因气态、液态和固态的各化学成分之间发生化学和物理变化所产生的微粒,例如经催化反应、光化学反应的微粒。

汽油机和柴油机所排放的微粒是不同的。汽油机主要是铅化物、硫酸、硫酸盐和低分子物质。柴油机的微粒数量上要比汽油机多得多,一般要高30~60倍,成分也要复杂得多,它是一种类如石墨形式的含碳物质并凝聚和吸附了相当的高分子量有机物,这些有机物包括未燃的燃油、润滑油以及不同程度的氧化和裂解产物。

下面主要讨论微粒中的铅化物、炭烟和油雾。

(1) 铅化物。铅化物是作为抗爆剂加到汽油中的四乙基铅$Pb(C_2H_5)_4$经燃烧后所生成的化合物。从燃烧室排出来的铅化物,一般为粒径小于$0.2\mu m$的小微粒。排放到大气中的铅化物除燃烧室直接排出的小微粒外,多数是附着于排气口或排气道、消声器而逐渐长大的粒子,大部分散落在地面。

铅对人体是十分有害的。工业发达国家某些大城市中街道空气中的含铅浓度相当高,超过了$5\mu g/m^3$的法定标准,一般达$10\mu g/m^3$,有的高达$100\mu g/m^3$。这样高的含铅气体进入人体,可使人贫血,牙齿变黑,神经麻痹,腕臂不能屈伸,而且提高了便秘、血管病、脑溢血和慢性肾炎的发病率。

铅化物不仅对人体有危害,还因吸附在催化剂表面,显著缩短其寿命,是催化净化的难题之一。

为了消除铅化物的危害,有些国家已只允许使用无铅汽油。1998年2月我国国务院以国办发[1998]129号文通知,自2000年7月1日起全国所有汽车一律停止使用含铅汽油,改用无铅汽油。

(2) 炭烟。炭烟是燃料不完全燃烧的产物。在高压燃烧条件下,过浓混合气在高温缺氧区,燃油被裂解成炭,主要由直径$0.1~10\mu m$的多孔性炭粒构成。由于混合及燃烧机理不同,柴油机在扩散燃烧阶段易生成炭烟,而汽油机产生炭烟比柴油机少得多。因此炭烟是构成柴油机排放的主要微粒物。

炭烟往往粘附有SO_2及致癌物3.4-苯并芘等有机化合物及臭气,对人和生物都有危害。一般来说,$2~10\mu m$的炭烟吸入气管后可排出体外,对身体影响不大。$2\mu m$以下的炭烟吸入肺部后会沉淀起来,而$0.1~0.5\mu m$的炭烟,对人体危害最大,除了致癌作用外,这种炭烟吸入肺部,会导致慢性病、肺气肿、皮肤病及变态性疾病。

微粒越小,悬浮于空气中的时间也越长。表6-7说明,最小的微粒沉降时间最长,在空中最长可达一周以上,这就增加了微粒接触人体的机会,以及微粒在大气中受阳光和其他物质作用而产生光化学反应的机会。一般柴油机排出微粒以重量计90%以上小于$1\mu m$。这就说明柴油机微粒的危害比汽油机大。

球形微粒在静态空气中的沉降速度　表6-7

颗粒直径(μm)	沉降速度(cm/s)
10	0.3
1.0	0.003
0.1	0.00009

(3) 油雾。油雾对配备良好的车辆几乎不成问题。如果汽车使用催化净化装置,还应考虑催化剂磨损所生成的重金属粒子排放问题。

6. 臭气

排气中的臭气由多种成分组成,除了O_3、NO_2有臭味外,主要就是燃料的不完全燃烧产物,如甲醛、丙烯醛等。当汽车停留在街道路口时,产生这些物质较多,它能刺激眼睛的黏膜。

除了与燃烧条件有关外,臭气的产生还与燃料的组成有关。随着燃料中芳香烃的增加,排气中的甲醛略有减小,而芳醛稍许增加,从而可以适当减少臭气,但却增加了更易产生光化学烟雾的芳烃。

二、世界各主要国家排放法规

世界各国的排放法规中,对测试装置、取样方法和分析仪器的规定基本是一致的,但测试循环和排放限值的差别较大。美国采用 FTP 测试循环;日本采用 10.15 测试循环;欧洲则采用 ECE15 + EIJDC 测试循环。例如,目前美国对于轿车及轻型车采用的试验规范是美国环保局 EPALA－4CH 冷热起动工况法,日本现行的排放法规是 10 工况热起动行驶循环法和 11 工况冷起动行驶循环法,欧洲经济委员会现行采用的是 ECE-15 工况法,我国基本上以 ECE-15 工况为框架。

由于各国试验法规不同,因而允许排放的限值及使用单位也不一样。各国排放法规虽历经多次修改,但总的趋势是排放限值日趋严格。

1. 我国汽车排放标准

我国汽车排放控制始于 20 世纪 80 年代。80 年代末,我国的轻型汽车、重型柴油车和摩托车的排放控制均移植和采用了欧洲排放标准体系。1993 年,我国发布了七项汽车排放国家标准(GB 14761.1—1993),继而于 1999 年、2001 年、2002 年又先后颁布了多项有关汽车的排放标准。

2005 年 4 月 27 日国家颁布了 GB 18352.3—2005《轻型汽车污染物排放限制及测量方法(中国Ⅲ、Ⅳ阶段)》,分别于 2007 年 7 月 1 日和 2010 年 7 月 1 日为实施第Ⅲ阶段和第Ⅳ阶段排放限制的执行日期。本标准规定每次试验测得的气态排放物质量,以及压燃式发动机汽车的微粒物质量,都必须低于表 6-8 所示限值。表 6-9 为Ⅵ型试验(低温试验)的排放限值。型式核准的执行日期如表 6-10 所示。

Ⅰ型试验排放限值(g/km)　　　　　表 6-8

阶段	类别	级别	基准质量(RM)(kg)	CO(L1)		HC(L2)		NO$_x$(L3)		HC + NO$_x$(L2 + L3)		PM(L4)
				点燃式	压燃式	点燃式	压燃式	点燃式	压燃式	点燃式	压燃式	压燃式
Ⅲ	第一类车	—	全部	2.3	0.64	0.20	—	0.15	0.50	—	0.56	0.05
	第二类型	Ⅰ	BM≤1305	2.3	0.64	0.20		0.15	0.50		0.56	0.05
		Ⅱ	1305 < RM≤1760	4.17	0.80	0.25		0.18	0.65		0.72	0.07
		Ⅲ	1760 < RM	5.22	0.95	0.29		0.21	0.78		0.86	0.10
Ⅳ	第一类车	—	全部	1.00	0.50	0.10		0.08	0.25		0.30	0.025
	第二类车	Ⅰ	RM≤1305	1.00	0.50	0.10		0.08	0.25		0.30	0.025
		Ⅱ	1305 < RM≤1760	1.81	0.63	0.13		0.10	0.33		0.39	0.04
		Ⅲ	1760 < RM	2.27	0.74	0.16		0.11	0.39		0.46	0.06

Ⅵ型试验排放限值(g/km)　　　　　表 6-9

类别	级别	基准质量(RM)(kg)	CO(L1)	HC(L2)
第一类车	—	全部	15	1.8
第二类车	Ⅰ	RM≤1305	15	1.8
	Ⅱ	1305 < RM≤1760	24	2.7
	Ⅲ	1760 < RM	30	3.2

注:试验温度 266K(-7℃)。

型式核准执行日期 表6-10

试 验 项 目		第 III 阶段	第 IV 阶段
I 型试验		2007.7.1	2010.7.1
III 型试验			
IV 型试验			
V 型试验			
VI 型试验			
车载诊断(OBD)系统试验	第一类汽油车	2008.7.1	
	其他车辆	2010.7.1	

2006年,环境保护部下达《轻型汽车污染物排放限值及测量方法(V)》的制订任务后,中国汽车技术研究中心成立标准编制组,开始标准的前期调研和分析工作。2009年9月~2010年10月,标准编制组跟踪国外法规及技术的应用情况,开展国5标准的部分验证试验工作。通过国内外专家交流、试验验证和分析,结合我国排放控制要求和技术发展实际情况,确定排放要求引用到欧5b,但不包括微粒物数量测量要求;OBD要求引用到5+,但不包括实际诊断频率(IUPR)的要求;国5标准中不引用入车载油气回收系统(ORVR)的相关要求。结合欧洲法规并开展验证试验,确定国5、国6的主要技术要求,排放限值与欧V、欧VI标准相同,待欧洲新的PM试验规程确定后将引入到国5、国6标准。国5、国6排放限值见表6-11、表6-12。

国5排放限值(g/km) 表6-11

车辆类别		基准质量(RM)(kg)	CO		HC	NMHC	NO_x		$HC+NO_x$	PM
			汽油机	柴油机	汽油机	汽油机	汽油机	柴油机	柴油机	柴油机
第一类车		全部	1.00	0.50	0.10	0.068	0.06	0.18	0.23	0.005
第二类车	1级	RM≤1305	1.00	0.50	0.10	0.068	0.06	0.18	0.23	0.005
	2级	1305<RM≤1760	1.81	0.63	0.13	0.09	0.075	0.235	0.295	0.005
	3级	1760<RM	2.27	0.74	0.16	0.108	0.082	0.28	0.35	0.005

国6排放限值(g/km) 表6-12

车辆类别		基准质量(RM)(kg)	CO		HC	NMHC	NO_x		$HC+NO_x$	PM
			汽油机	柴油机	汽油机	汽油机	汽油机	柴油机	柴油机	柴油机
第一类车		全部	1.00	0.50	0.10	0.068	0.06	0.08	0.17	0.005
第二类车	1级	RM≤1305	1.00	0.50	0.10	0.068	0.06	0.08	0.17	0.005
	2级	1305<RM≤1760	1.81	0.63	0.13	0.09	0.075	0.105	0.195	0.005
	3级	1760<RM	2.27	0.74	0.16	0.108	0.082	0.125	0.215	0.005

2. 欧洲汽车排放标准

欧洲国家从1993年开始推行日趋严格的排放标准,而且从1996年起除日本外,欧共体和大部分汽车工业发达国家都相继采用了联合国欧洲经济委员会(ECE)的排放标准。欧I标准于1993年生效,欧II标准于1996年生效,欧III标准于2000年生效,欧IV标准于2005年生效,欧V标准于2009年生效,2014年开始实施欧VI标准。各阶段的排放标准见表6-13。其中欧IV、欧V、欧VI排放标准详细数据见表6-14~表6-16。

欧洲汽车排放标准(g/km)　　　　　　　　　　表 6-13

年 份	汽油机			柴油机	
	CO	NO$_x$	HC	NO$_x$	PM
1986 年	1.5	4.6			
1989 年				1.4	0.5
1992 年(欧Ⅰ)	2.8	1.0		0.8	0.36
1996 年(欧Ⅱ)	2.3	0.3		0.8	0.25
2000 年(欧Ⅲ)	2.3	0.15	0.2	0.5	0.10
2005 年(欧Ⅳ)	1.0	0.1	0.1	0.5	0.02
2009 年(欧Ⅴ)	1.0	0.1	0.06	0.2	0.005
2014 年(欧Ⅵ)	1.0	0.1	0.06	0.1	0.005

欧Ⅳ型式认证和生产一致性排放限值(g/km)　　　　表 6-14

车 辆 类 别		基准质量(RM)(kg)	CO		HC	NO$_x$		HC + NO$_x$	PM
			汽油机	柴油机	汽油机	汽油机	柴油机	柴油机	柴油机
第一类车		全部	1.00	0.50	0.10	0.08	0.25	0.30	0.025
第二类车	1 级	RM≤1305	1.00	0.50	0.10	0.08	0.25	0.30	0.025
	2 级	1305 < RM≤1760	1.81	0.63	0.13	0.10	0.33	0.39	0.04
	3 级	1760 < RM	2.27	0.74	0.16	0.11	0.39	0.46	0.06

欧Ⅴ型式认证和生产一致性排放限值(g/km)　　　　表 6-15

车 辆 类 别		基准质量(RM)(kg)	CO		HC	NMHC	NO$_x$		HC + NO$_x$	PM
			汽油机	柴油机	汽油机	汽油机	汽油机	柴油机	柴油机	柴油机
第一类车		全部	1.00	0.50	0.10	0.068	0.06	0.18	0.23	0.005
第二类车	1 级	RM≤1305	1.00	0.50	0.10	0.068	0.06	0.18	0.23	0.005
	2 级	1305 < RM≤1760	1.81	0.63	0.13	0.09	0.075	0.235	0.295	0.005
	3 级	1760 < RM	2.27	0.74	0.16	0.108	0.082	0.28	0.35	0.005

欧Ⅵ型式认证和生产一致性排放限值(g/km)　　　　表 6-16

车 辆 类 别		基准质量(RM)(kg)	CO		HC	NMHC	NO$_x$		HC + NO$_x$	PM
			汽油机	柴油机	汽油机	汽油机	汽油机	柴油机	柴油机	柴油机
第一类车		全部	1.00	0.50	0.10	0.068	0.06	0.08	0.17	0.005
第二类车	1 级	RM≤1305	1.00	0.50	0.10	0.068	0.06	0.08	0.17	0.005
	2 级	1305 < RM≤1760	1.81	0.63	0.13	0.09	0.075	0.105	0.195	0.005
	3 级	1760 < RM	2.27	0.74	0.16	0.108	0.082	0.125	0.215	0.005

3. 美国汽车排放标准

美国汽车排放有加州和联邦两个标准。1963 年加州制订了"大气清洁法";1966 年制订了"7 工况法",颁布了汽车排放控制标准;1968 年联邦采用"7 工况法"开始控制汽车排放。1990 年美国国会修订了"清洁空气法",对汽车排放提出了更加严格的要求,其中对 HC 的排放限制不仅指总碳氢(THC),而且要限制非甲烷碳氢化物(NMHC),另外新标准增加对排放稳定性(使用寿命)的考核,提出 8 万 km 和 16 万 km 两个排放限制。

1994年美国加州颁布了清洁燃料和低排放汽车计划CF/LEV,规定从1995年起实施严格的低污染汽车标准(LEV),分四阶段进行:过度低排放车(TLEV)、低排放车(LEV)、超低排放车(ULEV)和零污染车(ZEV)。

1998年11月5日加利福尼亚州颁布了低污染汽车标准Ⅱ(LEVⅡ),该标准排放限值见表6-17和表6-18并规定在2004年到2010年间执行。2014年到2022年间加利福尼亚州将采用低污染汽车标准Ⅲ(LEVⅢ),该标准在原低污染汽车标准Ⅱ的基础上主要做了如下修改:将指标NMOG和指标NO_x结合成一个指标$NMOG+NO_x$,对指标$NMOG+NO_x$提出了更严格的要求,并增加了对排放控制系统耐久性的要求。排放限值见表6-19~表6-21。

乘用车低污染汽车标准Ⅱ排放限值(g/km)　　　　　　　　　　表6-17

种类	50000km 或 5 年					120000km 或 11 年				
	NMOG	CO	NO_x	PM	HCOH	NMOG	CO	NO_x	PM	HCOH
LEV	0.075	3.4	0.05	—	0.015	0.09	4.2	0.07	0.01	0.018
ULEV	0.04	1.7	0.05	—	0.008	0.055	2.1	0.07	0.01	0.011
SULEV	—	—	—	—	—	0.01	1.0	0.02	0.01	0.004

中-重型车低污染汽车标准Ⅱ排放限值(保证里程120000km)　　　　表6-18

种类	8500-10000lbs					10001-14000lbs				
	NMOG	CO	NO_x	PM	HCOH	NMOG	CO	NO_x	PM	HCOH
LEV	0.195	6.4	0.2	0.12	0.032	0.23	7.3	0.4	0.12	0.04
ULEV	0.143	6.4	0.2	0.06	0.016	0.167	7.3	0.4	0.06	0.021
SULEV	0.100	3.2	0.1	0.06	0.008	0.117	3.7	0.2	0.06	0.010

乘用车低污染汽车标准Ⅲ排放限值(g/km)　　　　　　　　　　表6-19

种 类	$NMOG+NO_x$	种 类	$NMOG+NO_x$
LEV	0.16	ULEV50	0.050
ULEV	0.125	SULEV	0.030
ULEV70	0.070	SULEV20	0.020

中-重型车低污染汽车标准Ⅲ排放限值(保证里程150000km)(g/km)　　表6-20

重　量	种　类	$NMOG+NO_x$
8500-10000lbs	ULEV	0.2
	SULEV	0.145
10001-14000lbs	ULEV	0.317
	SULEV	0.2

低污染汽车标准Ⅲ排放微粒限值(g/km)　　　　　　　　　　表6-21

年　份	PM(g/km)	SPN
2014	0.006	6×10^{12}
2017	0.003	3×10^{12}

4.日本汽车排放标准

日本在1966年起实施汽车排放法规,采用4工况法控制CO。1973年对乘员11人以下的客车和总质量小于2500kg的轻型载货车改用市区10工况热起动法,增加控制HC和NO_x,用炭罐收集法控制汽油蒸发。1975年起增加了城郊11工况冷起动试验法,并加严了10工况限值。表6-22为日本轻型车排放标准。

日本轻型车排放标准(g/km) 表6-22

车 型	最大总质量 $(GVW)_t$	实施年份	CO 10工况 (g/km)	CO 11工况	HC 10工况	HC 11工况	NO_x 10工况 (g/km)	NO_x 11工况	微粒 (g/km)
汽油乘用车		1978	2.7	85	0.39	9.5	0.48	6	—
		2000①	1.27	31.1	0.17	4.42	0.17	2.5	
汽油载货车	≤1.7	1981	17	130	2.7	17	0.84	8	—
		1988	2.7	85	0.39	9.5	0.48	6	
		2000①	1.27	31.1	0.17	4.42	0.17	2.5	
	1.7~2.5	1981	17	130	2.7	17.7	1.26	9.5	—
		1994①	17	130	2.7	17.7	0.63	6.6	
		1998①	8.42	104	0.39	9.5	0.63	6.6	
		2001①	3.36	38.3	0.17	4.42	0.25	2.78	
柴油载货车	≤1.7	1988	2.7		0.62		1.26		—
		1993②	2.7		0.62		0.84		0.34
		1997②	2.7		0.62		0.55		0.14
		2002②	0.63		0.12		0.28		0.052
	1.7~2.5	1988	980		670		500		—
		1993②	2.7		0.62		1.82		0.43
		1997②	2.7		0.62		0.97		0.18
		2003②	0.63		0.12		0.49		0.06

注:①1994年起改为10.15工况,g/km;

②1993年前1.7~2.2.5t柴油车为6工况,10^{-6},1993年后改为10.15工况,g/km。

日本1989年提出更加严格的汽车排放法规,修改试验规范改为10.15工况,污染物限值标准主要是修改轿车,特别是柴油乘用车,其污染物限值见表6-23。

为减轻大气污染,日本政府2003年3月25日公布了一项柴油车尾气排放标准的法令,对自2005年秋季出售的车辆做出了迄今为止全世界最为严格的规定。这项新法令对能引起呼吸器官不适的氮氧化物尤其是一种疑为致癌物质的微粒物的排放量做出了严格的限制,甚至严于欧美正在执行的标准。对运载量在3.5t以上的大型货车和客车,微粒物的允许排放量由0.18g/kW·h减少到0.027g/(kW·h),降低了85%;氮氧化物排放量由3.38g/(kW·h)减少到2g/(kW·h),降低了41%;中小型客运、货运车的标准则是微粒物同0.052~0.06g/(kW·h)减少到0.013~0.015g/(kW·h),降低了75%;氮氧化物由0.28~0.49g/(kW·h)减少到0.14~0.25g/(kW·h),降低了50%。

三、内燃机排气污染物的生成及影响因素

汽车内燃机排气所造成的公害,对汽油机而言,CO、HC和NO_x是主要的有害成分,而光化学烟雾是由HC和NO_x转化而成的;对柴油机而言,CO和HC比汽油机少得多,NO_x约为汽油

机的50%,而炭烟却比汽油机大得多,是主要的有害成分。

1. 一氧化碳(CO)

对于汽油机,根据燃烧化学反应,在不同空燃比 A/F 下,燃烧产物各成分的计算值如图6-6所示。

理论上当过量空气系数 $\alpha=1(A/F\approx 14.7)$ 时,燃料完全燃烧,其产物为 CO_2 和 H_2O,即:

$$C_nH_m + \left(n + \frac{m}{4}\right)O_2 = nCO_2 + \frac{m}{2}H_2O$$

当空气不足,$A/F < 14.7$ 时,则有部分燃料不能完全燃烧,生成 CO。

$$C_nH_m + \left(\frac{n}{2} + \frac{m}{4}\right)O_2 = nCO + \frac{m}{2}H_2O$$

所以,CO 的排出浓度基本上受空燃比所支配,图 6-7 为汽油机空燃比与排气浓度变化关系,与图 6-6 是一致的。

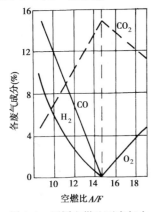

图 6-6 不同空燃比下废气中各成分变化

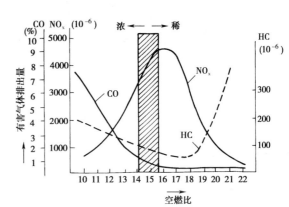

图 6-7 空燃比和各有害气体排放量的关系

理论上当 $\alpha \geq 1$ 时,排气中 CO 不存在,而代之产生 O_2。实际上由于混合、分配不均匀,在排气中仍含有少量 CO。即使混合气混合得很均匀,由于燃烧后的温度很高,已经生成的 CO_2 也会有一小部分被分解成 CO 和 O_2,H_2O 也会部分被分解成 H_2 和 O_2,生成的 H_2 也会使 CO_2 还原成 CO,所以,排气中总会有少量 CO 存在。

$$2CO_2 \longrightarrow 2CO + O_2 \quad 2H_2O \longrightarrow 2H_2 + O_2 \quad CO_2 + H_2 \longrightarrow CO + H_2O$$

可见,凡是影响混合比的因素,即为影响 CO 的因素。

1)进气温度 T_0 的影响

一般情况下,冬天气温可达 -20℃ 以下,夏天在 30℃ 以上,爬坡时发动机罩内 $T_0 > 80℃$。随着环境温度的上升,空气密度变小,而汽油的密度几乎可认为不变,因此使化油器供给的空燃比(即 A/F)随吸入空气温度的上升而变浓。图 6-8 为一定运转条件下,进气温度与空燃比的关系,大致和绝对温度的平方根成反比的理论相一致。

2)大气压力 p 的影响

大气压力随海拔而变化,由经验公式:

$$p = p_0 \cdot (1 - 0.02257h)^{5.256} \quad (\text{kPa})$$

式中:h——海拔,km。

当海平面 $p_0 = 100$ kPa 时,可作出海拔和大气压力变化关系的曲线,见图 6-9。

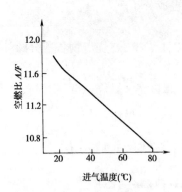
图6-8 进气空气温度对混合比的影响

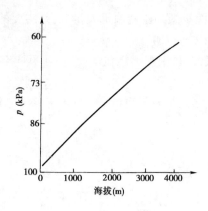
图6-9 海拔和大气压力变化关系

当忽略空气中饱和水蒸气压时,空气密度可用下式表示:

$$\rho_a = 1.293 \frac{273}{273+T} \frac{p}{750} \quad (\text{kg/m}^3)$$

可以认为空气密度 ρ_a 和 p 成正比,从简单化油器理论可知,混合比和空气密度的平方根成正比,即混合比 $R = R_0 \sqrt{\rho_a/\rho_0}$。

这样,可求得进气空气压力变化时,引起混合比的变化,见图6-10。由图示出,当进气管压力降低时,空气密度下降,使混合比 $R(A/F)$ 下降,从而使混合气过浓百分率提高,这将影响 CO 的排放。图中实验值稍高于理论值。

3)进气管真空度的影响

当汽车急剧减速时,发动机真空度大于 -68kPa 以上时,停留在进气系统中的燃料,在高真空度下急剧蒸发而进入燃烧室,造成混合气瞬时过浓,致使燃烧状况恶化。CO 浓度将显著增加到怠速时的浓度。

4)怠速转速的影响

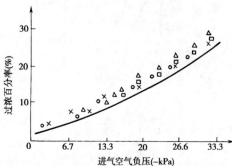

图6-10 进气空气压力变化引起的混合气过浓百分率实验值

△-节气门全开,$R_0=15.43$;×-节气门1/2开,$R_0=15.40$;□-节气门3/4开,$R_0=15.50$;○-节气门1/4开,$R_0=14.00$

图6-11 表示了怠速转速和排气中 CO 和 HC 浓度的关系。怠速转速 600r/min 时,CO 浓度为1.4%;700r/min 时,降为1%左右,这说明提高怠速转速,可有效地降低排气中 CO 浓度。但是,怠速过高会加大挺杆响声,对液力变短汽车,还可能发生溜车的危险。如果这些问题得到解决,一般从净化的观点看,希望怠速转速规定高一点较好。

5)发动机工况的影响

图6-12 为解放牌汽车负荷一定时,等速工况下排气成分实测结果。由图可见,当车速增加时,CO 很快降低,至中速后变化不大,这是由于化油器供给发动机的空燃比,随流量增加接近于理论混合比的结果。图中也给出了 HC 和 NO_x 的变化关系。

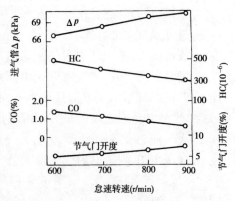

图6-11 怠速转速和 CO、HC 浓度

图 6-13 为 CA10B 汽油机在 $n = 2000 \text{r/min}$ 时负荷特性下的排气成分。CO 值随负荷的增加(进气管真空度 Δp 减小)而逐渐降低,是由于供给混合气的空燃比逐渐变稀之故。当负荷加大到进气管真空度低于 26.7kPa 后,CO 值开始升高,这是由于化油器加浓装置起作用的结果。

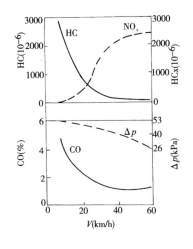
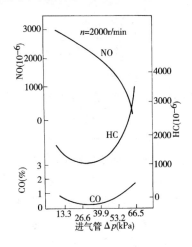

图 6-12 CA10B 汽油机等速工况排气成分实测结果　　图 6-13 CA10B 汽油机负荷特性下排气成分

2. 碳氢化合物(HC)

汽油是由多种成分 HC 所组成,如果完全燃烧将生成 CO_2 和 H_2O。但是汽油的燃烧很复杂,任何发动机都可能发生不完全燃烧,在排气中都会有少量 HC 存在。因为:

(1)为了提高发动机的最大功率,常使发动机在 $\alpha<1$($A/F = 12.5 \sim 13.0$)的浓混合气情况下工作。在低负荷时,由于汽缸内残余废气较多,为了不使燃烧速度过低,也在 $\alpha<1$ 情况下工作。由于 $\alpha<1$ 时空气量不足,发生不完全燃烧。

(2)在汽油机中用电火花点火,由火焰传播把混合气烧掉,但紧靠燃烧室壁面附近的混合气层,由于缸壁的冷却形成激冷层,使火焰传播终止而熄灭,因此激冷层的混合气不能完全氧化燃烧,从而有许多未燃的 HC 也要排出来。

(3)从燃烧化学考虑,汽油的氧化燃烧是很复杂的,不是一下子就能反应成 CO_2 和 H_2O 的,以辛烷 C_8H_{18} 为例:

$$C_8H_{18} + 12.5O_2 \rightarrow 8CO_2 + 9H_2O$$

一个气态的汽油分子 C_8H_{18},完全氧化需要 12.5 个 O_2 分子,此外还夹着 47 个 N_2 分子来干扰 C_8H_{18} 与 O_2 的反应。不可能想象一个 C_8H_{18} 分子同时碰到 12.5 个 O_2 分子而一下子生成 CO_2 和 H_2O。一般气态反应,两个分子互相碰撞的机会较多,三个分子同时碰撞在一起的机会已很少。所以汽油分子的反应过程必须是经过一连串的反应而达到最终生成物 CO_2 和 H_2O,在反应的不同阶段,存在着不同的中间生成物。这些中间生成物,若进一步氧化的条件不适宜,就可能生成为部分氧化物而排出。由此可以理解,为什么在排气中总有少量的过氧化物醛、酮等。

总之,排气中的 HC 是燃料不完全燃烧或部分被分解的产物。含有饱和烃、不饱和烃、芳烃及部分含氧化合物(如醛、酮、酸等),成分复杂,组成变化也很大。有人曾从排气的 HC 中分析出 200 多种不同成分的碳氢化合物。

在燃烧室形状不变的情况下,排气中 HC 的浓度及各种成分的生成,随着发动机工况、混合比、燃烧条件及燃料性质的改变而变化很大。下面简单分析这些因素的影响。

1) 空燃比

从图 6-7 可见空燃比对排气中 HC 浓度的影响,在浓混合气时,和 CO 有类似的倾向。但是当 $\alpha = 1.2 (A/F \approx 18)$ 时,其排气浓度又开始增加,这是因为这样稀薄的混合气在一般发动机中产生失火所致。

因此,与 CO 一样,影响空燃比的因素(进气温度、压力等)同样影响 HC 的浓度,提高怠速转速(见图 6-11)也可降低 HC 的排放浓度。

2) 进气管真空度

和 CO 类似,在转速一定,改变负荷时,当进气管真空度达到 -79.8 ~ -66.5kPa 的范围, HC 浓度明显升高(见图 6-14),在下坡使用发动机制动时,就出现这种情况。

3) 燃料性质的影响

HC 是光化学烟雾的起因物质之一,但并不是排气中所有 HC 和 NO_x 均产生光化学反应。在日本,有人认为和光化学烟雾有关的是芳烃和烯烃。因此,有人提出改善汽油性质来降低污染物。在美国,就汽油的挥发性、组成及添加剂对排放影响做了大量研究,但目前收效不大。

(1) 挥发性。如果降低汽油的蒸气压,可以减少从化油器和燃料箱的蒸发损失。对排气也有效果,可以减少总的 HC 排出量,因而可减少光化学反应 10% ~ 20%。

同时若以饱和烃代替同沸点范围的轻烯烃作燃料,在总 HC 排出量不变的情况下,可以减少光化学反应 20% ~ 30%。

(2) 汽油组成。汽油组成对 HC 总排量的影响不显著,而对排气中 HC 的组成则影响很大。

如图 6-15 所示,如果汽油中的芳烃增加,排气中的多环芳烃、酚类、芳醛呈直线增加,而总醛类(主要是甲醛)则略有减少。烯烃($C_2 \sim C_4$)也减少。

至于汽油中烯烃含量的变化,对排气中任何类型的 HC 都没有显著影响。

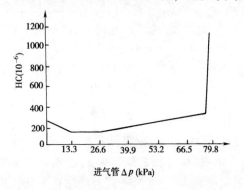

图 6-14 进气管真空度对 HC 的影响($n = 1600r/min$)　　图 6-15 排气中醛量与燃料中芳烃含量的关系

4) 发动机工况的影响

由图 6-12 显示在负荷一定时,随转速升高 HC 排放很快下降,除混合气随流量增加接近理论混合比外,发动机的温度增加,也加快了燃烧反应。图 6-13 显示随负荷升高,HC 排放降低,这是由于燃烧温度升高,同时燃烧室壁面激冷层逐渐减薄所致。

3. 氮氧化物(NO_x)

关于 NO_x 的生成机理,国外已进行大量研究,其研究结果不仅对汽油机而且对柴油机也很有用,摘要地介绍如下。

在较低的温度下,N_2 和 O_2 成生 NO 的机理可以认为是简单的双分子反应,即:

$$N_2 + O_2 \rightleftharpoons 2NO$$

但是在高温时,NO 的生成机理按泽尔多维奇(Zeldovich)反应所支配,有以下两个反应:

$$N_2 + O \underset{K_{-1}}{\overset{K_2}{\rightleftharpoons}} NO + N$$

$$N + O_2 \underset{K_{-2}}{\overset{K_1}{\rightleftharpoons}} NO + O$$

式中:K_1、K_{-1}、K_2、K_{-2}——分别为正逆反应的速度常数。

这些反应是连锁反应,分子状态的氮和原子状态的氧碰撞,或者氧分子和氮原子碰撞而生成 NO。NO 的生成量在很大程度上取决于温度,并与温度成指数关系。第一个反应式左边的 O 一部分由第二个反应式右边生成的 O 供给,但是大部分是依靠以下离解反应生成的:

$$O_2 \rightleftharpoons 2O$$

另外,作为氮原子的生成机理,也提出了 HC 燃烧生成碳氢化合物自由基时产生 N 的可能性,例如:$HC + N_2 \longrightarrow CHN + N$,但多数不予考虑。至于生成 NO 的其他机理还有蓝沃埃(Lavoie)等提出更复杂的经过 OH 自由基反应生成。但这些反应不是主要反应。

生成 NO 的因素有以下三点:

(1)温度。随着高温的形成,NO 平衡浓度也高,而且生成速度也加快了,特别有氧存在时温度是重要的。

(2)氧的浓度。在氧气不足的条件下,即使温度高,NO 也被抑制了。

(3)滞留时间。因为 NO 的生成反应比燃烧反应缓慢,所以即使在高温条件下,如果停留时间短的话,NO 的生成量也可被抑制。

这些结论对于汽油机和柴油机都是适用的,这些结论可以从实践得到的图 6-17 得到证明。当 A/F 稍大于理论混合比时,燃烧室温度最高,并且还有过剩的 O_2,所以生成 NO 浓度最大。当 A/F 小于理论混合比时,由于缺氧,NO 的生成量随着 A/F 减小而下降。相反当 A/F 大于理论混合比时,因燃烧室温度降低,所以 NO 生成量很快下降。

综上所述,在内燃机中为了降低 NO 的生成量,就必须降低燃烧室火焰高峰温度;在产生 NO 阶段,使 O_2 处于低浓度;缩短燃烧气体在高温下停留的时间。

凡是影响这三个方面的因素,都改变 NO 的生成量。其中,燃烧室温度可以衡量燃烧状态的好坏,也是影响 NO 生成量的支配因素。下面讨论其影响因素。

1)空燃比 A/F 和点火提前角 Q 的影响

A/F 和 Q 对于 NO 的生成影响最大。从图 6-16 中的实验结果看出,通过减小点火提前角 Q 和使混合气比理论混合气过浓或过稀的办法可以降低 NO 排出浓度,但是,如果这些条件选择不当,会大幅度降低功率、经济性和运转的稳定性。

2)大气湿度的影响

空气中的水分对 NO_x 排出量的影响不小,所以美国的试验方法在一定湿度条件下评价 NO_x 的排出量。它以绝对湿度(75 格林/磅干空气)为基准(注:1 格林/磅 = 0.143g/kg),用下式校正湿度:

$$K_H = 1/[1 - 0.0047(H - 75)]$$

式中:H——进气中每磅干空气的含水量(格林水/磅干空气)所表示的湿度。

图 6-17 给出大气湿度对 NO_x 排出量的影响,图中实线为实验所得,虚线是根据式 $NO_x = NO_{75}/K_H$ 的计算结果所作。NO_{75} 为 $H = 75$ 格林/磅干空气时 NO_x 值。

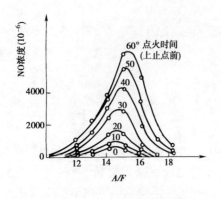

图 6-16 空燃比和点火提前角对 NO 的影响
（丰田 3R 型发动机 $n=2000$ r/min，进气管真空度 $=-32$ kPa）

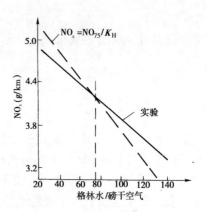

图 6-17 大气湿度和 NO_x 排出量关系

3）燃料组成的影响

燃料组成也是对 NO_x 排出量影响较大的因素之一。从图 6-18 可见，随燃料中芳烃的增加，NO_x 排出量也增加，这是由于芳烃燃烧温度较高所致。

4）行驶工况的影响

用 7 工况冷起动循环按 CVS 分析的累计平均值，绘于图 6-19 中。可以看出，从起动后慢慢暖机一直到完全暖机需要相当长的时间。在暖机过程中，NO_x 排放量与 CO 和 HC 相反，是逐步增加的。图 6-12 也指出，随发动机转速升高，供给混合气逐渐加浓，缸内温度升高，NO_x 排放也增加。

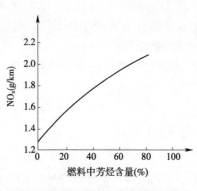

图 6-18 燃料组成的影响

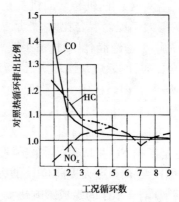

图 6-19 在暖机行驶中各排放成分变化

4. 炭烟

柴油机排烟可分为白烟、蓝烟和黑烟三种。不同的烟色形成的原因不同，有的研究认为起决定作用的是温度；在 250℃ 以下形成的烟通常是白色的；从 250℃ 到着火温度形成蓝烟；黑烟只在着火后才出现。

1）白烟

通常在低温起动不久及怠速工况时发生。此时，汽缸中温度较低，着火不好，未经燃烧的燃料和润滑油呈液滴状态，直径在 $1.3\mu m$ 左右，随废气排出而形成白烟。当汽缸磨损加大，窜气、窜油时，白烟增多。

正常的发动机在暖机后，一般就不再形成白烟。改善起动性可减少白烟。

2) 蓝烟(青烟)

通常在柴油机尚未完全预热或低负荷运转时发生。此时,燃烧室温度较低,约600℃以下,燃烧着火性能不好,部分燃料和窜入燃烧室的润滑油未能完全燃烧,其中大部分是已蒸发的油,再凝结而成微粒状态,直径比白烟小,在 $0.4\mu m$ 以下,随废气排出而成蓝烟。这种烟的蓝色是此种大小微粒由蓝色光折射而成的。排出蓝烟时,同时有燃烧不完全的中间产物(如甲醛等)排出,因而蓝烟常常带有刺激性臭味。

减少蓝烟方法:提高燃烧室的室内空气温度,减少室内空气运动,以免燃料很快被吹散形成过稀混合气,减少喷注贯穿力,以免燃料碰到冷的室壁等措施,都可减少蓝烟。但是,上述措施大部分与减少黑烟的措施是矛盾的,因此在新机调试时,要妥善处理。

3) 黑烟

通常在柴油机大负荷时发生,例如当汽车加速、爬坡及超负荷时排气就冒黑烟。从柴油机发展初期到高速强化的今天,柴油机黑烟的排出,仍然是一个限制功率的突出问题,而且黑烟带有的臭味及烟雾给人以直接的厌恶感。因此对黑烟的形成,各国早已作了大量的研究工作,但对其生成机理说法不一。一般认为,黑烟也是不完全燃烧的产物,是燃料的氢先燃烧完了的中间产物。当柴油机高负荷时,喷入燃烧室的燃料增多,由于柴油机混合气形成不均匀,即使平均过量空气系数 $\alpha>1$,仍不可避免产生局部地区空气不足,此时燃烧室温度又较高,燃料在高温缺氧情况下,由裂解过程释出并经聚合过程形成炭烟。

炭烟不是纯粹的碳,而是一种聚合体,其主要成分随柴油机负荷不同稍有改变,一般含 C $85\%\sim95\%$, O_2 $4\%\sim8\%$ 及少量的 H_2 和灰粉。也有人认为炭烟是石墨结晶,由直径 $0.05\mu m$ 左右微粒附聚成 $0.1\sim10\mu m$ 的多孔性炭粒构成。

柴油机中燃料的高温裂解反应是不可避免的,特别在空间混合燃烧的柴油机中,高温的气体包围着液态的油滴,造成了进行裂解反应最有利的条件。对燃烧过程的高速摄影已证实,在燃烧初期上止点附近(燃料着火后 $5℃A\sim10℃A$)都会出现大量黑烟。但是在一般情况下,含炭燃气与空气混合时又在燃烧过程后期完全燃烧,而使排气无烟。如果汽缸中空气不足,混合不佳或由于燃气膨胀而使汽缸内局部温度下降到炭反应温度(约1000℃)以下,则炭不能进一步燃烧而保持其固体状态排出汽缸外。因此研究指出:废气中是否出现炭烟,取决于膨胀期间温度过分下降以前燃料是否能足够快地与空气混合和燃烧。

四、内燃机排放污染物的防治

对内燃机来说,排放污染物的防治措施,可以归纳为三个方面:

(1) 前处理。对燃料和空气在进入发动机汽缸前进行处理,以减少燃料挥发进入大气及缸内燃料后排气中的有害成分。

(2) 机内净化。按减少排气污染物的原则改进发动机的供给系统、进气系统、燃烧系统、点火或喷油系统等的设计,以减少排气中有害成分的生成。

(3) 后处理。在发动机排气进入大气前,应用净化装置,在排气系统中进行处理,以减少排入大气中的有害成分。

下面针对汽油机和柴油机分别进行介绍。

(一)汽油机排放污染物的防治

1. 前处理

1) 汽油的处理

现用燃料汽油的处理,目前主要着眼于减少汽油中的含铅量。其他如减少有害成分的化学添加剂,可以说至今仍停留在研究阶段。

为了减少含铅量,美国等石油公司已生产不加铅的高辛烷值汽油。我国自 2000 年 1 月 1 日起,全国所有汽油生产企业一律停止生产车用含铅汽油,改产无铅汽油,车用无铅汽油是指牌号 90 号及 90 号以上、含铅量每升不超过 0.013 克的汽油。GB 17930—1999《车用无铅汽油》含铅量降至 0.005g/L(不人为加铅)。一般加铅汽油为粉红色或浅蓝色,以作区别。

但汽油中的铅对排气门和气门导管的异常磨损能起抑制作用。排气门磨损不仅影响发动机功率,而且也是气门开始黏着的原因,从而使 HC 排出量增加。为了防止排气门的磨损,因此汽油无铅化后必须采取相应措施。有人提出在无铅汽油中添加磷化物,能防止气门座凹陷,它毒性低,对大气污染比铅小,并能随用随加,其缺点是对催化剂起劣化作用。

当使用催化剂净化排气时,铅化物吸附在催化剂表面后,使催化剂降低活性,缩短使用寿命,造成催化剂劣化。

2)替代燃料(第五章第一节已有详细介绍)

3)曲轴箱强制通风(PCV)系统

发动机工作时,会有部分可燃混合气和燃烧产物经活塞环由汽缸窜入曲轴箱内。当发动机在低温下运行时,还可能有液态燃油漏入曲轴箱。这些物质如不及时清除,将加速机油变质并使机件受到腐蚀或锈蚀。又因为窜入曲轴箱内的气体中含有 HC 及其他污染物,所以,不允许把这种气体排放到大气中。

早期方法是将曲轴箱和空气滤清器连通,外界新鲜空气从加机油口盖的空气滤网进入曲轴箱,和窜气混合气一起被吸入空气滤清器,然后吸入汽缸内被烧掉。

现代汽车发动机大多采用封闭式曲轴箱强制通风(PCV)系统。

PCV 系统的组成如图 6-20 所示。当发动机工作时,进气管真空度作用到 PCV 阀 6,此真空度还吸引新鲜空气经空气滤清器 1、空气软管 2 进入汽缸盖罩 5 内,再由汽缸盖和机体上的孔道进入曲轴箱。在曲轴箱内新鲜空气与曲轴箱气体混合后经汽缸盖罩 5、PCV 阀 6 和曲轴箱气体软管 7 进入进气管,最后经进气门进入燃烧室烧掉。

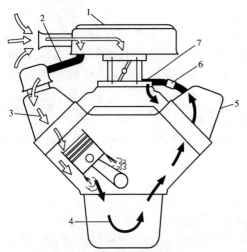

图 6-20 强制式曲轴箱通风系统示意图(福特)
1-空气滤清器;2-空气软管;3-新鲜空气;4-曲轴箱体;5-汽缸盖罩;6-PCV 阀;7-曲轴箱气体软管

在 PCV 系统中最重要的控制元件是 PCV 阀,其功用是根据发动机工况的变化自动调节进入汽缸的曲轴箱气体的数量。

(1)发动机不工作时 PCV 阀的开度。当发动机不工作时,PCV 阀中的弹簧 2 将锥形阀 3 压在阀座 4 上,关闭了曲轴箱与进气歧管的通路(图 6-21a)。

(2)发动机急速或减速时 PCV 阀的开度。在急速或减速时,进气管真空度很大,真空度克服弹簧力把锥形阀吸向右端,使锥形阀 3 与阀体 1 之间只有很小的缝隙(图 6-21b)。因为发动机在急速或减速工作时,窜入曲轴箱的气体很少,所以 PCV 阀开度虽小,但足以使曲轴箱气体流出曲轴箱。

(3)节气门部分开度时 PCV 阀的开度。节气门部分开度时的进气管真空度比怠速时小,在弹簧的作用下锥形阀与阀体间的缝隙增大(图 6-21c)。因为在部分节气门开度下发动机的负荷比怠速时大,窜入曲轴箱的气体较多,所以较大的 PCV 阀开度可以使所有的曲轴箱气体被吸入进气管。

(4)发动机在大负荷工作时 PCV 阀的开度。发动机在大负荷工作时节气门大开,进气管真空度较小,弹簧将锥形阀进一步向左推移,使 PCV 阀的开度更大(图 6-21d)。因为大负荷时将产生更多的曲轴箱气体,所以只有 PCV 阀的开度很大时,才能使曲轴箱气体全部流进进气管。

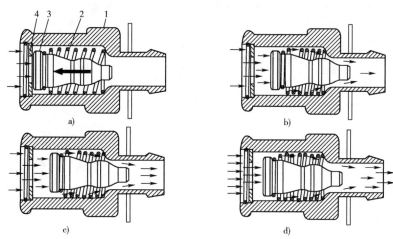

图 6-21 发动机各种工况下的 PCV 阀开度
1-PCV 阀体;2-弹簧;3-锥形阀;4-阀座

(5)进气管回火时 PCV 阀的开度。若进气管发生回火,进气管压力增高,锥形阀落在阀座上,如同发动机不工作时一样,以防止回火进入曲轴箱而引起发动机爆炸。

当活塞或汽缸严重磨损时,将有过多的气体窜入曲轴箱,这时即使 PCV 阀开度最大也不足以使这些气体都流入进气管。在这种情况下,曲轴箱压力将会升高,部分曲轴箱气体经空气软管进入空气滤清器,再随同新鲜空气一起流入汽缸(图 6-20)。

4)汽油蒸发控制系统

汽油蒸发控制系统是为了防止向大气中排放汽油蒸气产生污染而设置的。目前普遍采用电控单元控制的活性炭罐蒸发污染控制系统,如图 6-22 所示。

油箱的汽油蒸汽通过止回阀进入活性炭罐上部,空气从炭罐下部进入清洗活性炭。电控单元根据发动机的转速、温度和空气流量等信号,控制炭罐电磁阀的开闭来控制排放阀上部的真空度,从而控制排放控制阀的开度。当排放控制阀打开时,汽油蒸气通过阀中的定量排放小孔吸入进气歧管,然后进入汽缸燃掉。

5)恒温进气系统

恒温进气系统也称进气温度自动调节系统。它是由空气加热装置(又称热炉)和安装在空气滤清器进气导流管上的控制装置构成的(图 6-23)。

恒温进气系统多用于化油器式或节气门体喷射式发动机上。当发动机冷起动之后,在怠速或小节气门开度下工作时,由于温度低,须供给发动机浓混合气以保持其稳定运转。但浓混合气燃烧不完全,排气中 CO 和 HC 较多。若供给稀混合气,虽然可以减少有害气体的排放,但在低温下发动机不能稳定运转。恒温进气系统的功用就是在发动机冷起动之后,向发动机供给热空气,这时即使供给的是稀混合气,热空气也能促使汽油充分汽化和燃烧,从而减少了CO和HC的排放,又改善了发动机低温运转性能。当发动机温度升高后,恒温进气系统向发动机供给未经加热的环境空气。

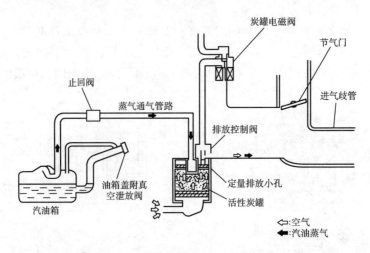

图6-22 活性炭罐蒸发污染控制系统

进气管汽油喷射式汽油机,不采用恒温进气系统。

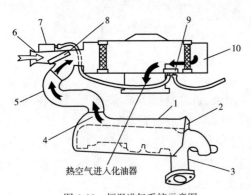

图6-23 恒温进气系统示意图
1-热炉;2-冷空气入口;3-排气歧管;4-热空气出口;5-热空气管;6-进气导流管;7-真空控制膜盒;8-控制阀;9-温控开关;10-空气滤清器

2. 机内处理

1) 废气再循环(EGR)系统

废气再循环(Exhaust Gas Recirculation)是指发动机工作时将一部分废气引入进气管,并与新鲜空气混合后吸入汽缸内再次进行燃烧的过程,它广泛应用于减少NO_x的生成。废气在燃烧过程中会吸收热量,降低了最高燃烧温度,从而抑制NO_x的生成。通常,废气再循环程度用EGR率来表示。其定义为:

$$EGR率 = \frac{EGR气体质量}{吸入空气量+EGR气体质量} \times 100\%$$

EGR法由于废气返流,减少了排气总量,并使进气稀释,减少了混合气所具有的能量,降低了燃烧的最高温度和氧的相对浓度,从而有效地控制了燃烧过程中NO_x的生成量。但当废气返流量太高,使燃烧速度太慢,燃烧波动增加,HC排放量增加,功率和燃料经济性随之恶化,当废气再循环率超过15%~20%时,动力性与经济性很快恶化,同时由于混合气过度稀释产生失火,使HC增加,因此必须将EGR量控制在允许限度内。

在理论混合比时,若废气再循环率为20%,NO_x浓度下降60%~70%,燃油消耗率上升仅3%,因此设计EGR系统应遵循以下原则:

(1)随着负荷的增加,使EGR率增加至允许限度。

(2)急速及低负荷时,NO_x排放浓度低,为保证正常燃烧,不进行废气再循环。

(3)暖机过程中,发动机温度低,NO_x排放浓度也较低,为防止燃烧稳定性恶化,不进行废气再循环。

(4)大负荷、高速或节气门全开时,为保证发动机的动力性,不进行废气再循环。

(5)加速时,为保证汽车的加速性及必要的净化效果,废气再循环在过程中起作用。

在 EGR 系统中,通过一个特殊的通道将排气歧管与进气歧管连通,在该通道上装有 EGR 阀,通过控制 EGR 阀的开度来控制废气再循环量。

废气再循环系统有机械式和电控式两种。一般机械控制的 EGR 率较小,为 5% ~ 15%。即使采用能进行比较复杂控制的机械控制装置,控制的自由度也受到限制。电控式不仅结构简单,而且可进行较大的 EGR 率控制,一般为 15% ~ 20%。另外,随着 EGR 率的增加,燃烧将变得相对不稳定,缺火严重,油耗上升,HC 的排放量也增加。因此,当燃烧恶化时,应减少 EGR 率,甚至完全停止 EGR。EGR 电控系统的主要功能就是选择 NO_x 排放量多的发动机运转范围,进行适量 EGR 率控制。EGR 电控系统有以下几种:

(1)普通 EGR 电控系统。如图 6-24 所示,为日产 VG30 型发动机所采用的 EGR 控制系统,主要由电磁阀、节气门位置传感器、废气再循环控制阀、曲轴位置传感器、电控单元、冷却液温度传感器、起动信号等组成。

当发动机工作时,电控单元根据点火开关、曲轴位置、冷却液温度、节气门位置等传感器的输出信号,确定发动机运行工况,并同时输出指令,控制电磁阀电磁线圈的导通与截止,并利用进气管的真空度来控制废气再循环控制阀的开启或闭合动作,使废气再循环进行或停止。

但是普通 EGR 电控系统的 EGR 阀工作时,其 EGR 率是不可调节的。

(2)可变 EGR 率的 EGR 电控系统。系统如图 6-25 所示,主要由 EGR 控制阀、VCM 真空控制阀、电控单元及各类传感器等组成。

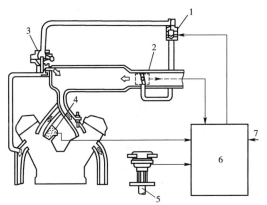

图 6-24 普通电子式 EGR 控制系统
1-废气再循环电磁阀;2-节气门位置传感器;3-废气再循环控制阀;4-冷却液温度传感器;5-曲轴位置传感器;6-ECU;7-起动信号

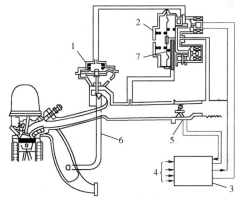

图 6-25 可变 EGR 率的废气再循环控制系统
1-EGR 控制阀;2-VCM 真空控制阀;3-电控单元;4-传感器输入信号;5-节气门传感器;6-EGR 管路;7-定压室

EGR 控制阀内有一膜片,膜片在弹簧及两侧气压的作用下可上下移动,膜片移动时会带动其下方的锥形阀同时移动,将阀门关闭或打开。当阀门打开时,EGR 阀将排气管和进气管连通,有废气从排气管中流入。此外,EGR 阀控制阀阀门的开启高度由 VCM 真空控制阀来控制。

(3)闭环控制式 EGR 电控系统。上述两种 EGR 阀系统都是开环控制,不能检测发动机各种工况下实际的 EGR 率。目前在更为先进的 EGR 控制系统中广泛采用了闭环反馈控制式 EGR 系统,该系统以 EGR 率或 EGR 阀的开度作为反馈信号,来进行闭环控制。

①用 EGR 率作反馈信号。如图 6-26 所示,该系统为日本三菱公司新近开发的可直接用 EGR 率作为反馈信号的 EGR 电控系统。EGR 率传感器安装于进气管上,可利用测量混合气中的氧气浓度来检测混合气的 EGR 率,并将检测信号反馈给电控单元,电控单元根据此信号发出控制指令,不断调整 EGR 阀开启高度,以此控制混合气的 EGR 率,使其始终保持在最佳状态,从而有效减少 NO_x 的排放。

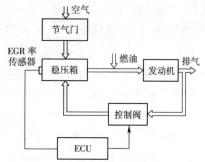

图 6-26 EGR 率反馈信号的闭环控制系统

②用 EGR 阀开度作为反馈信号。与普通 EGR 电控系统相比,增加了一个用于检测其开启高度的 EGR 位置传感器。该位置传感器可将 EGR 阀的开启高度转换为相应的电压信号,并反馈给电控单元。电控单元根据反馈信号控制 VCM 真空电磁阀的动作,进而调节 EGR 阀膜片室的真空度,以此改变 EGR 率。

2) 改进燃烧系统

(1) 降低燃烧室的面积/容积比(S/V)。当活塞处于上止点时,燃烧室的 S/V 对排气中未燃 HC 的排放有很大影响。因为燃烧室壁面附近形成的激冷层不能进行充分的燃烧,而使未燃 HC 随废气排出。实验表明,当燃烧室 $S/V=8.4$ 时,排气中 HC 浓度为 0.04%;而当 $S/V=4.3$ 时,HC 浓度下降为 0.015%。因此,从净化观点来看,应尽量采用 S/V 小的燃烧室。

面容比是由燃烧室的基本形状决定的,按照 L 形、澡盆形、楔形、扁平形、半圆形及椭圆球形的顺序,S/V 逐渐减小。

燃烧室内的面容比还与发动机的结构参数有关。在其他因素相同时,降低压缩比或增大行程比 S/D,使 S/V 降低。当发动机减少缸数,增大每缸排量时,也可降低 S/V 值。

(2) 降低压缩比 ε。降低压缩比对排气净化有利,但与提高热效率存在矛盾。压缩比的降低不仅使 S/V 下降,还使膨胀行程时燃烧室的壁面温度和排气温度有所提高,这些因素有利于 HC 排放量降低。图 6-27 为在不同空燃比时,压缩比对 HC 排放影响的实验结果。

降低压缩比,使 V_c 上升,残余废气增多,降低了最高燃烧温度,这些因素也使 NO_x 排放降低。

(3) 缩小燃烧室的激冷区。激冷区是指燃烧室中由两个以上冷表面所形成的狭窄空间(如挤气间隙区),它能阻止火焰向内传播(淬冷),因此激冷区大小对排气中 HC 和 CO 排放有直接影响,一般燃烧室的激冷区缩小,也使 S/V 降低。

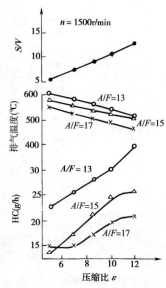

图 6-27 压缩比与 HC 排放关系

活塞顶岸环、汽缸表面和顶环三者之间形成激冷区。为了研究激冷区对排气中 HC 含量的影响,有人在单缸机上作了试验,仅将第一道活塞环顶的距离由 11.1mm 上移为 3.17mm,就使排气中 HC 含量从 0.0355% 下降至 0.0295%。近年美国 Sealed Power 公司设计了一种 L 形顶岸环(见图 6-28)置于靠近活塞顶的第一环槽内,与活塞顶距离只有 1.5mm。顶岸环的外侧覆盖了活塞的顶岸,所以叫顶岸环。而通常第一环与活塞顶距离在 7~10mm 之间。采用此环后,由于环的位置特别高,缩小了激冷区,有利于排气净化。另外,这种环能充分利用环背气体的压力,从而改善密封性而减小向曲轴箱内窜气。试验表明,采用这种活塞环后,可使排气中 HC 减少 15%,CO 减少 25%,窜气可减少 50% 左右。

(4)加强燃烧室内涡流。燃烧室内涡流也是影响发动机排放 HC 和 NO_x 的重要因素。由于涡流可使燃烧和空气混合均匀,从而为点火和燃烧创造良好的条件。另外它可配合燃用稀混合气时消除失火现象,这就导致各种有害成分的降低。

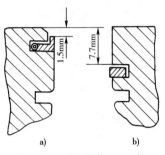

图 6-28 顶岸环与普通环比较
a)顶岸环;b)普通环

涡流可在进气或压缩行程时产生。与柴油机相同,进气涡流可用带有导气屏的气门或螺旋气道产生。图 6-29 为日本东洋工业 SCS(稳定燃烧系统)燃烧室,它采用螺旋进气道与屏蔽阀座产生强烈涡流,达到稀燃混合气或 EGR 混合气的稳定燃烧。

压缩涡流可由燃烧室挤气区产生,在薄层挤气区中,由于激冷作用使燃烧不完全。如果火焰在上止点前达到了薄层挤气区,则该区产生不完全燃烧,HC 的排放因此而增加。只有使火焰明显地在上止点后到达挤气区时,才能改善燃烧,此时混合气反膨胀强烈地汇流到正在加大的挤气间隙,火焰即可迅速传播,因此挤气区布置不应靠近火花塞。

涡流还可以减少工作过程中的波动和改善热传导,缩短燃烧持续时间,对于减少 NO_x 来说,也是重要的因素。

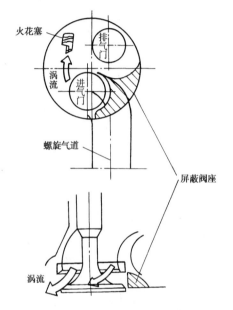

图 6-29 SCS 燃烧室和进气道形状

3)改进点火系统

(1)延迟点火时间。点火时间直接影响点燃和燃烧的初态,进而影响燃烧过程而影响排气成分,尤其在稀混合气和低温、低压时,其影响更大。

延迟点火时间,可降低燃气的最高燃烧温度和延长燃气的燃烧时间,因此可降低 NO_x 的排放。这种简单有效的排气净化措施,在国外已应用在各种低公害车上。图 6-30 为减小点火提前角对燃烧过程的影响。图中 φ 为曲轴转角,p 为缸内压力,当点火时间由 a 减少到 b,缸内压力将从 A 变成 B,由于燃气的最高温度与压力大致成正比下降,可使 NO_x 生成量减少。同时由于燃烧时间从 a' 延长到 b',使 HC 反应的有效温度时间加长,也使 HC 排放量降低。

但减小点火提前角 Q,使冷却系统热负荷加大,功率下降,油耗上升,因此必须采取折中的办法,兼顾热效率和排气净化两方面的要求。在国外有些车上,为此采用双触点分电器,双重膜片真空提前装置和温度阀等配合使用,根据运行条件来改善点火时间,控制燃烧的进行。

(2)加大点火能量。采用高能点火系统,加强火花强度及加长火花持续时间,强化了燃烧,可降低 HC 的排放。尤其在稀薄燃烧时,配合高能点火可促使火焰核心的形成,提高着火性。

为了满足高速时完全充分燃烧及降低排污,一般采取晶体点火装置。触点式晶体管点火系统,采用大功率晶体管作开关,使白金触点通过微小电流(为原电流 10%～20%),而达到控制初级绕组中通过较大电流,因此可提高触点寿命和点火能力。

在触点式点火系统中仍存在机械触点易磨损的缺点。且在高速闭合时存在着振动,结果使本来很短的高速闭合时间变得更短了。这样既影响高速点火性能,又影响点火时间准确度。为此发展了无触点式晶体管点火系统,它使用信号发生装置代替白金触点,不仅克服了触点装置的缺点,而且还便于采用电子方式实现点火提前角的调整(不采用传统的离心、真空式调节)。目前常用的点火信号发生装置有电磁感应式、载频式和光电式三种。

4) 改进燃料供给系统

(1) 安装进气自动调温装置(即前述"恒温进气系统")。

(2) 最根本的办法是采用电子控制汽油喷射系统(前面第四章第一节已有详细介绍)。

(3) 选择配气相位。废气再循环可以降低最高燃烧温度而减少 NO_x 的排放。通过配气相位的选择,也能达到使缸内残余废气量加大而稀释进气的目的。配气相位中,气门重叠角对 NO_x 排放的影响较明显。图6-31为试验结果,发动机排量1.6L, $\varepsilon=8.6$,上止点前30°CA点火,空燃比 $A/F=15$,在 $n=2000$ r/min、负荷7.36kW工况下,若气门重叠角加大,使 NO_x 的浓度减少,但使HC的增加并不多。

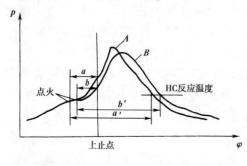

图6-30 延迟点火对燃烧过程的影响

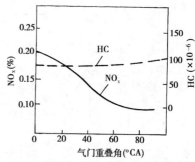

图6-31 气门重叠角对 NO_x 的影响

配气相位对HC的影响,与废气中所含HC的浓度有关。当废气中含HC多时,使缸内残余废气量加大的措施,起初会使HC的排放减少,但如果残留废气量太多,引起燃烧反应中断,则HC的排放量反而会增多。可见配气相位中重叠角的最佳设计,对 NO_x 与HC的最佳排放要求是互相矛盾的。因此,在决定配气相位时,还必须充分考虑功率、燃料消耗、怠速稳定性等综合要求。

5) 采用汽油喷射

汽油喷射是将汽油喷入进气管或直接喷入汽缸的供油方法。汽油喷射可以提高汽油机的动力性与经济性。一般比化油器式可提高功率10%左右,节油5%~10%,特别是提高二冲程机经济性,并且改善发动机的起动性和加速性能。

汽油喷射能使各缸分配均匀,并能根据运行条件分别控制汽油量与空气量,精确地供给合适的空燃比,在减速等过渡工况下能改变燃料的供给。当采用电子喷射时,可根据发动机转速、冷却水温、进气管真空度等的变化来改变燃料喷射量,确保混合气完全燃烧,大幅度减少排气中的CO和HC含量。(详见第四章第一节内容)

6) 采用稀薄燃烧系统

稀薄燃烧是指能燃用空燃比为18:1或更稀的混合气。稀薄燃烧按供给方式可分为均质和非均质两种。目前,分层进气(分层燃烧)发动机作为稀薄燃烧中的非均质燃烧是实现稀薄燃烧的主要方式。

图6-32为汽油机污染排放物浓度与空燃比的关系。由图可以看出,一般汽油机工作范围

的空燃比正是排放高的范围。当混合气较理论空燃比稀很多时,不仅 CO 和 HC 排放降低,而且 NO_x 排放量也很快下降。一般汽油机使用如此稀的混合气已进入失火范围,这是由于混合气过稀,在火花塞电极周围局部区域点火体积内的燃料量太少,产生的热量不足以聚集来形成火焰而导致失火,因此 HC 及有效燃油消耗率 g_e 反而上升。加上传统发动机供给各缸的混合气成分不均匀,在实际使用中混合气不能太稀,以保证最稀的缸不至于失火,其空燃比极限一般为 17∶1。

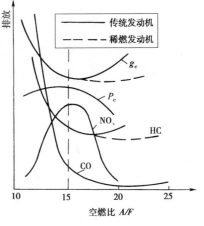

在汽油机中,只要形成火焰,在火焰传播的过程中,即使相当稀的混合气,也能正常燃烧,分层进气实现稀燃的原理就基于此。在点火瞬间,火花塞电极周围局部区域应具有较浓的可燃混合气,其空燃比在 12~13.5,而在燃烧室的大部分区域具有较稀的混合气。在浓稀之间,有从浓到稀的各种空燃比混合气,以利火焰传播。因此使燃烧室中混合气浓度有组织地分成各种层次,所以称为分层进气(分层燃烧)发动机。

图 6-32 汽油机排放与空燃比关系

为了使发动机在燃用稀混合气时工作稳定可靠,必须同时做到:①控制燃烧过程,使之实现快速燃烧;②改善供给系混合气制备与分配;③改进或强化点火系。

3. 后处理

1)二次空气喷射

二次空气喷射系统又称为空气管理系统,其主要作用是在冷起动时由电控单元根据发动机温度,控制新鲜空气喷入排气管或三元催化转化装置中,使排气中的 CO 和 HC 进一步氧化或燃烧成为二氧化碳(CO_2)和水(H_2O),以控制废气中 HC 和 CO 的成分,同时加快三元催化转化装置的升温过程。减少了 HC 和 CO 的排放,提高了催化剂的转化率。电控单元控制空气何时进入排气总管和催化转化器中。

目前采用的二次空气供给方法有:一是有空气泵的空气喷射系统(称气泵系统),见图 6-33;二是利用排气压力将空气导入的装置(称脉冲系统),见图 6-34。

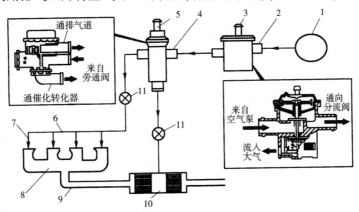

图 6-33 二次空气喷射系统

1-空气泵;2-旁通阀;3、5-真空管;4-分流阀;6-空气分配管;7-空气喷管;8-排气歧管;9-排气管;10-催化转化器;11-止回阀

图 6-33 所示为电脑控制的二次空气喷射系统,它由空气泵 1、旁通线圈及旁通阀 2、分流线圈及分流阀 4、空气分配管 6、空气喷管 7 和止回阀 11 等组成。空气泵通常由发动机驱动,

空气泵产生的低压空气称作二次空气。在分流阀与排气道之间以及分流阀与催化转化器之间均装有止回阀,以防止排气进入二次空气喷射系统。分流线圈及旁通线圈由电脑控制,当接通发动机点火开关之后,电源电压便施加到两个线圈的绕组上,电脑通过对每个绕组提供搭铁使线圈通电。

当发动机起动之后,电脑不使旁通线圈和分流线圈通电,于是这两个线圈同时把通向旁通阀和分流阀的真空隔断,这时空气泵送出的空气经旁通阀进入大气。这种状态称作起动工作状态,其持续时间的长短决定于发动机的温度。如果发动机温度很低,起动工作状态将持续较长时间。

发动机在预热期间,电脑同时使旁通线圈和分流线圈通电。这时进气管真空度分别经旁通线圈和分流线圈传送到旁通阀和分流阀。空气泵送出的空气此时经旁通阀流入分流阀,再由分流阀流入空气分配管,最后由空气喷管喷入排气道。

当发动机在正常的冷却液温度下工作时,电脑只使旁通线圈通电而不使分流线圈通电,通向分流阀的真空度被分流线圈隔断。这时,空气泵送出的空气经旁通阀进入分流阀,再经分流阀进入氧化催化转化器。

图 6-34 所示脉冲空气系统不需要动力源注入空气,减少了成本和功率消耗。空气来自空气滤清器,电控单元控制电磁阀的打开或关闭,由于排气压力是正负交替的脉冲压力波,当排气压力为负时,空气进入排气口,压力为正时,止回阀关闭,空气不能返回。

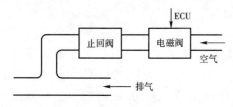

图 6-34 脉冲空气系统原理图

2) 热反应器

热反应器装在排气道出口处,一般都和二次空气喷射系统同时应用。它使喷射的空气和未燃气体混合后,利用本身的余热保持在高温下给予一定的反应时间,使排气中的 HC、CO 再燃烧而大大降低排出浓度。

热反应器内部温度高达 800~1200℃,因此其最大问题是必须研究一种能耐高温氧化、腐蚀的耐热材料,昂贵的耐热镍铬合金具有相当长的寿命,现在对于陶瓷隔热材料等非金属材料也在研究使用中。

3) 催化转化器

催化转化器是利用催化剂,像滤清器那样通过排气,将有害成分 CO、HC 和 NO_x 进行化学反应转化为无害的 CO_2、H_2O 和 N_2 的一种反应器。

近年来,国内外已发展了三元催化剂,可以同时净化 CO、HC 和 NO_x。

三元催化转化器的结构原理如图 6-35 所示。采用铂和铑的混合物作为三元催化剂,铂能促使排气中的 CO、HC 氧化成 CO_2 和 H_2O,铑能加速有害气体 NO 还原成 N_2 和 O_2,从而起到净化排气的作用。三元催化剂的转换效率与空燃比有关,其转换效率只有在发动机的理论空燃比 14.7 附近运行时,才能达到最佳。为此,必须精确控制发动机的空燃比保持在理论空燃比 14.7 附近。

电控单元在发动机运行时采集各传感器信号确定喷油量,即控制空燃比,但是很难将实际空燃比控制在

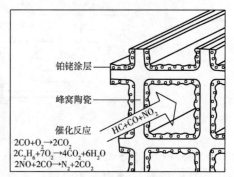

图 6-35 三元催化转化器的结构原理图

三元催化转化器效率最佳的范围内。为此,在发动机电控系统中普遍采用氧传感器组成的空燃比反馈控制方式,即闭环控制方式,如图 6-36 所示。氧传感器安装在三元催化转化器前面的排气总管中,其功能是检测排气中的氧含量,以确定实际空燃比和理论空燃比的差距,并向电控单元发出相应电压信号,从而控制喷油量的减少或增加。

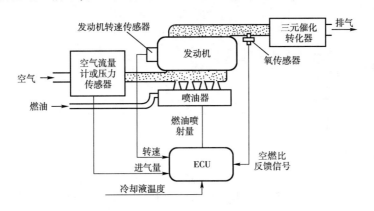

图 6-36 空燃比控制反馈系统

(二)柴油机排放污染物的防治

柴油机排气净化措施及其效果汇总为表 6-23。

现仅就柴油机排放的主要公害——炭烟的防治作进一步介绍。

柴油机排气净化措施 表 6-23

分类	净化措施	效果				备注
		CO	HC	NO_x	炭烟	
前处理	改进燃料:					引起二次公害,腐蚀机件,增添设备,$M_e\uparrow$,$g_e\downarrow$
	添加钡盐消烟剂				↓	
	燃料掺水或乳化			↓	↓	
	进气管喷水			↓		
	增压:无中冷	↓	↓	↑	↓	
	有中冷			↓		
机内净化	废气再循环			↓	↑	大负荷时,CO↑,$P_e\downarrow$,相对直喷式 $g_e\uparrow$
	燃烧系统:					
	采用分隔式燃烧室	↓	↓	↓	↓	
	直喷式加大燃烧室		↓			
	径深比(浅盆形)					
	供给系:					
	减小喷油定时	大负荷↑	低负荷↑	↓	↑	$P_e\downarrow$,$g_e\uparrow$
	提高喷油速率	↓	↓	↓	↓	油泵负荷 $\xrightarrow{综合使用}$ 对直喷式适用,控制复杂
	加大喷嘴油孔			↓	↑	
	减小多孔喷嘴压力室容积		↓			
	预喷射			↓		

续上表

分类	净化措施	效果				备注
		CO	HC	NO$_x$	炭烟	
机内净化	进气系： 加强进气涡流 改变气门重叠 增加充气量，使 F/A↓	↓ ↓		↑ ↓	↓	增加残余废气
后处理	除尘滤清净化 氧化催化反应器	↓	↓		↓	体积太大

柴油机排气烟度受许多参数的影响，控制这些参数，就能掌握减少黑烟的方法。

1. 前处理

1) 改变燃料性质

燃料的性质与炭烟的生成量之间存在一定的规律性，当十六烷值相同时，芳香烃燃料比烷烃燃料更容易生成炭烟。因为炭烟的生成是由于燃料在高温缺氧区脱氢反应所致，而芳香烃特别是高沸点的双环芳香烃容易产生脱氢反应，从而增加了炭烟生成量。

柴油十六烷值提高，烟度也增加，特别是车用柴油十六烷值在 30~50 范围内，随着十六烷值的增加，烟度增加显著。但是十六烷值的降低将引起柴油机工作粗暴，因此降烟和工作柔和存在矛盾已是大家所熟知的。另外，降低十六烷值，则降低了燃料的发火性，也会导致低负荷时蓝烟的增加。结果从燃料性质来改善烟度的路子是很狭窄的。

2) 消烟添加剂

从 20 世纪 60 年代起已出现把钡溶在油溶性碱化盐或中性盐中作为消烟添加剂。各种含钡消烟剂的效果，主要取决于燃料中钡的含量。当钡的添加量达 1g/L 燃油时，炭烟降低率可达 50%~70%，再增加钡量，消烟已不显著，对于不同类型柴油机，添加剂效果有较大差异，对小型高速柴油机效果较差。

添加剂的作用还不十分清楚，但从所有试验均测得废气温度的上升达 20℃ 左右，它与发动机负荷及添加剂浓度有关。因此认为添加剂的加入，并没有抑止炭烟的形成过程，而是促使炭烟粒子的后燃，其释放出的少量热不会提高最高爆发压力而仅仅提高了废气温度。

钡盐添加剂对柴油机燃油消耗率有影响，一般约增加 1%~2%，由于炭烟的降低使冒烟极限功率有所提高，对其他废气成分基本上无影响，只在高负荷下 CO 稍有增加。

钡盐的水溶液具有毒性，如 0.8~0.9g 氯化钡可以使人中毒死亡。而加入燃料中的钡盐将随废气以某种形式钡盐排出，所以存在二次公害问题。另外，钡盐使燃料含灰量增加，在燃烧过程中生成的氧化钡是一种熔点高的白色物质，它沉积在燃烧室内使第一道活塞环加速磨损，因此其影响尚需进一步考察。

3) 加水乳化油减少炭烟

一般乳化油加水量要达到 30% 以上，相对烟度才显著下降，当含水量为 50% 时，炭烟量才下降 50%。当含水量小于 15% 时，炭烟量减小并不显著。

水对炭烟抑制作用的原因，一般认为水参加反应后，使反应温度和部分压力下降，导致了在提高蒸发速度的同时，显著减少了热裂反应，显示了对炭烟的抑制。

2. 改进发动机（机内净化）

黑烟的形成和柴油机的混合气形成与燃烧速率密切有关，因此凡能提高混合气形成和燃烧速度的措施,均能减少黑烟。

1)改进进气系统

柴油机的烟度在很大程度上取决于燃料与空气的比值(F/A),当混合气F/A加大,烟度就上升。在功率一定时,改进进气系统,提高充量系数等所有增大进气量的措施,都有助于减少炭烟。

2)改变喷油时间

在直接喷射式柴油机中,当其他参数不变,加大喷油提前角会造成滞燃期增长,使更多的燃料在着火前喷入混合,加快了燃烧速度并较早地结束了燃烧过程,所有这些因素可使排气的烟度降低,然而过早喷射会引起更大的燃烧噪声、较大的机械和热应力以及较高的NO_x排放。

3)改进供给系

改进供给系,使喷油规律具有较高的初速率,缩短喷油持续时间,对减少排烟是有利的,因为这样增加了滞燃期喷入的油量,加快了燃烧过程。

改进喷嘴和供给系配合参数,可消除滴漏及过后喷射(二次喷射)的产生。滴漏是喷射终了时,由于针阀落座缓慢,从油嘴中流出雾化不良的粗大油滴与火焰接触,对火焰起激冷作用,此时缸内温度和氧的浓度下降,在这些油滴外围裂解产生炭烟,附在液体表面上极难燃尽。过后喷射时,针阀落座关闭后第二次离开阀座升起,此时喷射压力不足,雾化程度和穿透能力都变差,因而使炭烟增加。

4)采用柴油机电子控制燃油喷射系统

前面第三章第四节已有详细介绍。

3. 后处理

柴油机炭烟后处理可将固体炭粒经过静电、过饱和水蒸气、超声波等聚合成较大的粒子,再通过旋风除尘器净化。

目前,主要采用过滤法,如图 6-37 所示。

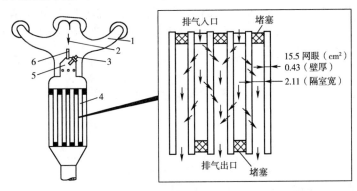

图 6-37 柴油机微粒过滤器

1-排气歧管;2-燃油;3-电热塞;4-滤芯;5-燃烧器;6-喷油器

微粒过滤器的滤芯由多孔陶瓷制造,它有较高的过滤效率。排气穿过多孔陶瓷滤芯进入排气管,而微粒则滞留在滤芯上。过滤器工作一段时间后,需及时清除积存的滤芯上的微粒,以恢复过滤器的工作能力和减少排气阻力。为此,在过滤器入口处设置一个燃烧器,通过喷油器向燃烧器内喷入少量燃油,并供入二次空气,利用火花塞或电热塞,将其点燃,将滞留在滤芯上的微粒烧掉。

第七章 内燃机特性

内燃机特性是指内燃机性能指标(动力性、经济性、运转性能等指标)或工作过程主要参数(η_v、η_i、η_m、α、T_r、Δg 等)随调整情况或运转工况而变化的关系。通常,此特性用曲线来表示,则称为内燃机特性曲线。

其中,内燃机性能指标随调整情况而变化的关系,称为调整特性。如汽油机点火提前角调整特性、循环喷油量调整特性、柴油机喷油提前角调整特性、循环喷油量调整特性等。

内燃机性能指标随运转工况而变化的关系,称为使用特性(或性能特性)。如汽油机速度特性、负荷特性、万有特性、排污特性、柴油机速度特性、负荷特性、万有特性、调速特性、排污特性等。

内燃机特性通常是在人工控制内燃料供油量(通过汽油机的节气门或柴油机的油量调节杠杆)和转速的情况下,在内燃机试验台架上按规定的试验方法进行测定的结果。有了特性曲线,就可以评价内燃机在不同工况下的动力性、经济性和其他性能,可以根据工作机械的运行要求合理地选用内燃机,可以了解形成特性曲线的原因并分析影响特性的因素,寻求改进内燃机特性的途径,对内燃机的调整、改进以及合理运行都有重要作用。

这里需要特别说明的是,凡采用电子控制燃油喷射系统的内燃机,由于电子控制单元(ECU)能根据其内存的程序和数据对空气流量计及各种传感器输入的信息进行运算、处理、判断,然后输出指令,向喷油器提供一定宽度的电脉冲信号以控制喷油量。故此类内燃机按试验程序所得的性能特性都是按照人为设计的 ECU 所控制的内燃机在各种工况下所需最理想喷油量工作的结果。其试验结果(曲线)可供设计者进一步优化 ECU 的控制方案。

本章第二节至第六节所试验分析和描述的诸多性能特性,均反映在没有电子控制单元(ECU)参与工作时的内燃机工作状况。

第一节 内燃机工况

内燃机的实际运行状况,简称为内燃机工况,以其输出的转矩 M_e(或功率 P_e)和转速 n 来表示。

一、内燃机的三类典型工况

内燃机与工作机构的合理匹配,是指内燃机工况应该与所带动的工作机械要求的转矩和转速相适应。只有当内燃机输出的转矩与工作机构消耗的转矩相等时,两者才能在一定转速下,功率平衡地稳定工作。当工作机械要求的转矩和转速变化时,与之匹配的内燃机工况要发生相应的变化来满足其要求,因此,内燃机工况的变化规律与所带动的工作机械的工作状况紧密相关。内燃机随着所匹配的工作机械不同,而具有下列三类典型工况。

(1)第一类工况,又称恒速工况。在这种工况下,内燃机通常恒定在某一转速下工作(如带动发电机、空气压缩机和水泵等),而负荷变化幅度可能相当大。例如带动发电机工作时,为保证输出电压和频率恒定,采用精密的定速调速器来保持内燃机转速基本不变,功率则随发电机负荷大小,可由零变到额定值,内燃机工况变化如图7-1中直线1所示。又如排灌用内燃机,不仅转速恒定,而且功率也因水流量和扬程不变而保持恒定,这类工况又统称为固定式内燃机工况。

(2)第二类工况,内燃机功率与转速成一定函数关系。如驱动船舶螺旋桨的船用主机,因螺旋桨所吸收的功率与转速的三次方成正比,即 $P_e \approx kn^3$(k为比例常数),内燃机工况变化如图7-1中的曲线2所示,此称为螺旋桨工况,或流体阻力工况。

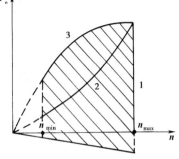

(3)第三类工况,内燃机功率与转速之间没有一定的函数关系,且功率与转速都独立地在很大范围内变化。如驱动汽车等陆上运输车辆的内燃机,其转速决定于行车速度,可以从最低稳定转速一直变到最高转速;其转矩决定于行驶阻力,可以从零一直变到某转速下的最大转矩;当汽车下坡采用内燃机制动时,内燃机由汽车传动装置倒拖而做负功。内燃机工况变化如图7-1中的影线面所示,影线面的

图7-1 内燃机的三类典型工况曲线

上限是内燃机在各种转速下所发出的最大功率曲线3,左边是最低稳定转速 n_{min},右边是最高许用转速 n_{max},下边是制动时倒拖功率曲线。可见此类工况称为面工况,又称为陆上运输工况。

二、内燃机有效性能指标与工作过程参数之间的函数关系

内燃机输出的有效指标通常用平均有效压力 p_e、有效转矩 M_e、有效功率 P_e、有效燃料消耗率 g_e 以及每小时耗油量 G_T 表示。这些指标与内燃机工作过程参数的关系可以推导如下:

每循环加热量 Q 为:

$$Q = \frac{\eta_v V_h \rho_0 h_u}{\alpha l_0} \quad (\text{kJ})$$

式中:η_v——充气效率;

ρ_0——大气状态下空气密度,kg/m^3;

V_h——工作容积,m^3;

α——过量空气系数;

h_u——燃料低热值;

l_0——理论空气量,kg/kg。

根据平均有效压力 p_e 定义,则:

$$p_e = \frac{W_e}{V_h} = \frac{\eta_e Q}{V_h} \quad (\text{kPa})$$

式中:W_e——每循环有效功,kJ;

η_e——有效热效率。

$$p_e = \frac{\eta_e \eta_v \rho_0 h_u}{\alpha l_0} = \frac{h_u}{l_0} \rho_0 \frac{\eta_i}{\alpha} \eta_m \eta_v = K \frac{\eta_i}{\alpha} \eta_m \eta_v \tag{7-1}$$

式中:η_i——指示热效率;

η_m——机械效率;

K——比例常数。

根据式(1-23)、式(1-25)和式(1-28)可写成:

$$P_e = \frac{p_e V_h n i}{120} \times 10^{-3} = K_1 \frac{\eta_v}{\alpha} \eta_i \eta_m n \tag{7-2}$$

$$M_e = \frac{i p_e V_h}{3.14\tau} = K_2 \frac{\eta_v}{\alpha} \eta_i \eta_m \tag{7-3}$$

$$g_e = \frac{3.6}{\eta_e h_u} \times 10^6 = K_3 \frac{1}{\eta_i \eta_m} \tag{7-4}$$

$$G_T = g_e P_e = K_4 \frac{\eta_v}{\alpha} n \tag{7-5}$$

式中:K_1、K_2、K_3、K_4——比例常数。

上述公式将内燃机重要性能指标与工作过程主要参数联系起来。要了解 p_e、M_e、P_e、g_e、G_T 随工况变化情况,就必须分析 η_v、η_m、η_i、α 随工况的变化,此法称为间接分析法。

第二节 内燃机负荷特性

负荷特性是指内燃机转速不变时,其性能指标(主要指经济性指标)随负荷而变化的关系。当汽车不换挡以一定的速度沿阻力变化的道路行驶时,就是这种情况。此时必须改变内燃机油门,来调整有效转矩,适应外界阻力矩变化,保持内燃机转速不变。

当转速不变时,由式(7-2)、式(7-3)可知,有效功率 P_e、有效转矩 M_e 与平均有效压力 p_e 互为正比,因此负荷特性横坐标——负荷可用 P_e、M_e 或 p_e 表示。纵坐标主要是每小时燃料消耗量 G_T 或燃料消耗率 g_e。根据需要还可以绘出排气温度 t_r、烟度、机械效率等曲线。

一、汽油机负荷特性

当汽油机保持某一转速不变,而逐渐改变节气门开度(同时调节测功器负荷,如改变水力测功器水量,以保持转速不变),每小时耗油量 G_T 和耗油率 g_e 随功率 P_e(或转矩 M_e、平均有效压力 p_e)变化的关系称为汽油机负荷特性。测取前应将循环喷油装置、点火提前角调整好。测取时应按规定保持冷却液温度、润滑油温度在最佳状态。由于汽油机负荷调节是靠改变节气门开度直接改变进入汽缸的混合气量,α 变化不大,这种负荷调节方法称为"量调节"。图7-2为汽油机的典型负荷特性。

由式(7-4) $g_e = K_3 \frac{1}{\eta_i \eta_m}$ 可知,g_e 的变化取决于 $\eta_m \eta_i$ 的变化。随着负荷增加,节气门的开度加大,汽缸内残余废气量相对减少,燃烧速度增加,而且由于相对热损

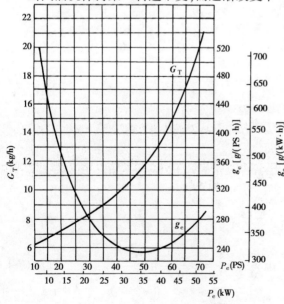

图7-2 25Y—6100Q 型车用汽油机的负荷特性

失减少及燃料汽化条件改善,均使 η_i 增大。当转速一定,负荷增加时,机械损失功率 P_m 变化不大,而指示功率 P_i 随负荷成比例加大,因此 $\eta_m \left(\eta_m = 1 - \dfrac{P_m}{P_i} \right)$ 迅速增加。η_i、η_m 变化关系如图7-3所示。

汽油机空转时,其指示功率完全消耗在内部损失上,即 $P_i = P_m$,$\eta_m = 0$,此时 g_e 为无穷大(图7-2)。逐渐增大节气门开度,由于 $\eta_i\eta_m$ 同时上升,g_e 迅速下降。当节气门开度增至全开度的80%左右及以后,为了保证最大功率,供给 $\alpha = 0.8 \sim 0.9$ 的浓混合气,燃烧不完全,η_i 下降,使 g_e 上升。

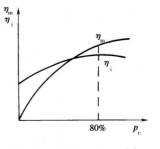

图7-3 汽油机 η_i、η_m 随负荷的变化

二、柴油机负荷特性

当柴油机保持某一定转速不变,而逐渐移动油量调节杠杆,改变每循环供油量 Δg 时,G_T、g_e 随 P_e(或 M_e、p_e)变化的关系即柴油机负荷特性。测取时,应将柴油机的供油提前角、冷却液温度、润滑油温度等调整到最佳状态进行。由于柴油机只是改变循环供油量(空气量变化不大)来调节负荷,因此也改变了缸内混合气的浓度,即过量空气系数 α,这种负荷调节方法称为"质调节"。图7-4为柴油机的典型负荷特性。

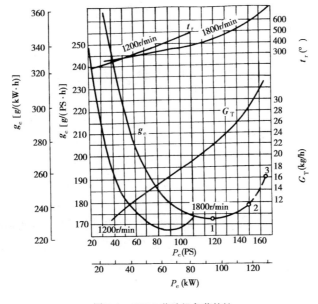

图7-4 6135Q柴油机负荷特性

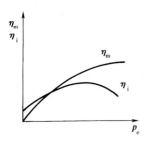

图7-5 柴油机 η_i、η_m 随负荷的变化

由式(7-4)知,g_e 的变化决定于 η_m 和 η_i。η_m 和 η_i 随负荷的变化关系,如图7-5所示。随着负荷增加,每循环供油量增加,α 值减小。超过一定负荷后,α 再减小就会引起燃烧完善程度下降,η_i 也随着降低。高负荷时下降的速度更快。η_m 随负荷的增加而上升。

当柴油机空转时,g_e 为无穷大。当供油量随负荷增加而逐渐增大时,由于 η_m 迅速上升使 g_e 下降。供油量增加到点1(图7-4)位置,g_e 达到最低值。再继续增加供油量,由于过量空气系数 α 的减少,燃烧恶化,不完全燃烧及补燃增加,指示热效率 η_i 下降较快,致使 g_e 升高。当供油量增到点2位置时,排气冒黑烟,达国家法规规定的烟度限值,继续加大供油量已为公害所不允许,而且柴油机大量冒黑烟,活塞、燃烧室会积炭,内燃机过热,容易引起故障,影响内燃机寿命。供油量增到点 3 之后,燃烧严重恶化,功率反而下降。非增压高速柴油机使用中的最大功率,用于汽车时标定在烟度限值点 2;用于拖拉机时标定在点 3 之内。

一般内燃机只测标定转速下的负荷特性,对于汽车内燃机,由于工作时转速经常变化,需要测定不同转速下的负荷特性。

负荷特性是内燃机的基本特性,用以评价内燃机工作的经济性。特别对于柴油机,由于它容易测定,在性能调试过程如选择气道、燃烧室结构、调整燃油喷射系统等,常用负荷特性作为比较标准。

由负荷特性可以看出:

(1) 同一转速下最低有效燃油消耗率 $g_{e\min}$ 越小,低油耗区曲线变化越平坦,经济性越好。

(2) 有效燃油消耗率 g_e 是随负荷增加而降低,在接近全负荷时(常在 80% 负荷左右), g_e 达到最小。而且在低负荷区曲线变化得更快一些。

比较汽油机和柴油机负荷特性可知:柴油机 $g_{e\min}$ 比汽油机低 10% ~ 30%,而且低油耗区燃油消耗率曲线比较平坦,部分负荷时低油耗区比汽油机宽,因而在部分负荷下柴油机比汽油机更省油。柴油车使用燃油消耗率比汽油车低 25% ~ 50%,致使汽车特别是载货汽车的柴油机化是必然的发展趋势。德国、日本等国 2t 以上的货车基本上用柴油机,并向轿车发展。因此汽油机必需在多方面开展节油工作,并大力向新形式发展。

第三节 内燃机速度特性

速度特性是指内燃机油门位置不变时,其性能指标随转速而变化的关系。若驾驶员将汽油车加速踏板位置保持一定,由于道路阻力不同,汽车行驶速度也会改变,上坡时汽车速度逐渐降低,下坡时速度增加。这时汽油机即沿速度特性工作。

一、汽油机速度特性

汽油机节气门开度固定不动,其有效功率 P_e、转矩 M_e、有效燃油消耗率 g_e、每小时耗油量 G_T 等随转速变化的关系称为汽油机速度特性。在试验台架上是调整测功器(如逐渐改变水力测功器水量)来改变汽油机的转速。测取前应将点火提前角、循环喷油装置调整好,测取时应按规定保持冷却液温度、润滑油温度在最佳状态。

节气门保持全开,所测得的速度特性称为外特性。节气门部分开启时所测得的速度特性称为部分速度特性。由于节气门的开启可以无限变化,所以部分速度特性曲线有无数条,而外特性曲线只能有一条。图 7-6 为 BJ—492 汽油机的典型外特性曲线。

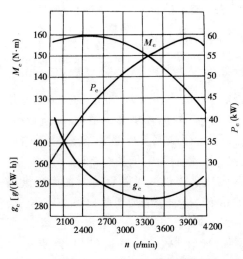

图 7-6 BJ—492 汽油机外特性

1. 外特性曲线

首先分析转矩 M_e 曲线:根据公式(7-3) $M_e = K_2 \dfrac{\eta_v}{\alpha} \times \eta_m \eta_i$ 可见,M_e 随转速 n 的变化决定于 η_i、η_m、η_v、α 随 n 的变化。η_i、η_m、η_v 的变化趋势如图7-7所示。在节气门开度一定时,α 值基本不随转速而变化,汽油机的 M_e 大小取决于 η_v、η_i、η_m 随 n 的变化。η_v 是在某一中间转速时最大,这是因为配气相位设计在此转速下能最好地利用惯性进气。当转速低于或高于此转速时,η_v 都将降低。指示热效率 η_i 的变化在某一中间转速略为凸起,在较低转速下,因缸内气流扰动减弱,火焰传播速度降低,散热及漏气损失增加,使 η_i 降低。转速高时,燃烧所占的曲轴转角大,热利用率低,也使 η_i 下降。不过它的变化比较平坦,对 M_e 影响较小。转速增加,消耗于机械损失的功增加,因此 η_m 随转速上升而下降。

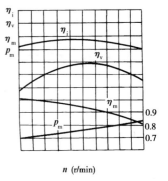

图7-7 汽油机 η_i、η_v、η_m 和 p_m 随转速 n 的变化

综合起来,当转速由低速开始上升时,由于 $\eta_v\eta_i$ 上升,η_m 下降,M_e 有所增加,对应于某一转速时,M_e 达最大值。转速继续提高,由于 η_m、η_i、η_v 同时下降,因此 M_e 随转速升高而较快地下降,即 M_e 曲线变化较陡(相对于柴油机转矩 M_e 曲线而言)。

功率 P_e 曲线:当转速从较低值增加时,由于 M_e 和转速同时增加,$P_e = M_e n/9550$ 迅速上升,直到转矩达最高点后,再继续提高转速,P_e 上升逐渐减慢,至某一转速后,$M_e \cdot n$ 达最大值,P_e 亦达到最大值。若转速再上升,由于 M_e 的降低已超过转速上升的影响,功率 P_e 反而下降。

有效燃油消耗率 g_e 曲线:因 $g_e = K_3 \dfrac{1}{\eta_i \eta_m}$,综合 η_i、η_m 的变化(图7-7),g_e 在某一中间转速时最低,当转速高于此转速,因 $\eta_i \eta_m$ 同时下降,g_e 上升。当转速低于此转速,因 η_i 上升弥补不了 η_m 下降,g_e 亦增加。总之整个曲线变化并不很大。

汽油机外特性是在节气门全开时测得的,曲线每一点表示它在此转速下的最大功率及转矩,代表内燃机最高动力性能,所有汽油机均需做外特性曲线。外特性因试验条件不同而有两种:

(1)发动机仅带维持运转所必需的附件时所输出的校正有效功率称总功率。例如试验时可不装风扇、压气泵、空气滤清器以及消声器等附件(各国标准均有规定)。我国内燃机特性数据多属这一种。

(2)试验时发动机带全套附件时所输出的校正有效功率称净功率或使用外特性。显然后者功率较低而油耗较高。

2. 部分速度特性曲线

汽车大部分时间是在部分负荷下工作,随着节气门关小,节流损失增大,进气终了压力 p_a 下降,从而引起 η_v 下降。而且随转速提高,η_v 下降的速率更快。因此,节气门开度越小,转矩 M_e 随转速增加而下降得越快,最大转矩点及最大功率点均向低转速方向移动(图7-8)。

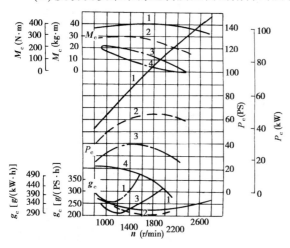

图7-8 25Y-6100Q型车用汽油机的速度特性
1-全负荷;2-75%负荷;3-50%负荷;4-25%负荷

二、柴油机速度特性

柴油机的油量调节杠杆(油门)位置固定不动(说明调速器不参与工作),柴油机性能指标(主要是 P_e、M_e、G_T、g_e)随转速 n 变化的关系称为柴油机速度特性。测取时应将供油提前角、冷却液温度、润滑油温度等调整在最佳状态。

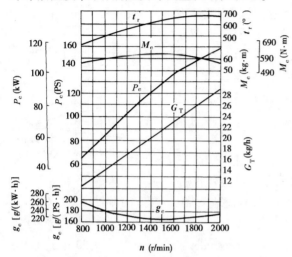

当油量调节杠杆固定在标定(或称额定)功率循环供油量位置时,测得速度特性为标定功率速度特性,习惯上亦称外特性。图 7-9 所示为车用柴油机的典型标定功率速度特性。当油量调节杠杆固定在小于标定功率循环供油量各个位置时,所测得的速度特性称为部分速度特性,图 7-10 为柴油机的典型部分速度特性。柴油机标定功率速度特性(或称外特性)只有一条曲线,它代表该机在使用中允许达到的最高性能,所有柴油机均需做标定功率速度特性。

图 7-9 6120Q 型柴油机外特性

1. 标定功率速度特性曲线

首先分析转矩 M_e 曲线:在柴油机中转矩曲线的变化趋势,很大程度取决于每循环供油量 Δg 随转速变化的情况。式(7-3)可以定性的写成 $M_e = k_2 \eta_i \eta_m \Delta g$,而 η_i、η_m、Δg 随转速 n 的变化趋势如图 7-11 所示。

在常用柱塞式喷油泵中,当油量调节杠杆位置一定,而改变转速时,每循环供油量 Δg 由喷油泵速度特性决定,即由于柱塞进油孔处的节流作用,Δg 将随转速的提高而增加。指示热效率 η_i 的变化是在某一中间转速时稍有凸起,因为在较高转速下常由于 η_v 下降和 Δg 的上升,使过量空气系数 α 下降,加上燃烧过程经历时间缩短,混合气形成条件恶化,不完全燃烧现象增加,致使 η_i 有些下降,而转速过低

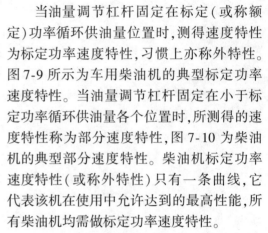

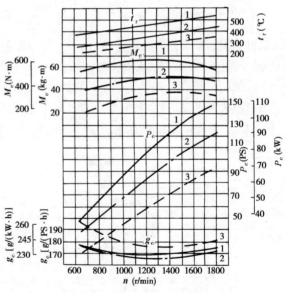

图 7-10 6135 型柴油机部分速度特性
1-90% 负荷;2-75% 负荷;3-25% 负荷

时,也会因空气涡流减弱,燃烧不良及传热、漏气损失增加,使 η_i 降低。但 η_i 曲线变化趋势比较平坦。η_m 随转速的上升而下降。

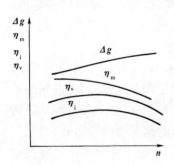

图 7-11 柴油机中 η_i、η_m、η_v、Δg 随 n 的变化

由图 7-11 各参数的变化趋势可知,低转速时,随着转速的增加,Δg、η_i 增加,而 η_m 下降,故 M_e 增加;高转速时,由于 Δg 随转速的增加而上升,抵消了 η_i、η_m 下降的影响,因此随转速上升,柴

油机转矩 M_e 下降不明显;曲线变化平缓,甚至有的是一直微微上倾。

功率 P_e 曲线:由于 M_e 变化平坦,在一定转速范围内,功率 P_e 几乎与转速成正比增加。

有效燃油消耗率 g_e 曲线:综合 η_i、η_m 的变化,g_e 是在某一中间转速时最低,但整个曲线变化并不很大。

2. 部分速度特性

油量调节杠杆固定在低于标定功率循环供油量位置上时,循环供油量减小,但 Δg 随 n 的变化趋势基本相似,亦是随 n 的增加而上升,所以柴油机部分速度特性 M_e 的变化基本上与外特性 M_e 平行,即 M_e 随转速变化不大(图7-10)。

对于经常在部分负荷下工作的汽车内燃机,还应做负荷为 90%、75%、50%、25% 标定负荷的部分速度特性,或做万有特性。

第四节 内燃机转矩特性

汽车经常会遇到像爬坡这样阻力增大的情况,为减少换挡次数,要求内燃机的转矩随转速的降低而增加。例如,当汽车上坡时,若油量调节杠杆(统称油门)已达到最大位置,但所发出转矩仍感不足,车速就要降低,此时需要内燃机随车速降低而能发出更大转矩,以克服爬坡阻力及其他阻力。

本章开始就特别提出,凡采用电子控制燃油喷射系统的内燃机,由于电子控制单元(ECU)能根据其内存的程序和数据对各种传感器输入的信息进行处理后,向喷油器提供一定宽度的电脉冲信号以控制喷油量,故此类内燃机的性能特性均按照人为设计的最优方案呈现,而不是上述负荷特性和速度特性的典型形状。图7-12所示为某重型电控增压中冷柴油机的外特性曲线。此外特性曲线反映出设计者为了追求最低转速时对应的转矩及最大转矩和标定转速时对应的转矩三者都能满足整车运行时的动力需求,且排气温度也人为的设计避免了高速运转范围内温度过高而导致增压器的热损坏。

图7-13所示为某采用电控燃油喷射和可变气门正时的汽油机外特性曲线。此外特性曲线反映出设计者为了追求其转矩在汽油机很宽的转速范围内保持不变。

上述这种采用 ECU 来适应汽车运行时所需的外特性曲线是非电控燃油喷射系统所不能实现的。

一、衡量内燃机转矩特性的参数

1. 转矩储备系数 μ 及转矩适应系数 K_M

要充分表明内燃机的动力性能,除给出标定功率及其相应转速外,还要同时考虑内燃机的转矩特性,而引入转矩储备系数 μ 和转矩适应系数 K_M 的概念。

$$\mu = \frac{M_{emax} - M_{eH}}{M_{eH}} \times 100\%$$

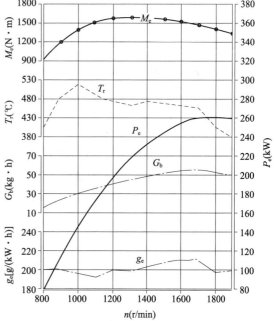

图7-12 重型电控增压中冷柴油机外特性曲线

$$K_M = \frac{M_{emax}}{M_{eH}}$$

式中：M_{emax}——外特性曲线上最大转矩，N·m；
M_{eH}——标定工况（或最大功率）时的转矩，N·m。

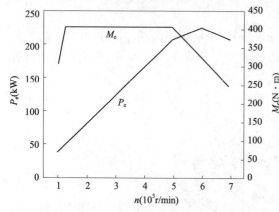

图7-13 采用电控燃油喷射和可变气门正时的汽油机外特性曲线

μ 和 K_M 值大，表明两转矩之差（$M_{emax} - M_{eH}$）值大，即随着转速的降低，转矩 M_e 增加较快，从而在不换挡的情况下，爬坡能力、克服短期超负荷能力强。

汽油机的外特性转矩曲线随转速降低而较快上升，其 μ 值在 10%~30% 范围，K_M 值达 1.2~1.4，可以满足汽车使用需要。

柴油机转矩曲线平坦，若不予以校正，μ 值在 5%~10% 范围，K_M 值只有 1.05 左右，难以满足汽车工作需要。

2. 转速适应系数 K_n

标定工况（或最大功率）时的转速 n_H 与最大转矩的转速 n_T 之比称转速适应系数。它的大小也影响到克服阻力的潜力。例如有 A、B 两台内燃机，它们的转矩储备系数 μ 和最大功率时的转速 n_H 相同，但最大转矩时的转速 n_T 不等，如图 7-14 所示。当外部阻力矩由 R_1 曲线增到 R_2 曲线时，内燃机转速由于外界阻力的增加而下降，这时内燃机 B 可以在转速 $n_{2B}(=n_{TB})$ 下稳定工作，内燃机 A 则在转速 n_{2A} 下稳定工作。当外界阻力再增至 R_3 曲线时，内燃机 B 就不能适应而需换挡，而内燃机 A 还可以稳定在 n_{TA} 下工作，所以内燃机 A 比 B 克服阻力的潜力大。因此，最大转矩 M_{emax} 时的转速 n_T 越低，即转速适应系数 $\left(\dfrac{n_H}{n_T}\right)$ 越大，在不换挡情况下，内燃机克服阻力增加的潜力越强。汽油机转速适应系数为 1.15~3.80，柴油机为 1.5~2.0。

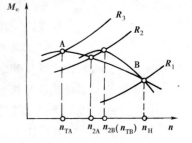

图7-14 最大转矩时的转速对克服阻力增加的影响

3. 理想功率特性系数 K_P

上述转矩适应系数 K_M 和转速适应系数 K_n 这两个衡量内燃机转矩特性的参数，都能各自独立地反映车用内燃机的动力储备能力，但不能说明在汽车行驶阻力增大时，内燃机转速下降与转矩增加（在 $n_T - n_H$ 范围内）之间的变化关系，而这应该是反映车用内燃机动力储备性能的一个综合性指标，从而引出了一个新的衡量指标——理想功率特性系数 K_P。

4. 内燃机的理想外特性及 K_P

汽车必须在路况多变的条件下，保持行驶速度的相对稳定性。最理想的情况是，内燃机的动力可以保证汽车在任何行驶阻力矩的条件下，无需变速器而能行驶自如，在应用车速范围内有良好的经济性，且车速和燃油消耗率均相对稳定。这就要求汽车内燃机有所谓的"理想外特性"，即如图 7-15 所示：随着转速的变化，内燃机功率为一条水平直线；转矩为一条等边双曲线（由 $P_e = KM_e n$ 知，若 P_e 为一常数，则有 $M_e n = $ 常数），这样的动力曲线即可保证车用发动机在任意的阻力矩条件下均可行驶自如；燃油消耗率为一条水平直线，即可保证在宽广的转速范围内(对于汽车则相应于车速范围)具有良好的经济性。

要实现内燃机的这种理想外特性几乎是不可能的,尽管如此,内燃机的外特性曲线形状还是可以通过采用电子控制燃油喷射系统、汽油机电子控制点火系统及可变气门定时等一定的途径使其在某一定转速范围内,功率、转矩、燃油消耗率等外特性曲线尽可能逼近于各自的理想外特性曲线。

实际内燃机的功率外特性曲线与理想外特性的功率曲线之间的逼近程度,可以引出一个新的评价指标——理想功率特性系数 K_P,用来综合考察车用内燃机的动力(功率)储备性能。

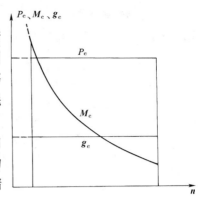

图 7-15 内燃机的理想外特性

由于车用内燃机的动力储备能力主要考察在 (n_T, n_H) 范围内,如图 7-16 所示,设某车用内燃机的功率外特性曲线为 $P_e = f(n)$,其在 (n_T, n_H) 范围内的平均功率值为 P_a,即:

$$P_a = \frac{1}{n_H - n_T} \int_{n_T}^{n_H} f(n) \, dn$$

则定义:

$$K_P = \frac{P_a}{P_{eH}} \quad (<1)$$

根据定义和图 7-16 表示的几何意义,可知:K_P 值越大(接近于 1),则说明该内燃机的功率外特性曲线越逼近于理想外特性的功率曲线,其动力储备性能越好,故用 K_P 作为车用内燃机动力储备性能的综合评价指标是理想的。

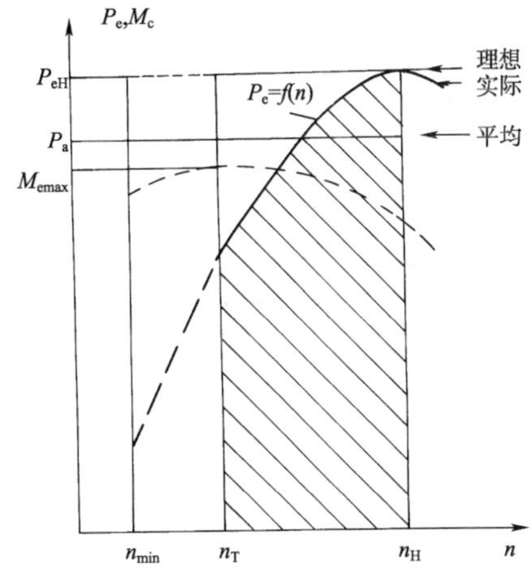

据对国内外常用汽车发动机的 K_P 值计算统计:汽油机的 K_P 值在 0.75~0.85 范围内;柴油机(校正后)K_P 值在 0.80~0.95 范围内。

二、柴油机转矩校正

柴油机转矩储备系数小(即外特性转矩曲线平坦),转速储备系数又偏低,从而在不换挡的情况下,爬坡能力、克服短暂超负荷的能力不强。故需对柴油机的转矩特性进行校正,改造外特性转矩曲线,以提高转矩储备系数。在柴油机机械控制燃油喷射系统中一般都采用油量校正装置来实现。

图 7-16 在 (n_T, n_H) 范围内,内燃机的理想、实际、平均功率值

油量校正装置的作用是:当柴油机在标定工况下工作时,若外界阻力矩再增大,则迫使柴油机转速下降(在不换挡的情况下),随着转速的下降,喷油泵能自动增加循环供油量,以增大低速时的转矩,改造外特性转矩曲线,提高转矩储备系数。

油量校正通常有两种方法:

(1)出油阀式校正机构(已在第三章第三节中阐述)。

(2)设置在调速器上的弹簧校正机构。

其结构是在油量调节螺钉上,与调速弹簧的对置方向加装校正弹簧 13(对照图 7-17 与图

7-18看),调速弹簧与校正弹簧之间夹着一个小的挡头11,它并不妨碍托板6的轴向移动(联动油量调节拉杆产生加、减油动作),但能挡住校正弹簧12左移。

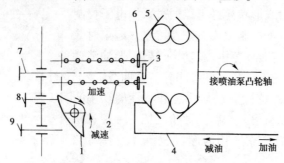

图7-17　全程式调速器工作原理
1-调速手柄;2-调速弹簧;3-固定螺母;4-油量调节拉杆;5-推力盘;6-托板;7-油量调节螺钉;8-急速螺钉;9-限速螺钉

其工作原理是:当调速器手柄放在顶着限速螺钉9的位置,油量调节机构处于最大供油量时,若外界阻力矩减小,柴油机转速增加,离心力的轴向分力大于弹簧力,使托板6的位置在挡头11左面,这时校正弹簧顶在挡头11上,不起作用。若外界阻力矩增加,柴油机转速降低,离心力减少,托板6向右移,在没有加装校正弹簧(图7-17)时,托板6顶住固定螺母3,供油量不可能再增加。现在有校正弹簧13(图7-18),托板6可越过挡头11,通过校正弹簧座12压缩校正弹簧,使油量调节拉杆4继续右移一小段距离,供油量相应增加,直到校正弹簧座12将校正弹簧10压死后,校正器就不再起作用,供油量不再增加。

见图7-19,在没有加装弹簧校正器时,柴油机的外特性转矩曲线为图中b线;加装校正弹簧后,由于校正弹簧有一定的预紧力,故改造后的转矩曲线为图中a线。这样,柴油机的转矩储备系数明显增加,适应了汽车克服爬坡阻力及短暂超负荷的需要。

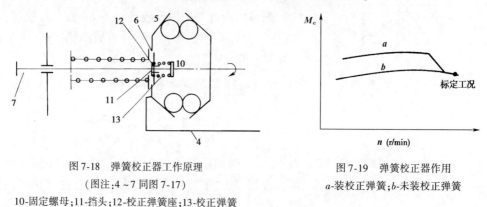

图7-18　弹簧校正器工作原理
(图注:4~7同图7-17)
10-固定螺母;11-挡头;12-校正弹簧座;13-校正弹簧

图7-19　弹簧校正器作用
a-装校正弹簧;b-未装校正弹簧

第五节　柴油机调速特性

柴油机上装置调速器,由于调速器能够根据外界负荷的变化而自动调节喷油泵的供油量,始终保持输出转矩与外界阻力矩的平衡,保证柴油机在工作转速范围内的任何一个转速下,都能在极小变化范围内稳定工作(装置全程式调速器),或实现怠速稳定和高速稳定不飞车(装置两极式调速器)。

所谓调速特性,就是在调速器起作用时,柴油机的性能指标(主要指M_e、P_e、g_e、G_T等)随转速或负荷变化的关系。

在调速器起作用时,柴油机性能指标随转速变化的关系,称为速度特性形式的调速特性。在调速器起作用时,柴油机性能指标随负荷变化的关系,称为负荷特性形式的调速特性。由于汽车柴油机所用调速器有全程式和两极式,故分别阐述其调速特性。

一、全程式调速器的调速特性

1. 速度特性形式的调速特性

当调速手柄固定在转速限制位置(即最大转速)时,调速弹簧便具有人为的最大预紧力。其调速特性如图7-20中曲线2所示。例如当外界阻力矩为M_1(即标定转矩M_{eH})时,柴油机转矩与阻力矩平衡于a点(即标定工况点),柴油机稳定在转速n_1(即标定转速n_H)下工作,此时飞球离心力的轴向分力与弹簧力平衡,使油量调节拉杆处于最大供油量位置。当外界阻力矩从M_1减至M_2,柴油机转速增加,离心力增大,其轴向分力克服弹簧力,带动油量调节拉杆减少供油量,柴油机转矩下降至b点,与外界阻力矩M_2相平衡,重新稳定在n_2下工作。当外界负荷全部卸掉,曲轴转速迅速上升,离心力的轴向分力使油量调节拉杆减少供油量至最小供油量,即柴油机空转(c点),转速为n_3。反之,当外界阻力矩增加时,柴油机转速降低,弹簧力大于离心力的轴向分力,带动油量调节拉杆增加供油量,柴油机转矩很快增加,直至与外界阻力矩相平衡时为止。图7-20中的abc线即为速度特性形式的调速特性曲线。

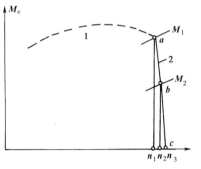

图7-20 调速特性

可以看出,当调速手柄固定在转速限制位置时,由于调速器的作用,柴油机的转矩曲线得到改造,它随转速而急剧变化,可由标定值变到零或由零变到标定值,转速却变化很小,从而保证了柴油机的工作稳定。

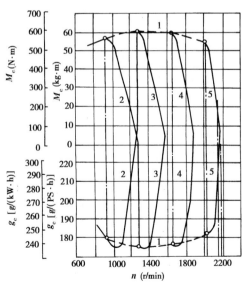

图7-21 6120柴油机调速特性
1-外特性;2~5-调速特性

当阻力矩超过M_1后,对于未装弹簧校正器的柴油机,因供油量已达最大值,供油拉杆已顶住油量限制机构,调速器便不再起作用,柴油机将沿外特性曲线1工作。当阻力矩超过M_{emax}值时,如不换挡,则柴油机转速下降直至熄火。

驾驶员通过调速手柄可改变调速弹簧预紧力,不同的预紧力,与之平衡的离心力也不同,则调速器起作用的转速不同。预紧力小,克服弹簧力所需离心力小,调速器起作用的转速低,因此根据工作需要,驾驶员只要改变调速手柄的位置,就可得到不同转速下的调速特性,如图7-21曲线2~5。可以说这样的调速曲线有无数条,从而形成了由调速曲线构成的一个调速器起作用的面,由于从怠速直到最大工作转速调速器都能起作用,故称全程式调速器。

至于图7-21中的(下半部分)曲线2~5,即g_e的变化情况,可根据$g_e = K_3 / \eta_i \eta_m$进行分析。

2. 负荷特性形式的调速特性

当调速手柄固定在转速限制位置(即最大转速)时,调速弹簧便具有人为的最大预紧力。当柴油机输出标定转矩正好与外界阻力矩平衡时,柴油机稳定在标定转速下工作,此时柴油机工况为图7-22中A点,即标定工况点。当外界阻力矩减小,则调速器产生减油动作,而维持柴油机转速基本不变(略有升高)。由于减小循环供油量,使柴油机输出转矩下降。又由于转速基本不变,所以耗油量G_T(kg/h)减小。至于有效燃油消耗率g_e的变化,可根据$g_e=K_3/\eta_i\eta_m$分析,随着循环供油量Δg的减小,η_m因P_i减小而下降,η_i因α上升而略有提高,故g_e增大。上述M_e、n、G_T、g_e因外界阻力矩减小,而调速器参与工作(产生减油动作)时的变化关系,如图7-22中四条相应曲线上的实线部分所示,此实线段即为负荷特性形式的调速特性曲线。

从A点开始(即标定工况),如果外界阻力矩再增加,对于未装弹簧校正器的柴油机,因供油量已达到最大值,供油拉杆已顶住油量限制机构,调速器便不再起作用,柴油机将沿着外特性曲线工作(见图7-22中各条曲线的虚线部分)。当阻力矩超过M_{emax}值时,如不换挡,则柴油机转速下降直至熄火。

同理,驾驶员通过调速手柄可改变调速弹簧的预紧力,则改变了调速器起作用的转速,从而得到不同转速下的调速特性,使图7-22中各条曲线改变了位置,形状也略有变化。

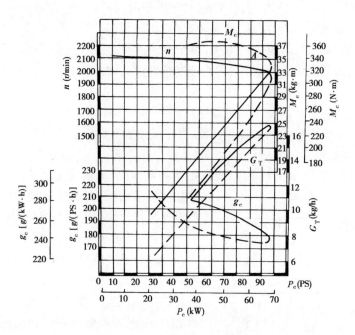

图7-22 6100柴油机的调速特性

二、两极式调速器的调速特性

由于两极式调速器只有在调试好的最低转速范围及最高转速范围时起作用,故柴油机的转矩曲线在上述转速范围内,才能在调速器的作用下,如同全程式调速器的工作原理一样,产生急剧变化。而在最低转速范围及最高转速范围两者之间的中间转速,调速器将不起作用,故转矩曲线按速度特性曲线变化。上述转矩变化情况如图7-23的上半部分所示,图中1~4表示不同调速手柄位置(从最高工作转速至急速转速)时的调速特性曲线(实线部分)和速度特性曲线(虚线部分)。

至于 P_e 的变化,可根据 $P_e = M_e n/9550$ 进行分析,结果如图 7-23 的下半部分所示。

三、调速器的工作指标

1. 调速率

调速器的工作好坏,通常用调速率来评定,调速率可通过柴油机突变负荷试验测定,试验时先让柴油机在标定工况下运转,然后突卸全部负荷,测定突变前后的转速而得。根据测定条件不同,调速率可分瞬时调速率和稳定调速率两种。

1) 瞬时调速率 δ_1

它是评定调速器过渡过程的指标。柴油机在标定工况下运转,然后突卸全部负荷,转速瞬时高达 n_2,再经过数次波动后,稳定在 n_3 进行运转,则瞬时调速率 δ_1 为:

$$\delta_1 = \frac{n_2 - n_1}{n_H} \times 100\%$$

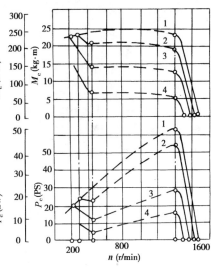

图 7-23 两极调速器的调速特性

式中:n_2——突卸负荷后柴油机的瞬时最高转速,r/min;

n_1——突卸负荷前柴油机转速,r/min;

n_H——柴油机的标定转速,r/min。

一般 $\delta_1 \leq 12\%$,对发电用的柴油机要求 $\delta_1 \leq 8\%$。

2) 稳定调速率 δ_2

$$\delta_2 = \frac{n_3 - n_1}{n_H} \times 100\%$$

式中:n_3——突卸负荷后柴油机的稳定转速,r/min;

n_1——突卸负荷前柴油机的转速,r/min;

n_H——柴油机的标定转速,r/min。

计算 δ_1、δ_2 时,如不计转速波动率,可取 $n_1 = n_H$。

稳定调速率表明,柴油机在标定工况时,如果稳定调速率太高,不仅对工作机械的稳定工作不利,而且对于空转速时柴油机零件的磨损也是有害的。一般规定,农业排灌及工程机械用的柴油机要求 $\delta_2 < 8\%$,对于汽车拖拉机用的柴油机 $\delta_2 \leq 10\%$,对于交流发电机组用的柴油机要求高一些,$\delta_2 < 5\%$。

2. 不灵敏度

调速器工作时,调速系统中有摩擦存在,需要有一定的力来克服摩擦阻力,同时调速系统中各构件连接之间存在间隙也需克服,才能移动调整油量机构。不论柴油机转速增加或减少,调速器都不会立即得到反应以改变供油量,因为机构中存在间隙且摩擦力阻止着推力盘的运动。例如柴油机转速为 2000r/min 时,调速器可能对转速 $n'_1 = 1970$r/min 到 $n'_2 = 2030$r/min 范围内的变动都不起反应,这样两个起作用的极限转速之差对柴油机平均平衡转速之比就称为调速器的不灵敏度。

$$\varepsilon = \frac{n'_2 - n'_1}{n}$$

式中:n'_2——当柴油机负荷减小时,调速器开始起作用时的曲轴转速,r/min;

n'_1——当柴油机负荷增大时,调速器开始起作用时的曲轴转速,r/min。

n——柴油机的平均平衡转速(r/min)。

因为不灵敏度 ε 主要是由于调速系统中存在摩擦力所引起的,因而它还可用下式表示:

$$\varepsilon = \frac{R}{E}$$

式中:R——调速器推力盘移动时所受的摩擦阻力;
　　　E——调速器起作用时,作用在推力盘上的推动力。

不灵敏度过大时,会引起柴油机转速不稳,严重时会明显感到转速忽高忽低(称为"游车"现象)。在极端的情况下,甚至会导致调速器失去作用,有使柴油机产生高速时飞车和怠速时熄火的危险。在低速时调速器的推动力小,结果调速器不灵敏度 ε 显著地增加。一般规定 ε 在标定转速时不超过 1.2% ~2%,最低转速时不超过 10% ~13%。

而在采用电子控制燃油喷射系统的柴油机中,最理想的调速特性则完全由人为设计的ECU所控制的各种工况下所需喷油量来取代机械式调速器实现。

第六节　内燃机万有特性

内燃机的万有特性又称为多参数(组合)特性。

由于负荷特性和速度特性只能表示某一转速或某一油门位置时内燃机参数间的变化规律,而汽车、拖拉机的工况变化范围很广,要分析各种工况下的性能就需要各种转速下和不同油门位置下的许多负荷特性或速度特性图,这样做极不方便,也不清楚。

为了能在一张图上较全面地表示内燃机性能,经常应用多参数的特性曲线,称为万有特性。应用最广的万有特性是用转速为横坐标,平均有效压力(或转矩)为纵坐标,在图上画出许多等燃油消耗率曲线和等功率曲线,其他根据需要还可以画出等过量空气系数曲线、等进气管真空度曲线、冒烟极限等。图 7-24 为汽油机的典型万有特性。

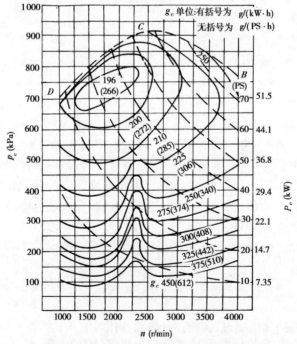

图 7-24　NJ422A 汽油机万有特性曲线

等燃油消耗率曲线,可以根据各种转速下的负荷特性曲线用作图法得到。具体方法如图 7-25 所示。

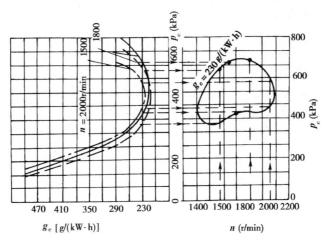

图 7-25 万有特性曲线的作法

(1) 将不同转速下的负荷特性以 p_e 为横坐标,g_e 为纵坐标,用同一比例尺画在一张坐标图上。

(2) 在万有特性图的横坐标轴上以一定比例标出转速数值。而纵坐标 p_e 比例应与负荷特性 p_e 比例相同。

(3) 将负荷特性图逆转 90°放在万有特性图左方,并将不同转速的负荷特性曲线与某燃油消耗率的各交点移至万有特性图中的相应转速坐标上,标上记号,再将 g_e 值相等的各点连成光滑曲线,即等燃油消耗率曲线。各条等燃油消耗率曲线是不能相交的。

等功率曲线根据 $P_e = \dfrac{p_e V_h n i}{30 \tau} \times 10^{-3} = k p_e n$ 作出,在 $p_e - n$ 坐标中它是一组双曲线(见图 7-24 中的虚线),再将外特性(或标定功率速度特性)中的 $p_e = f(n)$ 的曲线画在万有特性图上,构成上边界线(图 7-24 中 BCD 曲线,$p_e = P_e / kn$)。

要想获得光滑的万有特性曲线图,必须在测录各种转速下的负荷特性时,保持内燃机冷却液温度和机油温度稳定,大气条件尽可能接近。

在万有特性图中,最内层的等燃油消耗率曲线是最经济的区域,燃油消耗率最低;曲线愈向外,经济性愈差,从中很容易找出最经济的负荷和转速范围。

第七节 内燃机排污特性

内燃机试验中,排气中有害气体含量首先需要分析的通常是 CO、HC 和 NO_x 等,对于柴油机还要分析炭烟(黑烟)的含量。每种有害气体含量可由负荷和转速坐标系表示的有害气体成分的多参数特性进行分析。图 7-26 所示为六种内燃机排污特性。

为了得到这样的特性,必须进行大量的试验,其中包括对气体样品进行必要的分析。这些试验可以在模拟使用条件下的转鼓试验台上进行。这种试验的专门程序已标准化,有 UNO EEC No.15(联合国组织欧洲共同体)条例推荐的"欧洲标准"对汽油机汽车进行试验的程序。

对排污特性的分析(图 7-26)表明,柴油机排气中 CO 的含量比化油器式发动机小 10 倍,

HC 含量之比为 1:4,柴油机燃烧产物中 NO_x 含量比汽油机略小。当采用预燃室点火式汽油机时,其 CO 的浓度下降到与柴油机相同的水平。预燃室点火汽油机排气中 NO_x 和 HC 的含量与一般化油器式发动机相同。

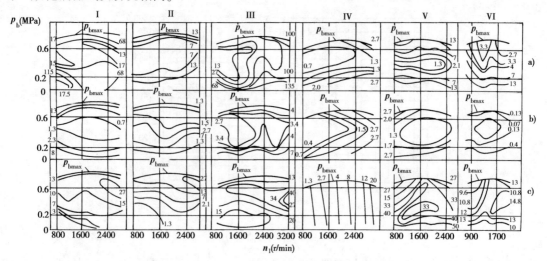

图 7-26 汽油机和柴油机排气中有害气体含量的多参数特性
a) CO;b) HC;c) NO_x

I-iV_h =6L 的化油器式发动机;II-iV_h =6L 的预燃室点火汽油机;III-iV_h =4.25L 的化油器式发动机;IV-iV_h =11.55L 的柴油机;V-iV_h =13.1L 的柴油机;VI-iV_h =11.15L 的柴油机

第八节 内燃机特种特性

一、空转特性

空转特性是发动机的小时燃油消耗量和其他参数与发动机在空负荷时转速的变化关系曲线。对于汽油机,这个特性的起点是在节气门微小关闭(怠速)时的工况;对于柴油机这个特性的起点则相应于在调速器工作时,使发动机保持最低稳定空转转速(怠速)所需要的循环供油量调节杠杆位置时的工况。

如果每小时燃油消耗量随着转速的增加而增加,则可以认为空转特性是令人满意的。这时发动机可以迅速地过渡到有负荷的工作状态。

在进行空转特性的测定时,发动机与测功机是脱开的。因为即使在没有负荷时,发动机带动测功机旋转,克服测功机内部的阻力也有能量消耗。所有必要的测量都是从曲轴最低稳定转速开始的。汽油机转速的逐渐提高是由节气门开度逐渐开大实现的,而柴油机则靠喷油泵的油量调节杠杆的位置改变实现的。

空转特性与发动机的热状态有关。故在做空转特性测试之前,应当对发动机进行预热,才能得到可比较的数据。

二、爆震特性

通过对汽油机工作状态对敲缸倾向影响的分析表明,不爆震的汽油最小辛烷值应当主要从外特性工作时取得。

为了了解发动机是否可以使用低辛烷值燃料,应当制取附加特性,以估计转速和点火提前角对爆震的影响。这些特性可以说明使用低辛烷值燃料时,发动机功率损失和性能恶化情况。

图7-27a)表示使用不同辛烷值燃料,无爆震燃烧时点火提前角 θ 和 n 的曲线关系。图7-27b)表示在发动机功率不同程度减小时,燃料辛烷值与 n 的关系,燃料辛烷值随转速 n 的增加而有所减小。

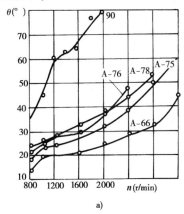 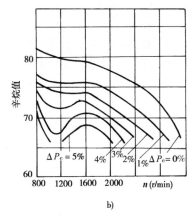

图7-27 全负荷时爆震特性

(注:A-66,…,A-78表示汽油的辛烷值)

此外,还可以将本章一开始提及的调整特性,也归纳在特种特性范畴内。

第九节 内燃机的功率标定及大气修正

一、内燃机的标定功率(额定功率)

按照国家标准(GB 1105.1—87)规定,标定功率定义为:标准环境状况下,制造厂根据内燃机的用途和特点在标定转速(额定转速)下所规定的有效功率。单位以 kW 表示。

标定功率种类有:

(1)15min 功率:内燃机允许连续运转 15min 的标定功率。

(2)1h 功率:内燃机允许连续运转 1h 的标定功率。

(3)12h 功率:内燃机允许连续运转 12h 的标定功率。

(4)持续功率:内燃机允许长期连续运转的标定功率。

专业标准也可根据本行业内燃机的特点和要求规定其他种类的标定功率。

二、内燃机有效功率和燃油消耗率的修正

1. 标准环境状况

大气压　　　　　　　　　$p_0 = 100\text{kPa}(750\text{mmHg})$

相对湿度　　　　　　　　$\phi_0 = 30\%$

环境温度　　　　　　　　$T_0 = 298\text{K}$ 或 25℃

中冷器冷却介质进口温度　$T_{c0} = 298\text{K}$ 或 25℃

注:①当 $T_0 = 298\text{K}$ 或 25℃,$\phi_0 = 30\%$ 时,水蒸气分压 $\phi_0 p_{sw0} = 1\text{kPa}(7.5\text{mmHg})$,标准环境状况下干空气压 $p_{s0} = 99\text{kPa}$(742.5mmHg)。p_{sw0} 为标准环境状况下的饱和蒸汽压,单位以 kPa(mmHg)表示。

②环境温度即进气温度。

③对于特殊使用环境的内燃机,可以补充规定其他的环境状况,但应加以说明。并经有关主管部门批准。例如应用于"无限航区"的船用内燃机(主机和辅机)应遵循国际船级协会(IACS)规定的环境状况;大气压 $p_x = 100\text{kPa}$ (750mmHg)。

相对湿度　　$\phi_x = 60\%$

环境温度　　$T_x = 318\text{K}$ 或 45℃

中冷器冷却介质进口温度 $T_{cx} = 305\text{K}$ 或 32℃

2. 内燃机有效功率和燃油消耗率的修正

内燃机在非标准环境状况下运转时,其有效功率及燃油消耗率应修正到标准环境状况,也可由标准环境状况修正到现场环境状况。

1)修正方法一:可调油量法

功率受过量空气系数或热力因素限制,燃油量随现场环境状况调整。适用于标定工况及超负荷功率工况的有效功率和燃油消耗率的校正。

(1)有效功率的校正。

$$P = \alpha P_0 \tag{7-6}$$

$$\alpha = k + 0.7(k-1)\left(\frac{1}{\eta_m} - 1\right) \tag{7-7}$$

$$k = \left(\frac{P - a\phi \cdot p_{sw}}{P_0 - a\phi_0 \cdot p_{sw0}}\right)^m \left(\frac{T_0}{T}\right)^n \left(\frac{T_{c0}}{T_c}\right)^q \tag{7-8}$$

涡轮增压内燃机,当标准环境状况下发出标定功率,其涡轮增压器的转速和涡轮增压器燃气进口温度还达不到极限值时,制造厂可提出替代标准环境状况。这时在非标准环境状况运转的涡轮增压内燃机其有效功率与燃油消耗率应校正到替代标准环境状况,也可由替代标准环境状况校正到现场环境状况。此时,可用式(7-9)、式(7-10)代替式(7-8)。

$$k = \left(\frac{P}{p_{0a}}\right)^m \left(\frac{T_{0a}}{T}\right)^n \left(\frac{T_{c0}}{T_c}\right)^q \tag{7-9}$$

$$p_{0a} = P_0 \frac{\pi_{k0}}{\pi_{kmax}} \tag{7-10}$$

式中:P——现场环境状况下的有效功率,kW;

　　P_0——标准环境状况下的有效功率,kW;

　　α——可调油量法功率校正系数;

　　k——指示功率比;

　　η_m——机械效率;

　　p_{sw}——现场环境状况下的饱和蒸气压,kPa;

　　ϕ——现场环境状况下的相对温度;

　　T——现场环境状况下的环境温度,K;

　　T_c——中冷器冷却介质进口温度,K;

　　p_{0a}——替代标准环境状况下的大气压,kPa(mmHg);

　　T_{0a}——替代标准环境状况下的环境温度,K;

　　π_{k0}——标定功率时的增压比;

　　π_{kmax}——最大有效增压比;

　　a——功率校正用系数,由表7-1给出;

m——功率校正用系数,由表 7-1 给出;

n——功率校正用系数,由表 7-1 给出;

q——功率校正用系数,由表 7-1 给出。

注:①如果不知道现场环境状况的相对湿度,则在表 7-1 公式参考代号 A,E 项内可假定其为 30%。

②机械效率值由制造厂规定。

③如现场环境状况较标准环境状况有利,则按现场环境状况校正后的有效功率将大于标准环境状况时的有效功率,这时制造厂可将现场环境状况下的有效功率仍限制在标准环境状况时的有效功率。

内燃机的功率校正系数　　　　　表 7-1

内燃机形式	工作条件		公式参考代号	系数	指 数		
				a	m	n	q
压燃式柴油机和双燃料内燃机	非涡轮增压	功率受过量空气限制	A	1	1	0.75	0
		功率受热力因素限制	B	0	1	1	0
	涡轮增压不带中冷器	低速或中速四冲程内燃机	C	0	0.7	2.0	0
	涡轮增压带中冷器		D	0	0.7	1.2	1
点燃式内燃机	自然吸气	—	E	1	1	0.5	0

注:①公式参考代号 D 项内,对用内燃机冷却水套的水进行增压中冷的内燃机,$q=0$。

②对于非涡轮增压的柴油机和双燃料内燃机,进行功率校正时,制造厂可根据发动机的特点与工作条件选定公式参考代号 A 或 B。

(2)燃油消耗率的校正。

$$g_e = \beta g_{e0} \tag{7-11}$$

$$\beta = \frac{k}{\alpha} \tag{7-12}$$

式中:g_e——现场环境状况下的燃油消耗率,g/kW·h;

g_{e0}——标准环境状况下的燃油消耗率,g/kW·h;

β——可调油量法燃油消耗率校正系数。

2)修正方法二:等油量法

燃油量固定不变,不随现场环境状况改变而调整。适用于标定工况(不具有超负荷功率的内燃机)或超负荷功率工况的有效功率及燃油消耗率的换算。

(1)有效功率的换算。

$$\left. \begin{array}{l} P_0 = \alpha_a \cdot P \\ P_0 = \alpha_d \cdot P \end{array} \right\} \tag{7-13}$$

①对于非增压以及机械增压的汽油机:

$$\alpha_a = \left(\frac{99}{p_s}\right)^{1.2} \left(\frac{T}{298}\right)^{0.6} \tag{7-14}$$

式(7-14)仅当 $0.94 \leq \alpha_a \leq 1.07$ 和 $288K \leq T \leq 309K$、$80\text{kPa}(600\text{mmHg}) \leq p_s \leq 100\text{kPa}$(825mmHg)时才适用。否则应在试验报告中详细说明试验时的现场环境状况。

②对于柴油机:

$$a_d = f_a f_m \tag{7-15}$$

非增压和机械增压:

$$f_a = \left(\frac{99}{p_s}\right) \left(\frac{T}{298}\right)^{0.7} \tag{7-16}$$

涡轮增压(带或不带中冷器):

$$f_a = \left(\frac{99}{p_s}\right)^{0.7} \left(\frac{T}{298}\right)^{1.5} \tag{7-17}$$

$$f_m = 0.036\frac{q_c}{\pi_k} - 1.14 \tag{7-18}$$

四冲程:

$$q_c = \frac{G_{f0} \times 10^6}{30 n_0 V_H} \tag{7-19}$$

二冲程:

$$q_c = \frac{G_{f0} \times 10^6}{60 n_0 V_H} \tag{7-20}$$

式(7-13)~式(7-20)中:α_a——等油量法汽油机的功率换算系数;

α_d——等油量法柴油机的功率换算系数;

$p_s(p_s = p - \phi p_{sw})$——现场环境状况下的干空气压,kPa;

f_a——大气因素;

f_m——柴油机特性指数;

G_{f0}——标定工况或超负荷功率工况的燃油消耗量,kg/h;

q_c——比排量循环柴油供给量,mg/L·C;

π_k——增压比(非增压柴油机 $\pi_k = 1$);

n_0——内燃机转速,r/min;

V_H——内燃机总排量,L。

式(7-18)仅当$\frac{q_c}{\pi_k} = 40 \sim 65 \text{mg/L·C}$时才适用。

若$\frac{q_c}{\pi_k} \leqslant 40$,则取$f_m = 0.3$;

若$\frac{q_c}{\pi_k} \geqslant 65$,则取$f_m = 1.2$。

式(7-15)仅当$0.9 \leqslant \alpha_d \leqslant 1.1$和$283K \leqslant T \leqslant 313K$,$80kPa \leqslant p_s \leqslant 110kPa$时才适用。否则应在试验报告中详细说明试验时的现场环境状况。

注:c表示柴油机工作时"每个循环"的符号。

(2)柴油机燃油消耗率的换算。

$$g_{e0} = \beta_d \cdot g_e \tag{7-21}$$

$$\beta_d = \frac{1}{\alpha_d} \tag{7-22}$$

式中:β_d——等油量法柴油机燃油消耗率换算系数。

注:①采用等油量法对柴油机进行有效功率和燃油消耗率换算,试验时柴油温度应控制在313±5K或±5℃。
②汽油机不进行按等油量法换算燃油消耗率。

第八章　车用发动机的废气涡轮增压

用增压技术来提高汽车发动机的升功率,人们早已关注,早期由于增压器外形尺寸大,结构复杂,加工工艺困难,其性能满足不了车用发动机的要求,影响了车用发动机增压技术的发展。后来,由于涡轮增压技术已趋成熟,汽车的发展对动力性、经济性与排放性能提出了更高的要求,为此,世界各国对车用发动机的增压技术进行了大量的试验研究,各种类型的车用发动机,相继采用了增压技术,使车用发动机性能有了很大的改善。

第一节　发动机增压概述

一、增压的基本概念

所谓增压,就是利用增压器将空气或可燃混合气进行压缩,再送入发动机汽缸的过程。增压后,每循环进入汽缸的新鲜工质密度 ρ_k 增大,使实际充气量增加,从而达到提高发动机功率和改善经济性的目的。

提高发动机功率的方法很多。由公式 $P_a = \dfrac{p_e V_h i n}{30\tau} \times 10^{-3} (\text{kW})$ 可以得到:

$$P_a \propto i D^2 S n p_e / \tau \propto i D^2 C_m p_e / \tau \tag{8-1}$$

而

$$p_e \propto \dfrac{\eta_i}{\alpha} \eta_m \eta_v \rho_k \tag{8-2}$$

由式(8-1)、式(8-2)可知,要提高发动机的单机功率有以下三条途径:

(1)改变发动机的结构参数,如增加汽缸数 i、加大汽缸直径 D、活塞行程 S 和减少冲程数 τ 等;

(2)提高发动机转速 n 或活塞平均速度 C_m;

(3)提高发动机的平均有效压力 p_e。

显然,用加大车用发动机结构参数来提高发动机功率,将受到安装位置和自重的严格限制。提高发动机转速虽然是可行的,但发动机转速的提高受到活塞平均速度的限制,因为充气效率 η_v 和机械效率 η_m 都将随着活塞平均速度的提高而显著下降。此外,燃料经济性、发动机运转可靠性、机件寿命及噪声等因素也限制了活塞平均速度的提高。只有提高发动机的平均有效压力是最经济有效的方法,它可通过减小过量空气系数 α、提高充气效率 η_v 和增加进入汽缸的工质密度 ρ_k 来实现式,见(8-2)。

增压就是增加进入发动机汽缸的工质密度 ρ_k,从而提高平均有效压力,达到提高发动机功率,改善燃料经济性和排放性能的目的。

为了说明发动机在采用增压后使功率得到提高的程度,提出增压度的概念。所谓增压度 φ_k,是指发动机在增压后增长的功率与增压前的功率之比。

$$\varphi_k = \frac{P_{e-k} - P_{e-0}}{P_{e-0}} = \frac{P_{e-k}}{P_{e-0}} - 1 \qquad (8-3)$$

式中：P_{e-0}、P_{e-k}——分别为增压前、后的功率。

目前，车用发动机的增压度，大约在 $\varphi_k = 10\% \sim 60\%$ 的范围内，大部分为 $20\% \sim 30\%$（而船用大型低速四冲程柴油机的增压度，可达到 $\varphi_k = 3.0$ 以上）。这是因为车用发动机增压不仅要求功率增加，而且还要在较大的转速和负荷范围内满足动力性、经济性、排放与成本等多方面的要求。

二、增压的分类

通常，增压按两种方法分类。一种是按增压比分类；另一种是按增压系统的结构形式分类。

1. 按增压比分类

增压比 π_k 是指增压后气体压力 p_k 与增压前气体压力 p_0 之比，即 $\pi_k = p_k/p_0$。

(1) 低增压：$\pi_k = 1.3 \sim 1.6$，对应的 $p_e = 700 \sim 1000$ kPa；
(2) 中增压：$\pi_k = 1.6 \sim 2.5$，对应的 $p_e = 1000 \sim 1500$ kPa；
(3) 高增压：$\pi_k > 2.5$，对应的 $p_e = 1500$ kPa 以上；
(4) 超高增压：$\pi_k > 3.5$。

2. 按增压系统的结构形式分类

车用发动机的增压系统有：机械增压系统、废气涡轮增压系统、复合式发动机、组合式涡轮增压系统、气波增压系统等。其中废气涡轮增压系统应用最为广泛，故作为本章叙述重点。

1) 机械增压系统（图 8-1）

在机械增压系统中，增压器的压气转子，由发动机曲轴通过齿轮增速箱或其他类型传动装置来驱动，将气体压缩并送入发动机汽缸。增压器可用离心式压气机、罗茨式压气机、螺旋转子式压气机或滑片转子式压气机等。

机械增压系统可有效地提高内燃机功率并能用于二冲程发动机扫气，以及用于复合增压系统中。p_k 值不宜超过 $160 \sim 170$ kPa，因为 p_k 与驱动压气机消耗的发动机功率成正比，如 p_k 值高，将导致整机性能下降，特别是燃油消耗率上升。

2) 废气涡轮增压系统（图 8-2）

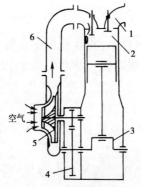

图 8-1 机械增压系统
1-排气管；2-汽缸；3-曲轴；4-齿轮副；
5-压气机；6-进气管

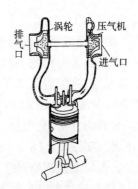

图 8-2 废气涡轮增压系统

利用发动机排出的具有一定能量的废气进入涡轮并膨胀做功,废气涡轮的全部功率用于驱动与涡轮机同轴旋转的压气机工作叶轮,在压气机中将新鲜空气压缩后再送入汽缸。废气涡轮与压气机通常装成一体,称为废气涡轮增压器。其结构简单,工作可靠,在一般自吸式发动机上,作必要的改装和计算,即可提高功率30%~50%,燃油消耗率可降低5%左右,有利于改善整机动力性、经济性及排放品质,因而获得广泛应用。

3) 复合式发动机(图8-3)

将废气动力涡轮与废气涡轮增压器串联起来工作,称为复合式发动机。在某些增压度较高的发动机上,排气能量除驱动废气涡轮增压器外,尚有多余的能量用于驱动低压废气动力涡轮,该动力涡轮通过齿轮变速器及液力耦合器与发动机输出轴连接。这样,废气涡轮增压器达到增压的目的,而废气动力涡轮将废气能量直接变为功率送给曲轴。

该系统可充分利用废气能量,使动力性、经济性大为改善,但结构复杂,成本高且技术难度大。

4) 组合式涡轮增压系统(图8-4)

组合式涡轮增压系统由废气涡轮增压与进气惯性增压组合而成。在该增压系统中,除废气涡轮增压器外,还有由稳压箱、共振管、共振室等构成的惯性增压系统,利用压力峰值可进一步提高增压后的进气压力。该系统使发动机加速性能变好并对改善发动机的低速转矩有利。

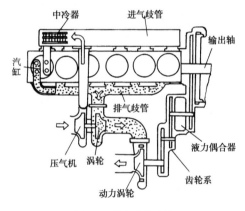

图8-3 复合式发动机

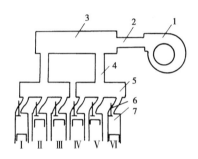

图8-4 组合式涡轮增压系统
1-涡轮增压器;2-连接管;3-稳压箱;
4-共振管;5-共振室;6-进气管;7-汽缸

德国 MAN 公司在 11.4L 直列六缸 D2566MK 型柴油机上采用了废气涡轮增压、中冷与进气惯性增压的组合式涡轮增压系统,不但使最大转矩提高30%,且最大转矩时转速还降低400r/min,g_e仅为115g/kW·h,效果显著。

5) 气波增压系统(图8-5)

所谓气波增压,是由曲轴驱动一个特殊转子,在转子中废气直接与空气接触,利用高压废气的脉冲气波迫使空气在互相不混合的情况下受到压缩,从而提高进气压力。

气波增压器是利用气波(膨胀波和压缩波)来传递能量的一种新型能量交换器,是近年来发展起来的新型增压技术,它具有结构简单,加工方便的特点,与废气涡轮增压相比,可改善低速转矩,且加速性能好,改善性能的工况范围大,最能适应汽车运行要求。但目前尚存在不少问题,如质量、体积大,噪声大,转子安装位置困难,进、排气阻力对压力波影响大等,尚需进一步研究。

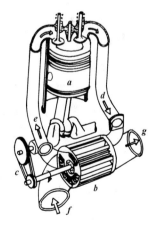

图8-5 气波增压系统
a-发动机;b-转子;c-传动带驱动;d-高压排气;e-高压空气;f-低压空气;g-低压排气

第二节 废气涡轮增压器的工作原理

废气涡轮增压器是利用内燃机的废气作动力,推动单级轴流式(或径流式)涡轮机高速旋转,以带动安装在同一根轴上的离心式压气机,增大内燃机进气压力的工作机械。按废气在涡轮机中不同的流动方向,可分为径流式废气涡轮增压器与轴流式废气涡轮增压器两类。车用内燃机多采用径流式废气涡轮增压器,而大中功率的内燃机则应用轴流式废气涡轮增压器。

图8-6为车用径流式废气涡轮增压器的结构图。它由离心式压气机和径流式涡轮机两个主要部分,以及支承装置、密封装置、冷却系统和润滑系统等组成。

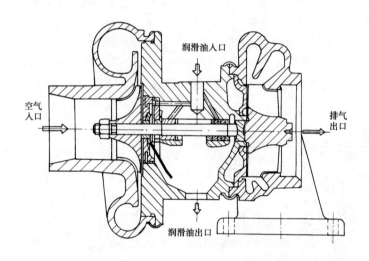

图8-6 径流式废气涡轮增压器结构图

一、离心式压气机的工作原理与特性

1. 基本工作原理和主要参数

如图8-7,离心式压气机一般由进气道1、工作轮2、扩压器3及出气蜗壳所组成。空气沿收敛型的轴向进气道略有加速地进入工作轮,并沿着工作轮上叶片所构成的通道流动,由于工作轮中的空气随工作轮一起旋转,工作轮的机械能传递给气体,转变为气体的动能,使气体运动的线速度增大,使之能克服气体微团所受径向压差的作用,而沿着螺旋线轨迹向轮缘方向运动。既达到了增压的目的,又使气流速度从 C_1 增加到 C_2(图8-8)。在扩压器中,从工作轮流出的空气,其动能变为压力能,使空气流速从 C_2 降到 C_3,而压力从 p_2 增加到 p_3。在出气蜗壳中,空气的动能继续转变为压力能,使空气流速从 C_3 降到 C_4,而压力从 p_3 增加到 p_4。总之,空气流经压气机的各个通道之后,完成了一系列的能量转换,将涡轮机传给压气机工作轮的大部分机械功转变为空气流的压力能。

压气机的主要参数为:

(1)空气的增压比 $\pi_k = p_k/p_0$。

(2)流经压气机的空气每秒质量流量 $m_k(\mathrm{kg/s})$ 或容积流量 $V_0(\mathrm{m^3/s})$(相应于压气机的进

口状态)。

(3) 压气机转速 n_k。由于压气机的工作轮与废气涡轮共轴旋转,因此,压气机的转速 n_k 就是涡轮的转速 n_T。每分钟可达几万转。

(4) 压气机的绝热效率 η_{ad-k}。η_{ad-k} 可定义为 1kg 空气的绝热压缩功 h_{ad-k} 与实际压缩功 h_k 之比。其物理意义可表述为:转动压气机的功有多少转变为有用的压缩功,用来表明压气机流通部分设计的完善程度。

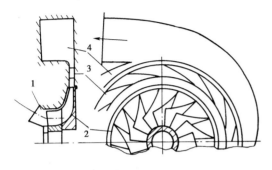

图 8-7 离心式压气机简图
1-进气道;2-工作轮;3-扩压器;4-出气蜗壳

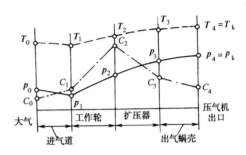

图 8-8 压气机中气流参数的变化

图 8-9 为压气机中的压缩过程。p-V 和 T-S 图中的 0 点表示压气机进口处的空气状态,点 $4'$ 表示绝热压缩时压气机出口处的空气状态。但实际的压缩过程是多变过程,它的出口状态沿着熵增的方向达到点 4。

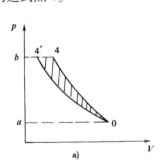 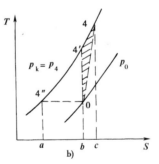

图 8-9 压气机中的压缩过程
a) p-V 图;b) T-S 图

根据绝热方程式:

$$T'_4 = T_0 \left(\frac{p_k}{p_0}\right)^{(k-1)/k}$$

按理想情况,将 1kg 空气从 p_0 压缩到 p_k,耗功最小的是绝热过程,所需的绝热压缩功为:

$$h_{ad-k} = C_p(T'_4 - T_0) = \frac{k}{k-1}RT_0\left[\left(\frac{p_k}{p_0}\right)^{(k-1)/k} - 1\right] \quad (\text{J/kg}) \quad (8-4)$$

由于实际压缩是多变过程,伴随着摩擦和流动损失,所以将 1kg 空气从 p_0 压缩到 p_k 消耗的实际压缩功为:

$$h_k = C_p(T_4 - T_0) = \frac{k}{k-1}R(T_4 - T_0) \quad (\text{J/kg}) \quad (8-5)$$

故压气机的绝热效率 η_{ad-k} 为:

$$\eta_{\text{ad-k}} = \frac{h_{\text{ad-k}}}{h_k} = \frac{\frac{k}{k-1}RT_0\left[\left(\frac{p_k}{p_0}\right)^{(k-1)/k} - 1\right]}{\frac{k}{k-1}R(T_4 - T_0)} = \frac{T'_4 - T_0}{T_4 - T_0} \tag{8-6}$$

目前在涡轮增压器上应用的单级离心式压气机,其绝热效率为:

$$\eta_{\text{ad-k}} = 0.60 \sim 0.80$$

(5)压气机功率 P_k。已知1kg空气的绝热压缩功为 $h_{\text{ad-k}}$(J/kg),空气的质量流量为 $\dot{m}_k$(kg/s),压气机的绝热效率是 $\eta_{\text{ad-k}}$,则压气机功率可表达为:

$$P_k = \frac{\dot{m}_k h_{\text{ad-k}}}{\eta_{\text{ad-k}}} \quad (\text{W}) \tag{8-7}$$

2. 压气机工作轮中的能量转换

图8-10a)所示,在压气机通道截面1—1 和2—2 之间所包含在压气机空气流道内的这一部分空气,经过 Δt 时间以后,移至截面1′—1′和2′—2′之间的位置,但其中截面1′—1′和2—2 之间的空气可认为没有变化。因而,要知道空气从截面1—1 和2—2 位置移到1′—1′和2′—2′位置时,工作轮中的能量变化,只需求出截面1—1 和1′—1′之间的空气移到截面2—2 和2′—2′之间位置时的能量变化即可。

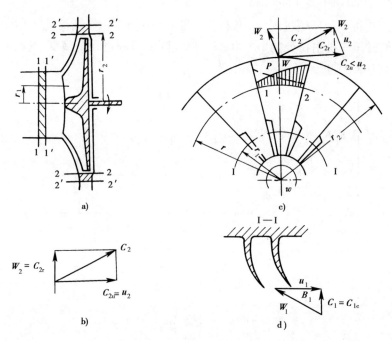

图 8-10 离心式压气机工作轮中的能量转换

根据稳定流动的连续方程式,包含在截面1—1 和1′—1′之间的空气质量与包含在截面2—2 和2′—2′间的空气质量相等,即等于在 Δt 时间内流过压气机的空气质量:

$$\Delta \dot{m} = \dot{m}_k \Delta t$$

由图8-10c)、图8-10d)知,压气机的工作轮进口和出口的空气绝对速度分别为 C_1 和 C_2,相应于切线方向的分量为 C_{1u} 和 C_{2u}。

根据动量矩定理:质点系对任意轴的动量矩的时间导数等于作用在该系统上的外力对同一轴的力矩。可列出:

$$M = \frac{\Delta \dot{m} C_{2u} r_2 - \Delta \dot{m} C_{1u} r_1}{\Delta t} = \dot{m}_k (C_{2u} r_2 - C_{1u} r_1) \tag{8-8}$$

式中：M——作用在工作轮上的合力矩，$M = M_k - M_r$；

M_k——驱动工作轮的力矩；

M_r——工作轮阻力矩。

由式(8-8)得： $M_k - M_r = \dot{m}_k (C_{2u} r_2 - C_{1u} r_1)$

由此可得到压缩1kg空气所需的功为：

$$\frac{M_k \omega}{\dot{m}_k} - \frac{M_r \omega}{\dot{m}_k} = C_{2u} r_2 \omega - C_{1u} r_1 \omega$$

式中：ω——工作轮的角速度，$\omega = \pi n/30$。亦可表示为：

$$h_k - h_r = C_{2u} u_2 - C_{1u} u_1$$

其中： $h_k = \dfrac{M_k \omega}{\dot{m}_k}$ ——压缩1kg空气所需的外功；

$h_r = \dfrac{M_r \omega}{\dot{m}_k}$ ——压缩1kg空气所需克服的摩擦功；

$u_2 = r_2 \omega$ 和 $u_1 = r_1 \omega$ ——分别为工作轮出口和进口平均直径处的圆周速度。

因此，压缩1kg空气所需的功：

$$h_k = C_{2u} u_2 - C_{1u} u_1 + h_r \tag{8-9}$$

驱动压力机所需的功率为：

$$P_k = \frac{\dot{m}_k h_k}{1000} \quad (\text{kW}) \tag{8-10}$$

对于径向式叶片的工作轮，空气沿轴向流入工作轮时，$C_{1u}=0$（图8-10d）；至于C_{2u}从理论上讲是$C_{2u}=u_2$（图8-10b），但实际工作轮上只能做出有限的叶片，因此空气在通道中的压力和速度不可能是均匀分布的，叶片受冲击面上的压力较高，速度就较低；而叶片的另一面则压力较低，速度就较高。由于通道内气流速度分布不均匀，影响了空气从工作轮流出时的方向，使工作轮出口处的相对速度W_2与径向发生偏离（图8-10c），使$C_{2u}=\mu u_2$。μ为小于1的系数，μ值的大小与叶片数目、工作轮的相对尺寸有关，但主要受叶片数目的影响，叶片数越少，μ值越小。由于μ值又影响压缩功h_k的大小，因此把μ称为功率系数。

对于摩擦功h_r，可认为与u_2^2成正比，即$h_r = \alpha u_2^2$。α称为摩擦损失系数（$\alpha = 0.04 \sim 0.08$）。

最后，径向叶片工作轮压缩1kg空气所需要的外功，可写成：

$$h_k = (\mu + \alpha) u_2^2 \tag{8-11}$$

式(8-11)即为分析压气机工作轮中能量转换的欧拉方程式。该式确立了压缩功与工作轮外缘切向速度之间的联系，为工作轮的结构设计和工作轮转速的选择提供了理论依据。

3. 空气在扩压器中的流动

扩压器为截面逐渐增大的流道，空气流经扩压器时，它所具有的动能大部分在这里转变为压力能，因此气流的速度降低，而压力、温度升高。

扩压器通常由无叶扩压器和叶片扩压器组成（图8-11）。无叶扩压器亦称缝隙式扩压器，实际是由两侧

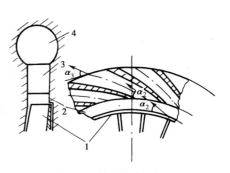

图8-11 扩压器原理图
1-工作轮；2-无叶扩压器；3-叶片扩压器；4-蜗壳

壁形成的环形空间构成的,高速气流在此环形空间中呈对数螺线运动,气流速度与圆周切线之间的夹角 α_2 总是保持不变,它的流动轨迹较长,扩压比较缓慢。因此在无叶扩压器的径向外侧设置叶片扩压器,这时气流流经叶片时,其流动轨迹就由叶片所限定,使气流不再沿对数螺线自然流动,而只能沿着此 α_2 角向增大的方向偏移,因而在相同的直径下,可以获得较大的扩压比,减少了气流运动的轨迹长度和摩擦损失,提高了扩压器的效率。此外,也有单独由无叶扩压器组成的扩压器。

压气机壳的作用是收集从扩压器流出的空气,并继续进行气体的动能向压力能的转换过程,最后,将提高了压力的空气输向发动机进气管。压气机壳在结构上分变截面(亦称蜗壳)和等截面两种。它可以有一个出口,也可有多个出口。变截面机壳的径向截面是沿着圆周逐渐变大,其变化量按气流运动规律来确定,因而气流损失较小,最高效率比等截面的要高些。等截面机壳由于损失较大,使压气机最高效率降低,近来已使用不多了。

4. 压气机的流量特性

压气机的流量特性,是表示在压气机转速不变时,压气机的增压比 π_k 和绝热效率 η_{ad-k} 随空气流量 $\dot{m}_k$(或 V_0)的变化关系。图 8-12 是径向式叶片单级离心式压气机的流量特性,从图中几组曲线可以看出:在压气机某一转速不变时,随着空气流量 $\dot{m}_k$ 的减小,起初增压比 π_k 和绝热效率 η_{ad-k} 增加,达到某一最大值以后, π_k 和 η_{ad-k} 值就随着 $\dot{m}_k$ 的减小而下降。当

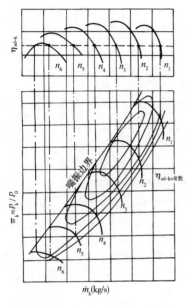

图 8-12 离心式压气机的特性曲线

流量进一步减小到低于一定数值时,压气机工作开始变得不稳定,将出现喘振现象。对于不同的转速,都有一条对应的 π_k-$\dot{m}_k$ 及 η_{ad-k}-$\dot{m}_k$ 曲线。

压气机在实际运行中,其工作参数受发动机工况变化的制约。增压器与发动机之间在全部工作范围内能否保持良好的匹配关系,取决于增压器的特性,因此有必要分析压气机的特性。

1) 流量特性的分析

由式(8-11)可知,对结构尺寸已定的离心式压气机, $\mu+\alpha$ = 常数时, u_2 = 常数。因此,离心式压气机的有效功 h_k 实际上与流量 $\dot{m}_k$ 无关。当压气机没有损失时(η_k = 1), h_k 完全用来压缩空气,在任何空气流量下, π_k = 常数,即增压比 π_k 不受空气流量 $\dot{m}_k$ 的影响,如图 8-13 中水平线 $a-a$ 表示。但实际上,气流在压气机中流动时,存在摩擦损失和撞击损失,从而使增压比值发生变化。

摩擦损失包括气流与工作轮表面之间以及空气各质点之间摩擦引起的损失,这一损失随着空气流量的增加而加大,它大致与空气流量的平方成正比。因而,考虑了摩擦损失后,增压比 π_k 与 $\dot{m}_k$ 间的关系如图 8-13 中 $b-b$ 所示。

撞击损失是由于实际流量偏离设计点而造成实际气流速度方向偏离设计的叶片安装角方向而产生的,偏离越大则损失也越大。通常,压气机工作轮叶片及扩压器叶片的构造角都是按一定的压

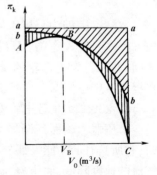

图 8-13 气流运动损失对压气机流量特性的影响

气机转速(一定直径工作轮的圆周速度)、流量来设计的,称为设计工况。压气机在设计工况下工作时,叶片与气流方向基本适应,如图8-14a)、图8-15a),气流撞击损失很小。如果偏离设计流量时,则会引起气流和叶片的撞击,形成涡旋,如图8-14b)、图8-14c),图8-15b)、图8-15c),导致产生撞击损失,因此 $\pi_k - \dot{m}_k$ 最后呈图8-13中的曲线 ABC 的形状。

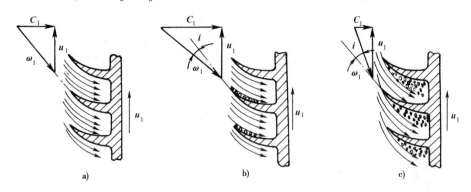

图8-14 在一定转速和不同流量下工作轮叶片前缘处的流动情况
a)设计流量;b)大于设计流量;c)小于设计流量

2) 离心式压气机的喘振

如图8-12所示,在一定转速下,当空气流量减少到低于一定数值时,压气机的工作便开始不稳定,气流发生强烈的脉动,引起整台压气机剧烈振动,甚至导致损坏,同时发出粗暴的喘息声,这种不稳定工况称为喘振。将不同转速下的喘振点连接起来,就可以确定一条不稳定工作的低流量边界线,称为喘振线。可见压气机只能在喘振线右边的流量范围内工作,喘振线左边为非工作区。

图8-14和图8-15表示了不同工况下,气流在压气机工作轮叶片进口处和叶片扩压器进口处的流动情况。

当压气机在大于设计流量的工况下运转时,气流进入工作叶轮时,冲击工作轮叶片的凸面与凹面分离形成涡旋(图8-14b);进入叶片扩压器时,气流冲击叶片的凹面与凸面分离形成涡旋(图8-15b),但这种涡旋都只局限于进口的边缘。因为进入工作轮的大流量空气在惯性作用下,进入叶轮后很快地贴靠在凹面上,使涡旋不再扩展;而进入叶片扩压器的气流,将保持着沿对数螺线的自由轨迹运动,从而使气流很快贴靠叶片的凸面,涡旋也不再扩展。因此,压气机在大于设计流量下运转时,仅导致撞击损失的增加,不会引起压气机其他特殊的变化,不可能出现喘振。

当压气机在小于设计流量的工况下运转时,气流进入工作叶轮时,冲击工作叶片的凹面与凸面分离,形成涡旋(图8-14c);进入叶片扩压器时,气流冲击叶片的凸面与凹面分离,形成涡旋(图8-15c)。由于空气惯性,使气流进入

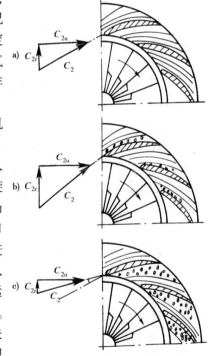

图8-15 在转速不变($C_{2u} = \mu u_2 = \text{const}$)和不同空气流量下叶片扩压器中的空气流动
a)设计流量;b)大于设计流量;c)小于设计流量

工作叶轮后贴靠凹面,从而使与凸面分离形成的涡旋进一步扩展;而进入叶片扩压器的气流,由于保持沿对数螺线的自由轨迹运动,使气流贴靠凸面,从而使与凹面分离形成的涡旋也进一步扩展,造成气流在整个叶片上的强烈分离,使压缩空气周期性地抛出压气机而进入发动机的进气管,造成进气管内压力的大幅度变化,这就是压气机的喘振现象的物理解释。

从图 8-12 中的等效率曲线看,中间是高效率区,高效率区一般靠近喘振边界线,沿高效率区向外,效率逐渐下降,特别在大流量及低压比区,效率下降很多。

此外,当压气机工作轮转速升高,可使流量和压比增加,但转速过高受到材料机械应力及轴承工作可靠性的限制,因此,最高转速只能控制在允许范围内。

由于车用发动机的转速和负荷的变化范围较大,从而要求压气机高效率区的流量范围要宽一些。因此,近年来小型增压器常采用后弯式的工作轮叶片及具有无叶扩压器的压气机,这种压气机高效率区的工作流量范围较大,对转速和负荷的变化适应性强,特别适应于流量较小的车用发动机,它的特性曲线见图 8-16。

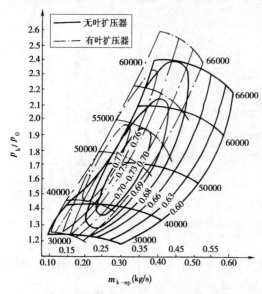

图 8-16 有叶与无叶扩压器压气机特性曲线的比较

5. 压气机的通用特性曲线

上述的压气机特性曲线中的参数(p_k/p_0、η_{ad-k}、n_k 及 $\dot{m}_k$)都是在试验地点的外界大气状态下测得的。当大气状况变化时,这些参数以及由这些参数做出的压气机特性曲线也就随之变化。因此,压气机运转时,只有在吸气的进口处条件适合原来绘制曲线时的大气条件时,这个特性曲线才能应用。可是实际压气机运转时,进口处条件是变化的。为了使用上的方便,常应用相对的折合参数概念,把试验时测得的上述参数根据气流动力相似理论换算成标准大气状态(标准大气压 = 101.33kPa、标准大气温度 = 293K)下的参数值。换算后的质量流量称为折合流量 $\dot{m}_{k-np}$。

$$\dot{m}_{k-np} = \dot{m}_k \frac{101.33}{p_0} \sqrt{\frac{T_0}{293}}$$

换算后的转速称为折合转速 n_{k-np}。

$$n_{k-np} = n_k \sqrt{\frac{293}{T_0}}$$

式中:p_0、T_0——分别为试验测量时的大气压力(kPa)、温度(K)。

由于增压比 $\pi_k = p_k/p_0$ 和绝热效率 η_{ad-k} 是无因次参数,故仍保持不变。由这些无因次参数整理出的曲线称为通用特性曲线(图 8-17)。它具有广泛的实用性。

二、径流式涡轮机的工作原理与特性

废气涡轮增压器的涡轮可分为径流式与轴流式两大类。一般说径流式涡轮用于小流量增压器上(叶轮外径小于 150mm),而轴流式涡轮用于流量较大的增压器上,汽车发动机增压器多采用径流式涡轮。

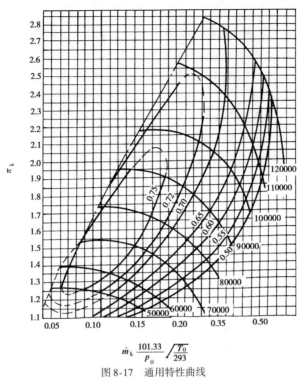

图 8-17 通用特性曲线

1. 基本工作原理

径流式涡轮机主要由涡轮壳(涡壳)、喷嘴叶片环(喷嘴环)、工作轮(叶轮)及进、出气道等组成(如图 8-18 所示)。工作轮采用单级径流式向心涡轮。

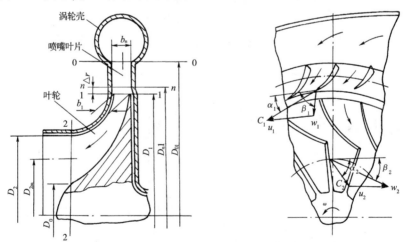

图 8-18 径流式涡轮机工作简图及进、出口速度三角形

进气蜗壳的作用是引导发动机排气管中的废气均匀地进入涡轮机。根据增压系统的要求,蜗壳可以有一个进气口或两个甚至更多的进气口。

具有一定压力 p_T、温度 T_T 的发动机排出废气,以速度 C_T 首先进入蜗壳,由蜗壳将废气引向喷嘴叶片环,由于喷嘴叶片安装成一定角度,且叶片间呈收缩的曲线型通道,使废气流经喷嘴环时,产生膨胀加速,在喷嘴环中废气的部分压力能转变为动能,废气以喷嘴出口安装角 α_1 方向流出(α_1 角一般在 $14°\sim 25°$ 之间),此时的燃气压力从 p_T 降低到 p_1,温度从 T_T 下降到 T_1,同时气流速度从 C_T 增加到 C_1(图8-19)。

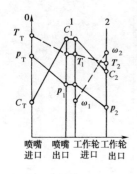

图 8-19 涡轮机中气流参数的变化

从喷嘴环中流出的废气进入圆周速度为 u_1 的旋转叶轮，叶轮进口处的废气相对速度为 ω_1，构成绝对速度 C_1 喷向叶轮产生动力，废气在叶轮内是向心流动的，所以叶轮叶片之间的通道也呈收缩型，气流在通道中继续膨胀，并将动能转变为机械功推动叶轮旋转。燃气从叶轮流出时，其压力降到 p_2，温度降到 T_2，废气的绝对速度降至 C_2。C_2 已大大地小于 C_1，说明废气在喷嘴环中膨胀所获得的动能已大部分传给了工作轮。就单级涡轮来说废气流出叶轮仍具有一定的速度 C_2，即还有一部分动能未能得到利用，这部分损失称为余速损失。

2. 径流式涡轮机特性

涡轮机特性同压气机特性一样，是废气涡轮增压器总体性能的重要组成部分。涡轮机在设计工况运行时，蜗壳、喷嘴环与叶轮的几何参数能够比较完善地符合气流运动的规律，废气流经涡轮通道部分时，不产生撞击，不引起气流的分离，这时各种损失都最小，因而效率最高。但在变工况（即非设计工况）下工作时，涡轮内的废气流动情况及其工作参数，如涡轮机前的废气滞止压力 p_T^*、滞止温度 T_T^*、每秒废气流量 $\dot{m}_T$、涡轮有效效率 η_T、绝热效率 η_{ad-T}、膨胀比 p_T^*/p_2 和转速 n_T 等都要发生变化。

涡轮机特性就是指在变工况条件下，涡轮机的各种工作参数之间的变化关系。

涡轮将废气能量转换为机械功的有效程度称为涡轮机效率，即：

$$\eta_T = \frac{W_T}{h_T} \tag{8-12}$$

式中：W_T——涡轮机轴上的有用功，J/kg 废气；

h_T——1kg 废气所具有的能量，可以用焓降表示，J/kg 废气。

"焓降"可理解为 1kg 废气在涡轮入口处具有的状态内能的总和。当它在涡轮机中绝热膨胀至出口背压时所做的功，实际上是废气可用能量转换为机械功的最高限额。

涡轮机效率必须从直接测量涡轮功求得，需要具备高速涡轮测功装置。因而，一般很少直接测定，而是通过测定涡轮增压器总效率来确定的。涡轮增压器的总效率可表达为：

$$\eta_{TK} = \eta_{ad-k}\eta_T\eta_m$$

现代废气涡轮增压器的涡轮机效率 $\eta_T = 0.65 \sim 0.85$。

涡轮机的功率可用下式表达：

$$P_T = \dot{m}_T h_T \eta_T \eta_m (W) \tag{8-13}$$

影响涡轮机效率的因素很多，除设计计算时所选用的气体热力参数外，还与涡壳流道形状、光洁度、喷嘴环叶片和涡轮叶片形状、光洁度以及制造工艺等因素有关。

对已有的涡轮机来说，上述参数之间存在一定的关系。根据试验数据整理，可绘出特性曲线。

图 8-20 所示，为一典型径流式涡轮机特性曲线图，它是以相似参数作为坐标绘制的曲线。从图

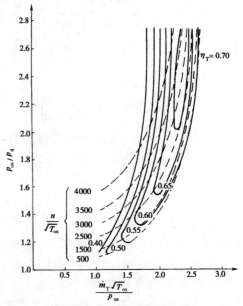

图 8-20 径流式涡轮特性曲线
T_{os}-涡轮进口温度(K)；p_{os}-涡轮进口压力(10^2kPa)；p_4-涡轮出口压力(10^2kPa)；$\dot{m}_T$-流量(kg/s)；n-转速(r/min)

中看出,当涡轮机转速一定,随着膨胀比 p_T^*/p_2 的增大,流量随着增加,当膨胀比增加到某一临界值时,流量达到最大值,不再增加,这种现象称为涡轮机的阻塞现象。产生阻塞现象的原因是由于在喷嘴最小截面处(喉部)废气的速度达到了当地音速,流过喷嘴组的废气流量即达到最大值,此后,即使膨胀比继续增加,喉部的废气速度仍维持当地音速,所以流量也不再增加。一般说来,涡轮机流量特性虽然受到阻塞现象的限制,但涡轮机的工作范围常比压气机大得多,一种涡轮机可以和多种不同的压气机配套使用。

近来,小型径流式涡轮机采用进气蜗壳与喷嘴环铸造为一体,不单独设置喷嘴环,蜗壳内环形通道自然地形成收敛,将废气从整个圆周范围内引入工作轮,以适应多缸机应用脉冲系统的需要。

第三节 废气涡轮增压对发动机功率和经济性的影响

当发动机的转速保持一定时,其功率 P_e 正比于平均有效压力 p_e,由此可写出:

$$\frac{P_{ek}}{P_{e0}} = \frac{p_{ek}}{p_{e0}}$$

式中的下标"0"表示自然吸气,"k"表示增压。由式(8-2)可知,平均有效压力 p_e 主要受到 η_i/α、η_v、η_m 和 ρ_k 的影响。现假设增压与不增压发动机的过量空气系数 α 一样,则可以列出下式:

$$\frac{P_{ek}}{P_{e0}} = \frac{p_{ek}}{p_{e0}} = \frac{p_{ik}}{p_{i0}}\frac{\eta_{mk}}{\eta_{m0}} \approx \frac{\rho_k}{\rho_0}\frac{\eta_{mk}}{\eta_{m0}}\frac{\eta_{ik}}{\eta_{i0}}\frac{\eta_{vk}}{\eta_{v0}}$$

发动机的有效燃油消耗率 g_e 为:

$$g_e = \frac{3.6 \times 10^6}{\eta_i \eta_m h_u} \quad (g/kW \cdot h)$$

因此,只要讨论增压后 $\frac{\rho_k}{\rho_0}$、$\frac{\eta_{ik}}{\eta_{i0}}$、$\frac{\eta_{vk}}{\eta_{v0}}$ 和 $\frac{\eta_{mk}}{\eta_{m0}}$ 的变化情况,就可明确增压对发动机功率和经济性的影响。

一、增压提高了空气的密度

增压器的压气机把空气从状态"0"压缩到状态"k"所发生的密度变化,根据状态方程式可写为:

$$\frac{\rho_k}{\rho_0} = \frac{p_k}{p_0}\frac{T_0}{T_k} \tag{8-14}$$

对于没有中间冷却的增压空气,由压气机绝热效率 η_{ad-k} 的定义(式8-6)可知:

$$T_k = T_0\left\{\frac{1}{\eta_{ad-k}}\left[\left(\frac{p_k}{p_0}\right)^{k-1/k} - 1\right] + 1\right\}$$

式中 T_k 即为式(8-6)中 T_4。

将上式代入式(8-14),可得到:

$$\frac{\rho_k}{\rho_0} = \frac{p_k}{p_0}\frac{1}{1 + \frac{1}{\eta_{ad-k}}\left[\left(\frac{p_k}{p_0}\right)^{k-1/k} - 1\right]} \tag{8-15}$$

从式(8-15)看出,在增压比 p_k/p_0 一定时,经过压气机压缩后,空气密度比 ρ_k/ρ_0 显然提高了,但还受到压气机绝热效率 η_{ad-k} 的限制,要使空气密度提高得更多,必须对增压空气进行中间冷却。

二、对指示效率 η_i 的影响

在过量空气系数 α 保持不变的前提下,增压对指示效率 η_i 的影响,主要取决于供油系统的类型和供油提前角 θ 的数值。图 8-21 表示了一台四冲程直喷式单缸试验机的试验结果。其中图 8-21a)表示 p_k 增加以后,供油系统保持不变,供油提前角也不变,保持 $\theta = 30°$ 的情况,由于增压后要求增加每循环的供油量,为此加大供油持续角,使膨胀冲程后燃增加,传导给冷却水和废气中的热量增大,从而使指示效率 η_i 下降。例如在 $\alpha = 1.8$, p_k 从 0.34MPa 增至0.59MPa 时, η_i 的绝对值下降约4.2%。图 8-21b)是在保持供油系统不变,适当加大供油提前角 θ, 使压力升高比 λ = 常数时的试验结果,此时 η_i 亦随 p_k 的增加而下降,但由于后燃减少, η_i 下降的幅度较小。例如在 $\alpha = 1.8$, p_k 从0.34MPa 增至0.59MPa时, η_i 仅下降约 2%。图 8-21c)表示改变了供油系统的结构参数,如改变凸轮型线,加大柱塞直径,增大供油速率等,使供油持续角保持不变,并且调整供油提前角 θ, 使 λ = 常数,这时在 $\alpha = 1.8$, p_k 从 0.34MPa 增至 0.59MPa 时, η_i 反而提高了 0.6%。

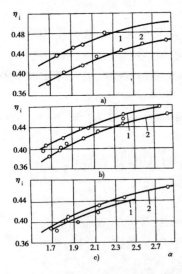

图 8-21 发动机指示效率 η_i 和过量空气系数 α 及增压压力 p_k 之间的关系(t_k = 常数)
1- p_k = 0.34MPa; 2- p_k = 0.59MPa

因此,一般来说,在增压以后 η_i 不应降低,但需要在供油系统上作细致的调试工作。如正确选择油泵柱塞直径、喷嘴孔径、喷油压力、出油阀紧帽高压储油容积、供油提前角及高压油管直径等。有关这方面的内容在本章第五节内再详述。在作初步分析时,可以认为 $\eta_{ik} \approx \eta_{i0}$。

三、对充气效率 η_v 的影响

充气效率 η_v 随增压压力 p_k 的增加而略有提高,但不明显。此外,充气效率 η_v 随 T_k 的增加而提高,可用以下近似公式表示:

$$\frac{\eta_{vk}}{\eta_{v0}} \approx \left(\frac{T_k}{T_0}\right)^{0.25} \tag{8-16}$$

四、对机械效率 η_m 的影响

发动机采用涡轮增压后,平均机械损失压力 p_m 从绝对值来看有所增大,但相对于因增压后而大幅度提高平均指示压力 p_i 而言, p_m/p_i 比值却减小了,机械效率得到了提高。

现代增压柴油机的机械效率在以下范围:

增压四冲程柴油机	$\eta_{mk} = 0.80 \sim 0.90$
非增压四冲程柴油机	$\eta_m = 0.75 \sim 0.85$
增压二冲程柴油机	$\eta_{mk} = 0.75 \sim 0.85$
非增压二冲程柴油机	$\eta_m = 0.70 \sim 0.80$

如前所述,发动机采用涡轮增压后,功率和经济性都有了提高,但应看到,它是在发动机提高了机械负荷和热负荷的基础上取得的。对任何一台已定结构的发动机,采用增压技术提高功率和经济性都是有一定限度的。制约的主要因素有:机械负荷的限制,热负荷的限制,废气涡轮增压器结构材料的限制以及空气中间冷却器效果与体积的限制等。这些矛盾成为研究新一代强化发动机的动力。

第四节 废气涡轮增压系统的两种基本形式

废气涡轮增压系统的两种基本形式是:

(1)恒压系统(图8-22a)。这种增压系统的特点是涡轮前排气管内压力基本是恒定的,它把柴油机所有汽缸的排气管都连接于一根排气总管,而排气总管的截面积又尽可能做得大。这样一来,排气管实际上就起了集气箱的作用,这时虽然各汽缸的排气时间是岔开的,但由于集气箱起了稳压作用,因而在排气总管内的压力振荡是较小的。

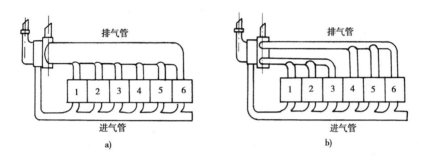

图8-22 涡轮增压系统的两种基本形式
a)恒压系统;b)脉冲系统

(2)脉冲系统(变压系统)(图8-22b)。这种增压系统的特点是使排气管中的压力造成尽可能大的压力变动。为此,把涡轮增压器尽量靠近汽缸,把排气管做得短而细,并且几个汽缸(通常2个缸或3个缸)连一根排气管。这样在每一根排气管中就形成几个连续的互不干扰的排气脉冲波(或称排气压力波)进入废气涡轮机中,同时把涡轮的喷嘴环,根据排气管的数目分组隔开,使它们互不干扰。图8-22b)和图8-23分别表示一发火次序为1-5-3-6-2-4的六缸四冲程柴油机排气管分组以及一根排气管中的三个排气脉冲波的情况。

变压系统相对于恒压系统的优劣,主要可作如下讨论。

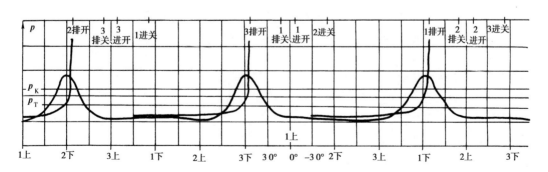

图8-23 六缸柴油机一根排气管中的三个废气压力脉冲波

一、废气能量利用

为了说明柴油机废气能量的利用情况及考虑了燃烧室扫气的条件,将恒压系统四冲程涡轮增压柴油机的理论示功图表示在图 8-24 上。图中 3—a 是柴油机的吸气过程,进气压力为 p_k。a—c—z'—z—b 是柴油机汽缸中的压缩、燃烧、膨胀过程。b—5—4 是柴油机排气过程。由于废气涡轮的存在,排气背压为 p_T。面积 3—a—5—4 为充量更换正功。图上 2—3—a—0 系压缩进入柴油机汽缸空气所需的能量。i—g'—3—2 则为压缩扫气空气所需的能量(ϕ_s 为扫气系数)。故压气机消耗的总能量为 i—g'—a—0。因为在废气涡轮增压柴油机中,压气机由涡轮驱动,而与柴油机动力无任何机械联系,因此压气机消耗的功率 P_k 必须等于涡轮机发出的功率 P_T。为此,必须仔细考察一下,可供涡轮机利用的废气能量有多少。

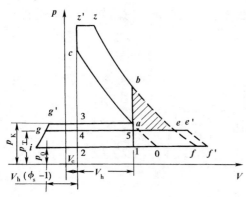

图 8-24 恒压涡轮增压四冲程柴油机的理论示功图

排气门开始打开时,汽缸中燃气状态为 b。如果让这些燃气在理想的内燃机或涡轮机中(所谓理想的内燃机或涡轮机系指燃气在其中能实现等熵膨胀而不出现任何损失的理想动力机)完全膨胀到大气压力时,燃气做功的最大能力可在 p-V 图上以三角形面积 1—b—f 表示之,即称此面积为废气拥有的可用能量。从物理概念上看,它实际上是代表了废气涡轮理论上有可能从废气中取得并用来做功的最大能量。

恒压涡轮前的燃气参数以 e 点表示。这是由于汽缸中的燃气经过排气门节流和排气管中不可逆的自由膨胀到背压 p_T 所产生的结果。这样恒压涡轮的功将以面积 2—4—e—f 表示。而面积 i—g—4—2 则为扫气空气在涡轮中所做的功,因此恒压涡轮的总功为 i—g—e—f。即废气在恒压涡轮内的膨胀功,称为静压能量 E_2。

仔细分析一下涡轮做功的能量来源,显然它是由三部分组成的:①面积 i—g—4—2 系扫气空气所给予;②面积 2—4—5—1 系活塞推出废气所做的功,系发动机活塞所给予;③真正自废气中取得的能量仅为面积 1—5—e—f,而废气拥有的可用能量为 1—b—f,因此,在恒压系统中面积 5—b—e—5 的可用能量是损失掉了,我们把面积 5—b—e—5 所表示的能量称作废气脉冲能量 E_1。

这些能量是如何损失的?在恒压系统中排气管中维持着恒定的压力 p_T,在排气门刚打开时,压力 p_b 远高于 p_T。随着气体自汽缸中排出,汽缸中的压力不断下降。在汽缸压力下降至 p_T 以前,气流通过排气门将产生强烈的节流作用,这就是可用能量损失的主要原因。节流损失在超临界流动阶段主要表现在,流出气门时的高速气流进入排气管后,由于管子较粗,流速大大降低,大量的动能通过气体分子相互撞击、摩擦和形成涡流而损失。此外,还包括流入排气总管时,所产生的不可逆膨胀损失。在亚临界阶段(包括排气冲程活塞推出废气的阶段),主要表现也为动能损失,亦即流出排气门时的摩擦损失。超临界阶段的节流损失是所有损失中的最主要部分,亚临界流动时的动能损失数值不大。此外当然还有气体在管道中的摩擦损失和通过排气管壁的散热损失,但是它们在数量上更是属于次要方面。

由于损失而产生热量,将用来加热气体。这样涡轮前的燃气温度将较等熵膨胀后 e 点的温度为高,以 e' 点表示(图 8-24)。这样涡轮功的面积将增加一个 $e—e'—f'—f$,这就是损失 $5—b—e$ 中的复热回收部分,不过它仅是损失中的一小部分而已。

在恒定系统中,p_T 愈高,则复热回收的比例愈大,也就是恒压系统愈有效。试验表明,增压压力 p_k 较高(排气压力 p_T 亦相应增加,即涡轮的膨胀比增大),则在涡轮机内可以利用的废气能量增多。当 $p_k = 150 \sim 160\text{kPa}$ 时,恒压系统只利用了废气能量的 12% ~ 15%;当 $p_k \geqslant 300\text{kPa}$ 时,所利用的废气能量达 30% ~ 35%。

在实际情况下,涡轮实际所做的功将等于面积 $i—g—e'—f'$ 乘以涡轮机有效效率 η_T,而压气消耗的功却是面积 $i—g'—a—0$ 除以压气机效率 η_k。因此在增压压力 p_k 较低,而涡轮增压器的综合效率 $\eta_T\eta_k\eta_m$ 又不很高时,恒压系统就难以实现 $P_k = P_T$ 的功率平衡要求。究其原因,就是在于面积 $5—b—e$ 那块能量没有很好地加以利用。

下面分析脉冲系统的废气能量利用情况。

设计脉冲系统的目的,就在于尽量改善面积 $5—b—e$ 那部分废气脉冲能量的利用情况。当排气门开启后,随着气体的流出,汽缸中压力 p 从 p_b 很快下降(图 8-24)。开始是超临界流动,但由于脉冲系统排气管容积小,因此排气管中的压力 p_T 迅速提高,此后随着燃气流出涡轮,汽缸压力 p 和排气管压力将一起下降。在排气最初阶段,因为 p 和 p_T 的压差很大,因此节流损失也很大,但是由于排气管压力很快上升,节流损失就很快减少;同时由于排气管截面较小,排气管中气流速度较高,因而部分气流的动能可以在涡轮中加以利用,这样一来,就使涡轮机拥有能量增加,增压压力 p_k 得以提高。反之,如果排气管容积做得大一些,这时排气管中压力 p_T 的建立就慢一些,p_T 的数值也小一些,从而节流损失就大一些,可以达到的增压压力也就低一些。

从以上分析中可以看到,脉冲系统比恒压系统可以较好地利用柴油机的废气能量。排气管容积较小,废气能量利用也就较好。一般当排气系统正确设计时,在恒压系统中损失的可用能量 $5—b—e$ 中大约有 40% ~ 50% 可以在脉冲系统中获得利用,因此,涡轮拥有的能量就大,建立的 p_k 就高。反之,如果要求同样的 p_k,那么在脉冲系统就可以放大喷嘴环的截面积,使排气管排空更快,从而减少活塞推出废气所做的功,使冲量转换正功更大,改善柴油机热效率,使柴油机的 g_e 进一步下降。

与恒压系统相比,在增压度较低的情况下,当排气管中平均压力相同时,脉冲系统的涡轮机功率约大 30%。

应该指出,在脉冲增压系统中废气能量利用的程度,与排气管中的压力变化有关,它受到很多因素的影响,如加快排气门开启的速度,减少排气管的截面和长度(即容积),减少脉冲传递损失,减少涡轮喷嘴环的流通截面积等,可使排气背压提高,废气能量增加。

二、恒压系统与脉冲系统的比较和选择

(1)脉冲系统由于部分利用了废气的脉冲能量,所以系统的可用能量比恒压系统大。如果按脉冲能量 E_1 的 50% 得到利用进行计算,则脉冲系统可用能与恒压系统可用能 E_2 之比为:

$$K_E = \frac{E_2 + 0.5E_1}{E_2} = 1 + \frac{0.5E_1}{E_2}$$

显然 K_E 表示脉冲能量利用的程度,当废气温度 $t_T = 350°C$ 时,系数 K_E 与增压压力 p_k 的关

系如图 8-25 所示。由图可知,从增压可利用能量的角度看,在低增压时,例如 $p_k/p_0 < 1.5$ 时,采用脉冲系统效果比较显著;当 $p_k/p_0 \geq 2.5$ 时,$0.5E_1/E_2$ 的比值较小,采用脉冲增压的优点就不明显了。

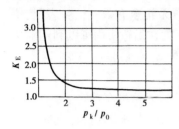

图 8-25 系数 K_E 与 p_k 的关系

(2)脉冲增压系统对汽缸中扫气有明显好处。在柴油机扫气期间,脉冲系统的 p_T 正处于波谷(参见图 8-23),因此即使在低增压和高增压的部分负荷工况,仍能保持有足够的扫气压力差 $p_k - p_T$,保证汽缸内良好的扫气。而在恒压系统中由于 p_T 波动小,扫气压力差就大为减小,不容易保证汽缸的扫气。

(3)在脉冲系统中,由于排气管容积较小,当柴油机负荷改变时,排气的压力波立刻发生变化,并迅速传递到涡轮机,引起增压器转速较快的变动,所以脉冲系统的加速性能较好。此外,在柴油机转速降低时,脉冲系统可用能与恒压系统可用能之比 K_E 增大,有利于柴油机的转矩特性。而在排气管容积较大的恒压系统中,涡轮前压力变化比较缓慢,加速性能比较差,特别在低增压时,排气能量的利用程度差,加速性能就更差。恒压系统的转矩特性显然也不如脉冲系统。

(4)从废气涡轮的效率来看,脉冲系统的涡轮平均绝热效率比恒压系统的略低。这是因为在柴油机开始排气时,废气以很高的流速进入涡轮,流动损失很大。特别是,涡轮前的废气压力和温度都是周期性地变化着,进入工作轮叶片的废气方向也周期性地改变,而工作轮叶片的安装角都是固定的,所以气流和叶片不断发生冲击和气流分离,造成比较大的撞击损失;此外在有些情况下,涡轮机还存在着部分进气损失。

(5)脉冲系统的废气瞬时流量也是周期性变化的,其瞬时最大流量比恒压系统的流量(相当于脉冲系统的平均流量)大,因此,脉冲涡轮的尺寸较大。其排气管的结构也复杂,受每根排气管联结汽缸数目的限制,在一台柴油机上有时不得不采用几个废气涡轮增压器,这就使得整个增压系统变得复杂,柴油机的轮廓尺寸加大。

综上所述,得出的结论是:在低增压时,采用脉冲涡轮增压较为有利。而在高增压时,则宜采用恒压涡轮增压。但考虑到车用柴油机大部分时间在部分负荷(此时增压压力较低)下工作,对其转矩特性、加速性能要求比较高,即使是在高增压的车用柴油机上仍常采用脉冲增压系统。

第五节 柴油机废气涡轮增压

内燃机与废气涡轮增压器的匹配是一个复杂的过程。

对于重型载货汽车柴油机可以采用固定截面废气涡轮增压器,就能实现柴油机与增压器的良好匹配。因为载货汽车柴油机的转速范围变化不大,加之强化程度不高,即使不采用增压器的调节措施(如变截面涡轮或旁通放气)来保证柴油机在一定工作转速范围内的增压压力保持不变,也能实现柴油机与增压器的良好匹配,但现代技术也采用电控可变喷嘴涡轮增压器系统。

对于轿车柴油机,由于其工作转速范围大,最高可达 5000r/min,如果采用固定截面废气涡轮增压器就难于实现与轿车柴油机的全程良好匹配。因为若保证了柴油机在最大转矩时有足够的增压压力,则在柴油机标定转速时就会出现过高的增压压力而造成柴油机过高的机械负荷和增压器超速；反之若保证了柴油机标定转速下所需的增压压力，则在低于标定转速工作时造成增压压力下降而使柴油机转矩下降。因此，轿车柴油机所匹配的废气涡轮器的增压压力必须可调，才能保证轿车柴油机在工作转速范围内，增压器提供比较恒定的增压压力。

一、废气涡轮增压柴油机的特点

随着增压度的提高，一般均要增加柴油机的机械负荷和热负荷。机械负荷一般均以最高燃烧压力 p_z 作为标志，而热负荷即指零件的热力状态，一般以活塞温度及涡轮前废气温度 T_T 作为标志。增压柴油机相对于自然吸气的非增压柴油机的特点，就在于为了保证增压柴油机在较高的机械负荷、热负荷的条件下，能可靠耐久地工作，即在发动机主要热力参数的选取、结构设计、材料、工艺等方面所采取的措施。下面主要结合 6135ZG 增压柴油机，在采用 10ZJ 径流式涡轮增压器增压后，相对于 6135G（非增压）柴油机所采取的一些措施。

6135ZG 增压柴油机与 6135G 非增压柴油机的主要性能参数对比，列于表 8-1。

6135ZG 与 6135G 主要性能参数表 表 8-1

型号 项目	6135G 12h 功率	6135ZG 12h 功率	6135ZG 1h 功率	12h 功率时的变化值（%）
功率 P_e(kW)	88.3	140	154.5	58.55
平均有效压力 p_e(kPa)	587	931	1030	58.55
转速 n(r/min)	1500	1500	1500	0
有效燃油消耗率 g_e(g/kW·h)	234	224	227	-4.27
空气消耗量 G_k(kg/s)	0.152	0.26	0.28	71.05
最高燃烧压力 p_z(kPa)	7450	8660	9150	16.24
增压压力 p_k(kPa)		157	167	
排气管压力 p_r(kPa)		155	159	
增压空气温度 t_k(℃)		77	87	
排气管温度 t_r(℃)	498	558	600	12.05
机械效率 η_m	0.78	0.87		11.54
过量空气系数 α	1.76	1.80	1.74	2.27
增压器转速 n_{Tk}		45000	48000	
大气压力 p_0(kPa)		101.5	101.5	
大气温度 t_0(℃)		30	30	
增压度 = $(p_{ek}/p_{e0})-1$		58.3%	75%	

注：1. 过量空气系数 α 是在假定扫气系数 $\phi_s=1.15$ 时计算所得，并非实测值，一般增压四冲程柴油机的 $\phi_s=1.05\sim1.20$。
2. 试验时未装空气滤清器。

1. 主要参数的选取

为了降低最高燃烧压力 p_z，在增压发动机中可以视需要适当降低压缩比 ε。在低增压时压缩比可比非增压柴油机降低一个单位。随着增压比提高，ε 可适当多降低一些，一般可采用 $\varepsilon=12\sim14$，若采用的压缩比低于 11，可以认为不太合适了。因为过低的压缩比不但要恶化柴油机的经济性，使它工作粗暴，更重要的是引起冷起动困难。135 型柴油机增压时，把 ε 从 16 下降到 14。在图 8-26 上可知，柴油机在 $\varepsilon=16$，$n=1500$r/min，$P_e=118$kW 时的 $p_z=9650$kPa，而在相同工况下 $\varepsilon=14$ 时，$p_z=7950$kPa。当负荷上升至 123kW、154.5kW 和 162kW，p_z 分别为

8720kPa、9150kPa 和 9350kPa。由于压缩比降到 $\varepsilon = 14$,在常温条件下(20℃)能正常起动,但在 $t_0 < 5℃$ 时,起动就困难,必须增加起动的辅助设备。如在进气管上增添进气预热电热塞等。

为了降低柴油机的热负荷和改善经济性,增压柴油机可适当加大过量空气系数 α。在低速及中速柴油机上,由于非增压时的 $\alpha = 1.8 \sim 2.2$,其值较大,因此增压后的 α 可和原来的一样大。但在高速柴油机上,通常非增压时的 α 较小($\alpha = 1.1 \sim 1.7$),因此在改成增压后,一般要将 α 放大 10%~30%,以免受热零件温度过高。

2. 供油系统

柴油机增压以后,要求增加每循环的供油量。如果还是采用非增压柴油机的喷油泵,势必增加供油持续

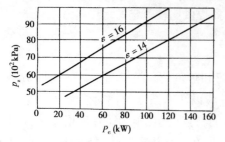

图 8-26 6135ZG 柴油机压缩比和最高燃烧压力的关系($n = 1500$r/min)

角,使燃烧过程拉长,柴油机指示效率 η_i 下降。缩小供油持续角的方法有:增大柱塞直径,增加供油速率,提高喷油压力以及加大喷油嘴喷孔直径等。提高喷油压力和增大喷孔直径还可以增加油束的射压,保证在汽缸空气密度增大的情况下有足够射程,以适应油束和气流及燃烧室尺寸之间配合的需要。

转速在 1500r/min 左右的高速柴油机,最佳的供油持续角约为 25°CA~35°CA。在图 8-27 上给出了不同增压度时,直接喷射式柴油机喷油速率和汽缸工作容积的关系。利用图 8-27 可对增压柴油机的供油系统作最初步的估算。

供油提前角 θ 的减小可使 p_z 下降,但燃烧拉长,因而有效燃油消耗率 g_e、排气管废气温度 T_T 增高。增压柴油机由于压缩终点温度及压力均增高,相应地缩短了燃料的着火延迟期,存在着减小供油提前角的可能性。但是,减小供油提前角,必须与缩短供油持续时间,重新调

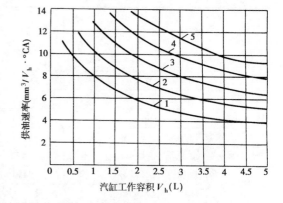

图 8-27 不同增压度下的供油速率
(燃油相对密度为 0.83)

1-最大 $p_i = 1080$kPa,非增压;2-最大 $p_i = 1370$kPa,$p_k \approx 150$kPa;3-最大 $p_i = 1720$kPa,$p_k \approx 200$kPa;4-最大 $p_i = 2060$kPa,$p_k \approx 250$kPa;5-最大 $p_i = 2400$kPa,$p_k \approx 300$kPa

整油束与气流的配合,强化着火后的燃烧等措施结合起来,才是可行的。在增压柴油机上供油提前角减小的数值,必须根据不同机型使 p_z 与 g_e、T_T 的矛盾得到合理解决为原则。

此外,还要注意,在增压度提高后,由于供油量加大,因此高压油管及喷嘴进油孔处要保证具有足够大的流通截面,以适应供油量加大的需要,否则也会由此引起柴油机功率不足,燃油消耗率及排气温度均升高。

表 8-2 为 6135ZG 和 6135G 柴油机在供油系统方面的对照表。

增压柴油机供油系统的变化　　　　表 8-2

项目　　　　　型号	6135ZG	6135G
油泵柱塞直径	φ10	φ9
喷嘴(孔数×孔径×夹角)	4×0.35×150°	4×0.35×150°
喷油压力	18600kPa	17600kPa
出油阀紧帽高压储油容积	1936mm³	3402mm³
供油提前角	28°~30°	28°~31°

由表可知,由于6135ZG的增压比 π_k 还不高,故供油系统参数的变化不大,主要是加大柱塞直径,提高喷油压力,缩小出油阀紧帽高压储油容积和供油提前角略有减小。随着柴油机增压程度的提高,供油系统将作更大的变化。

由于增压后热负荷较高,喷油嘴应改用耐热性能更高的材料,以免喷油嘴咬死,以及因温度过高,使油针密封锥面破坏,造成雾化不良及喷孔堵塞。在6135ZG上喷油嘴材料从GCr15改为18NiCrWa钢。此外,由于喷油泵柱塞直径增大,供油量增大,因此,驱动喷油泵的转矩也相应增加,若有需要,可把原来布胶木的喷油泵传动轴联结片改为弹性钢片联轴器。

3. 配气机构

为了提高柴油机的扫气能力,清除燃烧室废气,提高充气效率 η_v 及降低热负荷,增压发动机一般采用较大的气门重叠角,即增加进气门的开启提前角和排气门的关闭迟后角,利用活塞在上止点附近 p_k 和 p_T 的压力差进行扫气。在恒压系统中,重叠角的选取不但要考虑高负荷时扫气的要求,并且要兼顾低负荷时排气倒流的可能性。因为这时增压器工作偏离设计工况,涡轮增压器综合效率 η_{Tk} 及增压压力 p_k 都降低, p_T 就会大于 p_k ,引起排气倒流入汽缸和进气管,从而使进气管强烈发热,并在其中形成积焦和油垢。在脉冲系统中,这种情况将大大改善,由于扫气期间排气管内压力正好处在脉冲压力的低压阶段,进排气管具有较大的压力差来进行扫气,这种状况在发动机部分负荷时还将保留,脉冲系统在低负荷时仍能获得较好的扫气,因而可以采用较大的气门重叠角,一般在110°CA~130°CA之间。实践表明,在脉冲系统,随着 p_k 的提高,特别对高转速柴油机($n > 2000$ r/min),气门重叠角反而应取得小一些,以防止发动机在低速和低负荷时排气倒流,以及避免在活塞顶部开过深的气门凹坑(因为高增压柴油机为了增加进排气门的时间截面值,一般均取较大的气门升程)。因此,在 p_k 接近300kPa时,采用的气门重叠角反而和非增压时差不多。

图8-28表示135型柴油机气门定时在非增压和增压时的变化。由图8-29可知,随着气门重叠角的增加,涡轮前废气温度 t_T 、有效燃油消耗率 g_e 下降,而空气流量 G_k 增加。当 $\varphi_{v0} = 116°CA ~ 128°CA$ 时,各参数变化就趋于平坦。因此,6135ZG的气门重叠角取为 $\varphi_{v0} = 124°CA$ 。

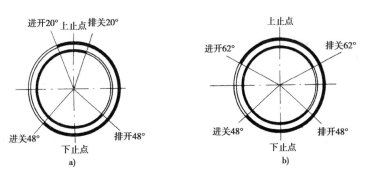

图8-28 135型柴油机气门定时对比

a)非增压;b)增压

为了增大增压柴油机的充气量,一般还可适当加大进排气门升程。在6135ZG上,用改变摇臂比的办法,把气门升程从14.5mm增至16mm。试验结果如图8-30。在柴油机功率升高以后,进排气门和气门座所承受的温度和压力均相应地提高了,特别是进气门还由于气门和气门座的接触锥面上严重缺油而引起强烈磨损。因此在结构、材料上,都要采取相应的措施。表8-3表示6135ZG采取的改进措施。

6135ZG 在配气机构方面采取的措施 表 8-3

名称	型号	6135ZG	6135G
气门座	材料	高铜铬钼合金铸铁①	高铬钼合金铸铁
	锥角	30°	45°
	硬度	HB300~320	HB240~300
进气门	材料	4Cr10Si2Mo	40Cr
	锥角	30°	45°
	锥面硬度	HRC29~35	HRC29~32
	旋转装置	有	无
	进气道喷油	利用压气机吸曲轴箱油气	无

注：①铜铬钼含量 0.8%~1.2%。

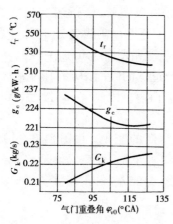

图 8-29　6135ZG 柴油机气门重叠角对性能的影响

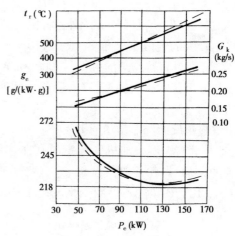

图 8-30　6135ZG 气门升程对比试验
（1500r/min 负荷特性）
—16mm；---14.5mm

4. 进排气系统

在脉冲系统中，为了使扫气期间各缸的排气不互相干扰，因此排气管必须分支（见表 8-4）。分支的原则是一根排气管所连接各缸排气必须不相重叠（或重叠很少）。例如，一般四冲程柴油机排气脉冲波延续时间约为 240°CA，这时一根排气管所连接汽缸数目一般不超过三个，同时这三个汽缸的排气期必须合理叉开。如发火次序为 1-5-3-6-2-4 的六缸机，就可采有 1、2、3 缸及 4、5、6 缸各连接一根排气管。

增压柴油机的排气管承受的热负荷很高，排气管开裂是常见的故障。因此排气管一般均采用耐热铸铁制造。

增压柴油机的进气管容积希望尽可能大一些，以减少进气压力的脉动，从而提高压气机效率和改善发动机性能。空气滤清器也应相应增大，以免压气机进口压力损失过大，引起柴油机性能恶化。

		四冲程脉冲增压系统排气管分支的例子		表 8-4
汽缸数	排气管的连接		排气管数	发火顺序
4	1 2 3 4		2	1-3-4-2 1-2-4-3
6	1 2 3 4 5 6		2	1-5-3-6-2-4
V8	1 2 3 4 1 2 3 4		4	4 2 1 3 1 3 4 2 4 3 1 2 1 2 4 3
V12	1 2 3 4 5 6 1 2 3 4 5 6		4	6 2 4 1 5 3 1 5 3 6 2 4 3 5 2 6 4 1 1 5 3 2 4 6

至于增压器在柴油机上的位置,原则上应排气管能最短,同时又不使压气机受到排气管加热的影响。

5. 冷却增压空气

将增压器出口的增压空气加以冷却,一方面可以提高充气密度,从而提高柴油机功率;另一方面也可以降低柴油机压缩始点的温度和整个循环的平均温度,从而降低柴油机的热负荷和排气温度。实践表明,增压空气每降低 10℃,柴油机的平均温度可降低 25~30℃。在增压比为 1.5~2 时,空气量比不采用增压空气冷却的提高 10%~18%。

冷却增压空气的方法,一般是用水和空气在中间冷却器中进行间接冷却,若采用独立水冷却系统则使结构庞大而复杂,在汽车上布置困难。采用空气冷却的方案比较可取,如图 8-31 所示,被涡轮增压器压缩的空气经中冷器后进入柴油机,冷却空气由一个空气涡轮所驱动的轴流式风扇所提供,而驱动空气涡轮的压缩空气就取自涡轮增压器所压缩的空气(由图中取气管引出)。为了使结构紧凑,空气涡轮的叶片就装在风扇的边缘,二者合为一体,称为轮缘空气涡轮风扇。

冷却增压空气尽管是降低热负荷最合理的措施之一,但它只有在增压压力较高时(例如 $p_k \geq 200\text{kPa}$)才是合适的。在低增压时没有必要设置中间冷却器。

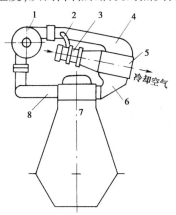

图 8-31 空-空中间冷却器
1-增压器;2-取气管;3-涡轮风扇;4-进气管;5-中冷器;6-进气歧管;7-发动机;8-排气歧管

二、废气涡轮增压柴油机的性能

总的来讲,增压柴油机具有升功率高、油耗较低、排污较少等优点。可是从车辆应用的角度,对增压柴油机在不同运行工况的整机性能还需要作进一步分析。

1. 低速转矩性能变化

车用柴油机沿外特性运行时要求低速的转矩储备高。可是一般涡轮增压柴油机在低速时转矩性能差,这正是早期车用增压柴油机发展的主要困难之一。究其原因,主要是由于在低速时发动机排出废气的能量低,使增压器增压压力不足,致使循环供气量不足。采用脉冲增压,充分利用低速时的脉冲能量,使增压器与柴油机在较低转速下实现最佳配合(见本章第六节),以及采用低速气门定时等,是可以改善其低速转矩的。如图8-32所示,近代各种增压机型可以获得较好的转矩储备。不过,增压后最大的转矩所在的转速比非增压机型均有所增加,这对改善载货汽车的牵引性能仍有不利之处。

增压内燃机的低速转矩不好,也可以说是因为高速高负荷区的废气能量过高,或压气机供气量过多所致。于是,在内燃机高速运行时放掉涡轮机前一部分废气,或者放掉压气机后一部分增压空气,即所谓放气调节,是可以大大改善低速转矩的(见图8-33)。近年来,在车用增压柴油机上采用放气调节方案的日渐增多,有的将放气门与增压器设计在一起,使结构紧凑。图8-34为由增压压力控制放掉废气的方案。图8-31为放掉压气机后一部分增压空气,并利用放气空气驱动冷却风扇的方案。车电控柴油机喷射系统中,则由ECU控制放气调节或变截面涡轮,实现柴油机全工况范围内与废气涡轮增压器的最佳匹配。

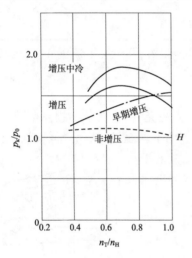

图8-32 增压与非增压的转矩比较(n_T/n_H-最大转矩时转速/额定转速)

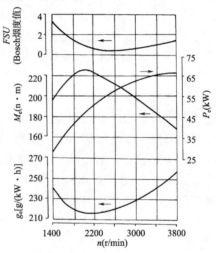

图8-33 Sofim四缸增压柴油机外特性曲线(采用放气调节)

2. 加速性能变差

内燃机对负荷与转速的迅速响应,对车辆行驶安全性、经济性都是有利的。可是由于废气涡轮增压器与内燃机动力没有机械联系,增压器自身的惯性使其对突变负荷的响应能力变差,因此,增压内燃机的加速性比非增压的差。图8-35为增压柴油机带负荷加速时各项参数变化的情况。在加速过程中增压压力上升缓慢,使柴油机转速及平均有效压力增加都要经历一段相对较长的时间过程,而且在加速过程中烟度增加。为了防止加速过程中的冒烟,需要装上增压压力未达到规定值时的限制供油量的装置,因而进一步延缓了整个加速过程。

为了改善加速性,采用脉冲增压系统,减少进排气管道容积,采用放气调节或可变喷嘴,减少转子的转动惯量,采用较小的气门重叠角等都是有利的。另外,利用车辆上的空气制动系统的高压空气向压气机工作轮进行喷射,可以起到帮助增压器加速的作用,这是简单而有效的方法。

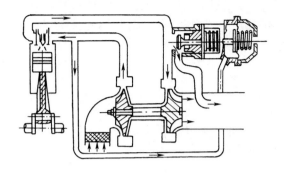

图 8-34 利用增压空气控制放掉一部分废气的方案

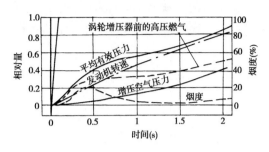

图 8-35 增压柴油机带负荷加速时各参数变化情况

3. 经济性有所改善

在车辆上采用增压柴油机的理由之一，就在于它可以改善车辆的经济性。不过，增压柴油机在不同运行区的经济性是不一样的。一般非增压柴油机在最大转矩点的平均有效压力大致为 $p_e = 800 \sim 900 \text{kPa}$，进一步提高 p_e，将由于空气量不足，而受到冒烟的限制。对于同一排量的增压柴油机来说，$p_e = 1100 \sim 1300 \text{kPa}$。增压使指示功率及有效功率都提高了（机械效率也提高了），自然可以明显地改善高负荷区的运行经济性。图 8-36a）所示，是对同一排量增压与非增压机型的经济性比较。增压不仅使功率范围扩大，而且高负荷的经济运行范围扩大了；至于在低负荷区，涡轮增压器的能量转换不好，柴油机进排气阻力及换气损失增加，此时增压对低负荷经济性没有明显的好处。增压柴油机的这一特点，对经常处于高速满载运行的长途运输重型载货汽车自然是有利的。

如果对同一功率的增压与非增压内燃机进行比较，采用增压可以减少排量（减少缸数或缸径），使同一功率的机械损失降低，因而在广阔的运行范围内，增压机的油耗都比非增压机的低，等油耗的经济运行区域扩大，如图 8-36b）。由于同一功率的增压内燃机的排量、体积、质量减小，给车辆带来的好处也是明显的。增压机的这一特点，对中型、轻型载货汽车及经常处于中等或部分负荷运转的车辆来说，是有利的。

增压促使经济性改善，还在于可以在保持原有功率和较高转矩的情况下，适当降低内燃机转速。因为降低转速，可以减少机械损失和磨损，不仅改善了整机的经济性（图 8-37），而且使可靠性及寿命提高，维修费降低。所以一般非增压机改增压以后，转速均有所降低，不过此时，车辆后桥传动比宜作相应改动。

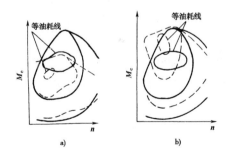

图 8-36 增压与非增压机型经济性比较
实线-增压；虚线-非增压
a) 同一排量；b) 同一功率

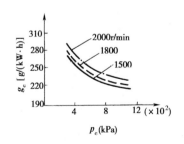

图 8-37 某一增压机不同转速的负荷特性

应该指出,增压促使经济性改善,是需要重新组织内燃机工作过程,并与车辆参数合理配合才能实现的。就增压本身来说,例如,前面谈到的增压空气中间冷却(图 8-38),改善压气机效率(图 8-39)等,对于改善增压柴油机经济性均有一定好处。

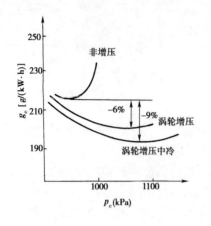 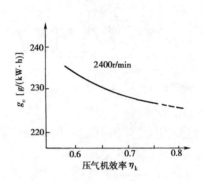

图 8-38 增压加中冷对经济性的影响　　　　图 8-39 压气机效率对经济性的影响

4. 降低了排气污染及噪声

增压柴油机通常在较充足的过量空气下工作,使高负荷的冒烟、排出 CO 及 HC 等有害成分大为减少。增压柴油机的有害气体的排放量一般为非增压柴油机的 1/3～1/2,如果措施得当(例如采用高喷射率并延迟喷射),NO_x 排放量也显著降低,尤其在采用增压及中冷以后,对减少排放物更为有利(图 8-40)。

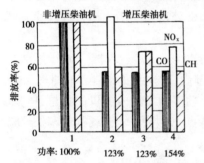

图 8-40 增压对有害排放物的影响
1-非增压;2-增压;3、4-增压中冷

内燃机噪声是指直接由内燃机表面向周围空间所辐射的声音。按照不同的噪声源,内燃机噪声可分为:燃烧过程中压力上升率过高引起的燃烧噪声,进排气压力波传播与反射引起的气体动力噪声,以及零件之间机械撞击引起的机械噪声。增压柴油机由于着火的滞燃期缩短,压力升高率降低,可以使燃烧噪声减少。由于涡轮增压器的设置,进排气噪声也有所减少。整机总噪声级很大程度取决于它的机械噪声水平。在稳定的高负荷工况,增压柴油机总的噪声级比非增压低 3～5dB(A)。在低负荷工况降低噪声的效果没有这么明显。

5. 起动与制动有一定困难

柴油机起动时,因无高温排气,涡轮机无法工作,压气机也不能供气。这时增压柴油机在起动瞬时的进气压力及温度均不高,加上增压柴油机的压缩比较低,使起动时压缩终点的温度降低,造成着火与起动的困难。

另外,大型汽车下坡时,常采用不脱挡的发动机机制动。按载质量配用的非增压柴油机,其制动力与汽缸排量成正比。但增压柴油机的升功率高,因此按增压后功率配置的载货汽车柴油机的制动力就不足。为此,在使用发动机制动时,借助自动装置,在活塞压缩行程终了时将排气门打开,这样就减去了气体膨胀功,而增大了发动机的制动力。

下面介绍几台国内外车用增压柴油机的例子(见表 8-5)。

车用增压柴油机举例 表8-5

公司,机型 参数	IVECO公司 Sofim 8140.21	Steyr公司 WD 615.61	Steyr公司 WD 615.65	Cummins 公司 NTC—400	上海柴油机厂 S6135ZLa	Deutz公司 BF6L 513RC	五十铃 4BD1T
结构形式	直喷、增压	直喷、增压	直喷、增压、中冷	直喷、增压、中冷	直喷、增压、中冷	直喷、增压、中冷	直喷、增压
缸数	4	6	6	6	6	6	4
缸径(mm)	93	126	126	189.7	135	125	102
行程(mm)	90	130	130	152.4	140	130	118
排量(L)	2.445	9.726	9.726	14	12	9.572	3.856
增压后功率/转速 [kW/(r/min)]	66/3800	191/2600	206/2400	294/2100	220/2000	210/2300	99/3000
增压前功率/转速 [kW/(r/min)]	52/4000	148/2600	148/2600	—	155/2200	141/2300	—
最大转矩/转速 [N·m/(r/min)]	215/2000~2200	829/1600	942/1500	1694/1300	1098/1450	1045/1600	334/1800
平均有效压力(kPa)	1100	925	1080	1200	1100	1145	1100
压缩比	16	16	16	—	15.5	15.8	—
全负荷最低油耗 [g/(kW·h)]	228	215	204	—	215	—	—
净重(kg)	240	810	830	1149	1050	—	—

第六节 废气涡轮增压器与四冲程柴油机的特性配合

一、涡轮增压器产品命名和型号编制方法(GB/T 727—2003)

增压器的型号依次分为三部分(图8-41):
首部为名称符号和结构特征符号;
中部为增压器基本型压气机叶轮外径尺寸符号;
尾部为变形符号。
结构特征符号N~Q是用来区别于通常型相应的结构特征;P~K是用来表示特定的结构特征。结构特征符号允许重叠标出。字母排列次序按表8-6顺次标出。
两级增压具有同一外壳的增压器,以其第1级基本型压气机叶轮外径尺寸符号/第2级基本型压气机叶轮外径尺寸符号的形式标出。两级以上增压并具有同一外壳的增压器,按此表示法类推。

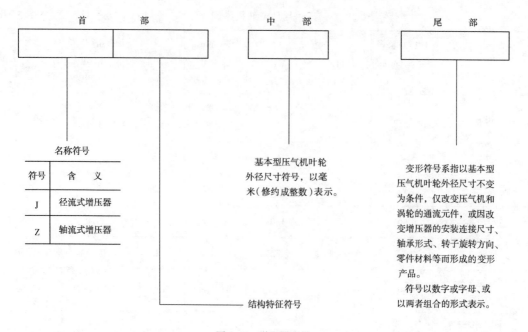

图 8-41 增压器型号

增压器型号中的结构特征符号说明 表 8-6

符 号	含 义
无符号	径流式增压器通常型为内支撑(轴承位于压气机和涡轮叶轮之间)、外供油(润滑油由增压器本体以外提供)、非水冷； 轴流式增压器通常型为外支承(轴承位于转轴的两端)、内供油(油池内润滑油借甩油盘飞溅或自备油泵强制润滑)、水冷(包括局部水冷)
N	内支承、外供油
S	内支承、内供油
W	外支承、外供油
D	内外支承(压气机和涡轮叶轮中的一个位于轴承组外侧)、外供油
X	悬臂支承(压气机和涡轮叶轮外悬于轴承组的同一侧)、外供油
L	悬臂支承、内供油
Q	径流式增压器为水冷； 轴流式增压器为非水冷
P	增压器本体带排放阀
F	增压器转子与其他器件有机械连接
K	可调涡轮喷嘴(增压器运转中能进行调节)

二、涡轮增压器的选用——特性配合

在涡轮增压器与柴油机联合工作的时候,彼此动力没有机械联系,它们是通过空气流或燃气流来传递能量的。因为柴油机不同工况要求压气机有不同的供气能力,涡轮机做功的能力来源于柴油机排出废气的合理组织,而涡轮机的功率则全部为压气机所消耗。也可以说,柴油机发出一定功率所需要的空气流量与压比,正好是压气机所应提供的。为了使涡轮增压器与车用柴油机良好地配合,使得它们在各种工况下良好地工作,有两件事要做,一是根据柴油机的特定工况(如额定工况或最大转矩工况)确定其在压气机特性曲线上的位置(即根据内燃机选用合适型号的增压器);二是要解决柴油机在整个运行区实现良好的配合。在这里,选好增压器是前提,增压器选得不好,柴油机可能达不到预期的增压效果。

废气涡轮增压器制造厂均提供有压气机的特性和涡轮机的特性等技术资料,作为选用的依据。在为某具体柴油机选用增压器时,根据柴油机特定工况时所需的空气流量(包括扫气空气量)及压比,就可以判断该工况在某一压气机特性曲线上的位置。若该点落在压气机特性曲线的高效率区,即可初步选定增压器型号。

与活塞式柴油机不同的是,在涡轮机及压气机这类叶片机械中,叶片前缘的结构角由设计工况的气流参数决定,当工况变化引起气体流量变化时,将使气体流入的方向偏离叶片前缘结构角的方向,发生撞击损失,使压气机的高效率区变窄,所以不可能使柴油机所有工况点都处在压气机的高效率区工作,只能顾及柴油机的某些特定的工况。例如车用柴油机选配增压器时,常以最大转矩工况作为设计工况,把最大转矩点的工况放在高效率区,而额定工况,常偏离在高效率区之外(图 8-42)。

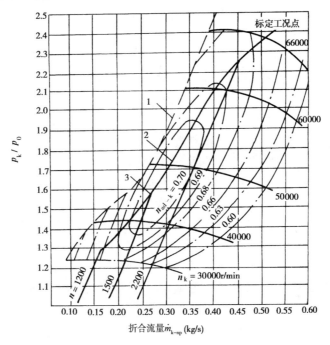

图 8-42 按最大转矩点匹配
1-喘振线;2-外特性;3-最大转矩点

每一种涡轮增压器都有确定的工作范围。在小流量范围,压气机受喘振限制;在大流量范围,压气机因效率下降过多,亦受到低效率限制;在增压器的高速高负荷范围内,可能由于废气能量过高,使涡轮增压器超过机械强度允许的转速,或者由于排气温度过高,超过了涡轮机叶片所能承受的温度,使涡轮增压器受到了超速或超温的限制。由此决定了涡轮增压器一个大致确定的工作范围(见图 8-43)。

在此允许工作范围之内,根据与柴油机联合运行的位置,可以判断增压器与柴油机的配合是否良好。如图 8-44 所示为一台车用增压柴油机的联合运行区。对于车用增压柴油机来说,其负荷与转速都在较大范围内变化,其联合运行区在压气机特性曲线上占有一片面积,配合的困难相对来说就多一些。

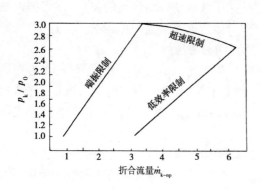
图 8-43　涡轮增压器的工作范围

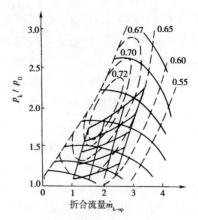
图 8-44　车用增压内燃机的联合运行区

如果联合运行线与压气机特性曲线配合不够理想,则需要进行局部调整。常用的办法是改变涡轮喷嘴环出口截面积,或改变压气机通道截面积。例如,减少喷嘴环出口截面积可以使联合运行线从压气机低效率区移向高效率区(向喘振线靠近)。但上述调整是有限的,如果联合运行线与压气机的最佳配合相差很远,只能以更换增压器型号为宜。

第七节　汽油机废气涡轮增压

汽油机增压,虽然在增压原理上与柴油机增压基本相同,但在技术上要比柴油机增压困难得多。主要由于汽油机增压后爆震的倾向增大,热负荷增高,加之工作转速范围更宽,使增压系统较为复杂。过去除高强化汽油机的赛车和高原行驶车辆采用增压技术外,一般汽油机很少应用。20 世纪 70 年代后,世界各地特别在发达国家,城市污染与噪声已成公害,加之汽油机电子控制汽油喷射系统的广泛应用,这就促使汽油机增压技术得到较快的发展。

汽油机增压也经历过化油器式汽油机涡轮增压。如美国的别克 V6 增压汽油机,我国的解放 CA10B 增压汽油机等。但在电控汽油喷射、电子自动点火式的汽油机上进行废气涡轮增压,才是一次内燃机的技术革命,在燃料经济性方面可以与柴油机相媲美。

对于轿车汽油机由于工作转速范围更宽,汽油机标定转速可达 6000r/min,在这种工作状况下,与其匹配的废气涡轮增压器更需可调,加之轿车汽油机的增压压力并不高,一般增压比 $\pi_k \leqslant 1.6$(属于低增压),故应在轿车汽油机全程工作的转速范围内保证增压压力恒定。在多种调压措施中,只有可调增压器采用电子控制技术(ECU)才能真正实现轿车汽油机在全工况范围内与废气涡轮增压器的最佳匹配,从而达到发动机性能的全面优化。

汽油机涡轮增压后必须采用的主要技术措施如下。

一、降低压缩比

汽油机增压由于受爆震的限制,必须降低压缩比,使用高辛烷值燃料,采用中间冷却混合气和向汽缸喷水等技术措施。

实践证明,在使用辛烷值为 90 的汽油时,汽油机的压缩比从 8.6 降到 7.0,废气涡轮增压后的最大功率 P_{emax} 可增加 60%,一般增加 40%~50%。若使用辛烷值为 100 的汽油,压缩比可保持不变,而功率可增加一倍左右。在燃料辛烷值保持不变时,增压后的许用压缩比可用下列公式估算其近似值:

$$\varepsilon_k = \varepsilon_0 \Big/ \sqrt{\frac{p_k}{p_0}}$$

式中：ε_0——非增压时的许用压缩比；

ε_k——在增压压力为 p_k 时的许用压缩比。

如何选定一个最佳值，首先要根据汽油机使用工况和匹配方案初步选定，再通过汽油机台架试验和汽车道路试验，从动力性、经济性、汽油机的机械负荷和热负荷以及增压器的使用寿命等全面衡量后确定。

二、增压压力控制系统

汽油机运行转速范围比柴油机宽，从低速到高速进气流量变化范围大，涡轮增压器的特性很难完全满足各种工况的要求，可能出现低速时增压压力不足，高速时增压压力过高的情况。此外，汽油机过量空气系数 α 范围窄，它的空燃比接近化学当量比，即使在常用经济负荷时也比柴油机小，因而造成排温高，涡轮入口的废气可用能大，再加上为了避免爆震及限制热负荷，使汽油机允许的增压压力比柴油机要低。为此，必须对汽油机增压压力进行控制。

对增压压力控制的方案很多，如采用进气或排气控制的放气系统、进气或排气的节流控制、可变喷嘴流通截面的涡轮等。一般来说，采用排气放气阀控制增压压力的方案既简单又较为有效（见图8-45）。由于放气阀处于高温下工作，对阀的材料、结构、制造和装配均有较高要求。

在有些发动机上，排气旁通阀的开闭由电控单元控制的电磁阀操纵。电控单元根据发动机的工况，由预存的增压压力脉谱图确定目标增压压力，并与增压压力传感器检测到的实际增压压力进行比较，然后根据其差值来改变控制电磁阀

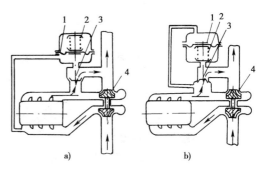

图8-45 用增压压力或排气压力来控制排气放气阀的方案
a) 用增压；b) 用排气
1-膜片；2-弹簧；3-阀门；4-涡轮

开闭的脉冲信号占空比，以此改变电磁阀的开启时间，进而改变排气旁通阀的开度，控制排气旁通量，借以精确地调节增压压力（图8-46）。

虽然排气旁通阀在涡轮增压汽车发动机上得到了广泛的应用，但是排气旁通之后，排气能量的利用率下降，致使在高速大负荷时发动机的燃油经济性变差。因此，在大排量重型车用涡轮增压发动机上多采用涡轮机喷管出口截面可变的涡轮增压器，简称变截面涡轮增压器。在这种涡轮增压器中，通过改变喷管出口截面积来调节增压压力。当发动机低速运行时，缩小喷管出口截面积，使喷管出口的排气流速增大，涡轮机转速随之升高，增压压力和供气量都相应增加；当发动机高速工作时，增大喷管出口截面积，使喷管出口的排气流速减小，涡轮机的转速相对降低，这样增压器将不会超速，增压压力也不至于过高。

在有叶径流式涡轮机中，可以采用转动喷管叶片的方法来改变喷管出口截面积（图8-47）。喷管叶片1与齿轮2相连，齿轮2与齿圈3啮合，当执行机构4往复移动时，齿圈或向左或向右转动，带动与其啮合的齿轮转动，并使喷管叶片随其转动，从而使喷管出口截面积发生改变。

对于无叶径流式涡轮机，可以在喷管出口处安装轴向移动的挡板来调节无叶喷管出口截面积。图8-48所示为这种方法的示意图。

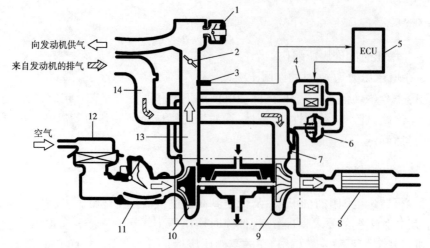

图 8-46 电控排气旁通阀的涡轮增压系统

1-进气旁通阀；2-节气门；3-进气管压力（增压压力）传感器；4-电磁阀；5-电控单元（ECU）；6-控制膜盒；7-排气旁通阀；8-催化转化器；9-涡轮机；10-压气机；11-空气流量计；12-空气滤清器；13-进气管；14-排气管

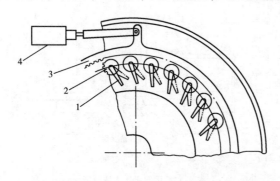

图 8-47 通过转动喷管叶片改变径流式涡轮机有叶喷管出口截面积
1-喷管叶片；2-齿轮；3-齿圈；4-执行机构

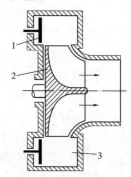

图 8-48 用活动挡板来改变径流式涡轮机无叶喷管出口截面积
1-活动挡板；2-涡轮机叶轮；3-无叶喷管

图 8-49 所示为一种改变涡轮机进口截面积方法的示意图。在涡轮机的进口处安装一个可摆动 27°角的舌片 1，可动舌片的转轴固定在涡轮机壳体上，可动舌片的摆动即涡轮机进口截面积的变化由电控单元根据发动机的转速信号进行控制。

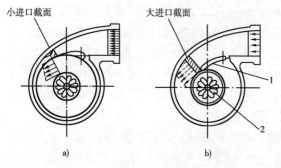

图 8-49 用转动舌片来改变涡轮进口截面积
a) 低速时可动舌片关闭；b) 高速时可动舌片开启
1-可动舌片；2-涡轮机叶轮

三、减小增压后的"反应滞后"现象

本来汽油机的加速性比柴油机好，但增压后，当节气门突然开启时，要求混合气浓度迅速变化，但由于增压器叶轮的惯性作用对油门骤时变化反应迟缓使供气往往跟不上，特别是从节气门关闭到全开，空气流量变化很大，促成涡轮机的"反应滞后"，从而汽油机增压后的"反应滞后"现象比柴油机更严重。为此需采用低惯性转子，脉冲增压系统，带放气阀的控制系统，增压器前置方案，减小进排

气管的长度及容积,提高压缩比及可变点火正时等,对减小汽油机增压后的"反应滞后"现象有利。

四、燃料供给系统的调整

1）采用电子控制汽油喷射系统

随着电子控制汽油喷射系统全面取代化油器装置,特别是采用缸内直接喷射系统后,"增压+稀燃""增压+ECR""增压+VVT"多种均匀混合燃烧系统的开发利用(详见第四章第一节),全面采用ECU技术,可达到增压汽油机全工况范围内最佳空燃比,使增压汽油机的动力性、经济性、排放特性等达到最优状况。

2）汽油泵

增压汽油机要求汽油泵供油压力随增压压力的变化而自动调节。可以通过两种方法来实现:一种是把原有的汽油泵改装成增压汽油泵,它只要在原汽油泵膜片下增设一个与增压空气相连通的压力室即可,这种汽油泵工作可靠,结构简单,基本上能满足增压时供油量的要求,但使用中必须注意密封衬套的润滑;另一种是采用由电动汽油泵和燃油压力调节阀联合工作的方法,来满足增压所需的供油压力和供油量,这种供油系统工作可靠,但结构复杂。

五、点火提前角的调整

汽油机增压后,由于压缩比、混合气成分、混合气压力和温度等均有变化,因此,对点火正时有不同要求。

增压汽油机不带中冷器时,爆震倾向随增压压力增加而上升,对此,必须减小点火提前角或采取其他消除爆震的措施。

当汽油机满负荷工作时,增压压力将随转速升高而增大,在采用放气阀控制时,增压压力达到预定值后虽不再随转速而上升,但由于增压器效率下降,使增压空气的温度随转速升高而升高。因此,汽油机在满负荷工况时,爆震容易在高转速区出现,故采用随增压压力增加而自动推迟点火提前角的装置。如在美国通用汽车公司生产的别克增压V6汽油机上,采用了电子控制装置来自动推迟点火提前角,推迟的幅度在$4°CA \sim 20°CA$范围内,该装置由爆震传感器、电子控制装置和电子点火装置等组成,它能使点火提前角始终处于接近爆震的有利值,使汽油机的动力性和经济性都得到提高。

此外,增压汽油机如果降低压缩比,使用喷射抗爆剂或较高辛烷值的燃料时,则应适当增大点火提前角。

增压汽油机应选用冷型火花塞并适当缩小火花塞的间隙。

除以上几项主要技术措施外,对汽油机和增压器的润滑,机油散热器、中冷器、汽油机冷却系的强化及防止增压器喘振等都应给予充分考虑。

汽油机增压后,动力性、经济性和排放性能均得到提高和改善。如BMW增压汽油机(电控汽油喷射式)

BMW直列式6缸增压汽油机,排量为3L,配用德国K·K·K公司生产的K—27型废气涡轮增压器。该增压系统采用了增压空气中间冷却器和晶体管无触点分电器点火装置,采用汽油喷射系统供给燃料,用排气放气阀控制增压压力。

BMW汽油机与K—27涡轮增压器配合特性见图8-50。从图看出,汽油机的常用工况几乎都落在压气机的高效率区内,虽然运行线紧靠喘振线,但采用了进气泄压阀装置,当节气门突然关闭时,增压器也不会发生喘振。排气放气阀与增压器有很好的匹配,使涡轮在汽油机最大功率时也不会超速。BMW 汽油机升功率已达到 73.5kW/L,经济性有了较大的提高,当废气中 CO 含量在 1.6%、全负荷、3000r/min 时的有效燃油消耗率仅为 258g/(kW·h),达到高速柴油机的油耗水平。

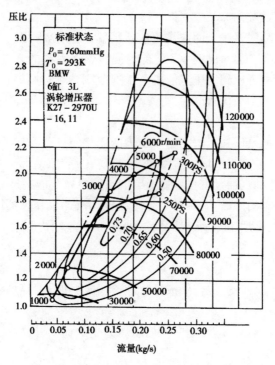

图 8-50 BMW 发动机与 K—27 涡轮增压器的配合运行线

总之试验证明,汽油机增压后能有效地改善排放性能,减少环境污染。这是由于增压后,改善了燃料与空气的混合,可以燃用较稀混合气,以及排气背压提高使排气温度和压力提高,从而使 HC 和 CO 的氧化率提高,而 HC 和 CO 的排放量减少。但是,如果增压器的润滑油渗漏入高温的涡壳中时,HC 的排放量将反而增加。NO_x 的排放量与增压压力 p_k 有关,当 p_k 增加时,汽油机进气温度和压力提高,随之汽缸内燃烧最高压力 p_z 和温度也升高,从而使 NO_x 的排放量增加。如果排气压力 p_T 大于 p_k 时,汽缸内残余废气系数 γ 增加,惰性残余气体对汽缸内的猝熄作用能降低最高燃烧温度,使 NO_x 的排放量相应减少。

附录一 内燃机台架试验

内燃机台架试验是将发动机与测功设备及各种测试仪器组成一个测试系统,按照规定的方法和要求(即标准)模拟发动机实际使用的各种工况所进行的试验。

内燃机各项性能指标、参数以及各类特性曲线通常都是通过内燃机台架试验所测定的。

一、内燃机台架试验标准

目前,世界各国都根据各种内燃机的用途和使用条件制定了相应的试验标准,用于考核和评价内燃机主要性能指标和设计参数的合理性。国际内燃机会议(CIMAC)和国际标准化组织(ISO)所制定的若干内燃机试验规范和标准,拟为各会员国统一执行的标准。世界各国通常按内燃机的种类和用途还制定了各自的国家标准。

我国制定了内燃机性能台架试验方法(国家标准GB/1105.1~3—87)。其中包括:

(1)标准环境状况及功率、燃油消耗和机油消耗的标定;

(2)试验方法;

(3)测量技术。

又针对汽车发动机制定了相应的试验方法国家标准,其中包括:

1. 汽车发动机性能试验方法(GB/T 18297—2001)

汽车用发动机性能台架试验方法,其中包括各种负荷下的动力性及经济性试验方法,无负荷下的起动、怠速、机械损失功率试验方法及有关汽缸密封性的活塞漏气量及机油消耗量试验方法等,用来评定汽车发动机的性能。

本标准适用于轿车、载货汽车及其他陆用车辆的内燃机,不适用于摩托车及拖拉机用内燃机。

2. 汽车发动机可靠性试验方法(GB/T 1905—2003)

本标准规定了汽车发动机在台架上进行可靠性试验的基本方法。

凡新设计或重大改进的发动机定型试验、转厂生产的发动机验证试验等均按本标准规定的方法进行。

试验的目的是在台架上使发动机受到较大的实际交变机械负荷和热负荷,并提高单位时间内的交变次数,以期在较短的时间内考验发动机的可靠性。

本标准规定了试验条件、试验程序、可靠性试验方法、测量项目及数据整理、考核及评定项目等内容。

3. 汽车发动机定型试验规程(QC/T 526—1999)

凡新设计或重大改进的汽车发动机在投入生产准备前,必须按本规程进行定型试验,考核其性能、可靠性和耐久性是否达到经主管部门批准的设计任务书的要求,为发动机定型提供主要依据。

本标准规定了实施条件、组织与领导、定型试验项目、定型试验程序、定型试验的评定等内容。

上述三个有关汽车发动机试验方法的标准,是参照国际标准 ISO 3046—3:1989《道路车辆用发动机试验规范——净功率》等国外先进标准制定的,在测量精度、进气标准状态、功率校正和试验条件控制等方面的规定均符合 ISO 的要求,标准本身达到了国际标准先进水平。

二、内燃机试验台架装置

1. 试验台架装置

典型的内燃机试验台架装置的组成及布置如附图 1 所示。它主要包括试验台架,辅助系统,各种测量仪器、仪表及操纵台。

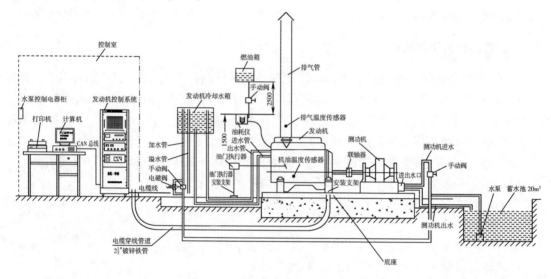

附图 1 典型的内燃机试验台架装置简图

1) 试验台架

它是将待测内燃机与测功器用联轴器连接,并固定于坚实、防震的水泥基础上,基础振幅一般不得大于 0.05~0.1mm,安装内燃机的铸铁支架和底板常做成可调节高度和位置的形式,以便迅速拆装和对中。

2) 辅助系统

例如为了保持内燃机工作时冷却液温度不变,必须有专门可调水量的冷却系统。燃料应由专用油箱通过油量测量装置供给内燃机。又如内燃机排出的是高温有毒气体,排气噪声又是主要噪声源,故实验室内须有特殊通风装置,废气要经消声后排出等。

3) 各种测量仪器、仪表及操纵台

随着内燃机研究工作的深入和发展,对试验设备和手段提出更高要求,通常要求有测试精度高,测量和记录速度快,能同时测量与储存大量数据,并能对数据处理和分析的数据采集系统等。因此,台架试验越来越多地采用自动控制,并有计算机控制的自动化台架。

现以湘仪动力测试仪器有限公司生产的 FC2000 发动机自动测控系统为例。该系统在设计过程中采用了国际最流行的单片机技术、现场总线技术和模块化技术,并将奥地利 AVL 公司在发动机自动测控领域的成功经验与国内的实际情况相结合而精心设计的大型测控系统。主要用于各种类型的柴油机、汽油机、天然气、液化气发动机性能试验和出厂试验。它可与国内外各种不同的水力、电涡流、电车测功机配套,用于控制和测量发动的转速、转矩、功率、燃油/燃气消耗量、温度、压力、流量等不同类型的参数。

FC2000发动机自动测试系统框图见附图2。

由于内燃机台架试验需测定的参数较多,故使用的仪器设备也较多,现重点介绍测定功率所必需的主要设备——测功机。

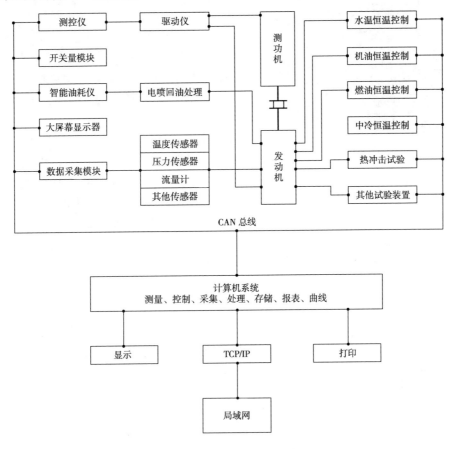

附图2　FC2000发动机自动测试系统框图

2.制动式测功机

测功机用来吸收试验内燃机的输出功率,调整其负荷及转速,模拟使用工况,满足试验标准中的试验项目要求。

常用测功机有水力测功机、电力测功机及电涡流测功机三种。

1)水力测功机

水力测功机是利用各种形式的转动部件在壳体内的水中转动,通过水的摩擦与撞击而制动消耗能量的。根据其结构特点可分为柱销式(容克斯式)、圆盘式、旋涡式等。其控制转矩特性:

$$M_\mathrm{T} = C_\mathrm{f} \frac{1}{2}\rho n^2 D^3$$

式中:C_f——阻力系数;

ρ——液体(水)的密度;

n——转速;

D——回转部分代表直径。

不同结构的水力制动器阻力系数 C_f 和代表直径 D 均不相同。

现以普通旋涡式制动水力测动机为例,说明其结构(附图3)、工作原理及其特性。

测功机由制动器和测力机构组成。制动器结构如附图3所示,转子2由滚动轴承支承在外壳4上,外壳又支撑在有弹性的固定支承5上,可来回摆动,外壳通过一悬臂杠杆支承在测力机构或拉压传感器上(图中均未画出)。工作介质——水通过进水管13同时进入两侧的进水环室8,然后由定子叶片6上的钻孔14进入涡流室中心。转子使水在涡流室中做旋转运动,通过水与外壳的摩擦,使外壳摆动。控制阀11控制出水量以调节水层厚度,水层愈厚,水与外壳摩擦力矩愈大,吸收功愈多,此时外壳摆动角度也愈大,测力机构上的读数随之增加。这样内燃机输出的机械能被水吸收变为热能并将转矩传递到外壳上,由测力机构测出。

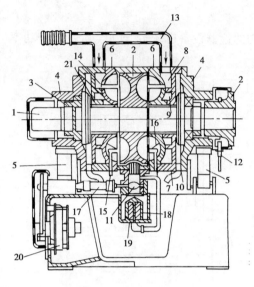

附图3 水力测功机结构图

1-转子轴;2-转子;3-联轴节;4-外壳;5-弹性支承;6-定子;7-隔板;8-进水环室;9-分隔室;10-排水室;11-控制阀;12-转速传感器;13-进水管;14-进水孔;15-排水孔;16-回水孔;17-稳流器;18-浮动活塞阀;19-活塞座;20-伺服电动机;21-无接触密封

现以SL20和SL120水力测功机特性曲线为例(附图4)。

OA曲线表示测功机在一定的进水压力下,随着转速的变化所能吸收的最大功率线。

AB直线为保持测功机转矩为最大值时,随着转速的变化,测功机所能吸收的最大功率线。

AC直线(SL20型)与BC直线为不超过测功机最大容许的排水温度时,测功机所能吸收的最大功率限制线。

CD直线为测功机最高转速限制线。

OD曲线为测功机不充水时的制动功率线(空气摩擦阻力)。

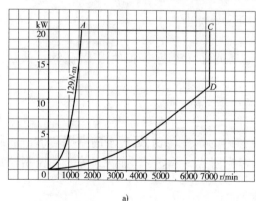
a)

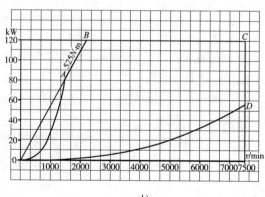
b)

附图4 水力测功机特性曲线

a)SL20水力测功机特性曲线;b)SL120水力测功机特性曲线

曲线图形$OACDO$(SL20型)与$OABCDO$所包围的区域表示了该型水力测功机所能吸收的功率范围。这也是动力机性能试验时选用测功机的依据。凡动力机的特性在曲线图形所包围的范围内,一般均能在该型水力测功机上进行特性试验。

我国自行生产的具有国际先进水平的SL系列水力测功机有8种型号(附表1)。

水力测功机具有结构简单、工作可靠、体积小且价格较低等优点,但不能反拖内燃机,在我国广泛应用。

我国自行生产的 SL 系列水力测功机参数　　　附表1

水力测功机型号	SL20	SL60	SL120	SL380	SL520	SL660	SL880	SL1900	SL3300
最大吸收功率（kW）	20	60	120	380	520	660	880	1900	3300
转矩测量精度	±0.2% F.S								
测速精度	±1r/min								
主轴最高转速（r/min）	7000	9000	7500	7500	5000	5000	3500	3000	2500
主轴旋转方向	单向	单向	单向	单向	单向	单向	单向	单向	单向
制动力测定范围（N）	0~135	0~180	0~550	0~1300	0~2600	0~3300	0~6000	0~18000	0~35000
最大制动力矩（N·m）	129	172	525	1240	2482	3150	5700	17200	33400
最大耗水量（kg/h）	400	1200	2400	8000	11000	13900	18500	36300	63000
排水最高温度（℃）	70	70	70	70	70	70	70	70	70
主轴总长度(mm)	448	448	510	500	600	600	802	1296	1440
主轴圆锥部分长（mm）及锥度	63,1:30	63,1:30	70,1:30	70,1:30	90,1:30	90,1:30	100,1:30	192,1:30	170,1:30
主轴中心至底座下底面高(mm)	255	255	300	300	350	350	650	760	840
测功机外形尺寸（长×宽×高）(mm)	450×400×370	450×400×370	655×530×430	640×536×460	760×620×543	760×620×543	1078×845×905	1598.5×1310×1135	1452×1558×1310
底座外形尺寸（长×宽×高）(mm)	640×400×90	640×400×90	640×400×100	640×400×100	760×490×120	760×490×120	1060×820×310	1476×1200×260	1256×1559×260
地脚螺孔位置（mm）	590×340	590×340	580×330	580×330	700×420	700×420	990×650	1350×1074	1421×1116（×690）
测功机净质量（kg）	170	170	180	200	400	435	950	2900	3300
转动惯量（kg·m²）	0.012	0.012	0.041	0.074	0.50	0.511	0.721	4	7.1

注:本表长度单位:mm。

2)电力测功机

电力测功机又分为直流测功机和交流测功机,其测功原理相同。

它由平衡电机、测力机构、负载电阻、励磁机组、交流机组和操纵台所组成。

平衡电机的结构如附图5所示。转子1由内燃机带动,在外壳——定子磁场中旋转,则转子线圈切割磁力线而产生感应电流,此感应电流的磁场与定子磁场相互作用而产生方向相反的电磁力矩。定子外壳受到的电磁力矩与转子旋转方向相同,大小与内燃机加于转子的转矩相等。定子外壳浮动地支撑在轴承上,其上有杠杆与测力机构相连(图中均未画出),依靠外壳摆动角的大小来指示测力机构读数。平衡电机发电可输入电网,也可将电能消耗于负载电阻上。在一定转速下,改变定子磁场强度及负载电阻即可调节负荷大小。平衡电机在吸收内燃机功率时即作为发电机运行,加一换向机构作电动机运行时则可拖动内燃机,从而测量内燃机的摩擦功率和机械损失,还可用于起动和磨合。

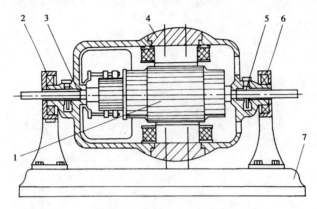

附图5　平衡式发电机的结构
1-转子;2、6-滚动轴承;3、5-滑动轴承;4-定子外壳;7-基座

交流机组由交流异步电机和直流电机组成,当平衡电机作发电机运行时,其发出的直流电由交流机组变成三相交流电输入电网。当其作电动机运行时,交流机组又把三相交流电变为直流电送入平衡电机的电枢中。

励磁机组是小型交流机组,它供给平衡电机及交流机组励磁电流以产生磁场。

电力测功机虽机构较复杂,价格高,但它可以反拖内燃机,回收电能,工作灵敏,测量精度高,因而得到广泛应用。

3) 电涡流测功机

电涡流测功机是利用涡电流效应将被测试内燃机的机械能转变为电能,继而又转为热能的过程。它由制动器、测力机构及控制柜组成。制动器工作原理如附图6所示。

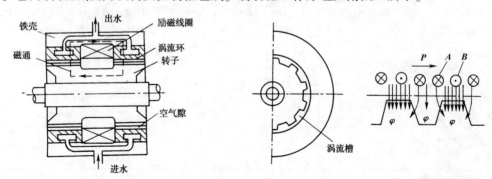

附图6　电涡流测功机工作原理图
P-电功率;φ-磁通;A、B-分别为励磁线圈的两个端面

涡流环内产生感应电动势而形成涡电流的流动,此电流与产生的磁场相互作用即形成一定的电磁转矩,从而使浮动在架上的定子偏转一定角度,由测力机构测出(图中未画出)。

调节励磁电流大小,即可调节电涡流强度,从而调节吸收负荷的能力。涡流电路有一定电阻,故在涡流环内产生一定的电能损耗,使涡流环发热。所以涡流环须用水强制冷却。

电涡流测功机不能反拖内燃机,能量不可回收,价格较贵。但操作简便,结构紧凑,运转平稳,精度较高。也得到了广泛应用。

我国自行生产的 DW 型(盘式)系列电涡流测功机和 DWZ 型(柱式)系列电涡流测功机的结构如附图 7 和附图 8。

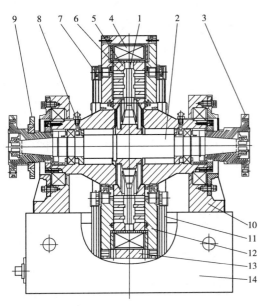

附图 7 盘式电涡流测功机结构简图

1-感应盘;2-主轴;3-联轴器;4-励磁线圈;5-冷却室;6-气隙;7-出水管道;8-油杯;9-测速齿轮;10-轴承座;11-进水管道;12-支撑环;13-外环;14-底座

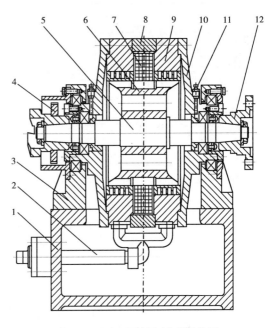

附图 8 柱式电涡流测功机结构简图

1-底座;2-进、出水管道(各一);3-轴承座;4-测速齿轮;5-主轴;6-感应体;7-励磁环组件;8-外环;9-导磁环组件;10-支承端;11-油杯;12-联轴器

其特性曲线分别见附图 9、附图 10、附图 11、附图 12。

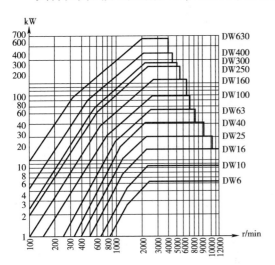

附图 9 DW 系列电涡流测功机功率特性曲线

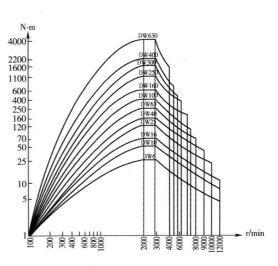

附图 10 DW 系列电涡流测功机转矩特性曲线

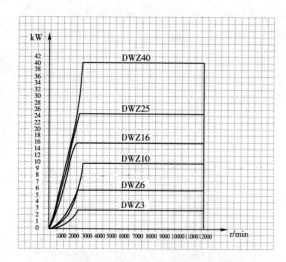

附图 11　DWZ 系列柱式电涡流测功机功率特性曲线

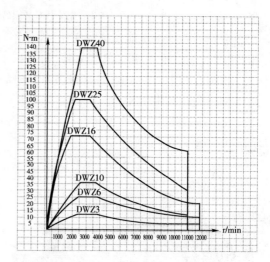

附图 12　DWZ 系列柱式电涡流测功机转矩特性曲线

凡被测动力机械(如汽车发动机)的特性曲线落在某型号测功机的特性曲线区域内,则可采用本型号测功机进行试验。

我国自行生产的电涡流测功机有如下型号(可供选择)。性能指标见附表 2 ~ 附表 4。

DW 系列电涡流测功机主要性能指标　　　　　　　　　　　　　　　　附表 2

型　号	额定吸收功率 (kW)	额定转矩 (N·m)	最高转速 (r/min)	额定转矩转速范围 (r/min)	转动惯量 (kg·m^2)	质　量 (kg)
DW6	6	25	12000	2000 ~ 2800	0.01	120
DW10	10	50	12000	2000 ~ 2800	0.01	160
DW16	16	70	12000	2000 ~ 2800	0.01	170
DW25	25	120	10000	2000 ~ 2800	0.025	180
DW40	40	160	9000	2000 ~ 2800	0.025	220
DW63	63	250	8000	2000 ~ 2800	0.06	250
DW100	100	400	7000	2000 ~ 2800	0.14	400
DW160	160	600	6500	2000 ~ 2800	0.42	510
DW250	250	1100	5500	2000 ~ 2800	0.88	780
DW300	300	1600	5000	2000 ~ 2800	0.9	950
DW400	400	2600	4500	2000 ~ 2800	2.6	1500

DWD 系列电涡流测功机主要性能指标　　　　　　　　　　　　　　　附表 3

型　号	额定吸收功率 (kW)	额定转矩 (N·m)	最高转速 (r/min)	额定转矩转速范围 (r/min)	质　量 (kg)
DWD63	63	250	6000	1000 ~ 1600	250
DWD100	100	400	5300	1000 ~ 1600	400
DWD160	160	600	4800	1000 ~ 1600	510
DWD250	250	1200	4100	1000 ~ 1600	780
DWD300	300	1700	4000	1000 ~ 1600	950
DWD400	400	2600	3200	1000 ~ 1600	1500

DWZ 系列柱式电涡流测功机主要性能指标

附表 4

型 号	额定吸收功率 (kW)	额定转矩 (N·m)	最高转速 (r/min)	额定转矩转速范围 (r/min)	质 量 (kg)
DWZ3	3	12	12000	2400~3800	80
DWZ6	6	25	12000	2400~3800	120
DWZ10	10	36	12000	2600~3800	160
DWZ16	16	72	10000	1900~3200	160
DWZ25	25	100	10000	2200~3300	200
DWZ40	40	140	10000	2600~3500	280

注：FC2000 发动机自动测控系统框图及测功机资料分别引自长沙国家高新技术开发区湘仪动力测试仪器有限公司及四川诚邦测控技术有限公司的产品说明书。

附录二 本书使用的主要符号

p_0——环境压力
p_s——进气系统压力
p_a——进气终点压力
p_c——压缩终点压力
p_z——最高燃烧压力
p_b——膨胀终点压力
p_γ——残余废气压力
p_T——废气涡轮前压力
p_0'——排气背压
p_k——增压压力
p——汽缸压力
p_i——平均指示压力
p_e——平均有效压力
p_m——平均机械损失压力
T_0——环境温度
T_s——进气系统温度
T_a——进气终点温度
T_c——压缩终点温度
T_z——最高燃烧温度
T_b——膨胀终点温度
T_γ——残余废气温度,或汽缸盖后温度
T_T——涡轮前废气温度
T_k——增压空气温度
T——汽缸中气体温度
V_h——汽缸工作容积
V_c——压缩终点汽缸容积
V_k——燃烧室容积
L_0——燃烧 1kg 燃料理论上所需的空气量（kmol/kg）
M_1——新鲜充量千克摩尔数
M_2——燃烧产物千克摩尔数

M_γ——残余废气千克摩尔数
F_p——活塞面积
n——发动机转速
n_p——喷油泵转速
n_{Tk}——增压器转速
ω——回转角速度
C_m——活塞平均速度
H_u——燃料低热值
α——过量空气系数
A/F——空燃比
γ——残余废气系数
n_1——压缩多变指数
n_2——膨胀多变指数
λ——压力升高比
ρ——初膨胀比
δ——后膨胀比；调速器的不均匀度
η_v——充气效率
η_s——扫气效率
ϕ_i——示功图丰满系数
ϕ_s——扫气系数
ϕ_0——相应大气条件的过量扫气空气系数
ϕ_K——相应增压条件的过量扫气空气系数
α_Σ——总过量空气系数
ξ——热量利用系数
g_i——指示燃油消耗率
g_e——有效燃油消耗率
η_i——指示热效率
η_m——机械效率
η_e——有效热效率
η_{ad-T}——废气涡轮绝热效率
η_T——废气涡轮有效效率
η_{ad-k}——压气机绝热效率
η_{Tk}——增压器效率
P_i——指示功率

P_e——有效功率
P_m——机械损失功率
M_e——发动机转矩
M_c——阻力矩
D——汽缸直径
S——活塞行程
θ_s——喷油提前角
G_s——空气流量
μ_s——空气流量系数
G_b——每小时耗油量
g_b——每循环供油量
p_f——燃油密度
ε——压缩比;调速器的不灵敏度

τ——冲程数
φ——曲轴转角;转速不稳定度或供油持续角
ψ——转速波动率
φ_i——着火延迟(度)
θ——供油提前角
φ_z——喷油持续角
δ_1——瞬时调速率
δ_2——稳定调速率
τ_i——着火延迟(秒)
t_n——调速器的稳定时间
U——内能
℃A——曲轴转角(度)

参 考 文 献

[1] 董敬,庄志.汽车拖拉机发动机[M].2版.北京:机械工业出版社,1998.
[2] 西安交通大学内燃机教研室.内燃机原理[M].北京:中国农业机械出版社,1987.
[3] 何学良,李疏松.内燃机燃烧学[M].北京:机械工业出版社,1990.
[4] 黎志勤.内燃机工作过程与计算[M].长春:吉林人民出版社,1984.
[5] 林杰伦.内燃机工作过程数值计算[M].西安:西安交通大学出版社,1986.
[6] 程宏.汽车发动机原理[M].北京:学术期刊出版社,1988.
[7] 秦文新.汽车排气净化[M].北京:机械工业出版社,1988.
[8] 张志沛.车用活塞式内燃机一个新的评价指标——理想功率特性系数K_N及其求值[J].内燃机学报,1995,13.
[9] 陈家瑞.汽车构造[M].5版.北京:人民交通出版社,2006.
[10] 黎苏,邢继学,何若天.新型轿车电喷系统结构原理与维修技术[M].北京:化学工业出版社,2004.
[11] 李品华.现代汽车故障诊断技术[M].上海:上海交通大学出版社,1997.
[12] 王丰元,宋年秀.电喷发动机[M].北京:人民交通出版社,2005.
[13] 张育华,徐士鸣.汽车电子控制技术与故障诊断[M].大连:大连理工大学出版社,1996.
[14] 靳晓雄,张立军.汽车噪声的预测与控制[M].上海:同济大学出版社,2004.
[15] 中国标准出版社.汽车国家标准汇编发动机卷(上)、(下)[M].北京:中国标准出版社,1999.
[16] 王文山.柴油发动机管理系统[M].北京:机械工业出版社,2009.
[17] 吕彩琴.汽车发动机电控技术[M].北京:国防工业出版社,2009.
[18] 杨嘉林.车用汽油发动机燃烧系统的开发[M].北京:机械工业出版社,2009.
[19] 杨庆彪.混合动力汽车结构原理与维修[M].北京:中国劳动社会保障出版社,2010.
[20] 熊云,胥立红,钟远利.汽车节能技术原理及应用[M].北京:中国石油出版社,2007.
[21] 李兴虎.混合动力汽车结构与原理[M].北京:人民交通出版社,2009.
[22] 陈礼璠,杜爱民,陈明.汽车节能技术[M].北京:人民交通出版社,2009.
[23] 胡骅,宋慧.电动汽车[M].北京:人民交通出版社,2006.
[24] 方锡邦.汽车检测技术与设备[M].2版.北京:人民交通出版社,2009.
[25] 陈南.汽车振动与噪声控制[M].北京:人民交通出版社,2008.
[26] 龚金科.汽车排放及控制技术[M].2版.北京:人民交通出版社,2011.
[27] 夏均忠.汽车检测技术与设备[M].北京:机械工业出版社,2009.
[28] 周龙保.内燃机学[M].3版.北京:机械工业出版社,2010.
[29] 周松,王银燕,明平剑,等.内燃机工作过程仿真技术[M].北京:北京航空航天大学出版社,2012.
[30] 顾大明,等.锂—空气电池性能的影响因素及研究发展[J].化学学报,D01:10.6023/A12050233.
[31] 宋永华,等.电动汽车电池的现状及发展趋势[J].电网技术,2014,4.
[32] 蒋颉,等.基于有机电解液的锂空气电池研究发展[J].化学学报,D01:10.6023/A13101081.
[33] 中华人民共和国国家标准.GB18352.5—2013 轻型汽车污染物排放限值及测量方法(中国第五阶段).